国家社科基金项目（17BYY031）研究成果
西华师范大学英才科研基金（2017-06-12）研究成果

南北朝核心词研究

本书是四川省教育厅重点项目（12B006）研究成果

邓春琴 ◎ 著

中国社会科学出版社

图书在版编目（CIP）数据

南北朝核心词研究／邓春琴著 . —北京：中国社会科学出版社，2016. 8
（2019. 7 重印）

ISBN 978-7-5161-9142-2

Ⅰ. ①南… Ⅱ. ①邓… Ⅲ. ①汉语-词汇-研究-中国-南北朝时代
Ⅳ. ①H13

中国版本图书馆 CIP 数据核字（2016）第 245095 号

出 版 人	赵剑英
责任编辑	任 明
责任校对	闫 萃
责任印制	李寡寡

出 版	中国社会科学出版社
社 址	北京鼓楼西大街甲 158 号
邮 编	100720
网 址	http：//www. csspw. cn
发 行 部	010-84083685
门 市 部	010-84029450
经 销	新华书店及其他书店

印刷装订	北京君升印刷有限公司
版 次	2016 年 8 月第 1 版
印 次	2019 年 7 月第 2 次印刷

开 本	710×1000 1/16
印 张	24. 5
插 页	2
字 数	406 千字
定 价	128. 00 元

序

　　春琴的《南北朝核心词研究》成书有年，即将正式梓行。得知消息，我非常高兴。本书对南北朝时期的基本词作了系统的梳理，对研究汉语词汇有积极的意义。读了春琴的书稿，有一些心得和想法，想跟春琴及读者诸君交流请教。

　　语言文字随着社会的发展而不断演变，愈是到了社会发展的节点，语言的变化就愈是明显。社会发展的特殊时期，语言是最有特色的，也是最值得研究。能够有机缘对这一时期的语言进行系统的研究，是一件很幸运的事情。集中精力对这些时期的语言进行全面的梳理，理清语言特色，有较好的意义。

　　南北朝（420—589）时期，是中国最动荡的分裂时期。公元420年刘裕取代东晋，建立了刘宋王朝，逐渐形成了南朝的宋齐梁陈，与北魏、东魏、西魏、北齐、北周等北朝王朝分庭抗礼，形成了南北对峙。南北朝的文化，有鲜明的差异。南朝大体沿袭东晋等汉族基因，而北朝则更多的有五胡十六国的血统。北方的少数民族，入主中原之后，经过北魏孝文帝等人的推进，汉化加速。北方的鲜卑等民族，逐渐融入到中原汉族里。到589年隋灭陈而统一中国，国家一统，汉语又进入到另一个新的时期。

　　社会的分化，地域的不同，会加速语言的变化。尤其是词语的差异，会表现得更明显。英语是全球性的语言，各地不同的英语，会有不同的变体。其他语言也是这样，我曾经翻检了好几本不同版本的西班牙语汉语双语词典，惊奇地发现，欧洲大陆的西班牙语跟殖民地美洲的西班牙语，有许多不同的词语和用法。从这个例子来推想，南北朝时期的汉语，语言会有很大的不同，尤其是词语，更会有不小的差异。我的朋友汪维辉教授在《论词的时代性和地域性》（《语言研究》2006年第2期）一文里，对南北朝时期词语的差异有很好的讨论。

　　春琴这本书，依据斯瓦迪士的百词表，从南北朝的核心词入手，讨论这一时期的词汇，选题很有价值。我们看某一个时期的词汇，不管它如何的复杂多样，总是由核心词组成的。我曾经说过很极端的话，认为语言里原本只有基本词，根本就没有冷僻词。春琴根据百词表，选取了 59 个名词，又把这 59 个名词分为 6 个大类，即人物、动物、植物、身体、人工、自然。复取动词 19 个，依次分为身体活动、五官感觉、位移、消耗。这近 80 个词，实际上是 80 个语义场。语义场的研究，肇始于西方语言学界。传入国内，不少学者作过很好的尝试。春琴先建立语义场，再对这一语义场的字词进行讨论。这种做法渊源有自，中规中矩，对于讨论汉语词汇，有积极意义。

南北朝群雄割据，各霸一方，言语异声，各有特色。留下的文献亦是汗牛充栋。如何利用这一时期的语料，作者颇费心机。全书主要选取《宋书》《魏书》《世说新语》《齐民要术》作为主要语料。作者认为，要做好这一时期的词汇研究，所选择的语料应该符合三个标准：语料性质相同；时代相当，同时，兼顾南朝和北朝；语料的篇幅大体相当。可见，单是语料，作者就煞费苦心。

作者以这"四书"为基本语料，但不限于这四本书，语料的选择更为宽广。语料翔实丰富，是研究的基础。在此基础上，作者系统整理了南北朝近 80 个语义场，梳理了每一个语义场的基本字词。可以说，南北朝这 80 个语义场，基本整理清楚了，这是一个扎实的基础工作，对以后研究这一时期的词汇，奠定了坚实的基础。

南北朝时期的基本词汇研究，作者不仅汉语的材料梳理清楚了，还跳出了汉语的框架，做了相当多的跨语言比较。在理清汉语词汇系统的同时，作者依据类型学的理论和方法，拿英语、法语、德语、俄语等西方主要语言，跟汉语同类的语义演变进行了比较。这是不同于以往的研究范式。传统的训诂学以及早期的汉语词汇学，基本上局限于汉语本身的材料。我们以往讨论汉语词义的发展演变，所用的大多只限于汉语内部材料，没有可供比较的其他语言的材料，视野难免不开阔。春琴动用了大量的外语材料，用来印证汉语语义的同类演化，是值得称道的。

春琴书里的外语材料，不仅数量多，观察的角度跟别人也不太一样。春琴硕士阶段专攻辞书学，对汉语各类辞书有系统的研究。传统的训诂学，从注释经典开始，在做了这些具体工作后，就用辞书的形式把这些训诂成果加以归纳总结。我们看汉代的《尔雅》《方言》《说文解字》《释名》，就是不同类型的辞书。这些辞书逐渐形成了雅学、方言学、许学。辞书的编纂，尤其是现代辞书，义项的多寡，义项的排列，包括编排次序，以往大多也是凭经验，关注的也只是一个语言内部辞书的编纂与研究。春琴在书里，援引外语辞书，很重视不同语言的辞书的风格，关注各个语言辞书在义项设立方面的异同，分析辞书义项设立的科学性，企图寻找辞书义项设立的方法。这可能是将来辞书研究的一个方向，对汉语辞书的编撰与研究，可能会产生积极的影响。春琴在这方面做了很好的探索，希望今后在这些方面有更深入的探索。

春琴的这本书，是十多年前的作品，也许只能代表他那个时候的一些想法。最近几年，春琴的学术事业更加开阔，他涉足汉藏语系，承担了国家社科项目，专门研究羌语的词汇。羌语是藏缅语的一个很重要的语言，词汇当然也有特色，把汉语词汇跟亲属语言进行比较，或者说把汉语的词汇研究放置在汉藏语这个大的背景下进行，所得必有可观。春琴年富力强，勤奋好学，又有良好的学术修养，相信一定可以作出更多的成果。

黄树先

2019 年 6 月 23 日

于琼海天来泉

摘　　要

南北朝时期，社会动荡，民族迁徙频繁，是汉语史发展的一个重要时期。该时期词汇颇具时代特色，文献材料亦比较丰富，但是材料很复杂。我们采取管中窥豹的方法来进行南北朝词汇研究。于是，我们选择《宋书》《魏书》《齐民要术》《世说新语》来分析南北朝核心词。南北朝核心词研究，我们主要以《百词表》中的核心词为纲，建立相应的语义场，分析核心词语义场中相关词语的演变发展，同时厘清南北朝时期，核心词的组合与聚合关系。

论文全文35万余字，共四部分。第一章分析了该选题的背景、价值、意义以及研究方法、难点、创新等相关问题。

第二章主要分析核心名词，我们把《百词表》中的59个核心名词分为六大类，分别进行谈论。第三章主要分析核心动词，把《百词表》中的核心动词分为四大类。核心名词与核心动词的分析，我们都以语义场为基本单位，从历时和共时角度分析语义场中词语的演变发展。在做好这个基础工作之上，我们重点从词义角度对核心词进行分析。首先厘清汉语核心词词义的发展演变。同时，我们也以《百词表》中核心词为纲，建立英语、法语、德语语义场。运用认知语言学、框架理论以及类型语言学等相关知识，在相同语义场中对四种语言的核心词词义的发展演变进行比较。

结语我们主要对论文做一个整体的总结，分析论文的优点和不足，寻找到日后发展的方向。

通过系统地对《百词表》中核心名词、核心动词的梳理与对比，我们初步认清了汉语核心词的演变发展。同时，通过使用认知学、类型学的相关理论和方法，发现了汉语、英语、德语、法语核心词词义演变的一些共性与差异。

关键词：南北朝　核心词　认知语言学　类型语言学

Abstract

During the period of the Southern and Northern Dynasties, social turbulence and national migration happened frequently. But it was an important period of the Chinese language history. In that period, the vocabulary was filled with the characteristics of the times, and literature material was relatively rich, however, the material was very complicated.

So we took the measure of looking at a leopard through a bamboo tube to research the vocabulary of Southern and Northern Dynasties. We chose Song Annals, Weishu, Qiminyaoshu, Shishuoxinyu to analyze the core words of the Southern and Northern Dynasties. We mainly took the core words of Hundred Words Table to establish the relative semantic field, analyzing the evolution and development of related words in the field. At the same time, we made the combination and polymerization relationship of the core words in the Southern and Northern Dynasties clear.

This thesis is about 280000 words, consisting of four parts. The first chapter analyzed the backgrounds, value, significance, as well as the research methods, difficult points, innovations, and so on.

In the second chapter, we mainly analyzed the core noun. We classified the 59 core nouns in the Hundred Words Table to six main kinds, discussing respectively. The third chapter was mainly about the verbs. We classified the core verbs in the Hundred Words Table to four main kinds. While analyzing the core nouns and core verbs, we took the relative semantic field as the basic units, examining the evolution and development of the words in relative semantic field from the perspective of both diachronically and synchronically. On the basis of finishing the fundamental work, we emphatically analyzed the core words from the lexical angle. Firstly, we made the development and evolution of Chinese core lexical meaning clear. Meanwhile, we based on the core words of the Hundred Words Table, establishing relative semantic field of English, French and German. We used the relative knowledge of cognitive linguistics, frame theory and typology to compare the meaning of the core words in four language under the same relative semantic field.

The fourth chapter, we carried on the summary of the whole to the thesis, analyzing the advantages and disadvantages of it and looking forward the afterward developing direction.

Through carding and comparing the core nouns and core verbs in the Hundred Words Table systematically, we got an initial understanding to the evolution and development of Chinese core words. In the meanwhile, by using the relative theory and method of cognition and typology, we found some similarity and differences about the evolution of core lexical meaning in Chinese, English, French and German.

Key words: South and North Dynasty; Kernel Words; Congnitive linguestica; Linguistic typology

目　录

第一章

绪　论

第一节　研究背景与意义

一　研究背景

南北朝时期，社会稳定性差，民族迁徙频繁。李可建（2006：42）云："南北朝的民族迁徙主要表现为两大趋势：一是各少数民族纷纷从边疆向中原内迁，二是汉民族以前所未有的规模向四方辐射，掀起了北方人民南迁的高潮。"民族的大迁徙、大流动促进了民族融合的进程，也必然加速各民族的语言融合。同时，南北两区又是近二百年的分割而治，区域分割也会在不同层面上影响语言的发展，很有可能导致语言中存在一些差距。所以说南北朝不仅仅在民族迁徙史上有重要地位，在汉语史上也同样占有重要地位。

20 世纪，学术界对中古汉语研究重视不够。郭在贻在 20 世纪 80 年代《读江蓝生〈魏晋南北朝小说词语汇释〉》中谈道："关于汉语词汇史的研究，魏晋南北朝这一阶段向来是最薄弱的环节。"经过近三十年来学者的努力，这一最薄弱环节有所改观，涌现了一大批论著，具体介绍见王云路（2001）《百年中古汉语词汇研究述略》、方一新（2005）《20 世纪中古汉语词汇研究》及方一新、郭晓妮（2010）《近十年中古汉语词汇研究的回顾与展望》。纵观中古汉语词汇的研究，呈现出"一多一少"的局面。"字面生涩而义晦"词语研究得多，"字面普通而义别"词语研究得少。

常用词研究的缺失，词汇学史就不是完整的词汇学史研究。张永言、汪维辉（1995）："目前语言学界还存在着一种模糊认识，有意无意地将训诂学和词汇史混为一谈，以为考释疑难词和抉发新词新义就是词汇史的全部内容。这种认识对词汇史研究的开展是不利的。""不对常用词作史的研究，就无从窥见一个时期的词汇的面貌，也无从阐明不同时期之间词汇的发展变化，无以为词汇史分期提供科学的依据。"之后汉语常用词的研究进入良好的发展局面。发展至今，常用词的研究有所改观，但是相对语言学其他方面而言，还是不够，特别是南北朝时期常用词研究的成果显得更为薄弱。

常用词研究有其广阔的前景。王云路（2000：280）"常用词研究工作前景广阔。应当对中古时期重要典籍的常用词一部一部进行研究，即专书常用词研究；要进行断代常用词研究，进而进行汉语常用词历史的全面研究；要编纂断代常用词词典，以后逐步编纂通代常用词词典；要有《中古常用词概论》这样的通论性著作，进行理论的讨论，从而分析常用词的演变规律"。王先生提出的前景很美妙，可是现实研究基础还很薄弱，成果还不是很多。

上古、中古汉语研究是近代汉语、现代汉语研究的基础。之前，黄树先师和郑春兰、吴宝安、施真珍、龙丹等老师分别对先秦汉语、甲骨文、两汉、魏晋核心词进行了专门研究。上古至中古，仅南北朝时期核心词没有进行专门的研究，我们从南北朝入手研究该时期的核心词。

二　选题的意义

1. 有助于历史性汉语辞书的修订与编纂。《汉语大字典》《汉语大词典》是我国辞书中的两颗璀璨明珠，然其还是存在一些瑕疵。这些瑕疵的形成很多都与我们汉语史研究欠缺有关。两部辞书编纂之前，中古汉语的众多疑难字、词还待考证，这就造成了辞书中疑难字、词释义欠妥，或者字词漏收等情况出现。常用词的释义、用例也不是毫无差错。例如："果"。《汉语大字典》《汉语大词典》《现代汉语词典》这几部具有代表性的辞书对于"果"义项的设立有很强的一致性。对于与"树"有关的义项仅仅立了一个"植物所结出的果实"。该义项用于以下例子中也许不是很恰当。

①湛之更起风亭、月观，吹台、琴室，果竹繁茂，花药成行，招集文士，尽游玩之适，一时之盛也。《宋书·卷七十一》

②夏四月庚子，诏工商杂技，尽听赴农。诸州郡课民益种菜果。《魏书·卷七上》

③聪遂停废于家，断绝人事，唯修营园果，以声色自娱。《魏书·卷六十八》

④于京城之西，水次市地，大起园池，植列蔬果，延致秀彦，时往游适，妓妾十余，常自娱乐。《魏书·卷七十一》

⑤诸应还之田，不得种桑榆枣果，种者以违令论，地入还分。《魏书·卷一百一十》

⑥颜斐为京兆，乃令整阡陌，树桑果。《齐民要术·序》

以上例子，我们认为把"果"释为"果树"也许会更准确一些。认知语言学认为：转喻倾向于用具体的有关联的事物去代替抽象的事物。在"树"这个框架中，"果树"凸显出来，所以"果"就自然会成为"树"的替换品。基于此，我们认为"果"自然就会具有"树"之意义。"果实"与"果树"常用一个词来表示，这是很多语言的共性，外文辞书中对此设立两个义项，汉语辞书也许设立两个义项要好一些。

2. 有助于南北朝汉语、汉语词汇史的研究。"南染吴越，北杂夷虏"，南北朝长达二百年的分割而治，二百年间汉语的面貌究竟发生了怎样的变化？他们相同几何？相异又体现在哪些方面？这都是汉语史不可回避的问题。历来大家对南北朝汉语的研究，更多的是侧重于疑难词语的考释，这些考释成果对于南北朝汉语的面貌确实有一定的促进作用。但是常用词是汉语中的最基本的词汇，如果最基本词汇都没有弄清楚，疑难词语考释得再完美，对南北朝汉语、汉语词汇史来说都不是成功的。张永言（1995：411）："词汇史的研究不但不应该撇开常用词，而且应该把它放在中心的位置，只有这样才有可能把汉语词汇从古到今发展变化的主线理清楚，也才谈得上科学的词汇史的简历。"我们的研究是基础性工作，但是这个基础是建立南北朝汉语以及汉语词汇史的坚实基石。

第二节 语料的选择

南北朝虽然社会动荡不安，但是文化发展较好，在将近二百年的时间里出了很多引人注目的书籍。注疏类：皇侃《论语集解义疏》、郦道元《水经注》；史书类：沈约《宋书》、萧子显《南齐书》、魏收《魏书》；

与宗教有关的：慧皎《高僧传》、周子良和陶弘景《周氏冥通记》、僧佑《弘明集》、杨衒之《洛阳伽蓝记》；口语性较强的：刘义庆《世说新语》、贾思勰《齐民要术》、颜之推《颜氏家训》。还有后人集校勘而成的材料，如：清代严可均辑的《全上古三代秦汉三国六朝文》中的"南北朝文"，逯钦立辑校《先秦汉魏晋南北朝诗》中的"南北朝诗"以及赵超《魏晋南北朝墓志汇编》中的"南北朝墓志"，等等，这些材料都是进行南北朝词汇（包括核心词）、语法研究的好材料。如果我们能对南北朝的所有语料中核心词进行详细的描写，相信能对南北朝核心词的基本面貌有个比较清楚的认识。但是由于本人才疏学浅，故选择其中一些代表性书籍进行研究。

我们按照以下标准来选择代表性书籍：第一，语料性质最好相同（也是我们选择的重要标准）。第二，时代最好相当。第三，南朝语料和北朝语料字数也尽量相近。

根据以上标准，我们选择沈约《宋书》、魏收《魏书》、刘义庆《世说新语》、贾思勰《齐民要术》这四部书来进行考察。

《宋书》《魏书》是史书材料。王云路（2000：147）："唐以前古籍散失严重，而五部史书以其正史的特殊地位得以基本完整保存下来，无论是从材料的真实性上看，还是从篇幅数量上看，在同时期的中土文献中都是罕有其俦的，值得充分重视。"但是，史书材料的语料年代认定，学界存在四说。第一，以史书所记载的年代定①。第二，以作者写作年代为依据②。第三，主张把史书分为记事、记言两部分。记事部分可以断为成书年代，记言部分则断为说话人所处的时代③。第四，史书材料分原始材料和其他材料。方一新等（2000）云："（原始材料）它们虽然也还有史书作者加工润色、以意裁剪的可能性，但原则上应可认定为当朝人的作品。把这部分材料一概当作史书成书时代的资料来对待，当有不妥。""原始材料以外的部分都属于其他资料，包括记事和记言两大类。史书中的叙事评赞语属于记事成分。作者在记叙史实时肯定参考、采用了许多前代史料，但是这种参考、采用绝非照抄照搬，而是经过一定的整理沙汰、修改加工后才写入史书的。理应看作是史书作者年代的语料。史书中的人物对

① 郭在贻：《郭在贻语言文字论稿》，浙江古籍出版社1992年版，第330页。
② 朱庆之：《佛典与中古汉语词汇研究》，台北文津出版社1992年版，第59页。
③ 柳士镇：《魏晋南北朝历史语法》，南京大学出版社1992年版，第96页。

话和言论属于记言部分。这部分内容的语言相对浅显，靠近生活，很难排除作者增删改易乃至再创造的可能性。……因此，记言部分内容从原则上讲应该视同为史书作者年代的语料。"①

我们在处理史书语料的时候，就采用王云路、方一新两位先生的标准。依据此，我们把两部史书中的记言、记事部分都看成作者年代的语料，沈约生于441年，卒于513年。魏收生于506年，卒于572年。两人年龄虽有相差，但相差不是太大，故可以用来比较。

《世说新语》《齐民要术》成书年代相距较远，把二书放在一起来比较有些"硬配对"的感觉。但是二者也不是毫无可比性，最重要的一点就是两书口语色彩很浓。汪维辉（2007：7）："《要术》语言的口语性首先是表现在词汇上，它使用了一大批当时的口语词。其次是反映在语法上，有不少中古时期新兴的语法现象。"张万起（1993：1）："《世说新语》是南朝刘宋刘义庆所撰的一部笔记小说，它在中国文学史上占有重要地位。由于这部书口语性较强，能够反映魏晋南北朝时期的语言面貌，因此也为语言学家们所重视，成为研究中古汉语的重要文献。"《齐民要术》共85140字②，《世说新语》共79388字。按照我们前面定的三个标准来衡量这两部书，它们唯一的缺点就是年代相差有些大。但是正如汪维辉（2007：175）所言"南北朝时期缺乏'优质语料'（这是中古汉语研究的主要困难之一），也只能先这样'矮中取长'了"。

《宋书》《魏书》《齐民要术》《世说新语》（以下当它们一起出现时，简称"四书"）版本很多，选择合适的、价值更高的版本，才能为我们提供更好的语料，这是我们研究的保障。太田辰夫（1987：373）："在语言的历史研究中，最主要的是资料选择，资料选择怎样，对研究结果起着决定性作用。"结合前人的研究，我们选择以下四个版本作为我们调查研究的对象。

（梁）沈约：《宋书》（全八册），中华书局1974年版③。

---

① 方一新、王云路：《六朝史书与汉语词汇研究》，王云路、方一新主编：《中古汉语研究》，商务印书馆2000年版，第147页。

② 这里所说的字数，是指我们把《齐民要术》中引用前代的语料全部删除后剩下的数字。统计《世说新语》《齐民要术》字数、研究所用版本问题我们在后文交代。

③ 《宋书》版本流传具体见张徽《〈宋书〉校注》，博士学位论文，苏州大学，2009年。

（北齐）魏收：《魏书》（全八册），中华书局 1974 年版。①。

缪启愉：《〈齐民要术〉校释》（第二版），中国农业出版社 1998 年版②。

余嘉锡：《〈世说新语〉笺疏》（修订本），上海古籍出版社 1993 年版③。

这里需要说明的是，我们还要借助于《国学宝典》全文资料检索系统，对于"四书"我们通过检索后，再回到这四个版本中去核实语料的真实性。我们已经建立了新的《齐民要术》文档，该文中把《齐民要术》中引用前代的文献全部删除了。通过这样一些途径来确保我们调查出来的语料的可靠性。

第三节　国内外研究概况

一　扎实朴学，硕果累累——"四书"词汇研究的现状

"四书"在南北朝时期属于重要的语料，学人自然会对它们进行关注、研究。经过长期努力，"四书"词汇研究，总体态势良好，硕果累累，主要表现在以下方面。

1. 在专书点校中进行词汇的训释。点校是文献研究的基本起点，在点校过程中，作者对"四书"进行词语的训释。张元济《百衲本〈二十四史〉校勘记》，成孺《〈宋书·州郡志〉校勘记》、杨守敬《〈宋书·州郡志〉校补》、杨勇《〈世说新语〉校笺》、余嘉锡《世说新语笺疏》、徐震堮《世说新语校笺》、石汉声《〈齐民要术〉今释》、缪启愉《〈世说新语〉校释》等，这些书中都或多或少地对所相关词语进行了训释。

2. 专书词汇研究。专书词汇研究是研究断代词汇的基础，"四书"都

---

① 《魏书》版本流传具体见呼叙利《〈魏书〉复音同义词研究》，博士学位论文，浙江大学，2006 年。

② 《齐民要术》版本流传具体见缪启愉《〈齐民要术〉校释·前言》，中国农业出版社 1998 年版，第 6 页。

③ 《世说新语》版本流传具体见罗国威《〈世说新语〉·序》，张永言《〈世说新语〉辞典》，四川人民出版社 1992 年版，第 2 页。

有学者对它们进行过专书词汇描写。宋闻兵（2009）《〈宋书〉词语研究》对《宋书》中的新词、新义、评赞类词语以及双音词的发展作了较为详细的论述，同时，还考释了《宋书》33个疑难词。万久富（2006）《〈宋书〉复音词研究》探讨了《宋书》中复音词的结构、语义特点、新词新义、联合式同素异序复合词、复音虚词等词汇问题。李丽（2006）《〈魏书〉词汇研究》对《魏书》中的外来词、俗语、谚语、专有名词的类型、音节特征、语义特征作了阐述。呼叙利（2006）《〈魏书〉双音同义词研究》分析了《魏书》中双音同义词的特点、类型、来源，而且具体对235个双音节名词，206个双音节动词，157个双音节形容词作了描述。汪维辉（2007）《〈齐民要术〉词汇语法研究》对《齐民要术》中的常用词、新词、新义、疑难词等作了详尽的描写。张永言主编（1992）《〈世说新语〉辞典》、张万起主编（1993）《世说新语词典》应该是《世说新语》词汇研究的代表性成果，都对《世说新语》中的词作了穷尽式的描写阐述。张振德等主编（1995）《〈世说新语〉语言研究》从语法、词汇两方面作了一些讨论，词汇方面主要对新词、新义、联绵词等作了一些探讨工作。

3. 断代通论性词汇研究。在中华人民共和国成立以前，人们主要关注于史书中词语的训释，其他文献词语考释著作不是很多。中华人民共和国成立后，特别是20世纪80年代后，这种状况有了改变，针对南北朝时期的各种文体的词语都有训释。例如：周一良《魏晋南北朝史书札记》、刘百顺《魏晋南北朝史书词语考释》、方一新《东汉魏晋南北朝史书词语笺释》、江蓝生《魏晋南北朝小说词语汇释》、蔡镜浩《魏晋南北朝词语例释》、方一新和王云路《中古汉语语词例释》、董志翘和蔡镜浩《中古虚词语法例释》。王云路的《中古汉语词汇史》、方一新的《中古近代汉语词汇史》，两书当中都对"四书"词汇有所涉及，特别是前者，该书对中古汉语词汇中新词、新义、虚词、成语、外来词等作了纲领性的阐述，还从理论角度对汉语复音化的动因、方式作了探讨，并且该书为常用词设立了专章进行研讨。

4. "四书"词汇类单篇论文众多，增加了该研究的厚度。随着中古汉语研究的升温，中古重要语料的单篇论文出现得越来越多。据我们所查，仅《世说新语》一书在2010年就发表了50多篇相关论文。纵观"四书"词汇单篇论文，成果主要集中在以下几个方面：疑难词语考释、新词新义、语词探源。

董志翘（2007a；2007b；2008）、方一新（1990；1991；1994；1998；2002）、汪维辉（1996；2000）、阚绪良（2004）、蒋宗许（1995；1996；1998）等分别撰文对《世说新语》中疑难词进行了深入的探讨。杜纯梓（2006；2007）、张诒三（2001a；2001b）、黄征（2003）、李丽（2010）等对《魏书》中的俗语、疑难词、新词、新义。常志伟、解芳、万久富、丁福林对《宋书》中兼类词、复音词等进行了考释。汪维辉（2002）、阚绪良（2003）、田冲（2009）、化振红（2009）、陈泽平（2007）、程志兵（1999；2004；2005）等具体分析了《齐民要术》部分新词、新义以及词语的语源问题，也考释了一些疑难词、方言词。单篇论文而言，在《齐民要术》的词汇研究上程志兵用力较勤。其文章中共收录了近 60 条词语，用来补充《汉语大词典》在词条书证方面存在的不足，且罗列了近 70 条《汉语大词典》所引书证过晚及其未收的新词新义。

南北朝"四书"词汇的研究在获得丰收的时候，也显现出一些不足。我们认为南北朝词汇研究以下几点还需要加强。

①核心词研究还有待加强。南北朝词汇研究发展至今，成果比较喜人，但是在众多的成果中，核心词研究却少得可怜。除刘俊（2007）《〈颜氏家训〉核心词》专书核心词研究之外，其他的核心词研究都是在其他著作间或提及，少有进行专门研究。

②南北朝时期词汇接触研究大有前途。南北朝时期，民族接触频繁，必然影响到语言的发展，既有汉语对民族语的影响，也有民族语对汉语的影响。然而，这方面的成果却还不是很到位，史有为（1984；2000；2004）对汉语外来词进行了专门的收集整理研究，王力《汉语史稿》、向熹《简明汉语史》等都间或对汉语外来语做了一些探讨。但是这些成果不是针对南北朝断代进行的，更多的是汉语史的成果。

③方法论上亟待改善。汉语史研究的常规方法在核心词研究中得到了广泛应用，近二三十年，人们把语义场引进汉语词汇史研究中来，但是方法还是比较单一，学者们还必须考虑引进新的方法来促使汉语史的发展。

二　螺旋上升，方法给力——核心词研究的现状

"常用词""核心词"两个术语在学术论著中时常可见，经常被人混用。两者是不是等效呢？还是有必要对它们进行"正名"。

（一）名不当，言不顺——常用词与核心词差异之我见

何为常用词？常用词的称呼源于何时？王云路（2000）对常用词研究的重点、方法等相关问题作了详尽、精当的阐述。

常用词称呼源自何时？王云路（2000：266）："研究常用词的历史从严格意义上讲并不长。从近、现代说，常用词研究当首推张相。"张相（1945）："其字面生涩而义晦，及字面普通而义别者，则皆探讨之列。"也可以说常用词滥觞于张相，但是张相还是没有提出常用词的概念，其提出的"字面普通而义别者"，也许认为基本词更恰当。"常用词"一词真正提出者当为王力。王力在1956年版的《古代汉语》教材中设立了"常用词"栏目，然而非常可惜的是王力先生也没有对常用词的定义做出任何阐述。不过我们从他所列举的常用词来看，其实《古代汉语》中的常用词基本等同于其在《汉语史稿》中提出的基本词汇。在研究中，众多学人还是把常用词与基本词等同起来。只不过两者使用的"框架"背景不同，"基本词汇"一般用于同"一般词汇"区别，而"常用词"更多地趋向于在现实生活中的使用。

王云路（2000）认为："从广义上说，基本词汇中的很大一部分可以是常用词，常用词却不一定都是基本词汇；基本词汇具有极长久的稳固性，而常用词汇却可以随着时代的推移发生一定变化。"继而提出了她对"常用词"的界定。王云路先生认为常用词具有以下几个特点："一、义项丰富；二、使用频率高；三、构词能力强；四、字面普通；五、含义相对稳固。"

汪维辉（2000）在《东汉—隋唐常用词演变研究》中也对常用词作了一个界定，原文如下：

　　本书所说的"常用词"，跟词汇学上所用的概念含义有所不同。首先，"常用词"是跟"疑难词语"相对待的一个概念，一般而言，本书所研究的对象是从训诂学的立场看基本上没有考释必要和价值的那一部分词。其次，使用频率不是本书确定常用词的主要依据，更不是唯一依据。我们所说的常用词，主要是指那些自古以来在人们的日常生活中都经常会用到的、跟人类活动关系密切的词，其核心就是基本词。第三，有些词虽然很常用，但跟词汇的历时更替关系不大，也不在我们的讨论范围之内，比如专有名词、一些新生事物的名称。（如魏晋南北朝时期产生的众多佛教名词、现代汉语中的"电视"

"出租车"等。）

汪先生在上述论断中虽然说常用词判定不强调词频，但是不等于说不考虑词频，其在后文云："常用词的用性决定了它的出现频率高，使用范围广。"

"核心词"又是怎么一回事呢？黄树先师（2004：114）作了概述性的阐述，原文如下：

> 核心词是基本词汇中的基本词，每一个语言都应该包括这部分词。核心词有较好的稳定性，在相当长的一段时间里，这些词都有较为稳定的语音形式和较为准确的含义。
>
> 拿什么作为标准来确定核心词，并不是一件容易的事。W. Swadesh 认为，任何语言中的词根、基本的日常用语组成的那部分词变化的速度总是比较固定的。W. Swadesh 先编制了《二百词表》，在此基础上编定《百词表》。国际上大多以《百词表》为依据，把它作为语言中核心词的标准。语言是复杂的，选编一个通用词表，是一件很困难的事情。《百词表》尽管有缺点，或者说并不一定完全符合汉语的情况，但因为它是国际语言学界通行的词表，仍是我们研究汉语核心词的重要依据。最近国内学者根据汉语以及汉藏语情况制订的核心词表也值得我们重视。

陈保亚（1995：20）对核心词作了如下阐述：

> 问题在于什么是基本词汇和核心词。李方桂、邢公畹、罗美珍、郑张尚芳等找到的有语音对应的汉台关系词有不少是最基本的生活词汇，还有不少包括斯瓦迪士（M·Swadesh）在 20 世纪 50 年代提出的 200 个核心词中。由于目前国内外还没有人拿出更合理的核心词体系（这本身是一项非常困难的工作），斯瓦迪士的 200 个核心词一直是多数国内外学者在调查研究中共同默认的一项重要参考标准。

根据以上介绍，我们认为"常用词"与"核心词"存在一些差别。例如：

①理论背景不同。"常用词"是汉语研究中大家把目光主要集中于"字面生涩词语"的考释，而忽视"字面普通而义别"词语的训释背景下提出的，主要是从使用词频来讲的。"核心词"是在斯瓦迪士受到放射性碳元素运用于年代推算的影响，提出运用核心词去推断语言年代的。M·Swadesh（1956：96）："任何生物都含有一定的放射性碳，生物体死后，碳的不稳定的同位素衰变为氮，因此可以根据氮的多少去测量生物死去了多长时间。词汇统计学的年代推算运用完全不同的材料，但是原理一样。"这一论点提出后，核心词在语言年代的推断上起到了一定的作用，之后，更多学者把它运用到语言亲属关系判断中。核心词是研究词在词汇中的地位而言。

②研究内容侧重点不同。对于常用词研究内容，王云路（2000：276）先生有很好的阐述，原文如下：

　　（2000：276）以上是从古至今没有变化的常用词，但这并不是说中古常用词一成不变，有些中古常用词一直延续到现代汉语中，有些则当时流行而现代汉语中已经消失，有些是含义发生了或轻或重的变化，凡此，都需要我们花大力气去研究。不但要探讨单个词语的语源和变化，看清它们在早期是什么形态，之后有什么发展，延续到什么时代，还要发现词与词之间的联系，发现某类词语构成和演变的原因或条件。

　　（2000：280）中古时期的常用词研究应当包括以下内容：（一）中古常用词对先秦语词的继承；（二）中古新产生的常用词；（三）中古常用词对后世的影响，尤其是中古常用词与现代汉语的关系；（四）单个常用词的产生与发展；（五）同义常用词的变化与更替；（六）常用词和常见用法的形成与变化。

核心词刚开始主要运用于研究语言年代，斯瓦迪士在这方面成果显著。在汉语界，核心词更多的是用于语系的比较和上古汉语语音的拟构。黄树先师（2010：76）："核心词是词汇中最主要的部分，词汇的奥秘必须依靠核心词的研究才有望解开，要想完成这个任务，对核心词作比较研究应该是最为有效的。本文认为，汉语核心词研究应该放在汉藏语系比较中完成，而汉藏语系核心词的比较又必须以汉语为依托。"

③研究手段不同。常用词大多局限于汉语内部的研究，早期一般使用排比归纳的方法研究常用词的词义，发展到后来，汉语常用词研究有了新发展，对常用词进行共时描写和历时分析，探讨其演变规律。21世纪，黄树先师带领其博士生引进"语义场"，对常用词进行了深入探讨。而"核心词"研究，就不是仅仅局限于汉语内部材料，主要是借助其他语言材料同汉语材料进行对比研究，它的研究更多趋向于类型学手段。

常用词和核心词有一些差别，但是在具体的操作过程中，两者又是一种水乳交融的状态，不易分开。两者常常出现混用的情况，黄树先师（2004：114）云："从汪（维辉）文的表述来看，他的常用词相当于我们所说的'核心词'。（注：该段文字在黄老师文章的脚注中）"因核心词的研究既要考察汉语内部材料，也要结合其他语言材料，故我们更倾向称其为"核心词"研究。

（二）核心词研究现状

汉语词汇研究成果简介有很多，学者从不同角度对其进行过阐述①。本文拟从核心词研究的手段入手，把核心词研究分为汉语内部核心词研究和类型学核心词研究来进行阐述。

1. 汉语内部核心词研究，顾名思义，就是研究汉语核心词时，把主要精力放在汉语内部材料上，通过梳理汉语内部材料，厘清核心词发展演变。② 这类核心词研究，是核心词研究的基础工作。王云路先生（2000）对这类核心词研究的任务作了概论，前文已经交代，此不赘述。纵观这类核心词研究，体现了以下研究趋势。

①侧重于汉语文献材料的核心词发展演变研究。

王力是首次提出常用词概念，并亲自实践的第一人，他在《汉语史稿》中对名词、动词、形容词的更替演变作了探讨。尔后，蒋绍愚、张

---

① 王云路（2000）《汉语常用词漫谈》；王云路（2001）《百年中古汉语词汇研究述略》；王云路（2003）《中古汉语词汇研究综述》；方一新（2005）《20世纪中古汉语词汇研究》；方一新等（2010）《近十年中古汉语词汇研究的回顾与展望》；杨世铁（2010）《汉语常用词研究说略》；郑春兰（2007）、吴宝安（2007）、龙丹（2008）、施真珍（2009）、陈孝玲（2009）、胡晓东（2009）以及即将毕业的诸位师姐的博士毕业论文中皆有论述。

② 如果在世界语言背景中去考察，其他语言中肯定也有仅考察本民族语料去探讨本民族核心词发展演变的成果。毕竟厘清本民族核心词演变发展是基础性工作，如此说来，其实这类核心词研究也就可以叫一种语言内部核心词研究。划分时我们称"汉语内部核心词研究"，这个称呼毫无褒贬之义，旨在为了阐述的方便，在我个人看来人类的任何一种研究都是有意思的。

永言也积极主张加大常用词演变的力度。经过多年的研究，这类成果不少，虽然都是运用汉语文献材料，可是这些成果的侧重点还是不同。一种是着眼于个别的字词，一个一个地讨论。比如张永言（1985：12）《关于两晋南北朝的"书"和"信"》，文章重点分析了"书"表"信"的时间以及两者的演变。张永言、汪维辉（1995：401）《关于汉语词汇史研究的一点思考》，全文着重分析"目/眼""足/脚""侧畔旁（傍）/边""视/看""居/住""击/打""疾、速、迅/快、驶""寒/冷"这八组常用词的发展演变。这八组常用词之间可以说没有任何联系，每组都可以单独成篇。蒋绍愚（2008：55）《五味之名及其引申义》对"甘、苦、辛、咸、酸"演变成"甜、苦、辣、咸、酸"作了详尽的论述。汪维辉（2000）《东汉—隋唐常用词演变研究》是其杰出之作，作者在书中考察、分析了41组常用词的历时更替。朱葆华（2005）在《〈原本玉篇残卷〉文字研究》中使用了一种独特的方法调查南北朝常用词。作者在文中通过对辞书中反切用语归纳，调查出南北朝常用词，可惜的是作者对梳理出来的常用词没有继续深入下去研究。

　　另外一种研究角度就是以语义场为基本单位，在语义场中探讨常用词的发展演变。这类研究的代表人物是蒋绍愚。蒋先生（1993：91）《白居易诗中与"口"有关的动词》对与"口"有关的四组动词进行分析，并对这些词从六朝到五代的历史演变作了详细考察。这类常用词研究与前者还是有比较大的区别，该文中每一组都可以组成一个语义场，文章不但阐述每个核心词的发展演变，还阐述该语义场的发展演变。近年来，黄树先师的学生在其"语义场—词族—词"的思想指导下，形成了较大规模的断代常用词研究。郑春兰（2007）《甲骨文核心词研究》、吴宝安（2007）《西汉核心词研究》、龙丹（2008）《魏晋核心词研究》、施真珍《后汉书核心词研究》（2009）等师姐的博士学术论文，都是以《百词表》为核心建立语义场，对断代核心词进行了详尽的共时描写和历时比较。同时，黄老师的一些硕士生也从专书角度以《百词表》为基准，以语义场为单位对一些专书核心词进行了描写。

　　②侧重从语法角度入手的核心词研究。

　　核心词不能仅仅考察其语义的发展演变，词的变化，包括很多方面，如词义、语法还有语音等方面，但是前期核心词研究主要集中在语义上，其他方面研究进展缓慢。在核心词语法研究方面，李宗江（1995）开了一个好头，他在《汉语常用词演变研究》中研究汉语核心词的虚化问题。之后，张谊三（2005）又开始探讨核心词的组合变化发展。其在《词语搭配变化研究——以隋前若干动词与名词的搭配变化为例》中对少量的核心词在隋以前和名词的搭配情况进行了共时和历时的研究。冯凌宇（2008）《汉语人体词汇研究》再次扩大了核心词语法研究的范畴，作者认为量词也是一种特殊的虚词，在书中作者具体阐述了"头""面""手"的虚化和量化。

③文献材料与方言材料结合起来研究核心词。

以上两种都侧重于汉语文献研究，极力搜集汉文献材料去阐明核心词的演变。从事汉语研究，除了关注浩瀚的文献材料之外，我们还不能忘记取之不尽、用之不竭的方言材料。运用方言材料进行词汇研究，在我国历史悠久，段玉裁《说文解字注》中就常常利用汉语方言材料来证明词义。常用词的研究本不应该忽视方言材料的利用。汪维辉核心词研究最能体现核心词研究的这种转变。早在20世纪90年代，汪先生对核心词的研究，主要利用的是汉语文献材料，但是到了21世纪初，汪先生已经开始利用方言材料来阐述核心词的演变了。汪维辉（2005）《几组常用词历史演变的考释》中对"足/脚"考释开始运用方言材料。"今天吴方言大部分地区管腿叫脚，如宁波话让人把腿伸直就说'脚伸直'，人死了可以说'脚一伸去了'。而且从当时的语言习惯来看，此例'伸脚'的'脚'恐怕解释成'腿'才符合原意。"尔后，汪维辉（2010：299）《汉语"站立"义词的现状与历史》加大了对方言材料的利用。文章首先对现代汉语"站立"语义场中常用词在各大方言点的使用、布局作了相当全面的调查，接着从历时的角度去分析该语义场中常用词的演变发展。还有，解海江、李如龙（2004）《汉语义位"吃"普方古比较研究》，该文对"吃"义位的词进行了古、普、方立体研究，探析了差异的原因。从严格意义上讲，此类核心词研究已经演化为比较核心词研究，而从宽泛意义上讲，它也属于类型学核心词研究。这也是核心词研究的一个很好路子，然而，这类成果还不是很多，还需学者们努力。

（三）类型学核心词研究

类型学核心词研究，即在进行汉语核心词研究时，不仅要关注汉语内部材料，同时也注重汉语语系语言材料和其他语系的语言材料。伍铁平（1991）："语言类型学研究同一语系或不同语系的语言和方言的共同特征，并据此对这些语言进行类型上的分类，因此它是普通语言学的一门分学科。"

①汉藏语系类型学核心词研究。

孙宏开（2009）：汉藏语系是中国语言学界的"哥德巴赫猜想"。这个猜想还有很多需要解开的结。比如说，汉藏语系分类①，亲属关系证明，等等。如何证明，拿什么证明，这是这个猜想中一个比较重要的问题。由于核心词具有较强的稳固性，多数学者就自觉地选择了核心词作为比较的基本对象。这方面成果较多，马学良（1991）《汉藏语概论》、吴安其（2002）《汉藏语同源研究》、吴安其（2006）《历史语言学》、陈保亚（1996）《语言接触与语言联盟》、丁邦新、孙宏开（2000）《汉藏语同源词研究》、黄树先（2003）《汉缅语比较研究》等论著从语源、语言接触等角度对汉藏语系常用词进行了深刻的对比研究。

汉藏语研究离不开汉语核心词研究，其实两者相互促进，汉藏语的研究也将进一步加深汉语核心词的研究。李方桂（1980：103）曾经说："将来大部分汉语历史问题，还得靠跟别的语言像西藏话、缅甸话及境内少数民族语言像彝话来比较，希望将来各种比较的研究跟中国本身语言的研究，能够凑合到一块去可以把各方面的问题美满解释。"近些年，就有不少学者利用汉藏语研究的成果很好地解决了一些汉语核心词的来源及其演变问题。例如：张永言（1984）《论上古汉语的"五色之名"兼及汉语和台语的关系》，作者先整理上古汉语中"五色"词语，接着再将其和民族语言进行对照研究。黄树先师（2007：84）："我们主张首先依据被比较语言的语义，建立一个语义场；在这个语义场之下，再系联同族词；同族词里，再拿单个的字词进行比较。这种研究的思路，简单来说就是'语义场—词族—词'的比较模式。"黄老师（1993；1994；1996；1998；2000；2003；2004；2005）除了亲自实践探索外，还指导陈孝玲（2009）《侗台语核心词研究》、胡晓东（2009）《瑶语研究》运用该模式以核心词为纲进行研究。

②跨语系类型学核心词研究。

早期的跨语系核心词研究，成果主要集中在教学研究以及不同文化的

---

① 我们比较赞同李方桂提出的汉藏语系包括四个语族，即汉语、侗台语、苗瑶语、藏缅语。后文指的汉藏语系即为李先生所指。

比较。这类成果与我们南北朝核心词研究距离有些远，故在此不予阐述。

还有一类对比词义研究。这类研究主要是以汉语为中心，用其他语系中的一种来进行比较。而且这种词义的研究把重心放在现代汉语和外语比较，较少阐述汉语的发展演变，从事研究者大多为我国从事外语教学研究的教师。这类研究成果主要有潘文国（1997）《汉英语对比纲要》、潘文国（2006）《对比语言学——历史与哲学思考》、王逢鑫（2001）《英汉比较词义学》、王福祥（2002）《对比语言学论集》、许余龙（2005）《对比语言学》等专著都涉及跨语言核心词的比较研究。黄东晶（2001）《俄汉代词指示语对比研究》、吕春燕（2009）《中日移动动词的认知语言学对照研究》、黄碧蓉（2009）《人体词义语义研究》等都针对两种语言中的某一类核心词进行研究。在类型词汇研究上最杰出的当属伍铁平。伍铁平（1981；1982；1983；1984；1985；1986；1988；1990；1991；1993）撰写了一系列高质量的文章，分别对类型语言学（主要指词义）的定义、意义、方法等方面作了理论性概述，而且作者还对具体词语的词义进行了探讨。伍先生与之前学者的重要差别在于语料的丰富性，伍先生文章中英语、法语、俄语、德语等语种随处可见，收集了多种语言材料来进行类型比较。王力（1982：54-55）对此方法也曾有过尝试，但日后就没有了下文。

最后一类就是比较词义研究①。这种研究与之前的对比词义研究有些相似，又不尽相似。最重要的一点就是，比较词义研究不仅尽量整理其他语系的语料，同时也非常注重汉藏语系语料的收集整理。黄树先师（2010）："我们认为，研究词义，不仅应该跟亲属语言比较，更应该把视野放得更远一些，就是要跟其他语言进行比较。近年来，我们主张用比较词义的研究思路来研究汉语词义。所谓'比较词义'，就是拿汉语词义跟其他语言进行比较。这些语言包括有共同来源的亲属语言，也包括没有发生学关系的其他语言。跟这些语言进行比较，就是看同一个词义（或者叫概念），有哪些共同的演变模式。"（来源于黄老师博客文章，博客地址：http://hsx9811.blog.163.com/）

这种研究称为"比较词义"，不是因为局限于一种语言的比较，而是另有其因。黄树先师（2010）："曾有朋友建议我们，不如把'比较词义'改称'词义类型学'。但我觉得还是'比较'词义这个说法好。一是我们

---

① 如果按照潘文国老师的论述，这种比较词义应该是对比词义研究。

多年来一直拿汉语跟亲属语言进行比较，对'比较'这个词有感情。主要的，如果是类型学，就要充分考虑语言的多样性，不同地区、不同类型的语言，要占有不同的份额。我们现在所掌握的语言实在有限。在这篇文章的开头，我们对前辈学者在比较词义上的探究和取得的成果，有简单的回顾。"（来源于黄老师博客 http：//hsx9811.blog.163.com/）我个人理解，这种称呼，除了黄老师所说的原因之外，其实还透露出黄老师稳健的研究思路，即从事汉语研究，汉语是基础，不但要梳理汉语文献材料，同时不要忘记汉藏语系材料，还要尽可能地考虑其他语系的材料。这种研究首创当为黄树先师，黄老师自 2008 年以来，撰写了多篇高质量论文。例如：（2008）《比较词义研究："薪柴"与"燃烧"》、（2009）《汉语及其亲属语言的"日"和"首"》、（2009）《服饰名和身体部位名》、（2010）《说"享福"》、（2010）《食物名探源》等。这些文章在广阔的语言背景下进行，探讨核心词词义演变发展的规律及其动因。

综上所述，我们可以清楚地认识汉语核心词研究的艰难过程，在这个艰难过程中，核心词研究每前进一步都得益于研究方法的改善。故云：螺旋上升，方法给力。

第四节　研究步骤、难点、特色

一　研究步骤

南北朝核心词，顾名思义，本应当对该朝代的核心词作全面的描写，而全面描写的一些前提条件，还有些不成熟。故本课题拟对比较可信的"四书"核心词作比较详尽的描写，这虽然是一种管中窥豹的做法，但还是有作用。

在充分调查语料的基础之上，我们将以《百词表》为纲，建立一个比较全面的南北朝核心词语义场。场中成员众多，我们提选出其中表示属、类等总称概念以及具有代表性的个体作为研究对象。具有代表性的个体的判定，主要依靠日常生活中经常使用频率较高，且在历时发展中词义有发展演变的成员。选择出研究对象后，我们将对其进行穷尽式的共时描写，摸清楚这些核心词在南北朝时期的使用状况，考察它们的组合、集合关系。在此基础上，我们再尽可能地对这些调查对象进行历时演变作一些初步的阐述，调查这些成员的词义发展演变过程。

通过共时、历时的描写，我们能够对南北朝核心词在古书中的词义有一个大致了解。再结合该核心词在现代汉语的词义使用的实际情况，去调查英语、法语等语料中与此核心词对应的外语词词义。通过对比的方法，去发现语言词义演变的共同方式、途径。同时，我们还尽可能地运用认知语言学的一些原理、方法，去解释人类词义演变共同途径的动因。

二　本研究的难点

1. 历史语料的鉴别：本文使用的语料应该说是南北朝传世文献中最有代表性的语料，但是它们都属于"后时语料"，"后时语料"情况复杂，"史书"就是一个很好的代表，前文已阐述，此不赘述。《齐民要术》语料也是很复杂，引用前代书众多，且文中的注语也不能等同视之。唯一好一点的就是《世说新语》，但是它也不是完全可靠。历史语料的复杂性要求我们不能仅仅靠计算机检索，必须有人工的鉴别。这个工作量非常庞大，很多核心词，检索出来上千条，我们必须一个一个地核实，增加了工作的难度。

2. 对比语料的搜集整理：用来比较的外语语料毕竟不是我们最熟悉的语言材料，搜集起来肯定吃力。纵然把核心词对比语料搜集起来了，那哪个词与之对应比较，是否恰当，该如何比较，这些我们都必须考虑，所以说工作难度是可想而知的。

三　本研究主要特色

1. 南北朝核心词共时描写：南北朝核心词的研究，成果不是很少，从语义场对南北朝核心词进行共时和历时描写的成果，我们还没有发现。本选题从语义场出发，对南北朝的代表"四书"进行穷尽式共时描写。在共时描写时，我们要阐述核心词在南北朝时期的主要义位，核心词各个义位之间的联系。也要阐述核心词的组合特点，以及一些特殊的语法现象，例如"名词量化"。

2. 核心词比较研究。汉语词义与其他语言词义的发展演变到底有没有相似，或者有多少相似，这是语言学本应该回答的问题。我们通过对南北朝核心词词义与其他一些语言核心词词义进行比较，希望通过这些比较能够认清人类语言词义引申的一些共性或差异。而且通过比较我们试图为汉语辞书科学的编纂寻找出一种方法。

第二章

核心名词研究

我们根据北京大学中国语言学研究中心研制出来的语义分类树，把 M·Swadesh《百词表》中的核心名词分为六个类别。

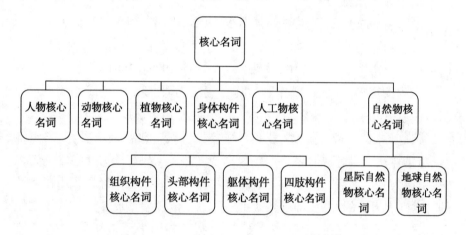

第一节　人物核心名词

《百词表》中人物核心名词有三个：第 16 位的 woman（女）、第 17 位的 man（男）、第 18 位的 person（人）。行文时按照它们的次序来排列。

一　女

"女"在《百词表》中是第 16 位，在郑张尚芳《华澳语言比较三百核心词表》中是第 118 位。在汉语词汇当中，用来表示女性的词语众多，我们仅仅调查了表示"女性称谓"的词就有 146 个。在南北朝时期，用来表示"女性称谓"的字就有近百个，它们涉及面广，于是，我们在研究的时候就选择了以下词语来考察。

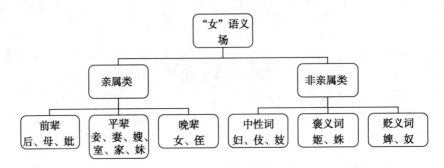

1. 前辈亲属称谓

【后】《说文·后部》："继体君也。象人之形，施令以告四方，故厂之。从一口，发号者，君后也。"许君字形说法不确。徐中舒先生（1989：997）："后：卜辞用 （毓）为后。"（1989：1581）"毓：从女从 ， 古为倒字形。…… 或作 ，并同。象产子之形，子旁或作数小点乃羊水。……母系氏族一族之酋长，乃一族之始祖母。以其繁育子孙之功，故以毓尊称之，后世承此尊号，亦称君长为毓，典籍皆作后。"王国维《观堂集林》："此字变体甚多……象产子之形……故产子为此字之本义。""故引申为先后之后，又引申为继体君之后。""后"词义经历了由指女性的君主到表男性的君主，再到皇后的过程。《释名·释亲属》："天子之妃曰后。"在南北朝四书文献中，"后"出现了7884次，其中有2709次是表示"天子之妃"。

后	《宋书》	《魏书》	《世说新语》	《齐民要术》
表"女性"	957	1742	8	2
不表"女性"	1798	3123	236	9

例如：

①皇后寝疾之际，汤药不周。《宋书·卷二》

②未亲政事，太后临朝。《魏书·卷一》

③太后入户，见直侍并是昔日所爱幸者。《世说新语·贤媛第十九》

④后妃斋戒，亲帅躬桑。《齐民要术·卷五·种桑柘第四十五》

这个时期，"后"表示"女性"时，就只能表示"与天子有关的女性长辈",而且多用双音节词中,如"皇后""王后""母后""皇太后"等,其他场合不会使用。

【母】《说文·女部》:"母,牧也。从女,象怀子形,一曰象乳子。"段注:"以叠韵为训,牧者,养牛人也。以譬人之乳子,引申之,凡能生之以启后者皆曰母。"徐中舒先生(1989:1307):"𝕞,甲骨文母、女一字。"徐中舒先生(1989:1299):"或于胸部加两点以示女乳。"郭沫若《释祖妣》:"人称育己者为母,母字即生字崇拜之象征。母中有两点,《广韵》引《仓颉篇》韵'象人乳之形',许书亦云'一曰象乳子'。骨文及金文大抵作𝕞,象人乳之形明白如画。""母"在南北朝使用相对较广,可以用来指"母亲",也可以用来指"禽兽的雌性或草木结实""老妇""通'拇'"等。

母	宋书	魏书	世说新语	齐民要术
表"女性"	383	745	73	11
不表"女性"	39	21	4	34

表"母亲",例如:

①家贫,有大志,不治廉隅,事继母以孝谨称。《宋书·卷一》

②吾不早来,致卿父母见害,诚以相愧。《魏书·卷一》

③陶公少有大志,家酷贫,与母湛氏同居。《世说新语·贤媛第十九》

④慈母不能保其子,君亦安能以有民?《齐民要术·序》

这个时期,与"母"相关的"姆(娒)""姥",也表示"女性"。王力《同源字典》:"母与姆(娒)、姥,之鱼旁转。"

〔姆〕《说文·女部》:"娒,女师也。从女,每声。读若母。"字亦作"姆"《仪礼·士昏礼》:"姆纚笄宵衣在其右。"注:"姆,妇人年五十无子,出不复嫁,能以妇道教人,若今时乳母矣。"在我们检索的文献中"姆"出现了5次。如:"伯姬待姆,安就炎燎。"(《魏书·卷六十七》)

〔姥〕《广韵》:"姥,老母,或作姆,女师也。"共出现14次,有7次是表示"年老的妇女"。例如:"此姥由来挟两端,难可孤保,正尔自问临贺,冀得审实也。"(《宋书·卷九十九》)"姥"除了表示"年老的妇女",还可以表示"母亲",例如:《古诗为焦仲卿妻作》"便可白公姥，及时相遣归。"但是在查找的文献中，没有表示该意义的，也许，"姥"用来表示"母亲"已经开始淡出历史的舞台，而更多地用来表示"年老的妇女"。

【妣】《说文·女部》："殁母也。从母，比声，妣，籀文妣省。"罗振玉《增订殷墟书契考释》："卜辞多作匕，与古金文同，多不从女。"郭沫若："盖以牝器似匕，故以匕为妣若牝也。""妣"在南北朝文献中出现24次，有21次是表示"女性"。例如：

①追尊皇考为孝穆皇帝，皇妣为穆皇后，尊王太后为皇太后。《宋书·卷三》

②先妣虑久废忘，后生无知见《魏书·卷三十五》

③其岁，遣中书侍郎李敞诣石室，告祭天地，以皇祖先妣配。《魏书·卷一百八之一》

在这个时期，"妣"有一个比较鲜明的特点，它的使用范围相当狭窄，平民百姓中很少使用这个词。

以上这三个用来指"女性"的词语，其与女性的身体结构有密切关系。这种词义的发展在其他语言中亦有。例如：

英语：bag 包；（母牛等的）乳房；无吸引力的女子；丑姑娘；妓女。Cunt〈忌〉阴道、女性阴部；〈贬〉（被视作性交对象的）女人。

藏语：ཕ་མོ女性生殖器（安多俗语）；女弟子。ཨི་ཐགས 女性生殖器；阴性。

法语：nymphe 山林水泽的仙女；美女；小阴唇；蛹。《新简明法汉词典》，第 664 页。

2. 平辈亲属称谓

【妾】《说文·女部》："有罪女子给事之得接于君者。从辛从女，《春秋传》云：'女为人妾。'妾，不娉也。"朱芳圃："许君此说，后世学者深信不疑，其实大有未谛。果如其言，龙凤诸物，有何罪尤而以辛加于其头上乎？其说之误，昭然明矣。"李孝定："盖妻字从女，上象发加笄形。妾则从女，上加头饰，其意相同，初无地位上之差别。许君之训，盖后起之义，不足以语于殷制也。"赵诚："妾，或写作，从▽（或从▼）从女。▽或▼为头饰。""妾"在南北朝文献中出现223次，大多用来表示"男子在正妻之外所娶的女子"。例如：

①既过江，取一妾，甚宠爱。《世说新语·德行第一》

②始立中宫，余妾或称夫人，多少无限，然皆有品次。《魏书·卷十三》

③大夫犹有贵妾，而况天子！《宋书·卷十五》

"妾"在此时期，地位明显没有正妻高，它常和"奴、仆、婢、妓、隶"等表示地位低下的词结合使用。当组成"妻妾"一词时，多是偏义复词，表示"妻"之意，"妾"意义被省略了。"妾"也可以用来泛指一般妇女。如：岁所以建国均人，女为蚕妾，牛为农夫。（《魏书·卷一百五之四》）还可以用来表示"妇女自谦之称。"例如：

④（赵飞燕）辞曰："妾闻死生有命，富贵在天。修善尚不蒙福，为邪欲以何望?"《世说新语·贤媛第十九》

⑤（山阴公主）谓帝曰："妾与陛下，虽男女有殊，俱托体先帝。陛下六宫万数，而妾唯驸马一人。事不均平，一何至此！"《宋书·卷七》

⑥薄姬言："妾昨梦青龙据妾心。"《宋书·卷二十七》

【妻】《说文·女部》："妻，妇与夫齐者也。从女从屮从又，又持事妻职也。"李孝定："许云从屮者，乃发形之伪变。盖象以手束发或又发笄形。女已及笄可为人妻之意也。""盖妻字从女，上象发加笄形。"池昌海认为："妻除了表示丈夫的配偶之外，还具有表示名分的因素在内。凡是已经适人的妇女都可以称妇，但只有正式的配偶、嫡妻，才可以称妻。"在南北朝中，也同样如此。例如：

①然则家犹国，国犹家，是以家贫则思良妻，国乱则思良相。《齐民要术·序》

②庾小征西尝出未还，妇母阮是刘万安妻，与女上安陵城楼上。《世说新语·雅量第六》

③宝并州牧辽西王农大惧，将妻子弃城夜出，东遁，并州平。《魏书·卷二》

④大破之，虏其妻子部落而还。《宋书·卷九十八》

在封建社会多妻制度下，只要是父母之命，媒妁之言正式娶嫁的女子都可以称"妻"，南北朝亦然。如：由是二妻妒竞，互相讼诅，两宅母子，往来如仇。（《魏书·卷八十九》）

池昌海认为："妻"有等级上的区别，那些没有封爵、没有官职的平民的配偶才叫"妻"。在南北朝时期，这种看法就值得商榷，"妻"有等级上的差异没有错，君主、国王的配偶一般还是不会称"妻"，但是将军、丞相等有重要官职、爵位的人，还是会把自己的配偶称"妻"。例如：即公大兄无奕女，左将军王凝之妻也。《世说新语·言语第二》

"妻"在南北朝除了作名词之外，还可以作动词，在文献中共出现了45次，表示"以女嫁人"。例如：

⑤李欣后必宦达，益人门户，可以女妻之，勿许他贵也。《魏书·卷四十六》

⑥有俊才，欲以妹妻之。《世说新语·贤媛第十九》

⑦封昌为公，以妹妻之。《宋书·卷九十五》

依据"妾""妻"两词的古字形，可以看出，它们都与女性的装饰有关。用女性的装饰来指代女子。这种情况在其他语言中也有存在。例如：

英语：fox 狐；狐皮；（美俚）时髦女郎；性感女郎。chatelaine（女人腰带上用以悬挂钥匙等的）短链；胸针链；庄园女主人；时髦家庭的女主人。butch（男子发型）平头的；男人似的女人。beauty 美貌；美人。babushka 阿婆头巾；俄罗斯老妇人。

藏语：ཀེད་བ་མ细腰；美女。སྨ་མ眉毛；发育成熟的少女。

俄语：боярка 皮帽子；〈旧、方〉伴娘；参加婚礼的女客。гёйша〈旧〉一种日本和服式样的宽大的女长服；艺妓。

【室】段注："古者前堂后室。释名曰：'室，实也。'人物实满其中也。引申之则凡所居皆曰室。""室，屋者。人所至而止也。"在南北朝文献中用"室"来表示女性，共出现了22次。例如：

①刺史元弼前妻，是光韶之继室兄女。《魏书·卷六十六》

②洪之钦重，而疏薄张氏，为两宅别居，偏厚刘室。《魏书·卷八十九》

③孝武、昭后二室，牲荐宜阙。《宋书·卷十七》

"室"表"妻子"，从先秦以来就一直没有改变过。现代汉语中的"续房"应该就是"续室"的一个变体。

【家】《说文·宀部》："居也。从宀，豭省声。"段注："尻，各本作居，今正。尻，处也。处，止也。《释宫》：'牖户之间谓之扆，其内谓之家。'"桂馥："释文引同《玉篇》'家人所居通曰家。'"在南北朝时期，"家"主要用来指"住所""家属""学术流派"等。"家"在文献中出现2365次，其中有5次用来表示"女性"。例如：

①不觉有余事，惟忆与郗家离婚。《世说新语·德行第一》

②父子乖离，室家分散。《宋书·卷一》

③妻云："罪人，阿家指母亲莫念。"《宋书·卷六十九》

④为择乳保，皆取良家宜子者，养于别宫。《魏书·卷十三》

⑤扫静妻，义恭姊也，情相遗薄，室家不谐。《魏书·卷九十三》

"家""室"两字都可以用来表示女性，对于它们的演变发展，王凤阳在《古辞辨》中作了比较详细的阐述。但是王凤阳先生主要论述的是战国之前的发展情况，从我们调查的情况来看，在南北朝时期，"家"用来表示"女性"时，更多的是以家庭为中心，指的是家庭中的女性，如妻子、母亲。而"室"表示"女性"时，更多的是以丈夫为中心，常指"妻子"。

"家""室"两者都是既可以指女子住所，亦可以用来指女性。由于古代女子地位低微，常常待在家中，故住所与女性容易产生联系，这种联系在其他语言中也不例外。例如：

英语：lupanar 妓院；母狼、妓女；alewife 酒店女老板；housewife 家庭主妇；家庭妇女；her indoors〈英口〉老婆；女友；内当家。

藏语：ནང་འཛུགས་མེ་ མནག་དང 住所；妻室；主妇；ནག 宫内；（古）王后的侍从；女侍。

法语：Harem 后宫；闺阁；闺房；内室；妻妾们；女眷们。《新简明法汉词典》，第 477 页。

【嫂】《说文·女部》："嫂，兄妻也。从女，叟声。"《尔雅·释亲》："女子谓兄之妻为嫂。"《广雅·释亲》："嫂，叟也。"邵瑛《群经正字》："嫂，经典多作嫂。"《五经文字》："说文作嫂，隶省作嫂。"《释名·释亲属》："嫂，叟也。叟，老者称也。""嫂"指的是比自己年纪大的妇女，既可以指兄嫂，也可以指朋友的妻子或者一般妇女的称谓。但"嫂"在南北朝文献中出现 21 次，主要用来指"兄嫂"。例如：

①昔是汝嫂，今乃他人。《魏书·卷十三》

②阮籍嫂尝回家，籍见与别。《世说新语·任诞第二十三》

③鸡鸣狗吠，兄嫂当知之。《宋书·卷二十二》

【妹】《说文·女部》："女弟也。从女未声。"李孝定《集释》："《说文》：'女弟也。从女未声。'契文同。卜辞均假为昧，乃纪时字。假借字但取音同，于义无涉。"叶玉森《说契》："从未，象木上有小枝，乃木末形，似为末之初文。古文未末音同，当为一字，后人以未专纪时或作语词，乃别制末字。训女弟之妹，应从女从末，盖末有小义，妹固女之小者。"王凤阳先生认为："不论男女……对妹妹，则哥哥称'妹'，姐姐称'娣'。"这在先秦两汉时期，应该没有什么问题。南北朝时期，称"妹"一般还是相对哥哥而言。例如：

①许允妇是阮卫尉女，德如妹，奇丑。《世说新语·贤媛第十九》

②秀之妹，恭帝后也。《宋书·卷五十二》

③景穆恭皇后郁久闾氏，河东王毗妹也。《魏书·卷十三》

但是，在这个时期，皇后、皇太后、尼姑也可以称自己妹妹为"妹"（9次）。例如：

④太后及幼主并沉于河。太后妹冯翊君收瘗于双灵佛寺。《魏书·卷十三》

⑤绍时年十六。绍母即献明皇后妹也，美而丽。《魏书·卷十六》

⑥及灵太后临朝，继子叉先纳太后妹。《魏书·卷十六》

⑦灵太后以妹婿之故，未忍便决。《魏书·卷十六》

⑧法静尼妹夫许耀，领队在台。《宋书·卷六十九》

皇后、皇太后、尼姑可以称自己妹妹为"妹"，我们认为是她们特殊的地位决定的。

该时期还出现了一种新的使用形式：男性性质的词+女性性质的词+妹。

⑨咸阳王禧妃即祥妻妹，及禧构逆，亲知多罹尘谤。《魏书·卷四十五》

⑩乃滥夺其妻妹及伯母两姑之分以还戏责。《宋书·卷五十八》

例⑨当中的妹妹是相对"祥的妻子"而言，由于上古没有女子称妹妹为"妹"，所以人们就变通一下，在女性的前面加上一个男性，如此变通能够促使"妹"的使用范围扩大。语言是交际的工具，简单、明了的表达应该是语言的基本要求。这种形式在使用当中，又显得有些累赘，使用多了，人们就慢慢地会把男性性质的词省略，于是，后来姐姐自然就可以称自己的妹妹为"妹"了。所以，我们认为，南北朝是"妹"扩大使用的一个中转期。

"嫂"《释名·释亲属》："叟也。叟，老者称也。""妹"叶玉森《说契》："训女弟之妹，应从女从末，盖末有小义，妹固女之小者。""嫂""妹"皆于在某个团体或者家庭关系中年长或年少的人，它们的字源与女子在家庭、社会中的地位密切相关。地位是人的一种特殊称呼，就如称呼一个团体中地位高的人为"老大"，故人的地位与称呼亦有密切关系。不仅汉语中如此，其他语言也有。例如：

英语：ducky 伶俐的、可爱的、漂亮的；亲爱的、宝贝儿（女人等之间用的昵称）。

Widow 寡妇；Maid 少女；Girl 女孩、姑娘。

藏语：དཔལ་འཛིན་མ 高贵；可赞；女佛的名号；ཤར་འབྱུང 复生；再生；再嫁的寡妇。

俄语：rapпия 哈尔皮亚（希腊神话中司暴风的有翅膀的女怪）；恶妇人；刁妇。

3. 晚辈亲属称谓

【女】《说文·女部》："女，妇人也。象形。"李孝定《甲骨文集释》："治说文者颇多异说……大抵均凭想象。夫男女之别于文字之形体上殊难表示，故就男女工作上之差异以为区别，女盖象跽坐而两手有所揉作之形，女红之事多在室内也，男则以力田会意。男耕女织各有专司，故制字于以见意也。"在南北朝文献中，"女"可以指"女儿"。例如：

①臣从祖弟故散骑侍郎准之遗女，未闲教训。《宋书·卷十四》

②始祖不受，乃进其爱女。《魏书·卷一》

可以用来特指"未婚女子"。例如：

③谢太傅寒雪日内集，与儿女讲论文义。《世说新语·言语第二》

④丁男长女治十亩。十亩收千石。《齐民要术·卷一·种谷第三》

也可以用来泛指女性。"女"在南北朝时期，与现代汉语中的使用几乎没有差别了。

⑤悉诛城内男丁，以女口为军赏。《宋书·卷六》

⑥既婚，交礼，女以手披纱扇，拊掌大笑。《世说新语·假谲第二十七》

⑦既成婚，女之顽嚣，欲过阿智。《世说新语·假谲第二十七》

【侄】《说文·女部》："侄，兄之女也。"《尔雅·释亲》："女子谓晜弟之子侄。"而《释名·释亲属》："姑谓兄弟之女为侄。"可见，"侄"在历史上有过"女子称兄弟之女"和"女子称兄弟之子"两种情况。朱骏声《说文通训定声》："受侄称者，男女皆可通，而称人侄者，必妇人也。"在先秦两汉典籍中，"侄"用来表示"兄弟之女"，但是用来表示

"兄弟之子"起于何时，存在不同的说法。《汉语大字典》认为起于西晋，而大多数人认为是南北朝，这个问题还有待探讨。

《说文》无"侄"字。《字诂》："侄者，……近人又书作侄字。"在南北朝时期，"侄"既可以相对父辈的女性和男性而言，也表示"兄弟之子或女"。例如：

①又太原王希彦，逸妻之侄，共相周恤，得以饶赈。《魏书·卷六十四》

②是时太后淫乱，而幽后侄娣，又将薄德。《魏书·卷一百五之三》

③余弟侄并授官爵，赏赐资给甚厚。《宋书·卷七十四》

例①②中，"侄"都是相对女性长辈而言，然例③"侄"是相对男性长辈而言。例①中被称"侄"者为男性，例②中被称"侄"者为女性。

在南北朝时期，"侄"单用时更多的是用来表示"兄弟之子"，也可以表示"兄弟之女"，但是这个时候表示"兄弟之女"还出现了"侄女"一词。例如：

④且洪妻陛下弟妇也，洪女陛下之侄女也，奈何使小人污辱为婢妾。《魏书·卷九十五》

"侄"常与"子"连言，共出现 34 次。"子侄"可以用来表示"兄弟之子"，但是也可以用来表示一种泛称，泛指"兄弟之子女"。例如：

⑤前经携侍老母，半家俱西，凡诸子侄，悉留京辇。《宋书·卷二》

⑥幼文兄叔文为长水校尉，及诸子侄在京邑方镇者并诛。《宋书·卷六十五》

⑦毅自北门出走，缢于道侧，斩尸于市，诛其子侄。《魏书·卷九十七》

更为重要的是，这个时候，"侄"出现了用来指"同辈亲友的子女"。例如：

⑧窃谓群臣内外，清官子侄，普应入学，制以程课。《宋书·卷十四》

⑨此境人士，子侄如林，明发搜访，想闻令轨。《宋书·卷五十五》

4. 中性非亲属称谓

【妇】《说文·女部》："服也。从女持帚洒扫也。""妇"在南北朝文献中共出现了 408 次，出现的频率低于"女"，但是它的使用范围比"女"要广。"妇"可以用来泛指女性。例如：

①男能奉卫社稷，女能奉妇道。《宋书·卷十五》

②持制夫为妇德，以能妒为女工。《魏书·卷十八》

③斯人乃妇女，与人别，唯啼泣！《世说新语·方正第五》

④妇有四德，卿有其几？《世说新语·贤媛第十九》

可以用来指"妻子"。例如：

⑤是以夫妇之义，三纲之首《魏书·卷五》

⑥庾小征西尝出未还，妇母阮是刘万安妻。《世说新语·雅量第六》

⑦许允妇是阮卫尉女，德如妹，奇丑。《世说新语·贤媛第十九》

⑧许允为晋景王所诛，门生走入告其妇。《世说新语·贤媛第十九》

⑨王浑与妇钟氏共坐，见武子从庭过。《世说新语·排调第二十五》

也可以用来指"儿媳""弟媳"。例如：

⑩是时，彭城公主，宋王刘昶子妇也，年少嫠居。《魏书·卷十三》

⑪以同汉晋之典，正姑妇之礼。《魏书·卷十三》

⑫整弟妇即熙姊，遂收其尸藏之，后乃还熙所亲。《魏书·卷三十八》

"妇"用来表示"妻子""儿媳""弟媳"，都是在表示"已婚女子"，其实"妇"还可以用来表示"未婚女子"。例如：

⑬既至，见美妇人，侍卫甚盛。《魏书·卷一》

⑭高宗登白楼望见，美之，谓左右曰："此妇人佳乎？"《魏书·卷十三》

⑮碑背上见题作"黄绢幼妇，外孙齑臼"八字。《世说新语·捷悟第十一》

⑯少时挟弹出洛阳道，妇人遇者，莫不联手共萦之。《世说新语·容止第十四》

"妇"的来源与女性的工作有关。其他语言中也有这种情况。

英语：besom 扫帚；〈英方〉〈贬〉娘们。digger 挖掘者；掘金者；〈美俚〉以色相诱骗男子钱财的女人。house mother〈学生宿舍的〉女舍监；女管理员。

藏语：གར舞；舞蹈；གར་མཁན་མ女舞蹈者；女演员；女舞蹈家。

俄语：вопить 大声喊叫，号叫；号哭、哭诉；вопленница（办丧事时）请来哭丧的女人；（办喜事时）请来陪新娘哭嫁的女人。

【伎】《说文·亻部》："伎，与也。从人支声。《诗》：'籧人伎弍.'" 段注："俗用为技巧之技。"《说文·手部》："技，巧也。"庄子《应帝王》："胥易技系，劳形心者也。"《释文》引注："技，艺也。"《尚书·秦誓》："无他技。"《释文》："技，本亦作伎。""伎"在南北朝文献中出现 88 次，可以用来表示"才智、技巧"（7 次），多用作表"歌女""舞女"。例如：

①鼓吹令又前跪奏："请以次进众伎。"《宋书·卷十四》

②岁禄万余，粟至四万，伎侍盈房。《魏书·卷二十一上》

③谢公夫人帏诸婢，使在前作伎，使太傅暂见，便下帏。《世说新语·贤媛第十九》

【妓】《广韵·支韵》："妓，女乐也。"王力先生《同源字典》："技（伎），妓同源。""妓"在南北朝文献中出现 31 次，都是用来表示"歌女""舞女"，还没有现代指的"妓女"意义。例如：

①谢公在东山畜妓，简文曰："安石必出，既与人同乐，亦不得不与人同忧。"《世说新语·识鉴第七》

②又燕会，辄令娼妓作新安人歌舞离别之辞，其声悲切。《宋书·卷三十一》

但是这个时候的"妓"处于一种特殊的地位，其成为贵族的一种私有财产，地位比妾低，不仅仅是为封建贵族献艺，有时也献身。在南北朝文献中常常"妓妾"连言，共出现 11 次。例如：

③比奢淫过度，妓女数十，声醑放纵，无复剂限。《宋书·卷六十三》

④妹及妓妾来别，晔悲涕流连。《宋书·卷六十九》

⑤昶以其官旧年耆，雅相祇重，妓妾之属，多以遗之。《魏书·卷五十七》

5. 褒义非亲属称谓

【姝】《方言·第一》："赵魏燕代之间曰姝。"《诗经·墉风·干旄》："彼姝者子，何以畀之？""姝"是北方方言，用来描写人的形容词，但是常常用来表示"美女"。在南北朝文献中出现了 2 次。例如：

①对骏雅以发愤，伤虞姝于末词。陟亚父之故营，谅谋始之非托。《宋书·卷六十七》

②乃笑而戏之云："汝以年当废，吾已属诸姝少矣。"《魏书·卷九十六》

【姬】《说文·女部》:"黄帝居姬水,因水为姓。""姬"由于中国特殊的社会原因,经历了一个由"姓氏"蜕变为"贵族妇人""美妇人"和"美女"的通称。在南北朝时期,"姬"可以指"姓氏"(例①)、"官名"(例②)、"贵妇人"(例③)、"美妇人"(例④⑤)、"美女"(例⑥⑦),也可以指"婢妾"(例⑧⑨)。

①桓帝子普根,及卫雄、范班、姬澹等为前锋,帝躬统大众二十万为后继。《魏书·卷一》

②三年,又省贵人,置贵姬,以备三夫人之数。又置昭华,增淑容、承徽、列荣。以淑媛、淑仪、淑容、昭华、昭仪、昭容、修华、修仪、修容为九嫔。婕妤、容华、充华、承徽、列荣凡五职。《宋书·卷四十一》

③以璧姬张氏为贵人,宠冠后宫,威行阃内。《魏书·卷九十六》

④于是妖姬进,邪士来,圣贤拥,忠孝摧。《魏书·卷十九中》

⑤合灵初迪,则庶姬仰耀。《宋书·卷四十一》

⑥使姬人酤鬻酒肴,如裨贩者,数游其中。《宋书·卷三十》

⑦收吴姬五千,纳之后宫。《宋书·卷三十三》

⑧禧性骄奢,贪淫财色,姬妾数十,意尚不已,衣被绣绮,车乘鲜丽,犹远有简娉,以恣其情。《魏书·卷二十一上》

⑨骏宠姬殷死,赠贵妃,谥曰宣。《魏书·卷九十七》

6. 贬义非亲属称谓

【奴】《说文·女部》:"奴婢皆古之罪人也。周礼曰:其奴,男子入于罪隶,女子入于舂槀,从女从又。"大徐本《说文》"从女从又",以为"又手也,持事者也"。朱骏声《说文通训定声》:"从又,手所以持事,女声。"

"奴"在先秦时候多作动词,汉以后作名词就多起来了。在南北朝文献中出现了 528 次,而用来表示"女奴"只有 3 次。

①春衣、女酒、女饟、女食、奚官女奴视五品。《魏书·卷十三》

②奴婢悉不得衣绫绮缬,止于缦缯而已。《魏书·卷二十一上》

③奴则布服,并不得以金银为钗带,犯者鞭一百。《魏书·卷二十一上》

还有部分是用来作人名用字,但是"奴"更多的是用来表示"男奴"或者泛称"仆人",常作贬义。例如:

④家之奴隶,悉迫取良人为妇。《魏书·卷十九上》

⑤我固疑是老奴，果如所卜！《世说新语·假谲第二十七》

⑥耕当问奴，织当访婢。《宋书·卷七十七》

也可以用来指自己，是一种谦称。例如：还，语人曰："我故胜，得重唤奴父名。"《世说新语·卷二十五》

【婢】《说文·女部》："女之卑者也。从女，从卑，卑亦声。"《玉篇》："卑，下也。"《国语·晋语四》："何以卑我？"注："卑，贱也。"《广韵·叠韵》："婢，女之下也。"《左传·僖公二十二年》："使婢子侍持巾栉。"注："婢子，妇人之卑称也。"婢，常用来表示地位比较低下的女性。

①有人戏之者曰："奴价倍婢。"《世说新语·德行第一》

②母常或自诣宫中，或遣侍婢与相报答。《魏书·卷十三》

③宗室密戚，遇若婢仆，鞭捶陵曳，无复尊卑。《宋书·卷七》

"婢"与"奴"对称的时候，"奴"一般作男性，"婢"一直都是女性，两者都是低下的群体。但是，在南北朝时期，正如例①所述一样，"婢"的地位可能还比"奴"低。

【小结】"女"是女性语义场中的代表字，在南北朝时期，其使用范围比起之前要广，而且组合能力亦比之前要强。在该语义场中女性词的词义大多趋向泛化，所指在不断扩大。但是一些上古两性都可以指代的词，其所指又开始缩小，词义不断精确化，例如"奴"。

该语义场中用来指女性词义的词，一些与女性的身体结构有关，例如"母"；一些与其工作种类有关，例如"妇"；一些与其在一个固定的团体中的地位有关，例如"嫂"；一些与女子的住所有关，例如"室""闺"。女性词义的这种关联不仅仅在汉语中存在，在英语、法语、德语等语言中都存在。

二 男

"男"在《百词表》居第 17 位，在郑张尚芳《华澳语言比较三百核心词表》中是第 117 位。"男"语义场成员丰富，为了和"女"形成对比，我们就采用"女"语义场分类方法，把它们分成"亲属类"和"非亲属类"。这个分类存在一些弊端，有些词亲属与非亲属之间有时处于交错状态。

1. 前辈亲属称谓

【父】《说文·又部》："父，矩也，家长率教者，从又举杖。""父"

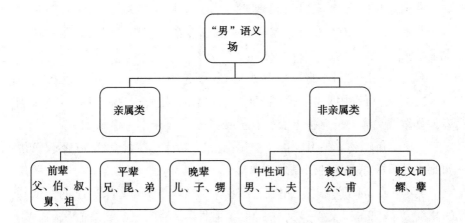

的词义在汉语演变中不断地缩小内涵。在古代很长一段时间内"父"既可以指"父亲"，也可以指"伯伯、叔叔等与父亲同辈的男性"。在南北朝时期，"父"主要是指"父亲"，但也可以用来指"伯伯、叔叔等与父亲同辈的男性"。例如：

①废帝诱害宰辅，杀戮大臣，恒虑有图之者，疑畏诸父，并拘之殿内，遇上无礼。《宋书·卷八》

②岳兄子路有罪，诸父兄弟悉诛，特赦岳父子。《魏书·卷二十八》

除了单用一个"父"来表示"伯伯、叔叔等与父亲同辈的男性"，也可以和"伯、叔"等词结合，一起来表示"伯伯、叔叔等与父亲同辈的男性"。在南北朝文献中，"伯父"出现了36次，"叔父"出现了63次。例如：

③伯父宪及斌，并为西中郎袁真将佐，宪为梁国内史，斌为汝南内史。《宋书·卷四十八》

④而景帝叔父孚为太尉，奏改大将军在太尉下，后还复旧。《宋书·卷三十九》

⑤孝文贞皇后林氏，平原人也。叔父金闾，起自阉官，有宠于常太后，官至尚书、平凉公。《魏书·卷一十三》

⑥宪幼孤，随伯父永在邺。《魏书·卷三十三》

"父"还可以用来指"对老人的尊称"或者"从事某种职业的人的通称"。例如：

⑦今众军姓号不同，若有耕夫渔父，夜相呵叱，便致骇乱，取败之道也。《宋书·卷七十八》

⑧始祖春秋已迈，帝以父老求归，晋武帝具礼护送。《魏书·卷一》

⑨吏云："昨有一伧父来寄亭中，有尊贵客，权移之。"《世说新语·雅量第六》

⑩后有一田父耕于野，得周时玉尺，便是天下正尺。《世说新语·》

"父"还可以用来指"雄性动物"。例如：太元末，京口谣曰："黄雌鸡，莫作雄父啼。一旦去毛衣，衣被拉飒拪。"《宋书·卷三十一》

"父"由"父亲"引申指"前辈男性"以及"雄性动物"，不仅汉语如此，外语中亦有这种情况。例如：

英语：father ①父亲；岳父；公公；②养父，义父；③（动、植物的）父体；父兽，父畜；父株；④（男性）祖宗，先人；前辈，长辈；⑤创始人，奠基人；鼻祖；缔造者；先驱。《新时代英汉大词典》，第834页。

法语：père ①父亲；②祖先；③某一事物的创始人；④老头；老爹；⑤圣父；极有权势的人物；⑥神父；⑦母原子；⑧种畜，公畜。《新世纪法汉大词典》，第1979页。

德语：vater ①父亲；②养父；继父；②配种公畜，配种雄性动物；③祖居地；④天主。《朗氏德汉双解大词典》，第1917页。

【伯】《说文·亻部》："伯，长也。"在南北朝时期，可以用来表示"伯伯"。《颜氏家训·风操》："古人皆呼伯父、叔父，而今世多单呼伯、叔。"例如：

①晋世祖宗祠显宗、烈宗、肃祖，并是晋帝之伯，今朝明准，而初无有司行事之礼。《宋书·卷十七》

②乙亥，诏车骑将军、右光禄大夫奚毅板授天柱大将军尔朱荣、太宰天穆下勋及祖父叔伯耆年老者牧守有差。《魏书·卷十》

"伯"除了单用，还常常和"父"结合，前文已作交代，此不赘述。"伯"在南北朝更多是用在人名中，用来表示"爵位"。用来表示"爵位"，北朝文献中比南朝文献中用例多。

③爵公侯伯子男，咸爱有其民，以黜陟幽明，子养有若父与兄。《宋书·卷二十一》

④制爵四等，曰王、公、侯、子，除伯、男之号。《魏书·卷二》

【叔】《尔雅·释亲》："父之晜弟，先生为世父，后生为叔父。""父之兄妻为世母，父之弟妻为叔母。""叔"的发展过程与"伯"相似，开始都用"父"来统称，西汉以后，产生"伯父、叔父"称呼，到了南北朝时期，"叔"也可以单用来指"叔叔"了。例如：

①汝叔落贼，汝知不？《世说新语·豪爽第十三》

②先欲诛诸叔，然后发引。《宋书·卷七》

③此乃君臣并筵，嫂叔同室，历观坟籍，未有其事。《魏书·卷十八》

④从叔元庆、范镇等坐法寿被州郡切责，时月相继，宗族甚患之。《魏书·卷四十三》

但是，在南北朝文献中，"叔"更多的还是用在人名中，用来表示排行。

【舅】《尔雅·释亲》："妇称夫之父曰舅。称夫之母曰姑。"《国语·鲁语下》："古之嫁者，不及舅姑，谓之不幸。"《尔雅·释亲》："母之晜弟为舅。母之从父晜弟为从舅。"《诗经·秦风·渭阳》："我送舅氏，曰至渭阳。"毛传："母之昆弟曰舅。""舅"在先秦两汉时期，可以指"丈夫的父亲"，也可以指"男子配偶的兄弟"。在南北朝时期，"舅"主要是用来指"男子配偶的兄弟"。例如：

①刘牢之甥，酷似其舅。《宋书·卷一》

②富贵赫弈，当舅戚之家，遂弃宗专附珍之等。《魏书·卷八十九》

③又其妻明氏家在齐州，母弟舅甥共相凭属，争求货利，严暴非理，杀害甚多。《魏书·卷八十九》

当要指"丈夫的父亲"时，要与"姑"连用，常组成"舅姑"，在南北朝文献中共出现 4 次，南朝文献 1 次，北朝文献 3 次。

④特雉可以娉妻妾，大布可以事舅姑，若待足而行，则有司加纠。《宋书·卷八十二》

⑤妾之于女君，犹妇人事舅姑，君臣之礼，义无乖二。《魏书·卷二十一上》

⑥朝夕养舅姑，四时祭祀，虽有功力，不任僮使，常手自亲焉。《魏书·卷三十五》

⑦其舅姑年老，朝夕奉养，率礼无违。《魏书·卷九十二》

【祖】《说文·示部》："祖，始庙也。从示，且声。"指"祖庙"。后用来指与"祖庙"有关系的人。《广雅·释亲》："祖，上也，远也。"《玉篇·示部》："祖，父之父也。""祖"在南北朝文献中，常用来表示

"父亲的上一辈"。例如：

①张苍梧是张凭之祖，尝语凭父曰："我不如汝。"《世说新语·排调第二十五》

②孙坚之祖名钟，家在吴郡富春，独与母居。《宋书·卷二十七》

③诸犯死刑者，父母、祖父母年老，更无成人子孙，旁无期亲者，具状以闻。《魏书·卷七下》

"祖"还有一个常用义"祖先"，指这个意义的时候，常常组成"高祖、祖宗、世祖、太祖、先祖、远祖、曾祖、始祖"等词。除了这两个常用意义之外，"祖"在南北朝还可以用来指"饯行送别"和"设奠祭送死者"。

2. 平辈亲属称谓

【兄】《说文·兄部》："兄，长也。从儿，从口。"段注："口之言无尽也，故以儿口为滋长之意。"在南北朝时期，"兄"主要用来表示"血缘关系中年纪比自己大的同辈男性"，既可以表示直系血缘关系中的哥哥，也可以表示旁系血缘关系中的哥哥。例如：

①卫君长是萧祖周妇兄，谢公问孙僧奴："君家道卫君长云何?"《世说新语·品藻第九》

②随从兄履之为临海乐安县，尝行经山中，见黑龙长丈余，头有角，前两足皆具，无后足，曳尾而行。《宋书·卷四十三》

③钦淫从兄丽妻崔氏，为御史中尉封回劾奏，遇赦免。《魏书·卷十九上》

④卫将军毅，粹族兄也，粹尽心高祖，不与毅同。《宋书·卷四十五》

"兄"还可以用在"没有亲戚关系的人"之间。例如：

⑤太丘曰："元方难为兄，季方难为弟。"《世说新语·德行第一》

⑥高祖笑曰："但令老兄平安，必无过虑。"《宋书·卷四十七》

⑦路出秀容，尔朱荣见其法令齐整，有将领气，深相结托，约为兄弟。《魏书·卷十四》

⑧垂遣使喻之曰："吾与车骑结异姓兄弟，卿亦犹吾之子弟，安得辞乎?"《魏书·卷二十四》

例⑤用"兄"来表示次序，即第一，例⑥中"兄"是一种尊称，而例⑦⑧中"兄"，是指结为有共同利益关系的团体，好似"亲兄弟"。除此之外，在南北朝时期，"兄"还可以用来表示一种"官名"，但是在考察的文献中，仅见1例。

⑨其官名有谒奢、太奢、大兄、小兄之号。《魏书·卷一百》

"兄"在汉语中可以指"有亲属关系的哥哥"，也可以用来指"有亲属关系的弟弟"。这种现象在很多语言中都存在：英语"brother"、法语"freère"、俄语"брат"、德语"Bruder"。例如：

英语：Does she have any brothers or sisters？

Have you invited the Smith brothers to the party？

法语：grand freère，freèreaneé〈俗〉哥哥/ freère cadet, petit freère〈俗〉弟弟。

Joseph fut vendu comme esclave par ses freère（约瑟夫被他兄弟当奴隶卖掉了）。

Les freère Lumieère fureènt tous les deux de grands inventeurs（吕米埃兄弟二人都是大发明家）。

俄语：CTaèрший брат（哥哥）епянокрбвнынˇбрат（同父异母的兄弟）。

德语：Wie geht es Ihrern Herrn Bruder？（令兄身体好吗?）

Er ist mein aälterer Bruder（他是我的哥哥）。

Sie hat auBer einer Schwestre noch zwei Bruäder（她除了一个姐妹之外，还有两个弟兄）。

Sie hat ein Bruäderchen bekommen（她有了一个小弟弟）。

英语、法语、俄语、德语等语言中情况也存在"兄"指"与自己没有血缘关系的人。"这种情况。例如：

英语：We are all brothers in the same fight against injustice。

法语：Tous les homes sont freère et doivent s'entraider。（四海之内皆兄弟，应该相互帮助）

俄语：бра́тья-рабб́чне（工人兄弟们）；бра́тья nokла́ссу（阶级兄弟）Эна́lo я Ва́шсго бра́та。（我知道你们这种人）

德语：Das ist unter Bruädern zehn Mark wert。（这在朋友中间卖十个马克）

Den Bruder kenne ich。（这家伙我认识）

【昆】《尔雅·释亲》："男子先生为兄。"《广韵·魂韵》："昆，兄也。"池昌海（2004）、王凤阳（1993）、龙丹（2008）都对"昆"有所研究。我们通过调查，发现"昆"在南朝文献和北朝文献中出现的情况有所不同。在北朝，"昆"常用来表示"兄"之义，可以单用，也可常与"弟"（16 次）、"季"（6 次）连言。例如：

①丧中年以后，官位微达，乃自尊倨，闺门无礼，昆季不穆，性又贪虐，论者鄙之。《魏书·卷十四》

②初，遥大功昆弟，皆是恭宗之孙，至肃宗而本服绝，故除遥等属籍。《魏书·卷十九上》

③高祖曰："我为汝兄，汝为羽昆，汝复何恨？"《魏书·卷二十一上》

在南朝"昆"少表"兄"义，仅见 2 次，多用作其他意义，当表示人的时候，通常和"后"连言，共 11 次。例如：

④彭城王照不窥古，本无卓尔之资，徒见昆弟之义，未识君臣之礼，冀以此家情，行之国道，主猜而犹犯，恩薄而未悟，致以呵训之微行，遂成灭亲之大祸。《宋书·卷八》

⑤若事有宜，必合惩改，则当上关诏书，下由朝议，县诸日月，垂则后昆。《宋书·卷十八》

【弟】《说文·弟部》："韦束之次弟也。从古字之象。丯，古文弟，从古文韦省，丿声。"《尔雅·释亲》："男子先生为兄，后生为弟。"段注："以韦束物，如辀五束，衡三束之类。束之不一，则有次弟也。引申之为凡次弟之弟，为兄弟之弟，为岂弟之弟。"朱芳圃《殷周文字释丛》："弟象绳索束弋，展转围绕，势如螺旋，而次第之义生焉。""弟"在南北朝时期多用来指"弟弟"，"子弟"作为复音词时，常用来泛指"后辈子侄"。例如：

①谢太傅问诸子侄："子弟亦何预人事，而正欲使其佳？"《世说新语·言语第二》

②犯衅之门，尚有存者，子弟可随才署吏。《宋书·卷六》

③收卫辰子弟宗党无少长五千余人，尽杀之。《魏书·卷二》

而"弟子"作复音词时，多用来指"学生"。例如：

④郑玄在马融门下，三年不得相见，高足弟子传授而已。《世说新语·文学第四》

⑤无有名教翼其子弟，而子弟不致力于所天。《宋书·卷六十四》

⑥丙后隐居酒泉，不应州郡之命，弟子受业者五百余人。《魏书·卷五十二》

3. 晚辈亲属称谓

【儿】《说文·儿部》："兄，孺子也。从儿，象小儿头囟未合。"李孝定《甲骨文集释》："甲、金文儿字皆象总角之形。""儿"在南北朝可以用来泛指"小孩"，也可以指"男孩或女孩"。当特指"女孩"时，常和"女"连言。例如：

①王戎七岁，尝与诸小儿游。看道边李树多子折枝，诸儿竞走取之，唯戎不动。《世说新语·雅量第六》

②晋哀帝隆和初，童儿歌曰："升平不满斗，隆和那得久！桓公入石头，陛下徒跣走。"《宋书·卷三十一》

③文达还见休宾，出其妻儿爪发，兼宣白曜所言及国军形势。《魏书·卷四十三》

④天子岂可独无儿子，何缘畏一身之死而令皇家不育冢嫡乎？《魏书·卷十三》

⑤大明末，荆州武宁县人杨始欢妻，于腹中生女儿。此儿至今犹存。《宋书·卷三十四》

例①②③中的"儿"用来泛指小孩，而例④中"儿"指男孩，例⑤中"儿"用来指女孩。此时，用来表示小孩的还有一个词——"童儿"。在调查的文献中共出现3次。例如：忽有青衣童儿骑牛行，见仲德，问曰："食未？"（《宋书·卷四十六》）"童儿"即后来的"儿童"之义。

"儿"也可以用来表示一种称呼，既可以是长辈对晚辈的称呼，也可以晚辈的自称。例如：

⑥武子乃令兵家儿与群小杂处，使母惟中察之。《世说新语·贤媛第十九》

⑦君富贵已足，故应为儿子作计。《宋书·卷五十一》

⑧愿借明驼千里足，送儿还故乡。（北朝佚名《木兰诗》）

从感情色彩来看，"儿"可以表示褒义，也可以用来表示贬义。例如：

⑨健儿可惜，天下未平，但令以功赎罪。《宋书·卷八十三》

⑩复大叫云："偷儿在此！"《世说新语·假谲第二十七》

"儿"用指"对晚辈的称呼",在其他语言中也有。例如:

英语:son ①儿子;②女婿;养子;继子;③男性后裔,子孙;④(与一地区、种族、组织等)有密切关系的人;具有……传统的人;⑤(年长者对孩子或者年轻男子的称呼或牧师对教徒的称呼)孩子,年轻人;⑥圣子。《新时代英汉大词典》,第2225页。

法语:enfant ①儿童,小孩;②孩子气的人;③子女;④孩子(对年轻人或下属亲昵的称呼);⑤后代,后裔;⑥本地人;本国人;⑦产物;结果。《新世纪法汉大词典》,第929页。

德语:kind ①小孩;儿童;孩子;②孩子;儿女;子女;③用来称呼同事或者朋友之间;④(具有自己特征、行为的,某个地区、某个时代的)人。《朗氏德汉双解大词典》,第1011页。

【子】《说文·子部》中子的字形为𢀩,《汉语大字典·子部》:"上象幼儿头及两臂,下象两足并入襁褓中。子之本义当是'幼儿',象形。"从字形我们没有办法看出其性别,故子用来指人时,在上古时期,通常男、女通指。但是到了南北朝时期,子的使用发生了一些变化。当单用时,常用来指"男子",既包括"儿子",也用来泛称"男性"。例如:

①锺毓、锺会少有令誉,年十三,魏文帝闻之,语其父锺繇曰:"可令二子来。"《世说新语·言语第二》

②五月及泽,父子不相借。《齐民要术·第八》

③庾公尝入佛图,见卧佛,曰:"此子疲于津梁。"于时以为名言。《世说新语·言语第二》

例①②中的"子"用来指儿子,例③中的"子"用来指男子。"子"还可以跟在"男""女"之后,在这种情况下,它们组成并列式复合词,此时,"子"就与上古用法相同。

④大军至,一郡尽空,汝何男子,而敢独止?《世说新语·德行第一》

⑤大丈夫将终,不问安国宁家之术,乃作儿女子相问!《世说新语·方正第五》

⑥密觇之,独见一女子,状貌非常,浚因求为妾。《世说新语·贤媛第十九》

值得注意的是,我们调查发现在这个时期"子"已经虚化,可以用来作词缀,常跟在名词后面,没有发现跟在动词、量词后面。例如:

⑦数回转使匀，举看有盛水袋子，便是绢熟。《齐民要术·第三十》

⑧刀子切去蒂，勿令汁出。《齐民要术·第三十四》

⑨预前多买新瓦盆子容受二斗者，抒粥著盆子中。《齐民要术·第八十五》

【甥】《说文·生部》："甥，谓我眀（舅）者，吾谓之甥也。"《释名·释亲属》："舅谓姊妹之子曰甥。"《尔雅·释亲》："姑之子为甥，舅之子为甥，妻之晜弟为甥，姊妹之夫为甥。"王凤阳（1993：341）："古今在称姊妹之子为甥上是相同的。……不过，古代的甥较之现代所表现的亲属关系更宽泛。""甥"在南北朝文献中凡45例，在这些例子当中的用法与现代用法相同。例如：

①范豫章谓王荆州："卿风流俊望，真后来之秀。"王曰："不有此舅，焉有此甥?"《世说新语·赏誉第八》

②石崇与王恺争豪，并穷绮丽，以饰舆服。武帝，恺之甥也，每助恺。《世说新语·汰侈第三十》

4. 中性非亲属称谓

【男】《说文·男部》："男，丈夫也，从田，从力，言男用力于田野。"南北朝文献中凡562例。常作"男人（作此义时，常与'女'连言或对举）""儿子""爵位"等。例如：

①大军至，一郡尽空，汝何男子，而敢独止?《世说新语·德行第一》

②武帝晚无男，及帝生，甚悦。《宋书·卷四》

③天女以所生男授帝曰："此君之子也，善养视之。子孙相承，当世为帝王。"《魏书·卷一》

④凡侯伯子男世子丧，无嗣，求进次息为世子。《宋书·卷十五》

《魏晋核心词研究》："从古至今，该词在表示性别特征方面都是比较稳定的。""男"在南北朝时期，词义与上古时期没有差别，表现出强烈稳定性。而英语当中的"man"其词义却没有汉语"男"稳定。认知科学认为，人的认识有一个基本层面，在这个基本层面中存在一个焦点，即原型。拉波夫（1973，1978）的实验证明：所有事物的认知范畴是以概念上突显的原型定位的，原型对范畴的形成起着重要作用。"男"就是一个原型，对其范畴中的成员起着重要的作用，故其具有较高的稳定性，但由于不同的社会文化背景对人类认知能力的局限，范畴等级和原型是有差别的。故英语中的"man"的稳定性较之汉语"男"要差一些。

【士】"士"，对其字形的解读，学界存在几说。高鸿缙《中国字例》："士即笄之初文。"徐中舒《士、王、皇三字之探源》（历史语言研究所集刊第四本四分册）："士、王、皇三字均象人端拱而坐之形，其不同者：王字所象之人，较之士字，其首特巨，而皇字则更于首上着冠形。此三字旧说均失其解。"郭沫若《释祖妣》（《甲骨文字研究》）："土、且、士，实同为牡器之象形。"但是他们都一致认为"士"是用来表示男子的。南北朝文献中，"士"（"士"的其他意义我们暂不给予考虑）可以用来指"男子"，而且主要指品德、学识、技艺突出的成年人"（"夫"主要指已经结婚的成年人）。例如：

①济虽俊爽，自视缺然，乃喟然叹曰："家有名士三十年而不知！"《世说新语·赏誉第八》

②令饼方一尺，厚二寸。使壮士熟踏之。《齐民要术卷第七·笨曲、并酒第六十六》

③魏高堂隆、秦朗，皆博闻之士，争论于朝，云无指南车，记者虚说。《宋书·卷十八》

④加以雄才大略，爱奇好士，视下如伤，役己利物，亦无得而称之。《魏书·卷七下》

"士"也可以用作"男子的通称"。王凤阳先生（1993：401）："士与女对举，是男子的通称。"在南北朝文献中，士、女对举凡 28 例。例如：

⑤经略既张，宏图将举，士女延望，华、夷慕义。《宋书·卷六十四》

⑥衍遣其豫章王综入守彭城，法僧拥其僚属、守令、兵戍及郭邑士女万余口南入。《魏书·卷九》

王凤阳先生（1993：402）："'士'在奴隶主的等级里虽然是最低的，但他们下边还是有隶使的人，这些武士在战场上不当步兵的，他们总是披着重铠、拿着精制的武器，乘着轻便的战车作战的，所以他们也被称作'甲士'；而'卒'只能拿着简陋的武器跟在车后跑，所以也叫'徒''徒兵''徒卒'。他们之间是有严格界限的。"在南北朝文献中，用来表示战场上的成员时，两者没有这么严格的区别，常常组成"士卒"（101例）、"将士"（170 例）、"壮士"（35 例）、"战士"（29 例）、"勇士"

（20 例）。例如：

⑦从征鲜卑，每战必身先士卒，及克广固，怀慎率所领先登。《宋书·卷四十五》

⑧乃分战士七千配兴世，兴世乃令轻舸溯流而上，旋复回还，一二日中，辄复如此，使贼不为之备。《宋书·卷五十》

⑨寇至之时，一城千室，堪战之士，不下二千，其余赢弱，犹能登陴鼓噪。《宋书·卷六十四》

⑩今卿已复州境，然吾远来，士马疲弊，且待终举。《魏书·卷一》

【夫】《说文·夫部》："夫，丈夫也。从大，一以象簪也。""夫"甲骨字形"木"，高鸿缙《中国字例》："夫，成人也。童子披发，成人束发，故成人戴簪，子倚大（人）画其首发戴簪形，由丈大（人）生意，故为成人意之夫。""夫"本义当指"成年男子"，后引申为其他各类成年男子。在南北朝文献中"（若）夫"作语气词时，常放在句首。当用来表示人时，单独使用出现频率低于组合词的频率。其常组合成：夫人、丈夫、大夫、夫子（常表尊称）、匹夫、义夫、夫妇、夫婿、武夫、懦夫、农夫、夫妻、姑夫等。例如：

①余与夫子，交非势利，心犹澄水，同此玄味。《世说新语·轻诋第二十六》

②赐民爵一级，女子百户牛酒。刺守邑宰及民夫从搜者，普加洽赉。《宋书·卷六》

③比之农夫，劳逸万倍。《齐民要术卷第五·种榆、白杨第四十六》

④使农夫外布，桑妇内勤。《魏书·卷七上》

5. 褒义非亲属称谓

【甫】徐中舒（《甲骨文字典》，第 355 页）："从田从屮，象田中有屮之形，当为圃之初文，后隶定为甫。"《说文·用部》："甫，男子美称也。为假借义。""甫"表"男子美称"，至南北朝没有发生变化。大多用在人的名字中。例如：王夷甫、温元甫。

"甫"在南北朝时期还可以表示"姓""开始、起初"义。如：朕甫承大业，训道未敷，虽侧席忠规，伫梦岩筑，而良图莫荐，奇士弗闻，永鉴通古，无忘宵寐。《宋书·卷八》

【公】《说文·八部》："公，平分也。从八。八犹背也。韩非子曰：背厶为公。"公的本义不是指人的称呼，是指"公平、无私"。后来引申出来指"爵位"和"对人的称呼"。（本文仅考虑非亲属的称呼，其他义项暂不谈论。）在南北朝文献中"公"已经完全泛化成为一个对男人（通称指年纪较大的）的尊称。上至皇帝、诸侯，下至一般百姓，都可以用"公"来尊称。例如：

①郗公值永嘉丧乱，在乡里，甚穷馁。乡人以公名德，传共饴之。《世说新语·德行第一》

②周、王诸公并苦争肯切，唯刁玄亮独欲奉少主以阿帝旨。《世说新语·方正第五》

王凤阳先生（1993：379）："公"泛化后，人们习惯以"明公"来称呼地位尊贵者。南北朝文献中"明公"凡25例。例如：

③明公以法见绳，喜畏法而至耳。《世说新语·言语第二》

6. 贬义非亲属称谓

【鳏】《释名·释亲属》："无妻曰鳏。"鳏，可以作形容词，也可以作名词，作名词指"没有妻子的男子"。南北朝文献中，"鳏"凡45例。"鳏"常以"寡"连言，凡30例。

【孽】《说文·子部》："孽，庶子也。从子，辥声。"段注："凡木萌旁出皆曰孽，人之支子曰孽。"王凤阳先生（1993：335）：在宗法制下，把庶子比作从同一根上产出的分叉，这是一种带有很强的鄙视意味的比喻。在南北朝时期，"孽"还会用来表示"庶子"即"非正妻所生子"。

①邪利亡后，二女侮法始庶孽，常欲令文华袭外祖爵临淄子。《魏书·卷二十四》

②又以四岁孽子，兴东海之封。《魏书·卷九十七》

③自以地卑位重，荷恩崇大，乃以庶孽与德文嫡婚，致兹非偶，实由威逼。《宋书·卷二》

【小结】"男"为该语义场的代表词，稳定性更强，词义发展比南北朝之前要丰富，组合能力也更强大。该语义场中有好几个词的词义所指扩大，例如"父""兄"。而且从该语义场中的"舅""伯"可以发现南朝汉语与北朝汉语存在一些差别，例如"伯"，北朝更趋向于上古用法，而南朝就与现代汉语用法比较接近。

该语义场中的"父""兄""儿"三词，它们的词义在引申过程中与英语、法语、德语具有相似性。"父"都可以由"父亲"引申为"雄性动物"，"兄"皆可以由"有血缘关系的兄弟"泛指到"没有血缘关系的兄弟","儿"皆可以由"儿子"泛指"长辈对晚辈的称呼"。

三　人

"人"在 M·Swadesh《百词表》中居第 18 位。"人"语义场是"男""女"语义场的上位语义场,前面讨论的"男""女"语义场的词在某种程度上也可以归到这个"人"语义场中来,但是如果这样处理的话,"人"语义场的成员庞大,不利于研究。我们在此选择的成员主要是该语义场中表示总称且通常不区分男女的单音节词。

1. 亲属类总称词

【亲】《说文·见部》:"亲,至也。"段注:"亲,父母者,情之最至者也,故谓之亲。"王凤阳先生(1993:323):"在先秦,'亲'表示的亲属关系比较广泛,儿女对父母可以称亲,父母对儿女也可以称亲。"但是在南北朝文献中,父母对儿女不再称"亲",但"亲"用于"儿女对父母称呼"。例如:

①且汉废君臣之丧,不降父子之服,故四海黎庶,莫不尽情于其亲。《宋书·卷十五》

②王长豫为人谨顺,事亲尽色养之孝。《世说新语·德行第一》

③若夫天生地养,各有所亲:兽必依地,鸟亦凭云。《魏书·卷十九中》

"亲"还可以用于泛指有血缘关系或婚姻关系的人。徐灏《说文解字注笺·见部》:"亲,亲爱者,莫如父子、兄弟、夫妇、故谓之六亲。"

④役身死叛,辄考傍亲,流迁弥广,未见其极。《宋书·卷三》

⑤丙辰,复郡县田秩,并九亲禄俸。《宋书·卷六》

⑥文举至门,谓吏曰:"我是李府君亲。"《世说新语·言语第二》

"亲"由动词词义引申出有血缘或婚姻关系的人,再进一步引申,就可以用来指"关系亲密、可靠的人"。例如:

⑦遂乃合党连群，构扇同异，附下蔽上，专弄威权，荐子树亲，互为表里，邪附者荣曜九族，秉理者推陷必至。《宋书·卷六十九》

⑧晋孝武欲拔亲近腹心，遂以殷为荆州。《世说新语·识鉴第七》

⑨功者赏不遗贼，罪者刑不避亲，虽宠爱之，终不亏法。《魏书·卷四下》

【苗】《说文·艸部》："苗，艸生于田者，从艸，从田。"本义指"谷类作物幼小的植株"。在南北朝时期，"苗"单用时，常表此义。其用来表示"后代"时，常与"裔"连言。《楚辞·离骚》："帝高阳之苗裔兮，朕皇考曰伯庸。"朱熹注："苗裔，远孙也。苗者，草之茎叶，根所生也。裔者，衣裾之末，衣之余也。故以为远末之孙之称也。"在南北朝文献中，"苗裔"凡11例。例如：

①元帝王皇后，齐田氏之苗裔。《宋书·卷二十七》

②昔武王伐纣，迁顽民于洛邑，得无诸君是其苗裔乎？《世说新语·言语第二》

③大军在近，努力围守，必令诸人福流苗裔。《魏书·卷四十一》

在英语中，也有相类似的引申。例如：

英语：seed ①种，籽，种子；③精子；精液；鱼白，鱼精子；虫卵；③起因；开端；④后裔，后代；⑤种子选手。《新时代英汉大词典》，第2088页。

【先】《说文·先部》："先，前进也。从儿，从之。"本指"前进"，后引申为"称呼已经去世的尊长"。《国语·鲁语下》："（敬姜）对曰：吾闻之先姑。"韦昭注："夫之母曰姑，殁曰先姑。"《楚辞·招魂》："酣饮尽欢，乐先姑些。"王逸注："诚欲乐我先祖及与故旧人也。"在南北朝文献中，"先"更多是用来表示"时间的先后"，当指"人"时，与上古没有差异，通常和其他称呼结合在一起使用，如：先王、先妣、先考、先贤、先哲。

【後】《说文·彳部》："後，迟也。"指时间、空间概念，认知科学认为，人的认知模式具有相似性，后辈子孙相对前辈而言，初生在后。"後"引申指"后代、子孙"。《诗·大雅·瞻卬》："式救尔后。"郑玄笺："後，谓子孙也。"南北朝文献中，"後"主要还是用来表示"时间较晚"或者"位置在后"，用来表示"子孙"不多。现代汉语中，常用"后代"来表"子孙"，而南北朝时期"后"表"子孙"，常常单用。

例如：

①夏侯湛作《羊秉叙》，绝可想。是卿何物？有後不？《世说新语·言语第二》

②诸羊後多知书，而射、奕余艺莫逮。《世说新语·巧艺第二十一》

③高祖武皇帝讳裕，字德舆，小名寄奴，彭城县绥舆里人，汉高帝弟楚元王交之後也。《宋书·卷一》

④帝王顺天，则群後仰其度。《魏书·卷二》

【孩】《说文·口部》："咳，小儿笑也。孩，古文咳，从子。""孩"本指"婴儿笑的声音"，后来引申为"小孩、幼儿"。《广韵·咍韵》："孩，始生小儿。"南北朝文献中凡 14 例，都是用来指"幼儿"。例如：

①简曰："孩抱中物，何至于此？"《世说新语·伤逝第十七》

②一人逃亡，阖宗补代。毒遍婴孩，虐加斑白。《宋书·卷七十四》

【孙】《说文·系部》："孙，子之子曰孙。从子，从系。系，续也。""孙"在上古，既指"儿子的子女"，《仪礼·丧服》："小功布衰裳……孙适人者。"郑玄注："孙者，子之子女。"也指"女儿的子女"，《诗·召南·何彼襛矣》："平王之孙，齐侯之子。"马瑞辰通释："《诗》所云平王之孙，乃平王之外孙。"在南北朝时期，如果"孙"单用时，常指"儿子的儿子"，也可以指"儿子的女儿""女儿的儿女"，但是它常与其他字结合成词。例如：

①时太祖诸子尽殂，众孙唯景素为长。《宋书·卷七十二》

②镇恶，王猛之孙，所谓将门有将也。《宋书·卷四十五》

③顺帝谢皇后，讳梵境，陈郡阳夏人，右光禄大夫庄孙女也。《宋书·卷四十一》

④嘉后妃，宜都王穆寿孙女，司空从妹也，聪明妇人。《魏书·卷十八》

⑤张玄之、顾敷是顾和中外孙，皆少而聪慧，和并知之，而常谓顾胜。《世说新语·言语第二》

⑥始休母房氏欲以休女妻其外孙邢氏，休不欲，乃违其母情，以妻义子，议者非之。《魏书·卷六十九》

"孙"在南北朝时期，还可以用来"泛指后辈"，此时常常是与"子"连言。"子孙"凡 250 例，都是"泛指后辈"。例如：

⑦然君实是乱世之英雄，治世之奸贼。恨吾老矣，不见君富贵，当以

子孙相累。《世说新语·识鉴第七》

⑧可搜访于时士庶文武今尚存者，具以名闻。人身已亡而子孙见在，优量赐赉之。《宋书·卷五》

⑨此君之子也，善养视之。子孙相承，当世为帝王。《魏书·卷一》

【宗】《说文·宀部》："宗，尊祖庙也。"段注："当云：尊也，祖庙也。"后引申为"祖先、祖宗"。上古时期，"祖"侧重于第一人，"宗"侧重于继承，然在南北朝时期两者区别几乎没有。例如：

①孙皓问丞相陆凯曰："卿一宗在朝有人几?"陆曰："二相、五侯、将军十余人。"《世说新语·规箴第十》

②平西将军、荆州刺史司马休之，宗室之重，又得江汉人心，公疑其有异志。《宋书·卷二》

③十二月，慕容元真遣使朝贡，并荐其宗女。《魏书·卷一》

"宗"常与"祖"连言，在南北朝文献中凡 87 例，多用来泛指祖先。例如：

④庶上凭祖宗之灵，下罄义夫之力，翦馘通逆，荡清京辇。《宋书·卷一》

【嗣】《说文·册部》："嗣，诸侯嗣国也。从册，从口，司声。孠，古文嗣从子。""嗣"本义是动词，指"继承君位"。相关引申为"继承人、后代"。南北朝时期与上古时期没有差别，只是南北朝时期使用频率没有上古高，在南北朝文献中，"嗣"凡 354 例，大多是作人名用字，或者动词，表示"继承人、后代"，凡 12 例。王凤阳先生（1993：337）："嗣子，重在继承，不在血统，所以过继的儿子也可以称为嗣子但不能称胤子。"南北朝时期亦然，"嗣"还是重继承，不重血统。例如：

①亡伯令问凤彰，而无有继嗣；虽名播天听，然胤绝圣世。《世说新语·言语第二》

②西北之兵伐之，君绝嗣，天下饥。《魏书·卷一百五之三》

③中国大乱，道路不通，天下皆更元易政，吴越之君绝嗣。《魏书·卷一百五之四》

2. 非亲属类总称词

【人】《说文·人部》："人，天地之性最贵者也。此籀文，象臂胫之形。""人"指"人类""由古类人猿进化而来的、能制造工具并使用工具进行劳动的高等动物"。古今通用，当专指某类人时，古今有别。黄金贵（1995：70）："上古，'人'可专称有一定地位者，有时也可专称有一定才能、德行者。'民'专称除统治者和奴隶之外的各种劳力者；至封建社会，成为与统治者相对之民众的通称。"王凤阳（1993：360）："在封建官僚制下，民和君、民和吏常常对举，以表示统治者与被统治者的关系。人和民的界限就彻底消除了。"南北朝时期亦然，"人"与"民"一般没有区别，但是当与官吏对举，常用"民"。

"人"也可以用来指代对方（别人、他人），亦可以用来指代自己。例如：

①自叹曰："人言我愦愦，后人当思此愦愦。"《世说新语·政事第三》

②友人便怒曰："非人哉！与人期行，相委而去。"《世说新语·方正第五》

"人"单独使用时，还可以表示"人人、每人"，然在南北朝文献中，此意义既可以单用"人"表示，也可以用"人人"来表示。"人人"凡33 例，皆"人人、每人"。例如：

③孤老、鳏寡、六疾不能自存者，人赐谷五斛。《宋书·卷五》

④子有两人，人各着，故不破两段，则疏密水裹而不生。《齐民要术·种胡荽第二十四》

【农】《说文·晨部》："䢉，耕也。从晨囟，声。"后引申为"农事、农业"和"农民"。"农"表"农民"时，与"民"有细微的差别，"农"更强调工作的属性。例如：

①游农之望，收功岁成。斯则王度无骞，民业斯植矣。《宋书·卷五十三》

②入其境，农不垦殖，田亩多荒，则徭役不时，废于力也。《魏书·卷五》

③分兵要害，劝农积粟，警急之日，随便蒐讨。《魏书·卷四十一》

④蚕农尚闲，可利沟渎，葺治墙屋。《齐民要术·杂说第三十》

还有，当与工、商等行业形成对比时，一般就使用"农"。例如：

⑤元康中，天下商农通着大鄣日，童谣曰："屠苏鄣日覆两耳，当见瞎儿作天子。"《宋书·卷三十一》

⑥万里神行，飙尘不起。农商野庐，边城偃柝。《宋书·卷五十一》

⑦今农自务谷，工自务器，四民各肆其业，何尝致勤于钱。《宋书·

卷五十六》

在南北朝时期，"农"在以上情况下要与"民"区别，但是有时"农"和"民"可以通用，常组成"农民"，在文献中凡4例。例如：

⑧今之所忧，在农民尚寡，仓廪未充，转运无已，资食者众，家无私积，难以御荒耳。《宋书·卷六十》

⑨自比阳旱积时，农民废殖。《魏书·卷八》

⑩言专一汝农民之心，令人预有志于耕稼之事。《齐民要术卷一·耕田第一》

【民】《说文·民部》："民，众萌也。从古文之象。"郭沫若《甲骨文字研究》："周人初以敌囚为民时，乃盲其左目以为奴征。"亦可借指"奴隶"，但随着奴隶制度的崩溃，"民"所指也跟着发生了变化，慢慢地用来指"百姓"或者"人类或人"。在南北朝文献中，"民"主要是指"百姓""人类或人"。例如：

①王驹无罪，而义旗诛之，此是剪除胜己，以绝民望。《宋书·卷一》

②近因戎役，来涉二州，践境亲民，愈见其瘼。《宋书·卷二》

③自篇籍所载，生民以来，勋德懋功，未有若此之盛者也。《宋书·卷二》

【甿】《说文·民部》："甿，民也。从民，亡声。读若盲。""甿"在上古时期可以用来泛指百姓，也可以用来特指"鄙野地区从事农业生产的百姓"。杨宽《论西周金文中"六""八"和乡遂制度的关系》："乡和遂的居民身份不同，虽然都可以统称为'民'，但是'六遂'居民有个特殊名称，叫'甿'（或作'氓''萌'）或'野民'；而'六乡'居民则称为国人，'六遂'居民是农业生产的主要承担者。"南北朝时期，"甿"的使用与上古一样，既可以泛指百姓，也可以特指鄙野之民。例如：

①且饥馑之甿，散亡莫保；收入之赋不增，出用之费弥众。《魏书·卷十九中》

②宰守微化道之方，甿庶忘勤分之义。《宋书·卷五》

③是以遐方荒俗之甿，莫不翘足抗手，敛衽屈膝。《魏书·卷三十六》

④风谣迥隔，蛮獠狡窃，边甿荼炭，实须练实，以绥其难。《宋书·卷六十一》

【友】《说文·又部》："友，同志为友。从二又，相交友也。"高鸿缙《中国字例》："字从二又（手）合作，原为动词，周末渐与朋字同称，遂为名词。"高鸿缙所说，不一定全对，其实，"朋"与"友"在上古有区别的，"朋"侧重于利益的结合，而"友"侧重于大家有共同的兴趣、爱好。南北朝文献中，"友"和"朋"还是有一些区别，"友"主要用于褒义。例如：

①友人有疾，不忍委之，宁以吾身代友人命。《世说新语·德行第一》

②虽复父兄之亲，师友之贤，皆纯臣也。《宋书·卷十四》

③聪睿机悟，幼而有济民神武之规，仁孝纯至，礼敬师友。《魏书·卷六》

而"朋"既可以用于褒义，也可以用于贬义。当用于褒义时，常与"友"连言，"朋友"或"友朋"在南北朝规定文献中各 7 例和 3 例，都表褒义。例如：

④在家思孝，事君思忠，朋友思信，如斯而已。《世说新语·言语第二》

⑤顷年乘事回薄，遂果饕非次，既足贻诮明时，又亦取愧朋友。《宋书·卷八十五》

当用于贬义时，"朋"常与"党"连言（党和朋都是侧重利益，但是党规模更大）。"朋党"在南北朝规定文献中凡 18 例，多表贬义。例如：

⑥时故东平王元匡共相论驳，各树朋党，争竞纷纶，竟无底定。《魏书·卷一百九》

⑦元嘉中，上不欲诸王各立朋党，将召竣补尚书郎。《宋书·卷七十五》

【丁】《说文·丁部》："丁，夏时万物皆丁实。"表"强壮"之义，由该意义引申出与人有关的称呼。王凤阳（1993：343）："壮是从生理发育着眼的，丁是从劳动能力着眼的；壮是社会的习惯的划分，丁是政府律令的规定。"王先生是针对"强壮"和"承担赋役的成年人"下此判定的，但是，针对"仆役和从事某种劳动的人"就不适合了。在南北朝规定的文献中，"丁"凡 965 例，大部分是与天干地支纪年有关，这 35 例有表"承担赋役的成年人"。例如：

①悉诛城内男丁，以女口为军赏。《宋书·卷六》

②常供州郡为兵，子孙见丁从役，游矜其劳苦，乃表闻请听更代，郡内感之。《魏书·卷五十七》

也有表"仆役和从事某种劳动的人"。例如：

③宣太后崇宁陵禁内坟屋瘗迁徙者，给葬直，蠲复家丁。《宋书·卷八》

④今之三长，皆是豪门多丁为之，今求权发为兵。《魏书·卷八十二》

还有用来泛指"人"。例如：

⑤三曰篡偶车牛；四曰计丁课仗。《宋书·卷六十四》

⑥遣使与州郡宣行条制，隐口漏丁，即听附实。《魏书·卷七下》

【伴】《玉篇·人部》："伴，侣也。"段玉裁《说文解字注·人部》："《广韵》云'侣也，依也。'今义也。《夫部》'妖'下曰'读若伴侣之伴。'知汉时非无伴侣之语，许于俗语不之取耳。"王凤阳（1993：347）："'伴'与'侣'有些区别，就是'伴'指在一起相伴生活的人，'伴'可以是一个，也可以是几个；'侣'虽然也常指几个人结伴，但如果用于异性结伴时多半用'侣'，所以《集韵》说'侣，俪也'，有成对成双的意思。"在南北朝文献中，"伴"还有表示"伴侣"的意义，但是有一个很奇怪的现象，"伴"只在《宋书》中出现过6次，其中原因，或许正如段玉裁所言"俗语不之取耳"。具体原因有待探讨。

【小结】该语义场中，代表词为"人"，其使用范围较之上古有一些变化，它可以重叠用来指"每"。该语义场中词的词义比上古丰富一些，根据相关、相似的原则，产生了一些新的意义。

第二节　动物核心名词

《百词表》中动物核心名词有四个：第19位的fish（鱼）、第20位的bird（鸟）、第21位的dog（犬）、第22位的louse（虱）。

一　鱼

鱼和人类生活联系紧密，在语言中成为一个不可或缺的核心词。据黄金贵先生（1995：457）统计，《诗经》中共见鱼名14种，《山海经》中所记鱼类有 58 种。"鱼"在郑张尚芳《华澳语言比较三百核心词表》(征求意见稿)中居第 67 位,为最核心的词,在黄布凡先生《藏缅语 300 核心词词表》中为二级核心词。以往人们对鱼类词的研究主要集中体现在命名理据和文化比较上①,在南北朝时期,"鱼"语义场用来指个体的成员众多。我们打算考察该成员中表示总称和几个特殊称谓的鱼类词。

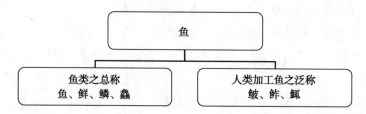

1. 鱼类之总称

【鱼】《说文·鱼部》:"鱼,水虫也。象形。鱼尾与燕尾相似。""鱼"指"水生脊椎动物"时,古今没有发生变化。在南北朝时期,"鱼"既可以用来指鱼类的总称,也可以用来指具体的某种鱼,但是在大多数情况下,用来指具体某种鱼时,通常是与其他词组合在一起,构成复合词。例如:

①嗟城中如流鱼,谁能复顾室家!《宋书·卷二十二》

②鲤鱼乃在洛水深渊中,钓钩尚得鲤鱼口。《宋书·卷二十一》

汉语中,"鱼"还可以指"鱼肉"。例如:"他们在吃鱼"。汉语"鱼"词义的引申与外语相同。在外语中,"鱼"可以泛指,亦可以特指,而且特指时,同汉语相同,都是与其他词组合在一起,成为复合词。同时也可以指"鱼肉"。例如:

英语:fish ①鱼;②(常用以构成复合词)水生动物;shell fish 有壳水生物;star fish 海星③鱼肉。《新时代英汉大词典》,第 869 页。

法语:poisson ①鱼;poisson chat 六须鲇;piosson plats 鲽鱼;manger du poisson 吃鱼;②鱼状物。《新世纪法汉大词典》,第 2066 页。

【鲜】《说文·鱼部》:"鲜,鱼也。出貉国。"段注:"按此乃鱼名,

---

① 李海霞:《大型字词典虫鱼词条释义纠补》,《宁夏大学学报》(人文社会科学版)2006 年第 6 期。李海霞:《汉语常见鱼名命名理据考》,《浙江海洋学院学报》1999 年第 4 期。张庆文:《从"鱼"看汉英文化的差异》,《西安外国语学院学报》2000 年第 3 期。

经传乃假为新鱻字。"《说文通训定声》："鲜，假借为鱻。"南北朝时期，"鲜"可以泛指鱼类。例如：

　　①臣闻治国若烹小鲜，拯敝莫若务本。《宋书·卷六十》

　　②岂宜扰世教以深文，烹小鲜以烦手哉！《魏书·卷十九中》

　　也可以用来指"新宰杀的鸟兽肉"。例如：

　　③财赂既逞，狱讼必繁，惧亏圣明烹鲜之美。《宋书·卷六十四》

　　④张广幕，布长筵。酌浊酒，割芳鲜。《魏书·卷三十六》

　　⑤忽令垂组乘轩，求其烹鲜之效，未曾操刀，而使专割。《魏书·卷六十六》

　　【鱻】《说文·鱼部》："鱻，新鱼精也。从三鱼不变鱼。"段注："引申为凡物新者之称，凡鲜明、鲜新字皆当作鱻，自汉人始以鲜代鱻。""鲜"由鱼名引申出新鲜、好等意义，这个意义和"鱻"词所表示词义重逢，或因"鲜"书写简单，后就由"鲜"代替"鱻"。故南北朝时期通常不用"鱻"表鱼。

　　【鳞】《说文·鱼部》："鳞，鱼甲也。"词义在引申过程中，常出现部分代整体的现象，"鳞"即代表之一。《吕氏春秋·孟春》"其虫鳞"，高诱注："鳞，鱼属也。"其既可以泛指鱼，也可以用来指具体的鱼。如：《文选·杨雄〈羽猎赋〉》"乘钜鳞"，刘良注："鳞，则鲸鱼也。"《说文通训定声》："鳞，今扬州人呼为鮑鱼。"在南北朝时期，"鳞"可以用来泛指鱼。例如：

　　①遂使冲鲸溃流，暴鳞奔汉，庙胜远加，重氛载涤，二仪廓清，三光反照，事遂永代，功高开辟，理微称谓，义感朕心。《宋书·卷一》

　　②西川无潜鳞，北渚有奔鲸。凌威致天府，一战夷三城。《宋书·卷二十二》

　　③托翼邓林，寄鳞溟海，遂荷恩宠，荣兼出内。《魏书·卷二十四》

　　④有飞龙腾蛇之变，为函箱鱼鳞四门之陈，凡十余法。《魏书·卷一百八之四》

　　然南北朝时期"鳞"指"鱼"时，主要是在较正规的文献或场合使用，在日常生活中使用很少。我们对《世说新语》《齐民要术》进行了调查，《世说新语》中未见使用，《齐民要术》中通常不用"鳞"表示"鱼"，主要是用来表示"鱼鳞"。例如：

　　⑤取新鲤鱼，去鳞讫，则脔。《齐民要术·卷八·作鱼鲊》

2. 人类加工鱼之泛称

【鲅】《说文·鱼部》："鲅，鱼名。"《玉篇·鱼部》："鲅，鳎鱼也。"清代张文虎《舒艺室随笔》："鲅，鱼名。案鲅盖鱼之细者。今吴人犹有鳑鲅之称。其鱼形似鳑而细故曰鳑鲅（鳑即鲂之重文）。《尔雅翼》作方皮不知《说文》固有鳑鲅二字。"《说文·鱼部》："鲂，赤尾鱼。从鱼方声。"南北朝时期"鲅"来指"剖开的鱼"。例如：

①去直鳃，破腹作鲅，净疏洗，不须鳞。《齐民要术·卷八·脯腊》

【鲊】《释名·释饮食》："鲊，菹也。以盐米酿鱼以为菹，熟而食之也。"《集韵·马韵》："鲞，《说文》：'藏鱼也。南方谓之鲐，北方谓之鲞。'鲞或作鲊。"段注："按古作鲞之法，令鱼不腐坏。故陶土行远遗其母，即内则之鱼脍聂而切之者也。"南北朝时期，鲊主要用来表示"用盐、米粉腌制的鱼"。例如：

①陶公少时，作鱼梁吏，尝以坩鲊饷母。母封鲊付使，反书责侃曰：汝为吏，以官物见饷，非唯不益，乃增吾忧也。《世说新语·贤媛》

②凡作鲊，春秋为时，冬夏不佳。《齐民要术·卷八·作鱼鲊》

【鲴】《玉篇·鱼部》："鲴，盐渍鱼也。"在南北朝文献中"鲴"凡1例，用指"干鱼"。例如：

①鲴鲍千钧，帅古曰：鲴，脯鱼也，即今不着盐而干者也。《齐民要术·卷七·货殖》

【小结】该语义场用于特指具体鱼的词语较多，但是在南北朝时期，该语义场中的代表词是"鱼"。"鱼"词义的引申发展与英语、法语有很多的相似，皆可以用于泛指鱼、特指某种鱼以及用指鱼肉。该语义场中的"鳞"用于代"鱼"，在口语性文献中，很难找到，现代汉语中亦很少使用，主要用于书面语，该词已经成为一个古语词。该语义场中用来特指经过人类加工而成的鱼，词义基本没有发展。

二　鸟

"鸟"在 M·Swadesh《百词表》中居第 20 位，在郑张尚芳《华澳语言比较三百核心词表》（征求意见稿）中居第 61 位，为最核心的词。根据鸟类生活环境和与之相适应的生活方式以及外部形态的差异，动物学界把鸟分为走禽类、游禽类、涉禽类、陆禽类、攀禽类、猛禽类、鸣禽类。我国现存鸟类均属于突胸总目，而走禽类属于平胸总目，我国鸟类中现不存在走禽类，故在该语义场中不考虑走禽类词语。南北朝时期鸟类成员复杂，词汇丰富，我们选择动物学界分类中的后面六类鸟类动物的一些常见词以及表示鸟总称的词进行考察。

黄布凡先生《藏缅语 300 核心词词表》中没有"鸟"，但一级核心词中有"布谷鸟"、二级核心词中有"鸡、雁/鹤/鹅"，三级词中有"乌鸦"。

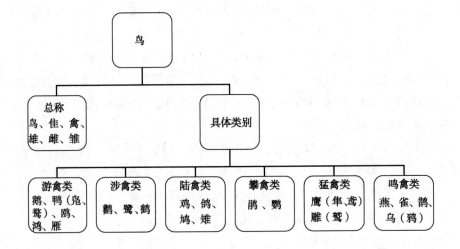

1. 总称

【鸟/隹】前贤对"鸟""隹"研究甚多①。前贤大多认为鸟、隹二字来源不同，郑春兰认为："'鸟''隹'互用的情况一直到西周时期，鸟作飞禽的鸟，隹则只是用作虚词了，但是'鸟''隹'义近相通用的这个特点一直在后世延续。"而且，还认为两者的差别主要不在于长短尾。陈邦怀《甲骨文零拾》："甲骨文鸟与隹之区别，在于鸟字突出其喙，隹字则否。《说文》以长尾、断尾言之，非是。""卜辞鸟与隹二字区别甚严，罗振玉以为一字，殊误。"杨曙光（2008：150）："从鸟的字多与鸟类名称相关，意义单一。从隹的字多与鸟类的形态相关，意义复杂。"我们检索发现"隹"在南北朝之前的诗歌当中还有出现，但是到了南北朝诗歌中就消失了。在南北朝文献中，只在《宋书》中出现过一次。例如：

---

① 孙玉文：《"鸟""隹"同源试证》，《语言研究》2005 年第 1 期；李玉：《说"鸟"字的上古音声母及其词义变化》，《古汉语研究》1991 年第 3 期；于智荣：《谈"鸟"字》，《汉字文化》1999 年第 2 期；杨曙光：《小议"鸟"与"隹"》，《语文学刊》2008 年第 11 期。

①张瓘在凉州正朝，放佳雀诸鸟，出手便死；左右放者悉飞去。《宋书·卷三十二》

"鸟"在南北朝文献中凡242例，以单用为主，泛指鸟类，或者与兽、鱼等连言。例如：

②春禽怀孕，搜而不射；鸟兽之肉不登于俎，不射。《宋书·卷十四》

③鱼鸟动色，禾雉兴让，皆物不盈眦，而美溢金石。《宋书·卷五十一》

鸟还有一种用法：种概念+属概念。例如：

④少昊氏有凤鸟之瑞，以鸟名官，而凤鸟氏司历。《宋书·卷十二》

⑤角弓持弦急，鸠鸟化为鹰。《宋书·卷二十二》

⑥庄周云，海人有机心，鸥鸟舞而不下。《宋书·卷六十七》

⑦乌鸟微心，昧死上诉，乞反葬旧茔，縻骨乡壤。《宋书·卷六十八》

⑧欲报之德，正觉是凭，诸鸷鸟伤生之类，宜放之山林。《魏书·卷十三》

【禽】《说文·内部》："禽，走兽总名。从内，象形；今声。禽、离、兕头相似。"徐灏《说文解字注笺》："明为人所禽制也。盖田猎所获通谓之禽，亦谓之兽。其后以毛虫为兽，因以羽虫为禽，久之遂各为专名耳。""禽"在南北朝文献中凡211例，既可指"鸟"，也可指"兽"。例如：

①春禽怀孕，搜而不射；鸟兽之肉不登于俎，不射。《宋书·卷十四》

②量夫中夏粒食邑居之民、蚕衣儒步之士，荒表茹毛饮血之类、鸟宿禽居之徒，亲校短长，因宜防制。《魏书·卷四十一》

"禽"用来指"鸟"时，常指被捕猎的鸟类。"禽"甲骨文 ，陈梦家《殷墟卜辞综述》："卜辞字 ，应依孙诒让之说释为禽字，乃是动词擒。 字象捕鸟之网，所以字亦作毕。鸟是生擒的，所以禽字引申为鸟类，卜辞禽除作为田猎方法以外，尚有猎得之义。"其他语言中也有这种现象。例如：

英语：bird 既可以指鸟、禽，也可以用来指供捕猎的禽鸟：A bird in the hand is worth two in the bush. 〈谚〉一鸟在手胜过双鸟在林。

【雄】《尔雅·释鸟》："鸟之雌雄不可别者，以翼右掩左，雄；左掩右，雌。"《说文·隹部》："雄，鸟父也。从隹厷声。""雄"本指"鸟父"，但"厷"表声，亦可示意。《尔雅·释诂上》："宏，大也。"故后来"鸟"作名词时，可以指勇猛、强大的动物或人。在南北朝规定文献中，"雄"凡176例，具体分布如表所示。

	《齐民要术》	《魏书》	《宋书》	《世说新语》
动词	2	4	1	2
形容词	1	41	13	4
鸟父	8	12	23	0
动植物	5	3	5	0
男性	0	20	29	3

从表中可以看出，在南北朝时期"雄"作名词时，主要作"鸟父"和"男性"之意义。例如：

①作小厂，令鸡避雨日。雌雄皆斩去六翮，无令得飞出。《齐民要术·卷六·养鸡第五十九》

②典宗庙社稷祠祀荐五牲，牛羊豕鸡并用雄。其一种市买，由来送雌。《宋书·卷十七》

③刘石以一时奸雄，跋扈魏赵；苻姚以部帅强豪，趑趄关辅。《魏书·卷一百九》

④天下方乱，群雄虎争，拨而理之，非君乎？《世说新语·识鉴第七》

【雌】《说文·隹部》："雌，鸟母也。从隹此声。"黄金贵（1995：413）："此声兼义。此声多有细小、柔小义。""雌"本指"飞禽"，后引申为"雌性动植物或人"。在南北朝规定文献中凡52例，其用法与"雄"相似。但与"雄"有两组相对词很有意思，值得大家关注。

〔雄黄/雌黄〕"雄""雌"用在人物、动物上常与生殖有关，但用到植物上，却不一定与生殖有关。"雄黄"《神农本草经》："生山之阳，故曰雄；是丹之雄，所以名雄黄也。"李时珍引《名医别录》："生武都山谷、敦煌山之阳，菜无时。""雌黄"《本草纲目》："生山之阴，故曰雌黄。"并引《名医别录》："雌黄生武都山谷，与雄黄同山生，其阴山有金，金精熏则生雌黄。"其"雄/雌"得名于其生长环境和其物的气性。

〔雄鸡/雌鸡〕学界对"鸡公""公鸡"是汉语本身固有词还是由于语言接触影响产生的词，存在争议。据我们所查"鸡公""公鸡"两词产生较晚，"鸡公"最早见于金朝而"公鸡"最早见于清朝。我们认为要阐述这两个词的来源，不能忽略古代汉语中表示"公鸡"之词的演变。在南北朝时期，"雄鸡""雌鸡"两种表达方式都存在，而且它们在组合时，比较灵活，可以是"修饰语+中心语"，也可以是"中心语+修饰语"。例如：

①窃闻周景王时，宾起见雄鸡自断其尾。《宋书·卷十七》

②魏明帝景初二年，廷尉府中有雌鸡变为雄，不鸣不将。《宋书·卷三十》

③元帝初元中，丞相府史家雌鸡伏子，渐化为雄，冠距鸣将。永光中，有献雄鸡生角。《魏书·卷六十七》

④鸡翁一、值钱五；鸡母一、值钱三。《北魏张丘建·算经·百鸡趣》

例①②③采用的是修饰语+中心语的构词方式，例④采用的是中心语+修饰语的构词方式。"雄""翁""公"三者皆可以用来指"雄性、男性"，那么现代汉语的"鸡公""公鸡"的来源，是否可以从汉语本身的替换角度去考虑？这点还有待考察。

【雏】《说文·隹部》："雏，鸡子也。"《尔雅·释鸟》："生哺，鷇；生噣，雏。"王凤阳（1993：103）："后世除沿用古代词汇外，鷇很少被使用，凡鸟的幼禽都可以称为雏了，……进而幼兽、幼儿也可以比作雏。""雏"在南北朝规定文献中凡27例。除"凤雏"用来表示"杰出的人才"外，其余都表示"幼鸟"。

"雏"形符为"隹"，本义当指"幼鸟"。然《汉语大字典》《汉语大词典》给其立的义项有些值得商榷。

雏：①小鸡；②幼鸟；③幼小的动植物；④幼儿。《汉语大字典·隹部》

雏：①小鸡。泛指幼禽或幼兽。②借指小儿，幼儿。③引申为生手；新手。④幼小；年轻。⑤对人的蔑称。《汉语大词典·隹部》

同为历史性语文大词典，但是两者在立项上存在差异。我们认为，既然"雏"本义就是"幼鸟"，而"鸡"本身就是"鸟"的一个种类，故没有必要对"小鸡"单设一个义项。我们可以看看其他语言的词典是如何处理的。

Chicken ①雏鸟；（小）鸡；②鸡肉；③（尤指没经验的）年轻人；④〈口〉胆量的比试。《新时代英汉大词典》

Chickn ①young bird，esp a young chicken，just before or after hatching（即将孵出的或刚孵出的）雏鸟；（尤指）小鸡：a hen with her chicks 母鸡及其小鸡。②（dated sexist 旧，性别偏见）young woman 黄毛丫头。《牛津高阶英汉双解词典》

Oiseau ①鸟：~x de passage 候鸟／~x de basse-cour 家禽。②、〈俗、贬〉家伙。③〈建〉灰沙斗。④〈建〉屋面工用来搭屋顶脚手架的支架。《新世界法汉大词典》

《汉语大字典》的义项设立可能受到《说文解字》的影响，其实相比较而言，《汉语大字典》义项的设立也许更简练、科学。

2. 具体类别

1）游禽类

【鹅】《说文·鸟部》："鹅，䳘鹅。"《尔雅·释鸟》："舒雁，鹅。"《广雅·释鸟》："鹅，雁也。"疏证："野鹅曰雁，家曰鹅。"鹅为雁训化而来，这个意义《汉语大字典》训释得很精当："家鹅。鸟纲鸭科家禽。喙扁阔，头大，前额有橙黄色或黑褐色肉质突起，颈长。尾短，脚有蹼，羽毛纯白色或灰色，善游泳，嗜食青草。生长快，肉质美。也泛指鹅。"在南北朝文献中凡 57 例，大多指"家鹅"。但是有些例子如果释为"家鹅"，就有些别扭。例如：

①醋菹鹅鸭羹。《齐民要术·卷八·作羹·霍法七六》

②蒸羊、肫、鹅、鸭，悉如此。《齐民要术·卷八·羹臛焦法第七十七》

以上两例中的"鹅"，解释为"家禽"，就有些牵强，解释为"鹅肉"，可能更恰当。"鹅"本身就可以作"鹅肉"解。赣方言中，"吃鹅肉"说成"喫鹅"。其他语言中同样如此。

英语：goose ①〔鸟〕鹅；Geese cackle/hiss。②（供食用的）鹅肉：roat goose。③笨蛋，傻瓜：I have seldom seen such a goose。《新时代英汉大词典》

俄语：Гусáк ①〔阳〕公鹅；〈骂〉指高傲而愚蠢的人。②（牲畜的）脏腑，肝脏。《大俄汉词典》

【凫/鹜/鸭】《说文·几部》："凫，舒凫，鹜也。从鸟，几声。"《广韵·虞韵》："凫，野鸭。"《集韵·虞韵》："凫，鸟名。"《说文·鸟部》："鹜，舒凫也。从鸟，敄声。"《尔雅·释鸟》："舒凫，鹜。"孔颖达《尔雅注疏》引舍人："凫，野名也；鹜，家名也。"郭璞注："鹜，鸭也。"《说文新附》："鸭，鹜也。俗谓之鸭。从鸟，甲声。"三字在南北朝规定文献中使用情况如表所示。

文献 例字	《世说新语》	《宋书》	《齐民要术》	《魏书》
凫	1	6	8	5
鹜	0	4	0	2
鸭	0	5	32	5

在南北朝时期"野鸭"主要还是用"凫"表示，有时也可以直接用"野鸭"来指称。例如：

①野鸭群飞入城，与鹊争巢。《魏书·卷六十六》

当然，表示"野鸭"也可以用"鹜"。《说文句读》："窃更之，以鹜皆以家禽比类为此，此周时说也。《南史》庚翼曰'小儿厌家鸡爱野鹜'，王勃'落霞与孤鹜齐飞'此东晋以后说也。"

而表示"家鸭"更多的是用"鸭"，且"鸭"的组合能力超过"鹜"，"鸭"可以组合成"鸭头""鸡鸭""鸭雏""鸭子"（注：此时的"鸭子"表示"鸭卵"之义）。例如：

②又有麟凤龟龙玺，驼马鸭头杂印，今代则阙也。《宋书·卷十八》

③十月壬戌，流星大如鸭子，出文昌，入紫宫，声如雷。《宋书·卷二十六》

"鸭"逐渐代替"鹜"，这很符合人类的认知。"鹜"《淮南子·主术》："鱼得水而鹜。"高诱注："鹜，疾也。（鹜，疾为谐声）"段注："左传疏云'谓之舒凫着，家养驯不畏人，故飞行迟，别野名耳'。"朱骏声《说文通训定声》："鹜，飞行舒迟，驯扰不畏人，今之家鸭也。野鸭曰凫。""鹜"得名当来源于这两个特性，故"鹜"既可以指"野鸭"，亦可以指"家鸭"。而随着社会的发展，"家鸭""疾"的特点，逐渐丧失。而"鸭"得名于"甲"声，非常形象、生动，故"鸭"取代"鹜"就成为了必然。

【鸥】《说文·鸟部》："鸥，水鸮也。从鸟，区声。"《集韵·侯韵》："鸟名。""鸥"在南北朝规定文献中凡 7 例。常组合成"海鸥""鸥鸟""江鸥"。例如：

①晋成帝咸和二年正月，有五鸥鸟集殿庭。《宋书·卷三十二》

②佛图澄与诸石游，林公曰："澄以石虎为海鸥鸟。"《世说新语·言语》

【鸿】《说文·鸟部》："鸿，鸿鹄也。从鸟，江声。"《玉篇·鸟部》："鸿，鸿鴈也。""鸿"在文献中可指"天鹅"亦可指"大雁"。在南北朝规定文献中"鸿"凡 278 例，仅 22 例用于指鸟，此时常组合成"鸿鹄""鸿雁""归鸿"等。例如：

①拔萃衡门，俱渐鸿翼，发愤忘餐，岂要斗食。《魏书·卷四十八》

②顾长康道："手挥五弦易，目送归鸿难。"《世说新语·巧艺第二十一》

"鸿"还可以指"大"。这个意义的产生与同音字有密切关系。王力《同源字典》（1982：379）："洪，字亦作鸿。"《楚辞·天问》："不任汩鸿。"《史记·河渠书》："禹抑鸿水。"在南北朝时期，"鸿"更多地用指"大"义。例如：

③朕虽寡德，终膺鸿庆。惟新之祉，实深百王。《宋书·卷五》

④先皇定鼎旧都，惟新魏历，翦扫榛荒，创兹云构，鸿功茂绩，规模长远。《魏书·卷八》

【雁】《说文·佳部》："雁，鸟也。从佳，从人，厂声。读若鴈。"段注："此与鸟部鴈别。鴈从鸟为鹅；雁从佳为鸿雁……经典鸿雁字多作鴈。""雁"在我国有着浓厚的文化意义，前贤已作了一些探讨①。但是在南北朝时期，"雁"主要还是指鸟，组合成双音节词时，常见为"雁行"②。例如：

①庾中郎与王平子雁行。《世说新语·品藻第九》

②军合力不齐，踌躇而雁行。《宋书·卷二十一》

---

① 刘吉艳：《"雁"、"燕"国俗语义比较》，《浙江树人大学学报》2007 年第 1 期。李耀辉：《"雁"非"燕"》，《咬文嚼字》2006 年第 5 期。张青松：《"赝""伪""讹（言为）"同源考——兼谈"雁"字的训释》，《邵阳师范高等专科学校学报》2002 年第 1 期。张再兴：《雁——象征人伦之鸟》，《咬文嚼字》1996 年第 5 期。

② 鲍善淳：《说"雁行"》，《古汉语研究》1992 年第 1 期。鲍善淳：《"雁行"补说》，《古汉语研究》1993 年第 4 期。

③轻车介士，千乘万骑，鱼丽雁行。《魏书·卷一百八之四》

三个例子中的"雁行"意义不一，例①指"同列；同等"，例②指"阵名。横列展开，似飞雁的行列"。例③指"形容排列整齐而有次序"。可见"雁行"在南北朝时期是一个使用得很广泛的双音节词。

2）涉禽类

【鹳】《玉篇·鸟部》："鹳，鹳鸟，鹄属。"《本草纲目·禽部·鹳》："鹳有两种：似鹄而巢树为白鹳，黑色曲颈者为乌鹳。""鹳"的意义单一，古今没有发生变化，在南北朝文献中凡4例，具表"鹳鸟"。

①少帝景平二年春，鹳巢太庙西鸱尾，驱去复还。（《宋书·卷三十二》）

【鹭】《说文·鸟部》："鹭，白鹭也。从鸟，路声。"《尔雅·释鸟》："鹭，春锄。"陆玑疏云："鹭，水鸟也，好儿洁白，故谓之白鸟。齐鲁之间谓之春锄。远东乐浪吴扬人皆谓之白鹭。"在南北朝规定文献中，"鹭"凡15例，14例指"白鹭"，有1例特殊。

①诸曹走使谓之凫鸭，取飞之迅疾；以伺察者为侯官，谓之白鹭，取其延颈远望。《魏书·卷一百一十三》

该例中"白鹭"指的是"北魏所定官号"，《汉语大词典》给"凫鸭"立了词目，但是没有给"白鹭"立目。我们认为这有点欠妥。

【鹤】《说文·鸟部》："鹤，鸣九皋，声闻于天。从鸟，隺声。"《本草纲目·禽部·鹤》："鹤大于鹄，长三尺，高三尺余，喙长四寸，丹顶赤目，赤颊青脚，修颈凋尾，粗膝织指，白羽黑翎，亦有灰色、苍色者，尝以夜半鸣，声唳云霄。"鹤的形状与其生活习性，造就了其在我国文学史上有着非同一般的地位。在南北朝规定文献中，"鹤"凡24例。大多用来指鸟，但是也有用来喻指"不同一般的人才"，以及"人仙化的一种预兆"。例如：

①嵇延祖卓卓如野鹤之在鸡群。《世说新语·容止第十四》

②钟去三十步，便反顾，见三人并乘白鹤飞去。钟死，即葬其地。《宋书·卷二十七》

3）陆禽类

【鸡】《说文·隹部》："鸡，知时畜也。从隹，奚声。""鸡"指"家禽"，古今没有变化。在南北朝所考察的文献中，"鸡"凡218例，常常组合成"鸡祸、鸡鸣、鸡雏、鸡鹄、鸡子、鸡卵、鸡群、鸡鹜、鸡距、鸡肋、鸡舌香"等词语。例如：

①肃宗以冲年践祚，俄则母后当阳，务崇宽政，取和朝野，置荒遐于度外，譬蛮夷于鸡肋。《魏书·卷九十五》

②如斩筒，七百里；如鸡距者，五百里。《齐民要术·卷六·养牛马驴骡》

其中的"鸡子"指的是"鸡蛋"。例如：

③王蓝田性急。尝食鸡子，以箸刺之，不得，便大怒，举以掷地。鸡子于地圆转未止，仍下地以屐齿碾之，又不得。《世说新语·忿狷第三十一》

④元帝初元中，丞相府史家雌鸡伏子，渐化为雄，冠距鸣将。《魏书·卷六十七》

"鸡蛋"还可以说成"鸡卵"。例如：

⑤元嘉二十九年五月，盱眙雨雹，大如鸡卵。三十年，国家祸乱，兵革大起。《宋书·卷三十三》

"小鸡"常常用"鸡雏"来表示。例如：

⑥八月，司州上言：河内民席众家鸡雏，近尾上复有一头，口目具。《魏书·卷一百一十二上》

但是，"鸡"的文化意义古今却有不同的变化。在南北朝时期，"鸡"既可以指"女性"，也可以指"男性"，还可以泛指"人"。例如：

⑦太元末，京口谣曰："黄雌鸡，莫作雄父啼。一旦去毛衣，衣被拉飒栖。"寻王恭起兵诛王国宝，旋为刘牢之所败也。《宋书·卷三十一》

⑧若方欲还北，更设奇计，恐机事一差，难重复集，勿为韩信，受困野鸡。《魏书·卷五十九》

⑨嵇延祖卓卓如野鹤之在鸡群。《世说新语·容止第十四》

"鸡"在后代就逐渐减少用来表示"男性"了，并且不再使用隐喻形式来表示，而是直接用"鸡"来替代某类"女性"。刘瑞明（2002，2003）认为："宋元时期便有把妓女叫做鸡的记载。例如：《东京梦华录卷二·播楼东街巷》：'向东日东鸡儿巷，向西日西鸡儿巷，皆妓馆所居广。'元代乔吉《水仙子·忆情》：'说相思难拨回头，夜月鸡儿巷，春风燕子楼，一日三秋产。'"

无独有偶，"鸡"的这种文化意义，在其他语言当中也存在着类似的情况。

英语：cock ①公鸡：a crowing cock 嘀鸣的公鸡。②雄蟹；雄龙虾：a turkey cock。③废话，胡扯。④〈俚〉〈忌〉鸡巴。⑤woodcock。⑥首领，

头头；he was the cock of the school out of doors。⑦〈英口〉老兄，伙计，朋友（男子间相互的称呼）：hello，old cock，how are you？《新时代英汉大词典》

英语：Hen ①母鸡；雌禽；she keeps five hens in her backyatd。②家禽。③雌鱼。④〈俚〉（话多嘴杂的）女人。《新时代英汉大词典》

法语：Poule ①母鸡、雌鸡：~ pondeuse 下蛋多的母鸡；la poule est un oiseau de bassecour 鸡是一种家养禽鸟。②~ de bois 榛鸡/~ des sables 燕鸻。③〈俗〉宝贝，心肝；viens, ma poule. 来，我的心肝。④〈俗〉轻佻的女人；情妇；少女；少妇。《新世纪法汉大词典》

俄语：воркунья 发出咕咕声的鸟；咕咕叫的鸟；好埋怨的女性。

俄语：Голубйна〈旧、诗〉母鸽；纯洁的少女；可爱的、亲爱的（对姑娘、妇女的亲密称呼）。《大俄汉大词典》

【雉】《说文·隹部》："雉，有十四种，卢诸雉、乔雉、鳪雉、鷩雉、秩秩海雉、翟山雉、翰雉、卓雉、伊洛而南曰翬、江淮而南曰摇、南言曰䨄、东方曰甾、北方曰稀、西方曰蹲、从隹矢声。"《玉篇·隹部》："雉，野鸡也。""雉"在南北朝所查检的文献中凡178例，常单用，大多表示"野鸡"，"雉"与"场"组合成词，凡4例，指"围猎雉的场地"，该词《汉语大词典》使用《南史》用例，比《宋书》用例晚。也可以组成"雉堞、雉尾、雉卵"等词。例如：

①孙休好射雉，至其时，则晨去夕反。《世说新语·规箴第十》

②一日，吾春中多期射雉，每休仁清闲，多往雉场中，或敕使陪辇，及不行日，多不见之。《宋书·卷七十二》

词义 \ 朝代 文献	南朝		北朝	
	《世说新语》	《宋书》	《齐民要术》	《魏书》
表"计量单位"	0	1	0	0
表"宫门名"	0	3	0	3

"雉"在南北朝所查文献中，还可以表示"计量单位""宫门名"，

前贤对此已做过探讨①。例如:

③虽复崇门八袭,高城万雉,莫不蓄壤开泉,仿佛林泽。《宋书·卷九十三》

④尔乃经雉门,启浮梁,眺钟岩,越查塘。《宋书·卷六十七》

【鸽】《说文·鸟部》:"鸽,鸠属。从鸟,合声。"《急就章》第四章:"鸠鸽鹑鴳中网死。"颜师古注:"鸽似鸦鸠而色青白,其鸣声鸽鸽,因以名云。"在南北朝所查文献中凡4例。例如:晋武帝泰始二年六月壬申,白鸽见酒泉延寿,延寿长王音以献。《宋书·卷二十九》

【鸠】《说文·鸟部》:"鸠,鹘鸼也。从鸟,九声。"段注:"今本《说文》夺伪。鸠与雉、雇皆本《左传》,鸠为五鸠之总名,犹雉为十四雉总名,雇为九雇之总名也。……今本以鸠名专系诸鹘鸼则不可同矣。""鸠"为"五鸠"的总称,coblin(1986:118)、邢公畹(1998:23)、潘悟云(2000:19)、黄树先师(2001:193)拿汉语的"鸠"和缅文的 $khɯ^2$(鸽)进行比较。在南北朝文献中,"鸠"的意义没有变化,作鸟的总称时,可以单用,也可以组成双音节词,如"白鸠""鸠杖"等。例如:

①鹰化为鸠,众鸟犹恶其眼。《世说新语·方正第五》

②吴孙权赤乌十二年八月癸丑,白鸠见章安。《宋书·卷二十九》

"鸠"还可以作"聚集"之义,该意义与"鸠鸟"没有直接的关系。《说诗》:"鸠者,勼之假借也。《说文》云:'勼,聚也。读若鸠。'"作该意义讲时,常组合成"鸠集"。在南北朝所考察的文献中"鸠集"凡15例。例如:

③于是赞统后事,鸠集余众,复袭林子。《宋书·卷一百》

④秋七月庚申,库莫部帅鸠集遗散,夜犯行宫。《魏书·卷二》

4)攀禽类

【鹃】《类篇·鸟部》:"鹃,坞鹃,鸟名。"宋陆佃《埤雅·释鸟》:"杜鹃,一名子规,苦啼啼血不止,一名怨鸟,夜啼达旦,血泽草木,凡始鸣皆北向,啼苦则倒悬于树。《说文》所谓'蜀王望帝化为子巂,今谓之子规是也'。至今寄巢生子,百鸟为哺其雏,尚如君臣云。"在南北朝

---

① 张标:《说"雉"》,《中国典籍与文化》1999年第1期。陈静:《雉、雊、雊、坎四字的关系考》,《西南民族学院学报》1998年S3。许征:《百雉解》,《文史知识》1996年第2期。

所查文献中，没有"鹃"的用例。我们扩大了检索范围，在南北朝诗歌中找到了 2 例。例如：

①再抚哭春鹃。此情人不会。《陈诗·卷九·野咏邻女楼上弹琴诗》

②但见松柏荆棘郁樽樽，中有一鸟名杜鹃，言是古时蜀帝魂，声音哀苦鸣不息。《宋诗·卷七·拟行路难十八首》

陆佃从历史文化角度阐述了"杜鹃"的内涵，但是对于其得名的缘由未作阐述。王艾录（1999：51）："此鸟起初常见于杜树。"李海霞（2002）认为：布谷（杜鹃）得名来源纯拟声。我们认为词源还有待进一步深化。越南语：Dô quyên（杜鹃）；布依族语：duqjiany（杜鹃）。而且在汉语方言中称"子规"为"杜鹃"只有东南沿海部分地区。中部、西部、北方大多称"布谷"或"布谷鸟"。我们推测"杜鹃"的词源可能是汉族与东南亚民族接触的结果，这个推论还有待进一步验证。

【鹦】《说文·鸟部》："鹦，鹦鹉，能言鸟也。从鸟，婴声。"《山海经》："黄山有鸟焉，其状如，青羽赤喙，人舌能言，名曰鹦鹉。"《汉书·异域志》："献言鸟。"注云："鹦鹉。"吴时《外国传》："扶南东涨，海中有洲，出五色鹦鹉。曾见其白者，大如母鸡。"《汉书·武帝本纪》："南越献能言鸟。"颜注："即鹦鹉也。今陇西及南海并有之。"在南北朝所查文献中凡 1 例。例如：土出牝牛、马，多鹦鹉，饶铜、钱、朱砂。《魏书·卷一百一》

5）猛禽类

【鹰/隼/鸢】《玉篇·鸟部》："鹰，鸷鸟。"《本草纲目·禽三·鹰》："鹰出辽海者上，北地及东北胡者次之。北人多取雏养之，南人八九月以媒取之。乃鸟之疏暴者。""鹰"意义单一，古今没有变化。在南北朝所查文献中，凡 65 例，常组合成"鹰师、鹰隼、鹰扬、鹰犬"等双音节词。例如：

①王兴道谓：谢望蔡霍霍如失鹰师。《世说新语·轻诋第二十六》

②宁济六合，受命应期。神武鹰扬，大化咸熙。《宋书·卷二十》

③鹰扬将军，汉建安中，魏武以曹洪居之。《宋书·卷三十九》

《说文·隹部》："隼，鸷鸟也。"《文选·潘岳〈秋兴赋〉》："野有归燕，隰有翔隼。"李善注："鸷击之鸟，通呼曰隼。"刘良注："隼，鹰也。""隼"在南北朝所查文献凡 4 例。例如：

①弃冠毁冕，长袭戎衣，犬马是狎，鹰隼是爱。《宋书·卷九》

《尔雅·释鸟》："鸢鸟丑,其飞也翔。"郝懿行义疏："鸢即鸱也,今之鹞鹰。"在南北朝文献中,"鸢"凡1例。

②诏曰:"顷西土年饥,百姓流徙,或身倚沟渠,或命悬道路,皆见弃草土,取厌乌鸢。言念于此,有警夜寐。"《魏书·卷十一》

根据我们调查的结果显示,先秦至南北朝,"鹰"的使用频率远远超过"隼""鸢"。

朝代 文献数	先秦		汉魏		两晋		南朝		北朝	
	诗	文	诗	文	诗	文	诗	文	诗	文
鹰	1	5	11	65	18	52	11	26	6	34
隼	0	1	4	5	4	16	0	10	0	4
鸢	3	0	7	5	0	2	4	14	4	5

注:调查文献,使用的是《先秦汉魏晋南北朝诗》《全上古三代文》《全秦文》《全汉文》《全后汉文》《全三国文》《全晋文》《全宋文》《全齐文》《全梁文》《全陈文》《全后魏文》《全后周文》《全北齐文》。

出现这种现象,有一个重要原因:语言当中,大名可以代替小名,"鹰"是类名,而"隼""鸢"是具体鸟名,鹰常可以替代它们。

【雕/鹫】《说文·隹部》:"雕,鷻也。"《玉篇·隹部》:"雕,鹫也,能食草。""雕"在南北朝所查文献中凡73例,主要作动词,表示"治玉""雕琢""装饰"。

《广雅·释鸟》:"鹫,雕也。"《尔雅·释鸟》:"鶅鸠,王鶅。"郭璞注云:"雕类,今江东呼之为鹗,好在江渚山边食鱼。引《周南·关雎》传云:'鸟挚而有别。'毛诗义疏云:'鶅鸠大小如鸱,深目,目上骨露,幽州谓之鹫。'""鹫"为"雕"之别名。"鹫"在南北朝文献中凡4例,都是表示地名。

"雕"与"鹫"两者都是鹰科动物,两个词的区别主要体现在"雕"能够代称其他鹰科动物,"鹫"却不具有这样的功能。

6)鸣禽类

【燕】《尔雅·释鸟》:"燕燕,鳦。"邢昺疏:"此燕燕即今之燕,古人重言之。以其玄色,故谓之玄鸟。""燕"在南北朝所查文献中,主要作"鸟名""古国名",还有就是通假为"宴"。例如:歆蜡日,尝集子侄燕饮,王亦学之。《世说新语·德行第一》

【雀】《说文·隹部》:"雀,依人小鸟也。"甲骨文"𢖩",形同小鸟。

段注："今俗云麻雀者是也。"段玉裁如此解释，缩小了"雀"的所指。《文选宋玉〈高唐赋〉》："众雀嗷嗷，雌雄相失。"李善注："雀，鸟之通称。""雀"在文献中既可以指"麻雀"，也可以泛指"形同麻雀的鸟"。外语词典中"雀"的注释，能给我们更多的旁证。

英语：spallow ①麻雀属鸟类（passer）。②雀形鸟类。《新时代英汉大词典》

法语：passereau ①麻雀，黄莺，燕子等。②〔鸟〕鸣禽目。《新世纪法汉大词典》

人类对于事物的认知，会有共性，英、法语言中对"雀"的认识，应该说和我国对"雀"的认识是相同的。由此可以旁证，如果把"雀"仅仅理解为"麻雀"，也许有些过于苛刻。

"雀"在南北朝所查文献中，指"鸟"可以单用，然其常以"孔雀、黄雀、燕雀、白雀、神雀、雀鼠"等双音节词出现。例如：

①儿应声答曰："未闻孔雀是夫子家禽。"《世说新语·言语第二》

②所谓云中白鹤，非燕雀之网所能罗也。《世说新语·赏誉第八》

"雀"还可以用在"朱雀、朱雀门、铜雀、铜雀台"等词语中，表示"星宿或者地名"。例如：

③丙申，初立驰道，自闾阖门至于朱雀门，又自承明门至于玄武湖。《宋书·卷六》

④羊叔子自复佳耳，然亦何与人事，故不如铜雀台上妓。《世说新语·言语第二》

【鹊】鸦科的一类，常指喜鹊。在南北朝所查文献中凡 92 例，大多表示"喜鹊"，既可以单用，也可以以"鸤鹊、乌鹊、鸡鹊、鹊巢、鹊子"等双音节词出现。例如：

①时庭中有大树，上有鹊巢，平子脱衣巾，径上树取鹊子，凉衣拘阂树枝，便复脱去。《世说新语·简傲第二十四》

②魏明帝景初元年，陵霄阁始构，有鹊巢其上。鹊体白黑杂色。《宋书·卷三十二》

《说文·乌部》："舄，雗也。象形。"王筠《说文句读》："《玉篇》同此，以同字为说解之例。篆文'舄'古'鹊'字。"桂馥《说文义证》："鹊者亦因鸣声以为名也。"或许"鹊"鸣常给人们带来好运气，故"鹊"一直到南北朝时期，都可以作为一种吉祥的象征，唐代之后人们就开始称"喜鹊"了。例如：

③晋孝武帝太元十六年正月，鹊巢太极东头鸱尾，又巢国子学堂西头。十八年，东宫始成。十九年正月，鹊又巢其西门。此殆与魏景初同占。学堂，风教所聚；西门，金行之祥也。《宋书·卷三十二》

【乌/鸦】《说文·乌部》："乌，孝鸟也。象形。"段注："'鸟'字点睛，'乌'则不，以纯黑故不见其睛也。""乌"本义指"乌鹊"，因乌鸦身黑，后引申为"黑"，在南北朝考察文献中，"乌"在单用时可用其本义，也可用其引申义。例如：

①婢炊饭，忽有群乌集灶，竞来啄啖，婢驱逐不去。《宋书·卷三十二》

②昔夏、殷以丕崇为祥，周武以乌鱼为美，咸曰休哉。《宋书·卷十六》

"乌"以复音词出现时，所指亦同单用时。表"鸟"的复音词有"乌鸟、乌鹊、乌子"，表"黑"的复音词有"乌合、乌合之众、乌衣、乌集"。例如：

③乌鸟微心，昧死上诉，乞反葬旧茔，糜骨乡壤。《宋书·卷六十八》

④有猎狗咋杀乌鹊，余者因共啄狗即死，又啖其肉，唯余骨存。《宋书·卷三十二》

⑤一旦驱乌合，不崇朝而制国命，功虽有余，而德未足也。《宋书·卷四十五》

《小尔雅·广鸟》："纯黑而反哺者谓之乌，小而腹下白不反哺者谓之鸦。"古人从颜色上对两者进行了辨析。其实，两者除了颜色上的差异外，在使用上还存在差异。"乌"仅指"乌鸦"。而"鸦"可以泛指鸦科动物。《广韵·麻韵》："鸦，乌别名。"在南北朝所查文献中，未见"鸦"例，但是在南北朝文以及南北朝诗歌中存在"鸦"的用例。例如：

①槐香欲覆井。杨柳正藏鸦。《先秦汉魏晋南北朝诗·梁诗卷二十》

②诡对鹤书，俯羞鸦翼。臣生处深宫，未觌焦原之险，不出户庭，岂观砥柱之峻？《全梁文·卷九》

③沙将蓬共惊。枯桑落古社。寒鸟（《文苑》作"鸦"）归孤城。陇水哀葭曲。《先秦汉魏晋南北朝诗·梁诗卷二十三》

例①②中的"鸦"作特指或泛指都可以，但是例③中通过异文的比较，我们说作泛指也许会更好一些。

【小结】我们在该语义场谈论了 19 个用指"鸟"的词语，在这个语义场中，"鸟"仍然是该语义场中的代表词，它可以单用，可以组合成复音词。从词义角度讲可以用于泛指，亦可以用指特指。该语义场中用来指鸟的好几个词，例如禽、鹅等，它们词义的引申与英语、法语、德语相似。而且在该语义场中，有两个词（鸿、燕）的词义的发展与同音关系密切，而其他的词语的使用变化很小。

三　犬

考古证明，夏商周时期，"犬"已成为当时主要的家畜之一。《礼记·少仪》："犬则执绁，守犬、田犬，则授摈者。既受，乃问犬名。"疏："犬有三种：一曰守犬，守御宅舍者也；二曰田犬，田猎所用也；三曰食犬，充君子庖厨庶羞用也。"《说文·犬部》收录了 87 个与"犬"有关的字。"犬"在 W·Swadesh 的《百词表》中居第 21 位，在郑张尚芳《华澳语言比较三百核心词表》（征求意见稿）中居第 52 位，在黄布凡《藏缅语 300 核心词词表》中也属于一级核心词。由于其成员复杂，我们只选择以下一些成员来考察分析。

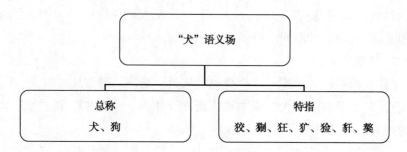

1. 总称

【犬】《说文·犬部》："狗之有县蹄者也。象形。孔子曰：视犬之字如画狗也。凡犬之属皆从犬。""犬"在我们所调查的语料中主要出现于南朝的《宋书》、北朝的《魏书》《齐民要术》。例如：

①时则有犬祸，时则有口舌之疴。《宋书·卷三十一》

②而营立私田，畜养鸡犬。《魏书·卷四十八》

③鹅鸭皆一月雏出，量雏欲出之时，四五日内，不用闻打鼓、纺车，犬叫、猪犬及春声。《齐民要术·卷六·养鹅、鸭第六十》

【狗】《说文·犬部》："孔子曰：'狗，叩也。叩气吠以守。'从犬，句声。""狗"在所调查的语料当中，出现频率最高，在所有被调查的书中都出现了。例如：

①蜀得其龙，吴得其虎，魏得其狗。《世说新语·卷中之下》

②其糠、沥悉泻坑中，勿令狗鼠食之。《齐民要术·卷七·法酒第六十七》

③和以羹饭，以猪狗法食之。《魏书·卷九十五》

④鸡鸣高树颠，狗吠深宫中。荡子何所之，天下方太平。《宋书·卷二十一》

"狗"后来可以用来形容"事失度或者人失意"。例如：明朝顾起元《客座赘语·诠俗》："嘲事之失度、人之失意也曰狗。""狗"的这种词义引申与其他语言有相同之处。例如：

英语：dog ①狗；猎狗、看家狗；②犬科动物；③公狗；犬科雄兽；④狗肉；……⑪蹩脚货；卖不掉的东西；（彻底的）失败。The party was a real dog. 舞会办得很糟糕。《新时代英汉大词典》，第 653 页。

法语：chien ①狗，犬；②狗过的日子；③狗东西；④倒霉，该死；糟糕；⑤诱惑力；魅力。《新世纪法汉大词典》，第 493 页。

德语：hund 狗；ein bissiger hund 一条咬人的狗；wie ein hund leben 穷困潦倒。《德语常用词汇精解》，第 173 页。

2. 特指

【狡】《说文·犬部》："少狗也。从犬，交声。匈奴地有狡犬，巨口而黑身。"该字表示"犬"义主要出现在《宋书》《魏书》中，在其他调查的相关语料当中几乎不用。例如：

①寇羯饮马于长江，凶狡虎步于万里。《宋书·卷十四》

②然狂狡之徒，所以颠蹶而不已者，诚惑于逐鹿之说，而迷于天命也。《魏书·卷二》

【猘】《广韵·祭韵》："狂犬。""猘"表"犬"义只出现在《宋书》中，而且只出现过 3 次。

①弟牧尝为猘犬所伤，医云宜食虾蟆脍。《宋书·卷四十六》

②尔乃猘狗逐而华子奔，腐鼠遗而虞氏灭。《宋书·卷八十一》

【犷】《说文·犬部》："犬犷犷不可附也。从犬，广声。渔阳有犷平县。""犷"在南北朝时期大多用来表示"凶猛""强悍""粗野"之义，很少用来表示"犬"义，只在《水经注》中出现过一次，应该是一个古语词。例如：王莽征天下能为兵法者，选练武卫，招募猛士，旌旗辎重千里不绝，又驱诸犷兽虎豹犀象之属以助威武。《水经注·卷十四》

【狂】《说文·犬部》："狾犬也。从犬，㞷声。""狂"在南北朝时期表"犬"义相对于它表其他意义来说要少。例如：

①晋惠帝永熙中，河内温县有人如狂。《宋书·卷三十一》

②居无常所恍忽如狂。为人大口眉目丑拙。《高僧传·卷十》

此时期的"狂"更多是用来表示"傲慢""狂妄""放纵"等意义，常组成"狂逆、猖狂、狂悖、狂愚、狂凶、狂昏、狂惑、狂暴"等复音词。

【猃】《说文·犬部》："长喙犬。一曰黑犬黄头。从犬，佥声。""猃"在所考察的文献中出现过14次，有12次出现在"猃狁"中，用来指"犬戎"。例如：獯猃扈横，掠剥邊鄙，邮贩绝尘。《宋书·卷一百》

【犴】《说文·犿部》："胡地野狗。从犿，从犬，犴，犴或从犬。《诗》曰'宜犴宜狱'。"在南北朝文献中，"犴"仅有1例用于指"狗"。例如：

①山上则猿獾狸玃犴獏猰猱，山下则熊羆豺虎豻鹿麋麏。《宋书·卷六十七》

"犴"在南北朝时期用来表示"犬"义较少。主要是组成"狱犴、圄犴"等复音词，但是不表示"犬"义。例如：

②狱犴淹积，图圄成市，于是天下怨叛，十室而九。《魏书·卷一百一十一》

③有司可修案旧典，只行六事：圄犴淹枉，随速鞫决，庶尹废职，量加修厉。《魏书·卷九》

【獒】《说文·犬部》："犬如人心可使者。从犬，敖声。《春秋传》曰：'公嗾夫獒。'"《尔雅·释畜》："狗四尺为獒。""獒"在检索的文献资料当中只出现过一次，它应该说属于一个特殊的专有名词之列，故用得很少。例如：西旅献獒。《宋书·卷二十》

南北朝"犬"语义场具有9个成员，它们使用的频率各不相同，在这些成员中"犬"与"狗"二字成为该语义场的核心成员。

3. 南北朝"犬"与"狗"分析

我们对南北朝诗文中的"犬""狗"进行了穷尽式调查，统计如表所示。

	北朝		南朝		北朝/南朝		
	《魏书》	《齐民要术》	《宋书》	《世说新语》	文	诗歌	碑刻
犬	48	6	54	0	35/79	2/17	0/1
狗	30	10	34	5	14/21	6/12	1/15

前贤对"犬""狗"词义演变的研究已有些成果了，王凤阳（1993：100）、池昌海（2002：170）、吴宝安（2006：133）、龙丹（2008：163）等对"犬""狗"之间的替换进行了探讨，各家说法不一。在这几家中，我比较赞同池昌海先生之说：在词汇意义上"犬""狗"已经混同，主要是语用特征的差异，在语用能力上，"狗"开始胜出"犬"。根据以上材料我们可以发现，在南北朝时期"狗"已经胜出"犬"，而"狗"为什么能战胜"犬"呢？

第一，语音来源不同，促使两者进行转化。

各家对犬、狗的上古拟音差异很小，但是对于这两者之间的关系有不同的看法。郑张尚芳先生（1995：447）在谈到根词对应选择时把汉语"犬"与缅语"狗"对应；沙加尔（1999，209）这样解释：犬 $^*k^wh$ "e，ɨ" "r" ʔ < khwenX，狗 $^{**a}k$（r）oʔ > kuwX，藏缅语里的狗 $^*kwəy$（Benedict，1972）与汉语的犬语音形式接近，Benedict 假定汉语里的"犬"带着没有特别功能的-n后缀，以解释韵尾辅音的对应，不过中古汉语-n与藏缅语-y的对应指向上古的 $^*-l$ 或 $^*-r$。白保罗（1968）则旗帜鲜明地说：犬 $^*k$ 'ɨwən 与狗 $^*kwɨy$ 有直接的对应关系。以上几家把两者看成一个来源，我们认为欠妥。

桂馥《说文义证》："扣气吠以守者。狗、扣、守三字声相近。"段注："有县蹄谓之犬，叩气吠谓之狗，皆于音得义。此与后蹄废谓之彘，三毛聚居谓之猪，竭尾谓之豕，同明一物异名之所由也。庄子曰：狗非犬。"二位先贤指出犬、狗来源与语音有关系，章太炎和黄树先师在此基础上深入思考得出了令人信服的结论。

《说文·犬部》："狗之有县蹄者也。象形。孔子曰：视犬之字如画狗也。凡犬之属皆从犬。"甲骨文"犬"𢔭，徐中舒（《甲骨文字典》，第1096页）认为：象犬形，以瘦腹及长尾卷曲为其特征，而豕字作𢑛突出其腹肥尾长之状以与犬字区别。许慎、徐中舒先生都是在阐明犬字形的来源，而没有涉及"犬"的能指产生的根源。

王力先生（1982：507）也表示：ngiən 猏（狀）、ngiə 狋、ngoən 狠三者同源，又都表示犬怒之声。

"犬"*khᵂeenʔ 溪部元母，猏，疑母元部，《集韵·谆韵》："猏，犬吠声。"《楚辞·九辩》："猛犬猏猏而迎吠兮。""猏"当为"犬"之派生词。宋金兰（2001：237）认为："犬音临摹犬吠声。"

对于狗的来源，黄树先师（1993：187）认为：汉语"狗"以及上列跟"狗"有关系的字词（案 35 个），首先应考虑和藏文 gu 对应：ra gu "山羊羔"（张怡荪 1985：2635），lug gu "羊羔"（张怡荪 1985：2782），la ga "两岁绵羊"（张怡荪 1985：2734），khji gu "小犬，狗崽"（张怡荪 1985：275）。不久黄老师（2003：119）又进一步阐述：犬和狗是不同的两个词，狗与表示"幼小"的字有关系。

邢公畹先生（2000：24）认为：拉珈语称"狗"为 kfiwō¹，近于汉语"狐"字的上古音。苗瑶语"狗"的说法，也近于汉语"狐"字的，如"狗"，吉卫 qwɯ³、宗地 qlei³、长垌 kla³〈 *ᵉqlAu。邢先生这些例子阐明了狗的来源与"犬"没有关系。

我们赞同黄树先师的观点，狗来源于"*grug"，与"羔"等字词有着密切的关系。王念孙《广雅疏证》："今东齐辽东人通呼熊虎之子为羔，羔即狗声之转。"且当今梅县方言，把"狗"称为"小角羊"。角*kroog，羊*laŋ/ "g" laŋ，羔*kluu，狗*kooʔ，其实"角羊"当为"羔/狗"之合音。《尔雅·释畜》："未成豪，狗。"郝懿行《尔雅义疏》"狗、犬通名。若对文，则大者名犬，小者名狗。"梅县方言中"小"既是古人称"狗"的一种孑遗，也可能是一种"昵称"或"蔑称"（代考）。

我们认为犬、狗来源不同，"犬"来源于犬吠之声，"狗"来源于"*grug"。用犬吠之声——能指去表示所指，在语言原始阶段作用很大，但是随着时间的推移，这种称呼会显得不文雅。语言必须寻找更好的能指来表示所指，于是"狗"字就慢慢地凸显出来。同时正是由于"犬"来源于犬吠之声，后世觉得不雅，所以犬、狗两字意思的引申也有着不同的发展。

"犬"到后来，特别是在双音节词或者词组中，常常用来表示"对人的蔑称"。如《三国演义》第七十三回"云长勃然大怒曰：'吾虎女安肯嫁犬子乎!'"还可以用来表示"谦称"。如《史记三王世家》"臣窃不胜犬马之心,昧死愿陛下招有司,因盛夏吉时定皇子位。"《红楼梦》第一百一十四回"(贾政)又指着宝玉道'这是第二小犬,名叫宝玉'"。

《尔雅·释畜》:"未成豪,狗。"郭璞注:"狗子未生干毛者。"郝懿行《尔雅义疏》:"狗、犬通名,若对文则大者名犬,小者名狗……今亦通名犬为狗矣。""狗"字义由特指小狗,发展为指狗的通称。进一步发展又可以用来指事失度,或人失意。如明顾起元《宾客赘语·诠俗》"嘲事之失度,人之失意也曰狗"。

第二,语言文字发展中,常见大小称、通特名相转。

语言在不断地变化发展,在它的演变过程中,大小称、通特名之间常常呈现相互转化、取代的现象,犬、狗一组在历史的发展中也加入这个趋势中。郑张尚芳先生(1995:452)从各民族语言中找到了一些生动的例子。

> 大小称、通特名相转,如汉语"犬"大而"狗"小。犬对藏文khji,缅文khwei,狗对孟文Klu、标敏瑶klu^3。莽(莫补切)*maaʔ(《说文》:"南昌谓犬善逐兔草中为莽。"),这里指猎犬、猛犬("莽"与"猛"*mraaʔ同源)。古人重视猎犬,因此台语转为通名ma^1。汉语"蛇"大而"虺"小,"蛇"*ɦljaal(本作"它"*ɦl'aal)对印度尼西亚ular,"虺"*ɦŋulʔ对泰文ŋuu。因为"鸡"是现代最常食的鸟类,故藏文bja(鸟)对汉语"凫"*ba,侗语mok(鸟)对汉语"鹜"*moog(侗语mok^{8}的祖语形式应近于拉珈语mlok^8,可能是*mrok。由此变为武鸣rok^8、泰文nok、印度尼西亚语manuk都教容易)。"鹜"又同"鷇"(亡遇切)*mogs,"雏也",那又是大小之变转。

尔后,黄树先(2007)又列举了三个例子。其实,在古代汉语"犬"场中,还有这种现象。

【獒】蒲庚切,《篇海类篇·鸟兽类·犬部》:"獒,犬状貌。"该字还有一反切:晡横切,《集韵·庚韵》"獒,犬也"。南北朝文献未见用例。

【猩】《广韵·药韵》七雀切,可以作犬的泛称,也可以作一种特称——宋国良犬名。《礼记·少仪》：“乃问犬名。”郑玄注：“畜养者当呼之名，谓若韩卢，宋鹊之属。”孔颖达疏：“狊，鹊音同字异耳，故郑亦为鹊字。”三国魏曹植《鼙舞歌·孟冬》：“韩卢宋鹊，呈才骋足。”《北齐书·徐之才传》：“为是宋鹊，为是韩卢，为逐李斯东走？为负帝女南徂？”唐李贺《追赋画江潭苑》诗之四：“十骑簇芙蓉，宫衣小队红。练香熏宋鹊，寻箭踏卢龙。”明徐渭《犬》诗：“少年猎平原，左卢右宋鹊。”

现代汉语方言当中这种大小称、通特名互转也存在。

【房】《说文·户部》：“室在旁也，从户方声。”段注：“凡堂之内，中为正室，左右为房。”在普通话中“房”指整个房子，但是在赣客方言中，只指屋子，即房子里的房间。

【屋】《说文·尸部》：“居也。从尸，尸，所主也。一曰尸，象屋之形。从至，至所至止也。室、屋皆从至。”“屋”的本字为“幄”《诗经·大雅·抑》：“尚不愧于屋漏。”郑玄注：“屋，小帐也。”也可以指屋顶，《诗经·小雅·十月之交》“彻我墙屋”。后来常用来指房屋，在客赣方言中，屋指整个房子，所以称“建房”为“做屋”。（刘纶鑫《客赣方言比较研究》310 页）

在其他语系中也存在这种语言现象：古英语 mete “食物” 〉现代英语 meat “食用的肉”，古英语 deor “野兽” 〉现代英语 deer “鹿”，古英语 hund “狗” 〉现代英语 hound “一种猎犬”。中古英语 bridle “小鸟、幼雏” 〉现代英语 bird “鸟”，中古英语 dogge “一种狗” 〉现代英语 dog “狗”。（布龙菲尔德《语言论》527 页）

综上所述，我们认为，“犬”“狗”在语音来源上就有着雅俗之别，再加之语言中大小称、通特名互转现象的存在，“狗”取代“犬”是一种必然现象。到了中古以后，“犬”多用于书面语，“狗”多用于口语，那是因为随着时间的流逝，“犬”的发音出现了变化，人们再也听不出是一种犬吠之声，然在实际中“狗”已经代替了“犬”，人们也就没有必要再把它们改回去，所以，犬就多留在书面语中。

【小结】该语义场中，主要词语为“犬”“狗”，但是在南北朝时期，该语义场的代表词当为“狗”，两者的转化有众多原因，我们认为与两者的语音以及汉语之中大小称、特称相互转换有关。汉语中“狗”词义的发展与英语、法语、德语之间有一些相同。该语义场中考察的“犬”类特称词词义发展变化不大。在这个语义场中，从"犬"的使用情况，我们可以看出南北朝语言之间存在一些差异。北方使用的汉语更趋向于上古，而南方口语化程度越来越重。

四　虱

"虱"在 W. Swadesh《百词表》中居第 22 位，在郑张尚芳《华澳语言比较三百核心词表》（征求意见稿）中居第 71 位。在黄布凡先生《藏缅语 300 核心词词表》中为三级核心词。《牛津高阶英汉双解词典》："Louse：small jumping insect without wings that feeds on the blood of animals and humans."根据该词典，"虱"语义场中的成员主要考虑有以下两点：一是"没有翅膀的虫"，二是"依附在动物、人躯体表面的虫"。我们查找南北朝规定文献，得到以下主要成员。

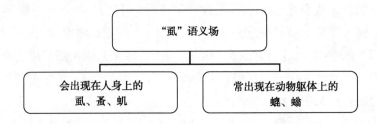

1. 会出现在人身上的

【虱/蝨】"蝨"《说文·蚰部》："啮人虫。从蚰，卂声。"《字汇·虫部》："虱，同蝨。"在南北朝所查文献中，"虱"凡 10 例，具指"寄生在人身上的一种昆虫"。例如：

①周侯诣丞相，历和车边，和觅虱，夷然不动。周既过，反还，指顾心曰："此中何所有？"顾搏虱如故，徐应曰："此中最是难测地。"《世说新语·雅量第六》

②既见拘留，随身衣裳败坏略尽，虮虱被体。《魏书·卷八十七》

【蟣/虮】《说文·虫部》："蟣，虱子也。"段注："虱，啮人虫也。子，其卵也。"《正字通·虫部》："虮，虮虱之蟣，俗省作虮。"在南北朝所查文献中，"虮"凡 4 例。例如：

①文秀被围三载，外无援军，士卒为之用命，无离叛者，日夜战斗，甲胄生虮虱。《宋书·卷二十一》

吴宝安（2007），龙丹（2008）一致认为：" '虮'指虱卵一般不单用，均与'虱'连用，这是该词使用时的一个重要特征。""虮虱"连用是很常见，在所查南北朝文献中就有3例，它们连用可以表达出两层意思，第一指连绵不断，第二指多，就有如"子孙"。但是，当不需要表达这两层意思的时候，其实"虮"也可以单用。例如：

②频年以来，甲胄生虮，十万在郊，千金日费，为弊之深，一至于此！《魏书·卷六十九》

【蚤】《说文·蚰部》："啮人跳虫。从蚰叉声。叉，古爪字。蚤，蚤或从虫。"段注："经传多假为早字。"在所查找南北朝文献中凡58例，仅有1例指"跳蚤"，其余的都是通"早"。例如：

①刘讳龙行虎步，视瞻不凡，恐不为人下，宜蚤为其所。《宋书·卷一》

②譬犹蚤虱疥癣，虽为小痾，令人终岁不安。《宋书·卷九十五》

2. 常出现在动物躯体上的

【蝱】《说文·虫部》："蝱，啮牛虫也。"桂馥《说文义证》："《玉篇》：'蝱，牛虱也。'《本草》：'牛虱一名牛蝱。'《一切经音义》十七：'今牛马鸡狗皆有蝱。'"在南北朝所查文献中，无"蝱"用例，其原因大概如龙丹（2008）所言"盖俗语"。

【蝎】《说文·虫部》："蝎，虫在牛马皮者。从虫，翁声。"朱骏声《通训定声》："按：单呼曰蝎，纍呼曰蝎蜙，叠韵连语。苏俗谓之'牛蝱'。"在南北朝所查文献中"蝎"凡2例，但是没有一例是与"虫名"有关。例如：

①控弦因鹊血。挽强用牛蝎。弋猎多登陇。酣歌每入丰。晖晖隐落日。冉冉还房栊。《先秦汉魏晋南北朝诗·梁诗·艳歌篇十八韵》

②七七夕长河烂。中秋明月光。蠮蝎塞边绝候雁。鸳鸯楼上望天狼。《先秦汉魏晋南北朝诗·魏诗·捣衣诗》

例①中"牛蝎"指"飞箭一样的兵器"。例②"蠮蝎塞"是指"居庸关"。

【小结】该语义场中用来指"虱"的词语相对较少，正如吴宝安、施真珍等所言，文明的发展，人类更注意个人卫生，故"虱子"等越来越少，随着事物的变少，词语也要发生变化，在语言中的反映就是频率减低，用来指称的词语慢慢就变为了古语词。该语义场代表词还是当为"虱"，其使用与上古没有变化，唯一变化的就是频率变低。"蚤"频率虽然很高，但是很少用来指"跳蚤"，主要用于通假。

第三节　植物类核心名词

人类的吃、穿、住都离不开植物，植物与人类关系密切。《百词表》中植物类核心名词有五个：第 23 位的 tree（树）、第 24 位的 seed（种子）、第 25 位的 leaf（叶子）、第 26 位的 root（根）、第 27 位的 bark（树皮）。

一　树

"树"在 M·Swadesh《百词表》中居第 23 位，在郑张尚芳《华澳语言比较三百核心词表》（征求意见稿）中居第 41 位，在黄布凡先生《藏缅语 300 核心词词表》中为一级核心词。《牛津高阶英汉双解词典》："tree：1 large（usu tall）long-lasting type of plant，having a thick central wooden stem（the trunk）from which wooden branches grow，usu bearing leaves." 依据此定义，我们主要考察以下几类。

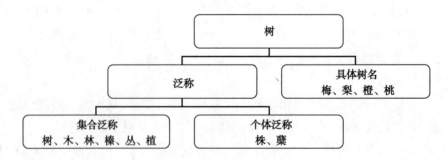

1. 集合泛称

【树】《说文·木部》："树，生植之总名。"罗振玉云："树与尌当是一字。树之本义为树立。盖植木为树，引申之，则凡树他物使植立皆谓之树。石鼓文尌字从又。以手植之也，此从力。树物使植立，必用力，与又同意。""树"本义为动词，其早期当常用作动词，作名词用不是常见。正如汪维辉先生（2000：86）所言：名词"树"始见于春秋战国之交，在先秦汉语中就得到了相当的发展。在南北朝所查文献

中，"树"凡 740 例，作动词凡 105 例，作名词指"木本植物"凡 430
例。例如：

①诛夷名族，宠树同己。《世说新语·尤悔第三十三》

②谓神俊自树亲党，排抑勋人。《魏书·卷三十九》

"树"作名词指"木本植物"时，既可以单用，也可以采用"种名+
树"法来表示。例如：

③家有一李树，结子殊好。《世说新语·德行第一》

④熙游于城南，止大柳树下。《魏书·卷九十五》

"树"在南北朝时期也可以作"量词"，刘世儒（1965：158）：
"（树）在汉代这是通行的量词，但到了南北朝却开始衰退，渐有被
'株''根'代替之势，但也还没有被淘汰。"并且刘先生还认为：
"'株''根'同'树'并不相同：前者是以偏概全，后者是以类量种。
但作为量词，这种区分就不关重要，所以'株'或'根'对于'树'
也就可以取而代之了。"刘先生所言极是，在南北朝所查文献中作量词
凡 8 例。例如：

⑤江陵千树橘，与千户侯等。《齐民要术·序》

⑥课蒔余，种桑五十树，枣五株，榆三根。《魏书·卷一百一十》

【木】《说文·木部》："木，冒也，冒地而生。"甲骨文，"木"本
义作名词，指的是"树"，是木本植物的统称。其表"树"之意义早于
"树"，在南北朝所查文献中"木"凡 618 例，不指"树"凡 282 例，指
"树"凡 336 例。例如：

①陵云台楼观精巧，先称平众木轻重，然后造构。《世说新语·巧艺
第二十一》

②穷猿奔林，岂暇择木？《世说新语·言语第二》

"木"指"树"，亦既可以单用，也可以采用"种名+树"法来表示。
例如：

③穷猿奔林，岂暇择木？《世说新语·言语第二》

④帝闻之，乃遣就阴山伐木，大造攻具。《魏书·卷四上》

⑤斩桦木立之，以置牲体而还。后所立桦木生长成林。《魏书·卷一
百八之一》

"树""木"两词的历史演变，前贤已经做出了详尽的研究①。学界基本同意汪维辉先生的观点：表示"树木"的概念，春秋以前的汉语仅为"木"，战国以后则有两个成员：树、木。"树"在口语中取代"木"不晚于两汉之交，在魏晋南北朝的文学语言中"树"也已基本替代"木"。在南北朝所查文献中表"木本植物时"两者的差别不大，使用频率也相当。

朝代 文献 次数 词语	北朝		南朝	
	《魏书》	《齐民要术》	《宋书》	《世说新语》
木	150	44	134	8
树	72	197	141	23

【林】《说文·林部》："林，平土有丛木曰林。从二木。"王筠《释例》："林从二木，非云止有二木也，取木与木连属不绝之意也。""林"重点在于植物成片，而"树""木"更多的是从种属概念出发，故"林"可以指"木本植物"，还可以用来指一些高大的"草本植物"，如"竹林"。在南北朝规定的文献中，"林"主要用指"木本植物"。例如：

①会心处不必在远，翳然林水，便自有濠、濮间想也，觉鸟兽禽鱼自来亲人。《世说新语·言语第二》

②北门之叹，久已上闻；穷猿奔林，岂暇择木？《世说新语·言语第二》

③皇后采桑坛在蚕室西，帷宫中门之外，桑林在其东，先蚕坛在宫外门之外而东南。《宋书·卷十四》

"林"重点在于强调"成片"，故可以引申为"人、物汇集处"，后又引申为"野外"。例如：

④林无静树，川无停流。《世说新语·文学第四》

【丛】《说文·丵部》："丛，聚也。从丵，取声。""丵，丛生艹也。

---

① 王凤阳《古辞辨》、管锡华《〈史记〉单音词研究》、汪维辉《东汉—隋常用词演变研究》、丁喜霞《中古常用并列双音词的成词和演变研究》、吴宝安《西汉核心词研究》、郑春兰《甲骨文核心词研究》、施真珍《后汉书核心词研究》中都对这个问题进行了阐述。

象举岳相并出也。"<u>丛</u>，本义指<u>丛</u>生的草木。又因上古汉语中，"草""木"词义常常混用①，故"丛"可以用来指丛生的树。"丛"指此意，与"林"存在一些差别。"林"侧重于"平地上成片的高大草木"，而"丛"侧重于"低矮丛生的草木"。在南北朝所查文献中，"丛"凡35例，大多用来表示"繁密"，仅4例用来表示"丛生的草木"。例如：

①伏愿天慈照察，特赐蠲停，使燕雀微群，得保<u>丛</u>蔚，蠢物含生，自己弥笃。《宋书·卷四十一》

②初生即移者，喜曲，故须<u>丛</u>林长之三年，乃移植。《齐民要术·卷五·种榆白杨第四十》

【榛】《淮南子·原道训》："木处榛巢。"高注云："聚木曰榛。"《广雅·释木》："木藂生曰榛。"在南北朝所查文献中，"榛"凡25例，表示"丛生的木"凡15例。例如：

①盛之有勇力，初为长沙王义欣镇军参军督护，讨劫谯郡，县西劫有马步七十，逃隐深<u>榛</u>，盛之挺身独进，手斩五十八级。《宋书·卷五十》

②乱鸡鸣之响，毁皇宫之饰。习习户庭，营营<u>榛</u>棘。反复往还，譬彼谗贼。《魏书·卷十九中》

"榛"表此意，与"林"的区别在于，"榛"侧重描写<u>丛</u>生树木的乱、荒芜，而"林"没有此含义。

【植】《玉篇·木部》："植，根生之属。"段注："引申为植物、植立之植。"《战国策·燕策二》："蓟丘之植，植于汶皇。""植"，一般不是具体指"树木"，而是相对于"动物"而言，包括花、草、树木等。在南北朝文献中，"植"凡131例，多用作动词，作名词指"植物"凡6例。例如：

①夫体睿穷几，含灵独秀，谓之圣人，所以能君四海而役万物，使动植之类，莫不各得其所。《宋书·卷二十七》

"栽种"与"植物"关系密切，两者容易产生联系，汉语的"树""植"都具有这两个意义。这种联系不仅仅在汉语中具有，在其他外语中也具有。例如：

英语：plant n. ①植物；a tobacco plant；②机器，设备；vt. ①种，植，播种；②在……种植植物；③安置，放置。《新时代英汉大词典》，

---

① 具体见拙作《"草"源考》，《语言科学》2010年第6期。

第 1750 页。

法语：plante 植物；作物；花草；planter ① 栽种，栽植；种植；② （在某地）栽种；③树，钉，插，竖立。《新世纪法汉大词典》，第 2043 页。

德语：pflanze 植物，草木；pflanzen 种植。《德语基本词词典》，第 252 页。

2. 个体泛称

【株】《说文·木部》："株，木根也。从木，朱声。"徐锴《系传》："入土曰根，在土上者曰株。""株"本指"露出地面的树根、树干或树桩"。在南北朝所查文献中，没有发现用其本义的例子。"株"在词义的发展中，由部分代整体，就演化出"草木"之意。唐孟郊《伤春》："春色不拣墓旁株，红颜皓色逐春去。"在所查南北朝文献中，"株"凡 33 例，表"草木"凡 12 例。例如：

①北山二园，南山三苑。百果备列，乍近乍远。罗行布株，迎早候晚。《宋书·卷六十七》

②吾比梦吾亡父登一高堆，堆旁之地悉皆耕熟，唯有马蔺草株往往犹在。《魏书·卷七十五》

"株"在南北朝时期，更多的是用作"量词"，我们认为，其作为量词是由引申义"草木"演化而来的，因为"株"的本义指"树"的一部分，而"株"作量词，既可以用在树木上，也可以用在草类植物上。例如：

③黄场时，以耧耩，逐垄手下之。五寸一株。《齐民要术·卷三·种蒜第十九》

④嘉禾旅生华林园，十株七百穗，园丞梅道念以闻。《宋书·卷二十九》

⑤鲁郡上民孔景等五户居近孔子墓侧，蠲其课役，供给洒扫，并种松柏六百株。《宋书·卷五》

⑥诸初受田者，男夫一人给田二十亩，课莳余，种桑五十树，枣五株，榆三根。非桑之土，夫给一亩，依法课莳榆、枣。《魏书·卷一百一十》

【蘖】《后汉书·虞延传》："其陵树株蘖。"李贤注："蘖，伐木更生也。"《国语·鲁语上》："山不槎蘖，泽不伐夭。"韦昭注："以株生曰蘖。""蘖"指"旁生出来的枝芽或树"。在南北朝所查文献中，"蘖"凡4例，有3例指"旁生出来的枝芽或树"。例如：

①唯夫穷发遗虏，未拔根株；微垂残狡，尚余栽蘖。《魏书·卷九十五》

②洪流壅于涓涓，合拱挫于纤蘖，介焉是式，色斯而举，悟高鸟以风逝，鉴醴酒而投绂。《宋书·卷四十三》

3. 具体树名

"树"的具体名称众多，我们选择以下四种树名来进行考察，因为这四种树名在词义的引申上有一些代表性。我们将它们分成两类，第一类：果名与树名密切相关，第二类：颜色与树名密切相关。

1）果、树同词

【梅】《尔雅·释木》："梅，枏也，可食。从木，每声。梅，或从某。"段注："梅，某为酸果正字……凡酸果之字作梅，皆假借也。"《山海经·中山经》："又东北三百里，曰灵山……其木多桃、李、梅、杏。""梅"既可以指"梅子"，亦可以指"梅树"。在南北朝所查文献中凡57例，既有指"树"，也有指"果"。例如：

①为设果，果有杨梅。孔指以示儿曰："此是君家果。"《世说新语·言语第二》

②大明三年三月己卯，甘露降乐游苑梅树。《宋书·卷二十八》

【梨】《说文·木部》："梨，果名。从㲉木声。㲉，古文利。""梨"也可以指"树"。庾信《小园赋》："梨桃百余树。"在南北朝所查文献中，"梨"凡41例。"果""树"义都可以用"梨"字表示，但是在南北朝时期，表示"树"义时，常常用"梨树"，梨单用时多表示"果实"。例如：

①种者，梨熟时，全埋之。《齐民要术·卷四·插梨第三十七》

②君得哀家梨，当复不蒸食不？《世说新语·轻诋第二十六》

③元嘉二十一年，甘露降益州府内梨李树，刺史庾俊之以闻。《宋书·卷二十八》

"果、树同词"不仅汉语如此，在外语中，也同样存在着"果实与树同词"的现象。例如：

英语：pear（梨、梨树）、plum（梅子、梅树）、peach（桃子、桃树）等。

法语：vanille 香草；香子兰；香荚兰；香草果；香子兰果；香荚兰果。第 1055 页。

Poivron 柿子椒，甘椒；柿子椒树；甘椒树。《新简明法汉词典》，第 759 页。

Litchi 荔枝树；荔枝。《新简明法汉词典》，第 575 页。

Cola 可拉树；可拉果。《新简明法汉词典》，第 169 页。

Aierlle 黑莓树；黑莓果。《新简明法汉词典》，第 26 页。

德语：Kirsche 樱桃树；樱桃。《德汉汉德词典》，第 101 页。

Aptel 苹果；苹果树；苹果绿。《德汉汉德词典》，第 22 页。

2）颜色义与树名义同词

【桃】《说文·木部》："桃，果也。从木，兆声。"《诗·周南·桃夭》："桃之夭夭，灼灼其华。""桃"常用来指"桃子""桃树""桃花"。在所查南北朝文献中，情况亦如此。但是，"桃"在南北朝时期使用出现了新的发展态势。例如：

①聊为出茧眉。试染夭桃色。羽钗如可间。金钿畏相逼。荡子行未归。啼妆坐沾臆。《先秦汉魏晋南北朝诗·梁诗卷八》

②可怜周小童，微笑摘兰丛。鲜肤胜粉白，曼脸若桃红。挟弹雕陵下……《先秦汉魏晋南北朝诗·梁诗卷十五》

③桃红李白若朝妆，羞持憔悴比新芳。不惜暂住君前死，愁无西国更生香。《先秦汉魏晋南北朝诗·梁诗卷二十二》

④莫愁年十五，来聘子都家。婿颜如美玉，妇色胜桃花。带啼疑暮雨。含笑似朝霞。暂却轻纨扉，倾城判不赊。《先秦汉魏晋南北朝诗·陈诗卷二》

⑤红脸桃花色，客别重羞看。《先秦汉魏晋南北朝诗·陈诗卷四》

⑥桃李佳人欲相照。摘叶牵花来并笑。杨柳条青楼上轻。梅花色白雪中明。《先秦汉魏晋南北朝诗·陈诗卷七》

以上各例"桃"使用到描写人、物的色彩上。之前，"桃"使用的"框架"为"果树"，到了这个时期，其使用的"框架"有所增加，可以用在"颜色"框架中，当然，此时"桃"用于该框架中，还很少单用，常组合成"桃红""桃色"等词组来表示。使用框架的扩展，为"桃"之后演化出"颜色"词义打下了基础。到了唐朝"桃"就可以指"像桃花一样的颜色"。如唐贾至《赠薛瑶英》："舞怯铢衣重，笑疑桃脸开。"

【橙】《说文·木部》："橙，橘属。从木，登声。"《本草纲目·果部·橙》："橙，《事类合璧》云：'橙树高枝，叶不甚类橘，亦有刺。'""橙"在南北朝之前主要是指"橙子和橙树"，直到后来才可以用来表示"颜色"。例如：宋苏轼《赠刘景文》诗："一年好景君须记，最是橙黄橘绿时。"

颜色词语的来源有很多种，"果树"就是其中一种，也许是果树与人们的生活很紧密的原因，故许多语言都会选择其来指颜色。例如：

英语：orange ① ［C］round thick-skinned juicy edible fruit that is a reddish-yellow colour when ripe. ② ［C］（usu 通常作 orange tree）evergreen tree on which this fruit grows. ③ ［U］reddish-yellow colour of this fruit. 《牛津高阶英汉双解词典》

Rose ① ［C］（bush or shrub, use with thorns on its stems, bearing an）ornamental and usu sweet-smelling flower, growing in cultivated and wild varieties. ② ［C］pink colour. 《牛津高阶英汉双解词典》

Chestnut ① （a）（also `chestnut tree）［C］any of various types of tree producing smooth reddish-brown nuts enclosed in prickly cases（those of some types being edible）. （b）［C］one of these nuts. ② ［U］deep reddish-brown colour 。《牛津高阶英汉双解词典》

法语：Tabac 烟草色的；黄褐色鹅；烟草；烟叶；烟丝；烟铺；香烟店。《新简明法汉词典》，第 988 页。

德语：Aptel 苹果；苹果树；苹果绿。《德汉汉德词典》，第 22 页。

【小结】该语义场中代表词为"树"，其已经取代了"木"。"树"的使用范围也很广泛，可以作动词、名词、量词。其他用来泛指"树"的词语，使用的侧重点各不相同，出现情况就不相同。该语义场中"树""植"词义引申与其他语言有相似之处。通过该语义场可以看出，自然语言中很多存在"果、树同词"以及"颜色与树同词"的现象。

二　种子

Seed（种子）在 M·Swadesh《百词表》中居第 24 位。《牛津高阶英汉双解词典》："part of a plant from which a new plant of the same kind can grow." 据此，我们主要针对的是植物种子。而植物种子的种类繁多，如前举例式阐述的"果、树同词"，仅这类词就有上百个。所以我们只选择以下表示泛称"种子"的词语进行考察。

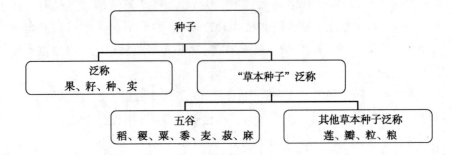

1. 泛称

【果】《说文·木部》:"木实也。象果形在木之上。""果"在南北朝所查文献中凡402例,很多是作副词使用,指"果实"凡42例。此词更多侧重于指"可以吃的果实",很少含有"种子"之意。例如:

①折未实之果,收豪家之利,笼菲膳之翼,为戏童之资。《宋书·卷八》

②至春草生,奶酪将出,兼有菜果,足接来秋。《魏书·卷三十五》

《汉语大字典》《汉语大词典》《现代汉语词典》这几部具有代表性的辞书对于"果"义项的设立有很强的一致性。对于与"树"有关的义项仅仅立了一个"植物所结出的果实"。它们设立的这个义项用于以下例子中也许不是很恰当。

③湛之更起风亭、月观,吹台、琴室,果竹繁茂,花药成行,招集文士,尽游玩之适,一时之盛也。《宋书·卷七十一》

④夏四月庚子,诏工商杂技,尽听赴农。诸州郡课民益种菜果。《魏书·卷七上》

⑤聪遂停废于家,断绝人事,唯修营园果,以声色自娱。《魏书·卷六十八》

⑥于京城之西,水次市地,大起园池,植列蔬果,延致秀彦,时往游适,妓妾十余,常自娱乐。《魏书·卷七十一》

⑦诸应还之田,不得种桑榆枣果,种者以违令论,地入还分。《魏书·卷一百一十》

⑧颜斐为京兆,乃令整阡陌,树桑枣。《齐民要术·序》

以上例子,我们认为把"果"释为"果树"也许会更准确一些。认知语言学认为：转喻倾向于用具体的有关联的事物去代替抽象的事物。在"树"这个框架中，"果树"凸显出来，且与"树"紧密相连，所以"果"就自然会成为"树"的替换品。基于此，我们认为"果"会具有"树"之意义。"果实"与"果树"常用一个词来表示，这是很多语言的共性，前文已作了探讨，此处不再赘述。

【籽】《诗·小雅·甫田》："今适南亩，或耘或籽，黍稷薿薿。"毛传："籽，雝本也。""籽"本指"培土"，当从来，子声，"子"亦表义，即用来给种子培土。后凸显"种子"，就引申出"植物种子"的意义。在南北朝所查文献中，仅《宋书》有一个引用例子，引晋陶潜的"怀良辰以孤往，或植杖而耘籽"，但这不属于南北朝用语。

【种】《汉书·沟洫志》："如此，数郡种不得下。"颜师古注："种，五谷之子也。"在现代汉语中，很多植物的"种子"都可以用"种"来表示，如"菜种""稻种""树种"等称呼。在南北朝时期，"种"表"植物的种子"时，还是主要指"谷物的种子"。例如：

①若须田种，随宜给之。《宋书·卷五·本纪第五》

②悉令就佃淮南，多其长帅，给其粮种。凡公私游手，岁发佐农，令堤湖尽修，原陆并起。《魏书·帝纪第九》

③凡五谷种子，浥郁则不生，生者亦寻死。《齐民要术·收种第二》

④唯问："东吴有长柄壶卢，卿得种来不？"《世说新语卷下·之上》

【实】《说文·宀部》："实，富也。从宀，从贯。贯，货币也。"段注："引申之为草木之实。"《诗经·周南·桃夭》："桃之夭夭，有蕡其实。"后来"实"亦可用来指"种子"。《诗·周颂·载芟》："播厥百谷，实函斯活。"郑笺："实，种子。"南北朝文献中，"实"凡69例作"种子"解，是一种泛称，既可以指"谷类"，也可以指"蔬菜瓜果"。例如：

①花草之流，可以悦目，徒有春花，而无秋实，匹诸浮伪，盖不足存。《齐民要术·序》

②晋愍帝建兴元年八月癸亥，嘉禾生襄平县，一茎七穗。建兴二年六月，嘉禾生平州治，三实同蒂。建兴三年七月，嘉禾生襄平县，异体同蒂。《宋书·卷二十九》

③凤凰非梧桐不栖，非竹实不食，今梧桐、竹并茂，讵能降凤乎？《魏书·卷二十一下》

2. 五谷

"五谷"历史记载各不相同，所指不一。《周礼·天官·疾医》："以五味、五谷、五药养其病。"郑玄注："五谷，麻、黍、稷、麦、豆也。"《孟子·滕文公上》："树艺五谷，五谷熟而民人育。"赵岐注："五谷谓稻、黍、稷、麦、菽也。"《楚辞·大招》："五谷六初。"王逸注："五谷，稻、稷、麦、豆、麻也。"《素问·藏气法时论》："五谷为养。"王冰注："谓粳米、小豆、麦、大豆、黄黍也。"《苏悉地揭哆经》："五谷谓大麦、小麦、稻谷、大豆、胡麻。"我们主要选取以下五谷词语作为阐述对象。

【稻】《说文·禾部》："稻，稌也。"杨树达（1954：12）："余谓稻之为言卤，……，必知稻受名于卤者：稻从舀声，舀为定母幽部字，与卤古音同。"杨树达先生从声训角度阐述了其词义的来源。然"稻"产生的地域来源在学界存在着不同的看法。游汝杰（1980，1983）和周振鹤（1986）曾以侗台语（台、侗水两语支）材料为证，指出广西西南部、云南南部，越南北部、老挝北部、泰国北部以及缅甸掸邦是亚洲稻作的起源地。黄树先师（1994：1）认为"稻"应为我们固有词，李炳泽（2001）认为：长江中下游是稻培育的比较重要的地域，"稻"由华东地区向四周扩散。我们比较赞同黄树先师和李炳泽先生的观点。

"稻"在南北朝时期，主要作"一年生的草本植物名"。例如：

①吴孙亮五凤元年六月，交阯稗草化为稻。《宋书·卷二十九》

②军事须伐民树者，必留绢以酬其直，民稻粟无所伤践。《魏书·卷七下》

③简文见田稻不识，问是何草？左右答是稻。《世说新语·尤悔第三十三》

④地无良薄，水清则稻美也。《齐民要术·卷二·水稻第十一》

"稻"除了可以表示"植物名"之外，还可以用来表示"草本植物名的果实"。例如：

⑤以存此痛，况当食稻衣锦。《宋书·卷十五》

⑥遂断酒肉粟稻，唯食麦饭。《魏书·卷二十二》

⑦舂稻必须冬时积日燥曝，一夜置霜露中，即舂。《齐民要术·卷二·水稻第十一》

"稻"的这种词义引申，在其他语言中，同样存在：

英语：rice ①水稻；tropical rice；②大米；a handful of rice；③米饭，he missed his younger sister，her beans and rice were so delicious.

《新时代英汉大词典》，第 1980 页。

法语：riz ①稻：paille de riz。②稻谷；大米，米饭：eau de riz（米汤）；manger du riz（吃米饭）。《新世纪法汉大词典》，第 2390 页。

但是，《汉语大词典》《汉语大字典》都没有对"果实"设立义项。

【稷】《说文·禾部》："稷，齋也。五谷之长。从禾畟声。"对于"稷"的本义为何，学界存在不同看法，张再兴（2001：48）："稷，表示人跪于禾边祝祷之形，这是古代对农业生产的祭祀活动的真实描摹。"杨树达（1956：47）："树达窃疑畟畟当为二字，稷则畟之或字也。畟字从田儿，儿为古文人字，当与人义有关，以古义考之，盖即稷为田正之本字也。"沈志忠（1998：100）："甲骨文中有'稷'字，字形作𥝌、𥝠、𥟆、𥝇、𥟋、𥟥等，仅仅抓住了稷穗攒聚下垂的特点。"我们赞同杨树达先生的观点。"稷"在南北朝时期主要和"社"连文，表示"土神与谷神或者国家"。用来表示"粮食名"不多，在南北朝所查文献中仅 8 例。例如：

①谷，稷也，名粟。谷者，五谷之总名，非指谓粟也。《齐民要术·卷一·种谷第三》

②笾簋既列，牺象既盈。黍稷匪芳，明祀惟馨。《宋书·卷二十》

③其五谷及鸟兽等与中夏略同，唯无稻及黍、稷。《魏书·卷一百二》

【粟】《说文·卤部》："㮚，嘉谷实也。从卤从米。孔子曰：'㮚之为言续也。'"王凤阳（1993：84）："禾、粟、米在上古是同一物的不同形态，后来泛化。"王先生没有对这个"同一物"做出具体所指。吴宝安师姐（2007：137）对粟与稷的关系作了详细的探讨，认为"稷就是粟"。在南北朝时期，"粟"单用时，常用来泛指"谷类"。其常和"帛"组合，"粟帛"连文，凡 22 例。例如：

①朕巡幸所经，先见百年者，及孤寡老疾，并赐粟帛。狱系刑罪，并亲听讼。《宋书·卷六》

②粟帛上船之日，随运至京，将共监慎，如有耗损，其倍征。《魏书·卷一百一十》

我们对 22 例进行了分析，"粟帛"主要指"吃的粮食和穿的衣服"，是南北朝时期常用的双音节词，但是《汉语大词典》未设词条，欠妥。

【黍】《说文·黍部》："黍，禾属而粘者也。""黍"究竟为何物？学界常把"稷"与"黍"相混。有的学者认为黍与稷是同类，而稷是黍之不黏者；何康等《中国农业百科全书》（1991：489）："稷即粳性的黍。"王星玉（1996）、柴岩（1999）等学者都赞同此观点。于省吾："黍，今称黍子，或称糜子，去皮称大黄米。……罗氏释形是对的，但把齋字误与黍字列在一起。"于先生认为，黍与稷是不同的种类。芮执俭（2004：30）认为："黍是糜子，稷即谷子。"我们比较赞同于先生的观点，"黍""稷"应为两种不同的谷类。《魏书·卷一百二》："其五谷及鸟兽等与中夏略同，唯无稻及黍、稷。"将两者并列而谈，可旁证于先生观点。"黍"在南北朝时期，指"谷物"，既可以泛指，又可以特指。例如：

①太祝令以案奉玉璧牲体爵酒黍饭诸馔物，登柴坛施设之。《宋书·卷十四》

②十月冻树宜早黍，十一月冻树宜中黍，十二月冻树宜晚黍。《齐民要术·卷二·黍穄第四》

在南北朝文献中，还有 32 例是用来表示"度量衡的标准"。例如：

③乃命故中书监高闾广旄儒林，推寻乐府，依据《六经》，参诸国志，以黍裁寸，将均周汉旧章。《魏书·卷十九上》

④后有一田父耕于野，得周时玉尺，便是天下正尺，苟试以校己所治钟鼓、金石、丝竹，皆觉短一黍，于是伏阮神识。《世说新语·术解第二十》

"黍"为何可以用来做度量衡的标准，根据《汉语大字典》义项排列，好像认为和"谷物"有关。但我们觉得，可能另有其源。《吕氏春秋·权勋》："临战，司马子反渴而求饮，竖阳谷操黍酒而进之。"高诱注："酒器受三升曰黍。"毕沅新校正："黍酒是酿黍所称者。"两者对"黍"持不同见解。我们认为高诱解释可能更接近现实。《东南纪事·卷九》："其后郑氏东入台湾，煌言竟被执，死杭州。振名持只鸡黍酒，独登越王岭哭祭，为文六千五百余言。"该句中"只"与"黍"对言。朱骏声《说文通训定声》："黍假借为觚。"黍、觚两者上古都是鱼韵，潘悟云先生把它们拟构为：*qhjǎ，觚*kʷa，声母相近。据此我们认为把"黍酒"中"黍"理解为"觚"，也许更符合情理。"觚"即"酒杯"，由"酒杯"之义很容易引申出表"容器"的意义。《仪礼·特牲馈食礼记》："实二爵，二觚。"郑玄注引旧说云："觚，二升。"在其他语言中，"杯子"也常用引申出表"容量"之意义。例如：

英语: cup ［C］ small bowl-shaped container, usu with a handle, for drinking tea, coffee, etcfrom; its contents; the amount it will hold.（杯子；杯中之物；一杯之）Eg: Use two cups of flour for the cake, ie as a measure in cooking.［用两杯面粉做蛋糕（用作烹饪的量器）］《牛津高阶英汉词典》, 第 661 页。

法语: coupe ①浅口的高脚酒杯；一杯之量；②盆、盘、爵、杯。《新世纪法汉大词典》, 第 648 页。

【麦】《说文·麦部》:"麦, 芒穀。秋种厚薶, 故谓之麦。……从来, 有穗者；从夊。凡麦之属皆从麦。"该字本义当与"夊"有关。《说文·来部》:"周所受瑞麦来麰。一来二缝, 象芒束之形。天所来也, 故为行来之来。""来"本义当指"麦谷"。苏宝荣《〈说文解字〉今注》(2000: 203):"在使用中, 两字行、义互换了位置。"后世文献就用"麦"来指称稻谷。Curwen (1953: 39) 认为谷类中, 唯有穀子属于中国产①。齐思和 (1981: 14):"中国古代种麦, 恐未必是外来的, 而系在本地发明的。但此事犹须待考古家和生物学家的证明。""麦"在南北朝时期, 凡 220 例, 主要用来指"植物名"。例如:

①晋安帝元兴三年, 荆、江二界生竹实如麦。《宋书·卷三十二》
②农要之月, 时泽弗应, 嘉谷未纳, 二麦枯悴。《魏书·卷九》
在南北朝文献中, "麦"也可以用来指"植物的果实"。例如:
③遂断酒肉粟稻, 唯食麦饭。《魏书·卷二十二》
④食尽且去, 须麦熟更来。《宋书·卷五十九》
⑤百姓谣云:"昔年食白饭, 今年食麦麸。天公诛谪汝, 教汝捻咙喉。咙喉喝复喝, 京口败复败。"《宋书·卷三十一》

"麦"的这种相关引申在其他语言中同样存在。沙加尔 (1999: 198):"英语 corn 在英国英语中指'小麦', 在苏格兰和爱尔兰英语里指'燕麦', 而在美国英语里指'玉米'。"

法语亦如此: blé ①小麦；②小麦粒；③钱。《新世纪法汉大词典》, 第 299 页。

【菽】《说文通训定声·孚部》:"未, 古谓之未, 汉谓之豆, 今字作

---

① Eliot Cecil Curwen, *Plough and Pasture*: *The Early History of Farming*, New York, NY : Schuman, 1953.

菽，菽者，众豆之总名。"段注："未、豆，古今语，亦古今字。此以汉语释古语也。"把"未""菽"与"豆"的关系看成古今字，这可能有待商榷。邢公畹（1983：142）："令人惊异的是侗台语（水语除外）的'叔'字跟'窦''豆'两个字的音韵也极为相近。""豆"本义为"容器"，词义发展为"菽"义，是属于音同而产生的词义。"菽"在南北朝所查文献中，凡17例，主要用以指"豆类"或"大豆"，然有2例用以指"草"。例如：大雨雪，及未当雨雪而雨雪，及大雨雹、陨霜杀菽草，皆常寒之罚也。《宋书·卷三十三》

【麻】《说文·麻部》："麻，与林同。人所治，在屋下。从广从林。凡麻之属皆从麻。"在我国麻的种类繁多，五谷中"麻"具体所指哪种麻呢？李艳（2005：89）认为："'五谷''九谷'中的麻是指'大麻'。"此结论甚确。"麻"在南北朝文献中，既可以用来指"大麻作物"，也可以用来指"芝麻籽"。例如：

①今秋谷悬黄，麻菽布野，猪鹿窃食，鸟雁侵费，风波所耗，朝夕参倍。乞赐矜缓，使得收载。《魏书·卷二十八》

②凡美田之法，绿豆为上，小豆、胡麻次之。《齐民要术·卷一·耕田第一》

"麻"还可以用来指"大麻纤维织成的布"，表"大麻纤维织成的布"时，常常组合成"麻衣""麻布""衰麻"等词语。例如：

③亦知不在此麻布尔。然人子情思，为欲令哀丧之物在身，盖近情也。《宋书·卷十五》

"缌麻"本用来指一种麻纤维布，后用来指"古代丧服名"，在南北朝文献中，凡13例，既指"古代丧服名"，也用来指"远亲"。例如：

④权事变礼，五服俱革，缌麻轻制，不容独异。《宋书·卷十五》

⑤欲令诸王有期亲者为之三临，大功之亲者为之再临，小功缌麻为之一临。《魏书·卷二十》

例④是表示"古代丧服名"，例⑤表示"远亲"，在南北朝文献中，"缌麻"表"远亲"之义凡9例。《汉语大词典》对"缌麻"仅仅设立了一个义项，我们认为当增补"远亲"义项。

汉语中"麻"词义引申与其他语言中"麻"引申有很大的相似性，许多语言中"麻"既有表示"农作物""麻籽"，也有表示"麻纤维制品"。例如：

英语：flax：①亚麻属植物、亚麻；②亚麻纤维，亚麻线；③古麻布。《新时代英汉大词典》，第883页。

法语：chanvre ①麻；麻类植物；②麻纤维；大麻纤维。《新世纪法汉大词典》，第458页。

3. 其他"草本种子"泛称

【莲】《说文·艹部》："莲，芙蕖之实也。""莲"本指"荷的果实"，后也用来指"荷"。《文选·潘岳〈西征赋〉》："华莲烂于渌沼，青蕃蔚乎翠潋。"吕延济注："莲，草名。"《文选·左思〈蜀都赋〉》："绿菱红莲，杂以蕴藻，糅以苹蘩。"李周翰注："莲，水中草。""莲"在南北朝所查文献中凡36例，除了2例属于地名用字外，主要用来表示"芙蕖之实"。在南北朝文献中表"芙蕖之实"，既可以单用表示，也可以与"子"连文。例如：

①文帝元嘉七年七月乙酉，建康 檐湖二莲一蒂。《宋书·卷二十九》

②八月、九月中，收莲子坚黑者，于瓦上磨莲子头，令皮薄。《齐民要术·卷六·养鱼第六十一》

"莲"在南北朝文献中也同时可以用来指"荷"这一植物。例如：

③王敦在武昌，铃下仪仗生华如莲花状，五六日而萎落，此木失其性而为变也。《宋书·卷三十》

④春初掘藕根节头，着鱼池泥中种之，当年即有莲花。《齐民要术·卷六·养鱼第六十一》

"莲"词义演变是词义隐喻中部分代整体的典型表现。然《汉语大字典》对"莲"设立的义项仅仅有二：其一，荷的种子，即莲子。其二，佛家称佛所居世界（净土）。第二个义项在南北朝文献中我们没有发现用例，但是，用第一个义项解释上面例③、④，就有些牵强附会。《新时代英汉大词典》中义项的设立，也许能给我们一些启迪。

英语：lotus ①落拓枣（据说食后会使人意志消沉）；②莲属植物；莲③（印度教和佛教中用于象征意义的）荷花；④埃及睡莲；⑤（豆科）百脉根属植物。《新时代英汉大词典》，第1402页。

法语：lotus ①（神）忘忧树；忘忧树的果实；②百脉根属植物；莲；荷；le lotus sacre est un des principaux symbols de I'hindouisme（圣莲是印度教主要象征之一）。《新世纪法汉大词典》，第1630页。

【瓣】《说文·瓜部》："瓜中实。"段注："瓜中之实曰瓣，实中之可食者当曰人，如桃杏之人。"南朝宋谢惠连《祭古冢文》："水中有甘蔗节，及梅李核瓜瓣。"由"瓜类的子"扩展就可以引申指"植物的种子、果实或者球茎可以分开的小块儿"。在南北朝所查文献中，"瓣"凡5例，主要作"植物的种子、果实或者球茎可以分开的小块儿"。例如：

①收条中子种者，一年为独瓣；种二年者，则成大蒜，科皆如拳，又逾于凡蒜矣。《齐民要术·卷三·种蒜第十九》

②今并州无大蒜，朝歌取种，一岁之后，还成百子蒜矣，其瓣粗细，正与条中子同。《齐民要术·卷三·种蒜第十九》

③明日干浥浥时，捻作小瓣，如半麻子，阴干之则成矣。《齐民要术·卷五·种红蓝花栀子》

以上例句中的"瓣"都是由本义直接引申出来的意义。《汉语大字典》引例是唐元稹《贬江陵途中寄乐天》："紫芽嫩茗和枝采，朱橘香苞数瓣分。"这个用例明显偏晚。

【粒】《说文·米部》："粒，糂也。从米，立声。"段注："粒乃糂之别义，正谓米粒。""粒"与"米"词义大致相同，两者的主要差别在于是否脱壳。通常脱壳者谓之米，不脱者谓之粒。《春秋纬说题辞》："粟五变：一变而阳，化生为苗；二变而秀，为禾；三变而粲然，谓之粟；四变入臼，米出甲；五变蒸饭，可食。"王凤阳（1993：168）对两者的区别和联系做过探讨。"米""粒"在表示"米饭"之义相同，主要就是语用上的差异。"粒"在南北朝所查文献中，凡28例，17例用作指"米、米饭"。例如：

①候时觇节，递艺递孰。供粒食与浆饮，谢工商与衡牧。生何待于多资，理取足于满腹。《宋书·卷六十七》

②凡人绝粒，七日乃死；始经五朝，便尔逃遁。《魏书·卷十九上》

③米味有美恶，粒实有息耗。《齐民要术·卷一·种谷第三》

④殷仲堪既为荆州，值水俭，食常五碗盘，外无余肴，饭粒脱落盘席间，辄拾以啖之。《世说新语·德行第一》

由"米饭"而活用为动词凡2例。例如：

⑤遭寇之处，饥馁不粒者，厚加赈恤，务令存济。《魏书·卷九》

"粒"在南北朝文献中，还可以指"颗粒状物质"，凡4例。例如：

⑥灵骨分碎，大小如粒，击之不坏，焚亦不焦，或有光明神验，胡言

谓之"舍利"。《魏书·卷一百一十四》

⑦春豆粒小而均，晚豆粒大而杂。《齐民要术·卷八·作酱等法第七十》

《汉语大字典》该义项用例时代上欠妥，引例的是鲁迅的《呐喊》，当用南北朝例子为妥。

"粒"还可以用作量词，阎伟（2007：70）、陈晓丽（2008：41）、徐景宜（2009：117）、樊中元（2009：84）等学者对现代汉语中"粒"与"颗"的差异作了不同的分析。《汉语大字典》认为"粒"作量词开始于唐朝，据我们掌握的材料可知，"粒"作量词应当在南北朝时期。在所查找的南北朝文献中，"粒"凡5例用作量词，都出现在《齐民要术》。例如：

⑧切小蒜一合，鱼酱汁二合，椒数十粒作屑。《齐民要术·卷九·炙法第八十》

⑨禾一斗，有五万一千余粒。黍亦少此少许。大豆一斗，一万五千余粒也。《齐民要术·卷一·种谷第三》

"粒"由"米"引申出"颗粒状物质"，这个引申途径在其他语言中同样存在。

英语：grain ①（尤指谷类植物）颗粒状子实，谷粒；果粒；②谷类粮食，谷物；③颗粒；细粒；微粒。《新时代英汉大词典》，第1021页。

法语：riz ①稻；②稻谷；稻粒；大米；米饭；riziforme 米粒状的。《新世纪法汉大词典》，第2390页。

【粮】《说文·米部》："粮，谷也。"桂馥《义证》："粮，乃行者之干粮。""粮"起初指"干粮"，后用来泛指"谷物、粮食"。王凤阳（1993：169）："粮是米、粒的总称，泛指食用的谷物。……相对地说，日常所食用的粮食称'食'不称'粮'。"池昌海（2002：184）："粮、食都可以表示'粮食'意义，差异在语用能力上。"在南北朝文献中"粮"常组合成"粮食""粮杖""路粮""军粮""衣粮""粮道""粮草"等词。

【小结】本小节分析了15个与"种子"有关的词，通过本小节的分析可以看出自然语言中的一个普遍现象：语言中的种子与农作物两者常常同词，它们之间可以相互转换。沙加尔（2004：198）认为："指谷物颗粒的词转指相应的农作物是普遍的现象。"但是一些汉语辞书在与"种子"有关的词的义项安排上存在一些缺陷，没有反映出种子与农作物之间的转换，故辞书在这类词义项的设立上还有待进一步加强。

三　叶

"叶"在《百词表》居第 25 位。《牛津高阶英汉双解词典》（第 1147 页）："a flat green part of a plant ，growing from a stem or branch or from the root." 在南北朝文献中，我们主要分析以下两类词：一类是泛指植物叶子的词，一类就是特指植物叶子称呼的词。

1. 泛指植物叶子的词语

【葉】葉，今作叶《说文·艹部》："葉，艹木之叶也。""葉"本义泛指"葉子"。《楚辞·九歌·湘夫人》："洞庭波兮木葉下。"后根据相似引申指"像叶子的东西。书页等"。唐元稹《连昌宫词》："又有墙头千葉桃，风动落花红蕀蕀。"在南北朝所查文献中，"葉"泛指"葉子"时，常常单用，但当要特指某种草木的叶子时，常常采用"种概念+叶"结构表示。例如：

①先是，河南人常笑河北人好食榆葉，故因以号之。《魏书·卷十四》

②永宁元年十月，南安、巴西、江阳、太原、新兴、北海青虫食禾葉，甚者十伤五六。《宋书·卷三十四》

"葉"由本义引申出"像叶子的东西"，在南北朝所查文献中，没有找到用例，但是在后世文献中有用例。唐代韦绚《刘宾客嘉话录》："王右军孙智永禅师……人来觅书兼请题头者如市，所居户限为之穿穴，乃用铁叶裹之，人谓之铁门限。""棐"的这种引申在其他语言中也存在。

德语：blatt 叶；瓣；纸张；一张（纸）；报纸。《德汉汉德词典》，第 40 页。

Blatt ①（pl 复 blaätter）einer der flachen u laäänglichen/ovalen ，mst gruänen Teile e-r pflanze ，die sich bei den Blumen am Stengel u bei Baäumen an den Zweigen befinden（叶子、树叶）；②ein rechteckiges stuäck papier（页、张、一张空白纸）。《朗氏德汉双解大词典》，第 321 页。

法语：feuille ①叶子；②花瓣；③树木年生长量；④纸页、纸张、报纸；⑤期刊、周报；⑥单据。《新世纪法汉大词典》，第 1098 页。

Feuille ①树叶；②花瓣；③薄片，薄板，纸页，报纸。《最简明法汉词典》，第 407 页。

英语：leaf ①a flat green part of a plant，growing from a stem or branch or the root。②having leaves of the type or number mentioned 。③a sheet of paper，especially a page in a book。④metal ，especially gold or silver ，in the form of very thin sheets。⑤a part of a table that can be lifted up or pulled into position in order to make the table bigger。《牛津高阶英汉双解词典》（第七版），第 1147 页。

Leaf ①叶子，花苞，花萼，花瓣；②（总称）叶子，长叶子；③烟叶，茶叶；④（书、刊等的）页，叶，张；⑤薄金属片，金箔，银箔；⑥门板，窗板，桌板，活动桌面。《新时代英汉大词典》，第 1345 页。

"葉"除了以上用法之外，在南北朝所查文献中还有 52 次用来表示"世、时期、年代"。例如：

③史臣曰：始祖生自天女，克昌后叶。《魏书·卷十三》

桂馥认为"叶"指"世、时期、年代"是转注义，《说文通训定声》云："〔转注〕《诗·长发》：'昔在中叶。'传：'世也。'《吴都赋》：'虽累叶百迭。'注：'世也。'按犹枝也。《诗》：'苁兰之叶。'笺：'叶，犹支也。'"

"叶"还可以用作量词，在南北朝所查文献中，凡 7 例用作量词，都出自《齐民要术》。例如：

④成脍鱼一斗，以曲五升，清酒二升，盐三升，橘皮二叶，合和，于瓶内封。一日可食。甚美。《齐民要术·卷八·作酱等法第七十》

"叶"作量词解，在一些方言中也常见。海口方言"十叶纸""三叶银纸"，"叶"为量词。（《现代汉语方言大词典》，第 4185 页）而且西安、太原方言中会用"叶儿"表示"量词"。例如：一叶儿纸；一叶儿砖。（《现代汉语方言大词典》，第 4186 页）

【苞】《说文·艹部》："艹也。南阳以为粗履。从艹包声。""苞"本指"草"，后来引申指"花未开时，包着花朵的变态叶"。南朝宋谢灵运《酬从弟惠连》："山桃发红萼，野蕨渐紫苞。"这种转喻不仅仅在汉语中发生，其他语言亦不例外。

英语：bud ①a small lump that grows on a plant and from which a flower，leaf，leaf or stem develops（芽；苞；花蕾）；②a flower or leaf that is not fully open.（半开的花；未长大的叶）。《牛津高阶英汉双解词典》，第 251 页。

"苞"在南北朝所查文献中，没有发现作"草"或"叶"解，但是可以用作"草木的根或茎干"解。例如：若乃草昧经纶，化融于岁计，扶危静乱，道固于苞桑。《宋书·卷二》

"苞"在南北朝文献中，主要作"包"解。《说文解字注·艹部》："苞，假借为包裹。……近时经典凡训包裹者，皆径改为包字。"

【萚】《说文·艹部》："萚，草木凡皮叶落，陊地为萚。"在南北朝所查文献中凡1例。《宋书·袁淑传》："若浚风之儛轻萚，杲日之拂浮霜。"

2. 特指植物叶子的词语

这类词语与上类的不同之处主要体现在，它们是用来特指某种植物的叶子，而且这些词语的词义通常是由表示该类植物的词义引申而来的。

【桑】《说文·叒部》："桑，蚕所食叶木。"本指桑树，后也可以指"桑叶"或者作动词"采桑、种桑"。在南北朝所查文献中，"桑"的词义与上古相当，可作"桑树"解。例如：

①永康元年四月，壮武国有桑化为柏。《宋书·卷三十二》

②军之所行，不得伤民桑枣。《魏书·卷二》

③年在桑榆，自然至此，正赖丝竹陶写，恒恐儿辈觉，损欣乐之趣。《世说新语·言语第二》

④茨充为桂阳令，俗不种桑，无蚕织丝麻之利，类皆以麻枲头贮衣。《齐民要术·序》

亦可以指"桑叶"。但是在南北朝时期，指"桑叶"除了单用"桑"之外，还可以用"桑叶"双音节词来表示，凡4例。例如：

⑤悉以桑授蚕母。还蚕室。《宋书·卷十四》

⑥良畴委而不开，柔桑枯而不采。《魏书·卷五十三》

⑦南郡庞士元闻司马德操在颍川，故二千里候之。至，遇德操采桑。《世说新语·言语第二》

⑧大率桑多者宜苦斫，桑少者宜省剶。《齐民要术·卷五·种桑柘第四十五》

⑨桑叶五分，苍耳一分，艾一分，茱萸一分，若无茱萸，野蓼亦得用，合煮取汁，令如酒色。《齐民要术·卷七·造神曲并酒第六十四》

"桑"亦可以用作动词。例如：

⑩晋武帝太康九年，杨皇后躬桑于西郊，祀先蚕。《宋书·卷十七》

【箬】《说文·竹部》:"箬,楚谓竹皮曰箬。从竹,若声。"《辞海》据此,设立一个义项为"笋皮"。郑钦南①(1996:134):"箬并非笋皮。笋的外面是笋壳。壳的里面是笋肉,笋肉的表面才是笋皮。笋壳就是笋壳,不能称之为箬。箬虽由笋壳发育而成,但要到笋长成竹子之后,嫩竹的外壳才可以称之为箬。""箬"由"箬皮"引申出"箬叶"之义。在南北朝所查文献中凡3例表示"竹叶"。例如:

①百年少有高情,亲亡服阕,携妻孔氏入会稽南山,以伐樵采箬为业。《宋书·隐逸传·朱百年》

②覆瓮多用荷、箬,令酒香。燥复易之。《齐民要术·卷七·笨曲并酒第六十六》

【荷】《说文·艹部》:"荷,芙蕖叶。从艹,何声。"在南北朝所查文献中,"荷"大多用来作动词解。作名词凡14例,表"荷叶"义凡9例,既可以单用"荷"字表示,亦可以用双音节"荷叶"(凡4例)表示。例如:

①覆瓮多用荷、箬,令酒香。燥复易之。《齐民要术·卷七·笨曲并酒第六十六》

②追兵至,窘急,以荷覆头,自沈于水,出鼻。《宋书·卷七十四》

③十裔为裹,以荷叶裹之,唯厚为佳,穿破则虫入。《齐民要术·卷八·作鱼鲊第七十四》

"荷"在南北朝所查文献中凡5例,表示"莲"。例如:

④殿屋之为员渊方井兼植荷华者,以厌火祥也。《宋书·卷十八》

【藿】《广雅·释草》:"豆角谓之荚,其叶谓之藿。"在南北朝所查文献中,"藿"凡15例,有3例指"豆叶"。例如:

①若使周公与管、蔡处茅屋之下,食藜藿之羹,岂有若斯之难。《宋书·卷六十八》

②凡养生之具,岂间定实,或以膏腴夭性,有以菽藿登年。《宋书·卷七十三》

③又可种小豆于瓜中,亩四五升,其藿可卖。《齐民要术·卷二·种瓜第十四》

在南北朝所查文献中还有11例,表示"香草名",即"藿香"。

---

① 郑钦南:《说"箬"》,《辞书研究》1995年第5期。

例如：

④城南太学，汉魏《石经》，丘墟残毁，藜藿芜秽。《魏书·卷五十六》

⑤所以竭其管穴，俯洗同异之嫌，披心日月，仰希葵藿之照。《宋书·卷十三》

【小结】该语义场代表词当为"葉"，其词义的发展与英语、法语、德语有相似之处。"葉"在该时期使用的范围较之前代有发展，而该语义场中其他词语发展变化微小，而且它们要指"葉"时，常与"葉"连文组成复音词来表达。

四　根

"根"在《百词表》中居第 26 位。黄树先师（2010）对"根"有关的词语的来源作了详细的阐述①。《牛津高阶英汉双解词典》："part of a plant that keeps it firmly in the soil and absorbs water and food from the soil."我们依据《牛津高阶英汉双解词典》"根"的定义，把南北朝"根"词语分成以下几类进行逐一分析。

1. 泛指"根"的词语

【本】《说文·木部》："本，木下曰本。""本"最早见于金文，泛指"草木之根"。王彤伟（2004：18）："在战国以前，表'草木之根'时，主要用'本'，而战国以后到现代汉语中逐渐发展为主要用'根'。"在南北朝文献中，"本"可以用来表示"草木之根"，但是少数。

书名 次数 义项	《宋书》	《世说新语》	《魏书》	《齐民要术》
表"草木之根"	0	0	4	10
不表"根"	821	38	971	18

从表中可以发现，在南朝调查文献中，没有使用"本"表示"草木之根"，但是在北朝文献中，"本"还是会偶尔用来表示"草木之根"。《齐民要术》中"本"表"草木之根"次数增多，除了与其文体密切相关之外，可能也与北朝用词习惯方面有关。在南北朝文献中"本"大多数情况下使用"本"的间接引申义，而在北朝文献中，除了使用本义之

---

① 黄树先：《汉语核心词"根"音义研究》，《汉藏语学报》，商务印书馆，2010 年。

外，也会使用其"直接引申义"（即草木的茎、干）。例如：

①堰水先塞其源，伐木必拔其本。源不塞，本不拔，虽翦枝竭流，终不可绝矣。《魏书·卷五十四》

②尾欲减，本欲大。《齐民要术·卷六·养牛马驴骡》

③八月，断其梢，减其实，一本但留五六枚。《齐民要术·卷二·种瓜第十四》

④逐熟者一一零叠，从本至末，悉皆无遗。《齐民要术·卷二·小豆第七》

"本"在南北朝文献中，还可以作"量词"使用。刘世儒（1965：95）："但作为量词，它俩（根、本）的用法并不相同。先说相近的用法，就是都可以用来量植物，但本偏于草木。……量书籍用'本'，这就只是南北朝新兴的用法，在这以前还不多见。"例如：

⑤令口种一树榆，百本薤，五十本葱，一畦韭，家二母彘，五鸡。《齐民要术·序》

⑥今缮写一本，敢以仰呈。傥或浅陋，不回睿赏，乞藏秘阁，以广异家。《魏书·卷六十七》

【根】《说文·木部》："根，木株也。从木，艮声。""根"最早见于睡虎地秦简。徐笺："凡木，命根为柢，旁根为根，通曰本。"黄树先师（2009）："斯瓦迪士《百词表》第26位'root根'，是语言中的核心词。但'根'这个词，在汉语里是一个'派进'的词。"并且黄树先师（2010）在《汉语核心词"根"音义研究》中给予了详细的论证。在南北朝文献中，"根"凡386例，有134例表示"草木之根"之义。例如：

①李树生桃傍，虫来啮桃根，李树代桃僵。《宋书·卷二十一》

②大明元年八月甲申，嘉禾生青州，异根同穗。《宋书·卷二十九》

"根"也可以作整个作物，还可以作量词（24例）使用。例如：

③山水暴至，浮出长木数百根。《魏书·卷六十六》

④三年八月，肆州献嘉禾，一根生六穗。《魏书》

"本""根"在词义引申上有一些相同之处，例如都可以引申为"人或物的底部""事物的本源、根源"。但也有差异，多位学者①从历时、共

① 王彤伟：《〈史记〉同义常用词先秦两汉演变浅探》，陕西师范大学图书馆，2004年。池昌海：《〈史记〉同义词研究》，上海古籍出版社2002年版。王凤阳：《古辞辨》，吉林文史出版社1993年版。

时角度对"本""根"的差异作了探讨。我们在类型学的视角中，发现"本""根"词义的演变有一定的共性。

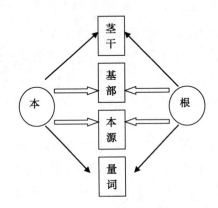

英语：root ①the part of a plant that grows under the ground and absorbs water and minerals that it sends to the rest of the plant；②the part of a hair，tooth，nail or tongue that attaches it to the rest of the body；③the main cause of sth，such as a problem or difficult situation；④the origin or basis of sth。《牛津高阶双解词典》，第 1736 页。

法语：souche ①树桩，树墩，伐根；②（植物的）根部；③（票据的）存根；④（一个家族的）祖先，始祖；⑤根派，渊源。《新世纪法汉大词典》，第 2497 页。

德语：wurzel ①根；②根源，缘由。《德汉汉德词典》，第 232 页。

2. 特指"根"的词语

黄树先师（2010）用翔实的材料证明了："汉语'根'大体有如下几个来源：第一，来自'足'的'根'类词；第二，来自'毛发/草木'的'根'类词，以及其他几个特殊的'根'类词。"文章囊括了大量的表"根"义的词，我们在这里仅仅考察以下两类"根"义词。

1）表"树根"的词语

【柢】《说文·木部》："木根也。"徐锴："凡木，命根为柢，旁根为根，通曰本。"在上古汉语中，"根""柢"还是存在差别的，但是在后世文献中，表"树根"之义，常用"根"。王凤阳（1993：80）："深入地下的主根叫柢，横生的小根叫根。因为这种区别意义不大，后来使用根柢就只是表示树的根部，不再看成是两个概念了。"吴宝安（2007：144）：

"根、柢在更多的时候是同义词。"在南北朝所查文献中，我们没有发现"柢"的用例，也许此时"主根"之意已用"根"表示了。

表"树根"之义，在南北朝所查文献中，我们没有发现其他词语的用例，但是到唐宋之后，又有一些"树根"之词呈现出来，例如：棋、橖。

2）表"草根"的词语

【茇】《说文·艸部》："茇，艸根也。"《汉书·礼乐志》："青阳开动，根茇以遂。"颜师古注："草根曰根。"在南北朝所查文献中，凡2例。例如：

①实希洗宥，还齿帝宗，则施及陈茇，荣施污壤。《宋书·卷六十八》

②故东平冲王休倩托茇璇极，岐嶷凤表，降年弗永，遗胤莫传。《宋书·卷八十》

【茇】《说文·艸部》："艸根也。从艸，犮声。春艸根枯引之而发土为拨，故谓之茇。""茇"本义指"草根"，杨树达（1955：85）："然犮声字多含根本之义同源。"黄树先师（2010）认为，"茇"是来自"毛发/草木之根"。"茇"在南北朝文献中，没有发现用来指"草根"（注：这里指埋在地底下的部分），而多用来指刈割后留下的部分。这种用法主要在《齐民要术》中，凡17例。例如：凡秋收之后，牛力弱，未及即秋耕者，谷、黍、穄、粱、秫茇之下，即移羸速锋之，地恒润泽而不坚硬。（《齐民要术·卷一·耕田第一》）缪启愉校释："'茇'，这里指作物收割后留在地里的残株，现在北方通称'茬'。"在南北朝所查文献中，"茇"有2例与"舍"连文，"茇舍"指"在草舍止宿"。例如：

①仲夏教茇舍，如振旅之陈，遂以苗田，如搜之法。《宋书·卷十四》

"茇"由"草根"指"残株"，这种词义发生演变的情况在其他语言中也存在。

英语：radicle the embryonic root in a seedling plant. Also ，one of the stout rhizoids matting the lower part of the stem in certain mosses. 《牛津英语大词典》（简缩本），第2449页。

法语：souche 树根；树桩；树墩；残干。《新简明法汉词典》，第956页。

Chicot 树墩；根株；残干。《新简明法汉词典》，第153页。

【藕】《玉篇·艹部》:"藕,荷根。"《史记·司马相如列传》:"唼喋菁藻,咀嚼菱藕。"吴宝安(2007:145):"藕在先秦文献中罕见用例,西汉有四例。"黄树先(2003:133)用缅语的 mras^4、a^{1}mras^4 和汉语的"蔤"进行比较。《尔雅·释草》:"荷,其本蔤。"在南北朝所查文献中,"藕"凡3例,其中1例单用指"荷根",另外2例与"根"连文,指"荷根"。例如:

①羞绿芰与丹藕,荐朱李及甘瓜。《魏书·卷六十五》

②雅性清俭,属岁饥馑,家馈未至,使人外寻陂泽,采藕根而食之。《魏书·卷八十八》

③春初掘藕根节头,着鱼池泥中种之,当年即有莲花。《齐民要术·卷六·养鱼第六十一》

在秦汉之间,表"荷根"主要是"藕"承担,间或使用词组"莲藕"表示。然在南北朝时期,可以用"藕根"表示。随着发展,词组"莲藕"演变成一个固定的词,成为现代汉语的主要用法。

【小结】"根"为该语义场中的代表词,从类型学的角度可以发现该语义场中有几个词的词义发展有共性。例如"本""根"词义的发展与英语、法语、德语具有很大的共性。在南北朝时期,"根""本"使用的范围比上古要宽泛,"本"可以用来量书籍了。在该时期用来指"树根"的词语很少,除了"柢"之外,就是"根",但是用来指"草根"的词语相对而言,更丰富一些。

五　树皮

树皮在《百词表》中居第27位,《牛津英语大词典》(简缩本)第186页:"bark : the layer of tissue lying outside the vascular cambium in the stem of a tree or woody plant , consisting of phloem , Cortex and periderm. "金理新(2007:3):"就整个汉藏语系大部分语言而言,并没有一个专门表示'树皮'的语词。这主要是 bark 在汉藏语言里不具有不可替代性,它极其容易被其他语词替代,或用其他语词来表达 bark 所表达的内容。因而,这一语词自然不可能是汉藏语系语言的基础词。"① 汉藏语中虽然没有直接

---

① 金理新:《汉藏语核心词辩正》,中国社会科学院民族学与人类学研究所博士后出站报告,2007 年。

和 bark 对应的词，但是，有不少词和它有联系，在这里我们谈论与植物有关的皮，主要包括两类，一类为植物皮，一类为植物果实皮。

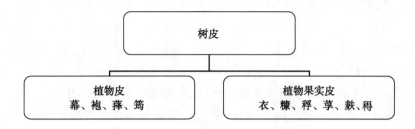

1. 植物皮

我们对南北朝文献进行调查，没有发现专门用来泛称"植物皮"的词语，但是有特指"植物皮"的词语，我们在这里讨论的都是一些特指"植物皮"词语。

【幕】《说文·巾部》："幕，帷在上曰幕；覆食案亦曰幕。从巾，莫声。"本指"织物"，后来可以用来指"膜，人或动植物体内的薄皮形组织""古代作战用的臂甲或脚甲"。如：《史记·扁鹊仓公列传》："割皮解肌，诀脉结筋，搦髓脑，揲荒爪幕，湔浣肠胃，漱涤五藏，练精易形。"（《大词典》认为是通假字，通"膜"）《史记·苏秦列传》："当敌则斩坚甲铁幕。"在南北朝所查文献中，"幕"主要用指"织物"（凡4例）以及"官府"（凡33例，多与"府"连文）。例如：

①丈夫衣服略同于华夏，多以罗幕为冠，亦以缯为帽。《魏书·卷一百一》

②设行宫殿便坐武帐于幕府山南冈，设王公百官便坐幔省如常仪。《宋书·卷十四》

亦可指"外壳"，但是仅见1例。

③天形穹隆，当如鸡子幕，其际周接四海之表，浮乎元气之上。《宋书·卷二十三》

而在《齐民要术》中"幕"都是作动词使用。《方言》卷十二："幕，覆也。"凡14例。例如：

④插讫，以绵幕杜头，封熟泥于上，以土培覆，令梨枝仅得出头，以土壅四畔。《齐民要术·卷四·插梨第三十七》

【筠】《说文新附·竹部》："筠，竹皮也。从竹，均声。"段注：

"笋，引申为竹青皮之称……今字作筎。"在南北朝所查文献中，没有发现"筎"表"竹皮"用例，但是在南北朝其他文献中，存在这种用例。例如：南朝齐萧子良《宾僚七要》："松既烟而接汉，竹缘岭而负筎。"

【箨】《说文·艹部》："箨，草木凡皮叶落陊地为箨。"本义指"草木脱落的皮、叶"。在南北朝所查文献中凡 2 例，用指本义。例如：

①若浚风之儛轻箨，杲日之拂浮霜。《宋书·袁淑传》

②然霜叶将沦，非劲飙无以速其箨。《魏书·列传第四九》

【袍】《说文·衣部》："袍，襺也。"指衣服，在南北朝所查文献中，凡 39 例，有 37 例用来指"衣服"（包括长衣、外衣、战袍、大褂、内衣等）。仅有 2 例表示"葱叶基部的包皮"，且都出自《齐民要术》。例如：

①不剪则不茂，剪过则根跳。若八月不止，则葱无袍而损白。《齐民要术·卷三·种葱第二十一》

②十二月尽，扫去枯叶枯袍。不去枯叶，春叶则不茂。《齐民要术·卷三·种葱第二十一》

2. 植物果实皮

【衣】《说文·衣部》："衣，依也。上曰衣，下曰裳。"指上衣。前贤对上古"衣"的使用作了一些调查，得出了不同的调查结果，但是多数人认为，"衣"在上古文献中属于兼类词。① 我们认为张存锷先生的观点比较稳妥，然张先生没有谈论"衣"出现兼类的动因。随着上古音研究的深入，现在大致认为这是一种音变造词现象。"衣"在南北朝所查文献中，也存在着作"衣服"和"穿衣"两种用法，但是后者用例较少。

在南北朝文献中，我们没有发现用指"皮"的例子，但是可以指"蒙覆在食物或器物表面的东西"。这个用例只现出在《齐民要术》中，凡 33 例。例如：

---

① 李景春（1999：55）《"衣"的音义处理问题》："衣"于现今辞书上，一般仍作多音多义字处理。（《语文建设》）；黎曙光（1996：60）《"衣""冠"活用辨》："魏晋以后的训诂家对文献中'衣''冠'的动词义要加注解，说明'穿着'动词主要用'衣''冠'来表示的时代已经结束，一般人对它已很隔膜，只有仿古的文言作品才偶尔使用。"（《古汉语研究》）；张存锷（1988：72）《从兼类词"衣"说活用与兼类》："应当承认，自两汉以后，'衣'用'穿衣'义相对减少，但这种用法始终不曾间断，直至明清。……'衣'的'穿衣'义早在先秦就已用得相当普遍，而且这种用法几乎贯穿了古代汉语使用的全过程。……因此，我们认为'衣'的本义虽属名词，但有理由把它的'穿衣'看作已经固定的动词引申义，'衣'就是个兼类词。"《苏州大学学报》（哲学社会科学版）

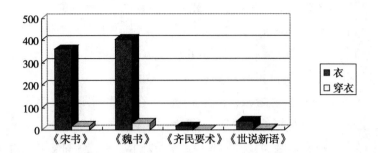

①打破，看饼内干燥，五色衣成。便出曝之；如饼中未燥，五色衣未成，更停三五日，然后出。《齐民要术·卷七·笨曲并酒第六十六》

"皮"还可以指"羽毛"。虽然在所查文献中没有用例，但是在南北朝其他文献中有。例如：北周庾信《鹤赞》："笼摧月羽，弋碎霜衣。"

【穅】《说文·禾部》："穅，谷皮也。从禾，庚声。康，穅或省。""穅"是谷类食物皮或壳的泛称。段注："云谷者，晐黍稷稻粱麦而言。"但是到了南北朝时期，"糠"成为正字，而"穅"成为俗字。《玉篇·米部》："糠，俗穅字。"《类篇·米部》："糠，谷皮也。""穅"在南北朝所查文献中，凡 27 例，既可以单用，又可以组成"谷穅、麦穅、细穅、粗穅"等双音节词使用。例如：

①王因谓曰："簸之扬之，穅秕在前。"《世说新语·排调第二十五》

②十月中，以谷麦穅覆之。不覆则冻死。二月，扫去之。《齐民要术·卷三·种荷芹第二十八》

③稻、麦穅粪之。二穅各自堪粪，不令和杂。不用水浇。浇则淹死。勿令六畜入园。《齐民要术·卷五·种竹第五十一》

【稃】《说文·禾部》："稃，䆃也。""稃"指谷皮，与"穅"的来源不同。"穅"之声符"康"有"空"之义。而"稃"来源与秠有关。段注："小徐本此篆与秠篆相属，古本也。《玉篇》次第正同。自浅人不知秠解而改窜之，乃又移易篆之次第矣。甫田笺曰：方，房也。谓稃甲始生而未合时也。古借稃为秠。"故两者在使用上就有差异，"穅"指加工后的谷皮，"稃"指未加工的谷皮。清承培元《说文引经正例》："谷皮未治曰稃曰秠，已治曰穅曰䆃。""稃"在南北朝所查文献中凡 2 例。例如：

①巨鬯，三秬之禾，一稃二米，王者宗庙修则出。《宋书·卷二十九》

②九月中子熟，刈之。候秲燥载聚，打取子。《齐民要术·卷五·种紫草第五十四》

【莩】《说文·艸部》："莩，艸也。从艸，孚声。"本指"莩草"，后可以用来指"植物茎秆里的白膜或种子的外皮"。《汉书·中山靖王胜传》："今群臣非有葭莩之亲，鸿毛之重。"在南北朝所查文献中凡5例，其中2例表示"茎秆里的白膜"，3例表示"种子外皮"。例如：

①燥曝，按去莩余，切却强根。《齐民要术·卷三·种姜第二十》

②梨芽微动为上时，将欲开莩为下时。《齐民要术·卷四·插梨第三十七》

③以葭莩灰布其内端，案历而候之。《宋书·卷十一》

朱骏声《说文通训定声·孚部》："莩，假借为秲。"朱氏认为是假借，我们觉得这种看法有待商榷。

【麸】《说文·麦部》："麸，小麦屑皮也。从麦，夫声。麵，麸或从甫。""麸"一般用于特指小麦的皮。在南北朝所查文献中，凡3例。例如：

①百姓谣云："昔年食白饭，今年食麦麸。天公诛谪汝，教汝捻咙喉。咙喉喝复喝，京口败复败。"《宋书·卷三十一》

【秲】《集韵·德韵》："秲，谷穰也。"指"谷类脱落后的茎秆秲壳"。在南北朝所查文献中凡1例。例如：冬寒，取谷秲布地，一行蒜，一行谷秲。《齐民要术·种蒜》

3. "皮"词义发展类型观察

通过对以上两类"皮"词义的考察，我们可以发现，汉语"皮"词义与"衣服"和植物名称有密切关系。

1）与"衣服"有关

汉语的"衣""袍""幕"，这些词本义皆与"衣服"有关，"衣服"与皮肤在功能和接触上有着密切的关系，在发展过程中，慢慢地产生了"皮"的词义。其他语言中也同样存在这样的情况：

英语：peel ①the rind or outer layer of a fruit，vegetable，prawn，etc，formerly，a layer of an onion. ②the action of peeling from a set formation. ③strip（a thing）of its natural outer layer. remove the peel，skin，bark etc. ④remove（peel，skin，bark etc）from the outside of a fruit，vegetable，etc. ⑤of an outer layer or coating.《牛津英语大词典》，第2136页。

Peel：vt. ①削去（或剥去）……的皮（或壳）；削去；剥去（皮或壳）；②脱掉（衣服）peel to the skin n. ③（水果、蔬菜或虾等的）（外）皮，（外）壳。《新时代英汉大词典》，第 1703 页。

Coat ①an outer garment usu made of cloth and having long sleeves，worn by men and boys. without specification now。②a natural covering or integument：an animal's covering of hair，fur，feathers，etc also an animal's hide；a membrane etc enclosing or lining an organ；a skin，a rind，a husk；a layer of a bulb etc。③a layer of any substance esp paint，covering a surface；a covering laid on at one time.《牛津英语大词典》（简缩本），第 436 页。

Coat ①上衣，外套，套衫；②（动物的）皮（毛），（植物的）表皮，外壳；③覆盖层，层，衣。《新时代英汉大词典》，第 409 页。

法语：pelure 果皮；蔬菜皮；衣服；外套。《新简明法汉词典》，第 717 页。

Pelure ①（剥下或削下的）果皮，菜皮；pelure de poire；②（书写用）精致而半透明的纸；papier pelure；③衣服；大衣；外套；accrocher sa au portemanteau。《新世纪法汉大词典》，第 1964 页。

德语：gedeck 盖子；套子；书的封面；自行车的外胎；床套；掩蔽处；餐席。《德汉汉德词典》，第 69 页。

Decke 被子；床套；天花板；盖子；书的封面。《德汉汉德词典》，第 46 页。

2）与"植物"有关

人类在认识过程中，整体和部分经常出现相互替代的现象，植物皮在词义引申中的这类现象经常发生。前文提到的"莩"就是一个很好的例子，其他语言中同样如此。

英语：Cover ①覆盖物，遮盖物，盖子，罩子，套子；②书壳，书皮，封面，封底；③（邮件的）封皮，封套；隐蔽处，丛林，下层灌木。《新时代英汉大词典》，第 499 页。

法语：ecale 果实的硬壳，蛋壳，豆荚。《新简明法汉词典》，第 307 页。

Chevrotin 羔皮；羊奶干酪。《新简明法汉词典》，第 152 页。

德语：kapsel 匣；盒；套；外壳；荚果；被膜；胶囊。《德汉汉德词典》，第 98 页。

Zimt：肉桂；桂皮；胡说；乱说。《德汉汉德词典》，第 235 页。

【小结】在本小节我们共分析了 10 个与"植物皮"有关的词语，这些词语的使用变化不大，就词义而言稳定性较强。在该语义场中，没有一个词语主要用来指"植物皮"，皆由其他词义引申而来。这种引申主要来自两种途径，第一是由指"衣服"的词义引申而来，第二是由指"植物"的词义引申而来，而且这种引申具有类型学特征。引申途径与英语、法语、德语的途径相同。

第四节　身体构件核心名词

《易经·系辞下传》："古者包羲氏之王天下也，仰则观象于天，俯则观法于地，观鸟兽之文与地之宜，近取诸身，远取诸物，于是始作八卦，以通神明之德，以类万物之情。"观察自身，了解自己是人类最初的活动之一，也是人类核心活动之一，身体构件词语在发展过程中必然也就会是人类的核心词。《百词表》中用来指"身体构件"的名词有 26 个，占据了核心名词的半壁江山，我们把这 26 个身体构件核心名词分为四类：组织构件核心词；头部构件核心词；四肢构件核心词；躯干构件核心词。下面就对以上四类身体构件核心名词进行逐一谈论。

一　组织构件核心词

组织构件主要指构成人体的组织成分，这个组织成分着眼于宏观世界，指我们肉眼所能见到的东西。《百词表》中含有六个成员：skin 皮（28）、flesh 肉（29）、blood 血（30）、bone 骨（31）、grease 油（32）、egg 卵（33）。

1. skin 皮

"皮"在《百词表》中居第 28 位，前文我们已经谈论了"与草木有关的皮"，故本节我们对"与草木有关的皮"不予考虑。《牛津高阶英汉

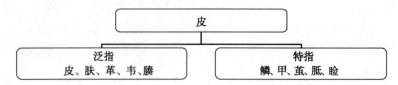

双解词典》（第 2636 页）："skin：elastic substance that forms the outer covering of the body of a person or an animal."根据此定义，我们主要考虑以下有关词语。

1）泛指

【皮】《说文·皮部》："皮，剥取兽革者谓之皮。"其古字形有：𩰬，本义为动词，现在使用的名词意义为引申义。已有多人对两汉以前"皮"进行过研究。[1] 于飞（2008：41）认为：先秦时期，总体上，"皮"表示动物的皮，"肤"表示人的皮肤，二者有着明确的分工。在口语中，"皮"对"肤"的取代从东汉中前期开始，到东汉末年这种替代关系基本完成。在南北朝所查文献中，"皮"凡 326 例，它的使用和现代没有多大的差别，可以指人的皮，也可以指其他动植物的皮，还可以指"地之皮"。例如：

①晋惠帝元康二年春，巴西郡界竹生花，紫色，结实如麦，外皮青，中赤白，味甘。《宋书·卷三十二》

②经宿，乃为虫鸟盗食，皮壳在地，而亦不伤肌体。《魏书·卷九十》

③五年，三吴大饥，人食草木皮叶，亲属互相贩鬻，劫掠蜂起，死者不可胜数。《魏书·卷九十七》

④正月地释，驱羊踏契地皮。《齐民要术·卷三·种葵第十七》

⑤子敬举体无饶，纵掇皮无余润。《世说新语·排调第二十五》

"皮"还可以指"裘衣"。《洪武正韵·支韵》："皮，狐貉之裘曰皮也。"《公羊传·宣公十二年》："古者杅不穿，皮不蠹，则不出于四方。"何休注："皮，裘也。"在南北朝所查文献中凡 8 例。例如：

⑥皮服之人，未尝粒食。宜从俗因利，拯其所无。《魏书·卷十八》

"皮"是人类衣服的原料之一，在发展过程中，"衣服"就可以用"皮"来替代，这不仅仅在汉语中如此，在其他语言中也有这类现象。

英语：skin ①（人或动物的）皮、皮肤；②毛皮、兽皮、皮革、皮张、皮制品；③肤色、面色、脸色；④（植物或果实等的）表皮，皮壳；（灌制香肠用的）肠衣。《新时代英汉大词典》，第 2181 页。

---

① 吴宝安：《先秦"皮"语义场研究》，《古汉语研究》2006 年第 2 期；于飞：《浅论两汉时期常用词"皮"、"肤"的历时替换》，《长春大学学报》2008 年第 1 期。

法语：tunique 古人的内衣；军服；学生服；紧身短上衣；膜层；鳞茎皮；膜被。《新简明法汉词典》，第 1044 页。

德语：leder 皮革、皮革衣服；皮革座位；皮革裙。《德汉汉德词典》，第 115 页。

【肤】《说文·肉部》："胪，皮也。从肉。卢声。肤，籀文胪。"从肉，即"肤"可以指一切动物的肉，《正字通·肉部》："肤，又凡禽兽之肉亦曰肤。"于飞先生说东汉末年，"皮"取代了"肤"。我们觉得这个说法不妥。在南北朝所查文献中，"肤"凡 33 例，主要指"人的皮肤"，但亦有指"兽的皮肉"，凡 2 例，皆出自《齐民要术》。例如：

①其十一月及二月生者，母既含重，肤躯充满，草虽枯，亦不羸瘦；《齐民要术·卷六·养羊第五十七》

②初冬乘秋，似如有肤，羊羔乳食其母，比至正月，母皆瘦死。《齐民要术·卷六·养羊第五十七》

这两例中的"肤"指兽的皮肉，犹言"膘"。郑玄注《仪礼·聘礼》："肤，豕肉也。"贾公彦疏："豕则有肤，豚则无肤，……以其皮薄也。"

南北朝时期，"皮"所指范围确实比"肤"要大，但是它们还是有一些差别。除了"肌肤"（常用中性词）"肤浅"固定搭配外，一般在比较正式场合或者怀有一种情感（多数为好的情感）的时候，多用"肤"。例如：

③蔡叔子云："韩康伯虽无骨干，然亦肤立。"《世说新语·品藻第九》

④若恩诏难降，披请不申，便当刊肤剪发，投山窜海。《宋书·卷四十一》

【革】《说文·革部》："革，兽皮治去其毛，革更之，象古文革之形。""革"指"加工去掉毛之后的皮"，"皮"起初指"带毛的皮"。在南北朝所查文献中"革"凡 345 例，大多数作"动词"和"八音之一"解，仅 7 例用作"皮"解。例如：

①侍臣各易以黑介帻、白绢单衣、革带、乌履，遂哀哭至乙夜，尽戊子。《魏书·卷一百八之三》

还有 1 例解作"羽翅"。例如：

②桑葚甘香，鸱鸮革响，淳酪养性，人无嫉心。《世说新语·言语第二》

【韦】《正字通·韦部》："韦，柔皮。熟曰韦，生曰革。""韦"在南北朝所查文献中凡 112 例，主要作"姓氏"和"古国名"，仅有 14 例指"熟皮"。例如：

①举哀毕，改服，着黄韦绔褶，出射堂简人，音姿容止，莫不瞩目，见之者皆愿为尽命。《宋书·卷五十九》

②然记清河翁时服饰，恒见翁着布衣韦带。《魏书·卷五十八》

【腠】《玉篇·肉部》："腠：肤奏也。"本指"皮肤上的纹理"，后可以用来指"皮肤"。《史记·扁鹊仓公列传》："扁鹊过齐，齐桓侯客之。入朝见，曰：'君有疾在腠理，不治将深。'"张守节正义"谓皮肤"。在南北朝所查文献中，仅有 1 例用来表示"皮肤"之意。例如：

①故当愈于媚神之愚，征正腠理之敝矣。《宋书·卷八十二》

"腠"到了清代也可以用来指事物的表层。顾炎武："承役人不及沿垧丈步，止将草绳绕腠围转，便将丈人只计之，以见亩数，殊未均确。"这种由"皮肤"引申出"表层"的方式，在其他语言中也有。

英语：skin ①（人或动物的）皮，皮肤；②毛皮，兽皮，皮革，皮张；③肤色，面色，脸色；④（植物或果实等的）表皮，皮壳；⑤薄层，薄膜，薄皮；⑥外壳。《新时代英汉大词典》，第 2181 页。

法语：peau 皮；皮肤；兽皮；皮毛；生皮；皮革；果皮；壳；树皮；薄层；膜；奶皮。《新简明法汉词典》，第 714 页。

德语：haut 人或动物的皮、皮肤；兽皮；毛皮；液体表面的膜；薄层；外壳；植物的外皮；表皮。《德汉汉德词典》，第 82 页。

Rinde 皮；器官组织的外皮；外层；面包等的外皮；树皮。《德汉汉德词典》，第 160 页。

2）特指

【鳞】"鳞"严格来讲它不属于"皮"语义场中成员，由于它属于皮肤的保护层，与"皮"关系紧密，我们就把它纳入进来考虑。《说文·鱼部》："鳞，鱼甲也。"在南北朝所查文献中凡 48 例，既可以指"鱼鳞"，也可以指"鱼"，还可以指"有鳞甲的动物"。

【甲】《释名·释兵》："甲，似物有孚甲以自御也……亦曰铠，皆坚重之名也。" 在南北朝所查文献中，"甲" 主要作 "天干地支纪年法中的天干" "士兵" "铠甲" 之义，凡 1246 例，仅有 3 例表 "皮肤"，且都与 "鳞" 连文。例如：

①鲧既罪彰于山川，受殛于羽裔，化质与鳞甲为群。《魏书·卷四十三》

有 1 例表示 "手指甲"。例如：

②常洗手剔甲，勿令手有咸气；则令酒动，不得过夏。《齐民要术·卷七·笨曲并酒第六十六》。

有 1 例表示 "种子外皮"。例如：

③种大豆，夏至后二十日，尚可种。戴甲而生，不用深耕。《齐民要术·卷二·大豆第六》

【茧】《说文·糸部》："茧，蚕衣也。" 该词一直以来主要用指 "蚕或其他昆虫吐丝做成的壳"。在南北朝所查文献中凡 14 例，都是指 "蚕衣"。例如：

①茧犊引大车，弱质任厚栋。《魏书·卷八十三上》

"茧" 也可以指 "手掌或脚掌摩擦而成的老皮"。《战国策·宋卫策》："墨子闻之，百舍重茧，往见公输般。" 高诱注："重茧，累胝也。" 但在南北朝所查文献中我们没有发现用例。

【胝】《说文·肉部》："胝，腄也。"《广韵·脂韵》："胝，皮厚也。" 在南北朝所查文献中凡 2 例，指 "茧巴"。例如：夏禹勤王，手足胼胝；文王旰食，日不暇给茧巴。《世说新语·言语第二》

"胝" 指 "茧巴" 常与 "胼" 连文。《玉篇·肉部》："胼，胼胝，皮厚也。" "胼胝" 是由两个同义词组成的并列结构，两者形符相同，但是声符不同，不同源。

【睑】《说文新附·目部》："睑，目上下睑也。" 徐灏注笺："《一切经音义》卷五引《字略云》：眼外皮也。" "睑" 指 "眼皮"，在南北朝所查文献中没有发现用例。

【小结】本小节我们考察了 10 个与该语义场有关的词语，其中 "皮" 为本语义场中的主导词。"皮" 在南北朝时期的词义与现代汉语中几乎相似，既可以指人皮、兽皮，亦可以指地皮等。而且通过该语义场词语的考察，我们可以发现 "皮" 与 "衣服" "表层" 关系紧密，这种联系不仅仅在汉语中如此，在英语、德语、法语中亦如此。

2. flesh 肉

"肉"在《百词表》中居第 29 位，南北朝时期各类表"肉"词语不少于 50 个。我们只打算讨论以下几类：第一，肉的泛称词语：肌、肉。第二，人肉词语：腴、脊、肯。这类词中部分词有时候也可以指动物的肉，为了保持分出来的各类词语成员均衡，我们把一些既可以指人，亦可以指动物的"肉"类词放入该类。第三，动物肉词语：膘、腥、膳、脔、胙。第四，以供食用肉的词语：腊、脯、膊、炙、醢、酱、菹、脡、胙、脤。这类词语中，既包括以供人类本身食用的肉类词语，也包括用来祭祀的肉类词语。祭祀用的肉，传统文化中认为这种肉是给神灵食用的，故把它们合为一类。

1）肉的泛称词语

【肉】《说文·肉部》："胾，大脔也。"段注："人曰肌，鸟兽曰肉。"徐灏《说文解字注笺》："此亦强为分别。"徐言甚是。前贤①对"肉"的研究已有一些成果，大多数认为肉在先秦既可指人肉，亦可指禽肉。在南北朝所查文献中，"肉"的使用和现代几乎没有差别，可以指鸟兽和人的肉。例如：

①春禽怀孕，搜而不射；鸟兽之肉不登于俎，不射；皮革齿牙骨角毛羽不登于器，不射。《宋书·卷十四》

②局缩肉，数横目，中国当败吴当复。《宋书·卷三十一》

既可以单用，也可以组成合成词，表人肉时常组合成"骨肉、肉薄"使用，而且，"肉"还可以引申指"果肉"。例如：

③若待色赤，则皮存而肉消也。《齐民要术·卷二·种瓜第十四》

④未青而出者，肉未满，令薤瘦。《齐民要术·卷三》

"肉"词义的这种发展演变模式，外语中也有：

英语：flesh ① ［U］（a）soft substance between the skin and bones of animal bodies, consisting of muscle and fat 肉：The trap had cut deeply into the rabbit's flesh. 捕兽夹子紧紧夹住兔子的皮肉。（b）this as food（食用的）肉：Tigers are flesh-eating animals. 虎是肉食动物。② ［U］soft pulpy

---

① 对"肉"进行历史研究的有：王力《汉语史稿》《古代汉语》；王凤阳《古辞辨》；黎李红（2010）《"肉"与"肌"的演变考察》；杨凤仙（2006）《从古汉语词"肉"谈常用词研究的重要性》。刘根辉《说"肉"》对"肉"的原始读音进行了拟构。对"肉"从共时平面进行研究的有：池昌海《〈史记〉同义词研究》；还有黄树先老师指导的几个博士生毕业论文。

part of fruits and vegetables，the part that is usu eaten 果肉；蔬菜的可食部分。《牛津高阶英汉双解词典》，第 1077 页。

法语：chair 肌肉；肉；肉汤；食用肉；果肉。《新简明法汉词典》，第 141 页。

德语：warze 肉赘；树瘤。《德汉汉德词典》，第 225 页。

【肌】《说文·肉部》："肌，肉也。"《说文》用上位词解释下位词，"肌"主要是用来特指人肉。在南北朝所查文献中，"肌"凡 16 例，有 9 例指人肉。例如：

①衰耗之体，气用湮微，儿弱之躯，肌肤未实，而使伏勤昏稚，骛苦倾晚，于理既薄，为益实轻。《宋书·卷一百》

"肌"亦可以指"人皮"。例如：

②檀越素既多疾，顷者肌色微损，即吉之后，犹未复膳。《宋书·卷五十八》

在南北朝时期，"肌"与"肉"又不完全是上下位词关系，在表示"果肉"的时候，两者为同义词。在南北朝所查文献中"肌"凡 2 例，表"果肉"。例如：

③经宿，乃为虫鸟盗食，皮壳在地，而亦不伤肌体。《魏书·卷九十》

④青州有乐氏枣，丰肌细核，多膏肥美，为天下第一。《齐民要术·卷四·种枣第三十三》

2）人肉词语

【腴】《说文·肉部》："腴，腹下肥。"指"腹下的肥肉"。在南北朝所查文献中"腴"有 1 例用其本义。例如：

①布鱼于瓮子中，一行鱼，一行糁，以满为限。腹腴居上。《齐民要术·卷八·第七十四》

但是，在南北朝时期，用其引申义凡 16 例，"腴"常与"膏"连文。"膏腴"（凡 10 例）或用来表示土地的"肥沃"，或指"文辞华美"，或指"食物肥美"。例如：

②会土带海傍湖，良畴亦数十万顷，膏腴上地，亩直一金。《宋书·卷五十四》

③其书善礼，多膏腴美辞；张本继末，以发明经意，信多奇伟，学者好之。《宋书·卷十四》

④凡养生之具，岂间定实，或以膏腴夭性，有以菽藿登年。《宋书·卷七十三》

⑤肆雕章之腴旨，咀文艺之英华。《魏书·卷六十五》

"腴"的这种引申方式在其他语言中也存在。

英语：fat ①（动植物的）脂肪；your doctor may recommend limiting the fat and starch in your diet. ②脂肪组织，肥肉，膘；wear off the fat. ③肥胖，多肉；④最好的部分；the fat of the land。⑤（用于烹饪的动植物）油。《新时代英汉大词典》，第833页。

法语：gras ①肥肉；胖子；②脂肪的，油脂的；③含有大量脂肪的；④肥的；⑤油腻的，油污的；⑥浓厚的；黏稠的；⑦肥沃的；丰富的。《新世纪法汉大词典》，第1269页。

德语：fett ①脂肪，板油；②肥胖的；③肥沃的。《德汉汉德词典》，第63页。

【肯】《玉篇·肉部》："肎，《说文》曰：'骨间肉，肎肎，着也。'……今作肯。""肯"用指"肉"主要使用在先秦两汉，之后基本成为一个古语词。在南北朝所查文献中，凡114例，皆作能愿动词。

【脊】《说文·𠁡部》："𣦠，背吕也。从𠁡从肉。"《玉篇·𠁡部》："今作脊。""脊"古字形有：𣦠，段注："兼骨肉而成字。"《易·说卦》："〔坎〕其于马也，为美脊。"在南北朝文献中，凡17例用作本义，《齐民要术》凡14例。例如：

①驴无强弱，辅脊自壮。《魏书·卷三十三》

②目为丞相，欲得光；脊为将军，欲得强。《齐民要术·卷六·养牛马驴骡》

"脊"还可以表"物体高出的部分"。在南北朝所查文献中凡9例用指此义。例如：

③窃魁帅之名，无君长之实，局天脊地，畏首畏尾。《魏书·卷九十六》

3）动物肉词语

【膘】《说文·肉部》："牛胁后髀前合革肉也。"段注："各革肉者，他处革与肉可分剥，独此处不可分剥也。"在南北朝所查文献中不见用例，但是在其他文献中有用例。例如：放马大泽中。草好马着膘。《先秦两汉魏晋南北朝诗·企喻歌》

"臕"发展到现代汉语中，也可以指"人的肥壮"：例如梁斌《红旗谱》："一个个臕骠楞楞的，一戳四直溜的五尺汉子，打架斗殴，不嫌人家笑话？"

【腥】《说文·肉部》："腥，星见食豕，令肉中生小息肉也。从肉，从星，星亦声。"可知"腥"指"像星一样小的息肉"。但在南北朝所查文献中"腥"凡 15 例，表示"带腥味的食物"（凡 3 例），表示"腥气"（凡 12 例）。例如：

①敬承圣诰，恭窥前经。山野昭旷，聚落膻腥。《宋书·卷六十七》

②梵唱屠音，连檐接响，像塔缠于腥臊，性灵没于嗜欲，真伪混居，往来纷杂。《魏书·卷一百一十四》

【膳】《广雅·释器》："膳，肉也。"《周礼·天官·膳夫》："膳夫掌王之食饮膳羞，以养王及后世子。"郑玄注："膳，牲肉也。"在南北朝所查文献中，"膳"凡 90 例，主要作"饭食""进食""吃"，其中有 6 例指"牲肉"。例如：

①于是遣使备赐御膳珍馐，自酒米至于盐醯百有余品，皆尽时味，及床帐、衣服、茵被、几杖，罗列于庭。《魏书·卷四十八》

②天平已后，萧衍使人还往，经历兖城，前后州将以义俊兄弟善营鲑膳，器物鲜华，常兼长史，接宴宾客。《魏书·卷六十一》

【脔】《说文·肉部》："脔，臠也。从肉，从䜌一曰切肉，脔也。"《说文·肉部》："臠，少肉也。""脔"可释为"少肉也"。在南北朝所查文献中，"脔"凡 37 例，其中凡 16 例表"切肉"，常与动词连文，放在动词的前面。例如：

①割肠刳心，脔剖其肉，诸将生啖之，焚其头骨。《宋书·卷九十九》

②众人擒执至家，脔而杀之。《魏书·卷五十六》

亦可指"肉块"，凡 19 例。例如：

③性又啬吝，民有礼饷者，皆不与杯酒脔肉，西门受羊酒，东门酤卖之。《魏书·卷五十六》

④脔一斗，盐一升八合，精米三升，炊作饭，酒二合。《齐民要术·卷八·第七十四》

"脔"在南北朝时期，亦可以作量词使用。《集韵·獮韵》："脔，或作胬。"《汉书·司马相如传上》："胬割轮焠，自以为娱。"颜师古注：

"脟字与胾同。"在南北朝所查文献中凡 3 例作量词，义同"块"，但其只用作"肉"的量词。例如：

⑤夫见瓶水之冻，知天下之寒；尝肉一胾，识镬中之味。《魏书·卷三十五》

⑥须臾，炙至，一胾便去。《世说新语·汰侈第三十》

⑦十胾为裹，以荷叶裹之，唯厚为佳，穿破则虫入。《齐民要术·卷八·第七十四》

【脟】《说文·肉部》："脟，肋肉也。从肉，寽声。一曰脟，肠间肥。"段注："肥，当作脂。""脟"既可以指"肋骨部分的肉"，亦可以指"脂肪"。在南北朝所查文献中，凡 1 例，用作表"肋骨部分的肉"。例如：以酢瓜菹长切，脟炙肥肉，生杂菜，内饼中急卷。《齐民要术·卷九·飧饭第八十六》

4）以供食用肉的词语

【腊】《释名·释饮食》："腊，干昔也。"何金松①（1984：121）："腊的本义是'晒干'。"由"晒干"引申出名词、形容词的用法，此说可信。在南北朝时期，"腊"主要作名词，凡 5 例。吴宝安（2007）："'腊'指干肉，常与'脯'连用。"然而我们在南北朝所查文献中发现，情况不是如此，在 5 例表"干肉"中仅仅 1 例与"脯"连文。例如：

①上辛，命典馈渍曲，酿冬酒，作脯腊。《齐民要术·卷三·杂说第三十》

②羔有死者，皮好作裘褥，肉好作干腊，及作肉酱，味又甚美。《齐民要术·卷六·养羊第五十七》

【脯】《说文·肉部》："脯，干肉也。"《广雅·释器》："腊，脯也。"黄金贵（1995：877）："腊是整体干缩的大块、短干肉，其用法也可用于鱼类、瓜果等。……脯是切成薄片、加盐制成的干肉，作酒肴。汉以后，主要称脯。除了猪肉，其他家禽、鱼类、果类均可作脯。"从两者使用频率来看，在南北朝所查文献中，"脯"用于指"肉"高于"腊"。在南北朝所查文献中，我们没有发现"腊"用于指"瓜果等"，但是"脯"凡 41 例，有 33 例可以指肉，常与"酒"连文（"酒脯"凡 28 例），有 8 例指"其他家禽、鱼类、瓜果"。例如：

① 详见何金松《释"昔""腊"》，《华中师院学报》1984 年第 1 期。

①每率尔提酒脯就卫，箕踞相对弥日；卫往温许亦尔。《世说新语·任诞第二十三》

②枣脯法：切枣曝之，干如脯也。《齐民要术·卷四·种枣第三十三》

【膞】《说文·肉部》："膞，薄脯，膞之屋上。从肉，专声。"《释名·释饮食》："膞，迫也。薄椓肉迫着物使燥也。"本作动词，引申为名词，指"切成块的干肉"。《广雅·释器》："膞，脯也。"后又引申出"上肢近肩之处"，在南北朝所查文献中凡 2 例，皆指"上肢近肩之处"，且皆出自北朝文献。例如：年十余岁，能以指弹碎羊膞骨。及射禽兽，莫不随所志毙之。至年十五，便不复杀生，射猎之事悉止。《魏书·卷七下》

【炙】《说文·炙部》："炙，炮肉也。从肉在火上。"初为动词，后凸显"肉"，引申为"烤熟的肉食"。南北朝所查文献中，凡 83 例，其中凡 48 例作动词，35 例作名词，其作名词时常与"酒"连文。例如：

①长史已下皆诣道固，道固诸兄等逼道固所生母自致酒炙于客前。《魏书·卷二十四》

②休仁版为司徒参军督护，使还乡里招集，为胡所禽，以火炙之，问台军消息，一无所言。《宋书·卷八十四》

【醢】《说文·酉部》："醢，肉酱也。"段注："籀文从卝谓芥酱、榆酱之属也。从卤谓醢也。"许慎谓"肉酱"为其字之本义，可疑，段注可从。"醢"作"肉酱"解时，当为醢的一种具体类别。其做工过程与古代的一种酷刑相似，故转引为"将人剁成肉酱"。在南北朝所查文献中凡 13 例，其中 2 例用作动词，11 例用作名词，常与"脯"连文（凡 5 例），既可以指肉酱，亦可以指其他卤制食物。例如：

①诸主既入庙，设脯醢之奠。及新庙成，帝主还室，又设脯醢之奠。《宋书·卷十六》

②今采捃经传，爰及歌谣，询之老成，验之行事，起自耕农，终于酰醢，资生之业，靡不毕书，号曰《齐民要术》。《齐民要术·序》

③于是遣使备赐御膳珍馐，自酒米至于盐醢百有余品，皆尽时味。《魏书·卷四十八》

【酱】《说文·酉部》："鹽也。从肉从酉，酒以和酱也；爿声。"段注："酱，从肉者，醢无不用肉也。今俗作酱。"在南北朝所查文献中，酱凡 68 例，其中 19 例指"肉酱"，49 例指"调味品或者烂泥状得食物"。例如：

①羔有死者，皮好作裘褥，肉好作干腊，及作肉酱，味又甚美。《齐民要术·卷六·养羊第五十七》

②其馆宇卑陋，园畴褊局，而饭菜精洁，醢酱调美。《魏书·卷五十二》

根据调查，"酱"在南北朝文献中使用的频率高于"醢"，且在口语性文献中，《齐民要术》使用最多。可见，"酱"在该时期表"肉酱"当为一个正字。

【菹】《说文·艸部》："菹，酢菜也。"指腌菜。亦可以代指植物名，《后汉书·马融传》："其土毛则……桂荏、凫葵、格、韭、菹、于。"李贤注："菹，即巴苴，一名芭蕉。"凸显制作材料，"菹"就可以指"肉酱"。段注："齑菹皆本菜称，用为肉称也。"在南北朝所查文献中凡 73 例，"菹"主要指"腌菜"，亦可以指"肉酱"（凡 4 例）。例如：

①早者作菹，晚者作干。《齐民要术·卷三·蔓菁第十八》

②故虽遭罹厄会，窃其权柄，勇如信、布，强如梁、籍，成如王莽，然卒润镬伏锧，烹菹分裂；又况幺么不及数子，而欲暗干天位者乎？《宋书·卷二十七》

"菹"作"腌菜"讲时，常与菜类词语连文，指"某类菜的腌制品"。例如：菜菹、葵菹、苦笋紫菜菹、竹菜菹等。

【脡】《说文·肉部》："脡，生肉酱也。"在南北朝所查文献中凡 2 例，皆指"生肉酱"。如："燥脡法""生脡法"。

【胙】《说文·肉部》："胙，祭福肉也。"《集韵·铎韵》："胙，祭余肉。"据此引申出"福佑""赏赐"之意义，王凤阳、何长文等对胙进行了详细的分析[1]，皆认为胙为祭祀肉之泛称。其说可信。在南北朝所查文献中凡 39 例，其中 8 例用作名词，指"祭祀用的肉"。例如：

①汉飨国二十有四世，历年四百三十，行气数终，禄胙运尽，普天弛绝，率土分崩。《宋书·卷十六》

②晋武帝咸宁五年十一月己酉，弘训羊太后崩，宗庙废一时之祀，天

---

① 王凤阳：《古辞辨》，吉林文史出版社 1993 年版。何长文：《中国古代分胙礼仪的文化蕴含》，《东北师范大学学报》（哲学社会科学版）1999 年第 3 期。

地明堂去乐，且不上胙。《宋书·卷十六》

"胙"由神灵尝过之后，就变成了福肉，人们通常要进行"分胙"，于是"福佑""赏赐"之义就自然地产生了。在南北朝所查文献中凡 28 例用作"福佑""赏赐"之义。例如：

③至于魏晋，莫不广胙河山，称之曰公者。《魏书·卷十九上》

④齐桓公九合诸侯，一匡天下。周王赐胙，命曰：伯舅无下拜。《魏书·卷三十六》

【脤】《广雅·释器》："脤，肉也。"《玉篇·肉部》："以脤膰之礼，亲兄弟之国，皆社稷宗庙之肉也。"在南北朝所查文献中，凡 2 例，皆表示"祭祀社稷之神所用的生肉"。例如：

①何必山西猛士，六郡良家，然后可受脤于朝堂，荷推毂之重。《宋书·卷五十九》

②又邕人之职，"凡山川四方用脤"，则盛酒当以蠡杯，其余器用，无所取说。《宋书·卷十七》

【小结】本小结一共探讨了 20 个与该语义场有关的词语，该语义场中主导词为"肉"，用来泛指"肉"的词语，与"果肉""脂肪""肥沃"关系紧密，而且这种联系不仅仅属于汉语，在英语、法语、德语中也是如此。该语义场中用来特指肉的词语，其词义以及使用变化不大，但是其他在组合关系上，与上古存在着一些较大的差别，例如，用来特指肉的词语很多都已经双音化了，成为合成词一起来表达意义。

3. blood 血

"血"在《百词表》中居第 30 位，如果从整个汉语史中观察，指"血"的词语有 10 多个，例如：衁、衃、䘏、蔑等词语，可是在南北朝文献中，"血"语义场中成员比较单一，只有"血"一词。

黎李红（2004：32）对"血"语义场作了详细的阐述①。在漫长的历史长河中，"血"一直都是语义场该汉语的主导词。但是在其演变发展过程中，产生了很多新义。

《说文·血部》："血，祭所荐牲血也。"段注："不言人血者，为其字从皿，人血不可入于皿，故言祭所荐牲血。""血"为指事字，本指祭祀用的牲畜的血，后来引申为"人体内的血液"。父母与子女的血液有着一

---

①　黎李红：《汉语身体类 4 个核心词研究》，华中科技大学图书馆 2004 年。

种继承性，故"血"又引申出血缘关系。《太玄·玄错》："亲附疏，割犯血。"俞樾平议："血与疏对文，则血是亲近之义。"又因"血"的颜色与红色很一致，故"血"又可以指"红色"。

在南北朝所查文献中，"血"凡154例，其中17例表示"祭祀时所用牲畜之血"。例如：

①其妻无子而不娶妾，斯则自绝，无以血食祖、父，请科不孝之罪，离遣其妻。《魏书·卷十八》

②以二陶豆酌毛血，其一奠皇天神座前，其一奠太祖神座前。《宋书·卷十四》

有85例表示"人或动物之血液"。例如：

③昔汉帝欲乘舟渡渭，广德将以首血污车轮，帝乃感而就桥。《魏书·卷二十七》

④殷中军妙解经脉，中年都废。有常所给使，忽叩头流血。《世说新语·术解第二十》

⑤以刀刺马踠丛毛中，使血出，愈。《齐民要术·卷六·养牛马驴骡》

南北朝时期，"血"还没有见到用作红颜色，但是在南北朝所查文献中，"血"凡10例与"赤"联系密切，两者常同时出现，"血"常用作赤色的比较物。例如：

⑥晋武帝太康五年六月，任城、鲁国池水皆赤如血。《宋书·卷三十三》

⑦先是，河水赤如血，卫辰恶之，及卫辰之亡，诛其族类，并投之于河。《魏书·卷九十五》

到了唐朝，"血"就可以用来指"红色"，李朝威《柳毅传》："俄有赤龙长千余尺，电目血舌，朱鳞火鬣。"在现代汉语方言中，还大量存在用血来指红色的事例。例如：

万荣、太原、丹阳、绩溪等地方言用"血色"指皮肤红润的颜色。

杭州、崇明方言的"血血红"，指红得非常鲜艳。

丹阳、杭州、宁波、娄底方言中用"血红"形容非常红。《现代汉语方言大词典》，第1464页。

徐州方言的血桃指颜色深红、水分较多的桃子。《现代汉语方言大词典》，第1465页。

其他语言中也会用血来指"红色"。例如：①

印度尼西亚语 darah "血"，mendarah "呈血色，呈猩红色；流血"。

英语 blood "血"，bloody "血色，红色"。

西班牙语 sangre "血；血红色，鲜红色"。

捷克语 kreveta "血"，krvácet "流血；似血般红"。

黔东苗文 box lix "红浮萍；引喻为血（忌语）"（张永祥 1990：38）。

我们在法语中也找到了用例：

Pourpre；深红色；血；赤色。《新简明法汉词典》，第 776 页。

血是人体非常重要的成分，流血是件难过的事情，故可以用"血"来指人悲痛的眼泪。在南北朝所查文献中有 10 例表示"眼泪"。

⑧臣仰瞻云阙，泣血而生，以细草不除，将为烂漫。《魏书·卷十九下》

⑨心中恻，血出漉，归告我家卖黄犊。《宋书·卷二十一》

"血"指血缘关系，《汉语大字典》《汉语大词典》都为《太玄·玄错》中用例，两汉魏晋南北朝这个时间段没有用例，直接使用的是唐代例子，给人一种感觉好似两汉魏晋南北朝这个时间段没有表血缘关系的"血"，在我们规定的四本书中是没有这个用例，但是我们在南北朝其他文献中发现用例。例如：

⑩朝廷比者疏远亲戚，宁思骨血之重。殿下仓卒所行，非复人臣之事，芒刺在背，交戟入颈，上下相疑，何由可久。《北齐书·卷三十一》

⑪继母、慈母，本实路人，临己养己，同之骨血。《北史·卷八五》

一直到现在，"血"都在用作指血缘关系。例如：

雷州方言的"血髓"指亲骨肉、后嗣（指男孩子）。《现代汉语方言大词典》，第 1466 页。

萍乡方言的"血表"指姑表亲，一家的父亲和另一家的母亲是兄妹或姐弟的亲戚关系。《现代汉语方言大词典》，第 1464 页。

温州的"血脉"指血统、血缘。《现代汉语方言大词典》，第 1465 页。

牟平的"血脉儿"指血统，人类因生育而自然形成的关系，如父母

---

① 这些外语材料来自黄树先师的《比较词义探索》。

与子女间，兄弟姊妹间的关系。《现代汉语方言大词典》，第 1465 页。

血衍生出血缘关系，很多语言中都存在。

Sang 血；血液；血族；血统；血缘。《新简明法汉词典》，第 919 页。

Blut 血；血液；出身；血统；天性。《德汉汉德词典》，第 41 页。

黄树先师在《比较词义研究》中列举了很多用例：

印度尼西亚语 darah "血；血统，血缘，血亲"，darah daging "骨肉，亲人"。

英语 blood "血；亲属，血统"。

法语 sang "血；血统，门第；儿女，孩子"。

西班牙语 sangre "血；血统，血缘"。

捷克语 krev "血；血统，血亲，血族"。

【小结】该语义场在南北朝文献中成员单一，仅有"血"一个成员，但是该成员很活跃，它既可以以单音词形式出现指"血"，亦可以和其他类别的词语组合成双音节词指血。同时，从词义的角度来说，"血"除了用其本义之外，还广泛用于其他意义，例如"血缘""眼泪"，而且到了唐代还可以指"颜色"。"血"的这种引申具有类型学特征，不仅仅汉语如此，在英语、法语、德语中亦有这种引申。

4. bone 骨

Bone（骨）在《百词表》中居第 31 位，《牛津高阶英汉双解词典》第 281 页："any of the hard parts that form the skeleton of an animal's body."人体骨骼由 206 块骨头组成，在汉语发展过程中，用来指骨的词语很丰富，我们主要考察两类：一类是泛指，一类是具体骨头名称。我们把具体骨头名称分成三类：第一小类为头部骨头；第二小类为躯干骨头；第三小

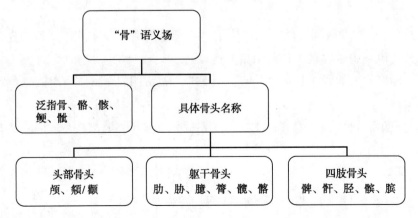

类为四肢骨头。

1）泛指

【骨】《说文·骨部》："骨，肉之核也。从冎，有肉。"林义光《文源》："冎者，骨形。象肉附于冎。""骨"用作泛称，既可以指活体人或动物之骨，也可以指非活体之骨。在南北朝所查文献中，"骨"凡257例，既可以单用，亦可以组合成合成词使用。有指"骨"，也有指"树根"。例如：

①鸟兽之肉不登于俎，不射；皮革齿牙骨角毛羽不登于器，不射。《宋书·卷十四》

②旧为羽扇，柄刻木，象其骨形，羽用十，取全数也。《宋书·卷三十》

③肘上骨起寸余，乃命开内锯骨，流血数升，言戏自若。《魏书·卷二十五》

④佛既谢世，香木焚尸，灵骨分碎，大小如粒，击之不坏，焚亦不焦，或有光明神验，胡言谓之"舍利"。《魏书·卷一百一十四》

在南北朝所查文献中，合成词"骨肉"使用频率最高，凡34例。例如：

⑤路人尚酸鼻，何况骨肉情。《宋书·卷二十二》

还有合成词"骨干"的词义与之前使用不同，之前"骨干"指"骨骼的主干"，例如《淮南子·墬形训》："其人翕形，短颈，大肩下尻，窍通于阴，骨干属焉。"但是在南北朝所查文献中，"骨干"凡1例，却表示"人的骨气"。例如：

⑥蔡叔子云："韩康伯虽无骨干，然亦肤立。"《世说新语·品藻第九》

"骨干"发展到近代，又产生了"起重要作用的人或物"。黄树先师在其他语言中也发现了这种引申的途径①。

印度尼西亚语 tulang "骨头，骨骼"，tulang belakang "脊柱，脊骨；骨干"。

英语 backbone "脊背；支柱，主要成分，骨干；骨气"；skeleton "骨骼；骨干"。

---

① 具体参见黄树先《比较词义探索》，巴蜀书社 2012 年版。

法语 ossature "骨骼；骨干，中坚力量"。

【骸】《说文·骨部》："骸，胫骨。"本指"小腿骨"。《素问·骨空论》："膝解为骸关，侠（夹）膝之骨为连骸，骸下为辅。"后引申泛指"骨、骨骼"。《广雅·释器》："骸，骨也。""骸"用作"骨、骨骼"讲时，多用来指"人的骨骼"。唐慧琳《一切经音义》卷五十一："骸，顾野王云：'身体之骨，总名为骸。'"《左传·宣公十五年》："敝邑易子而食，析骸以爨。"何休注："骸，人骨也。"在南北朝所查文献中，"骸"凡 61 例，既可以指"小腿骨"，亦可以泛称"骨"。例如：

①臂欲大而短。骸欲小而长。踠欲促而大，其间才容靽。《齐民要术·卷六·养牛马驴骡》

②申下州郡，有骸骨暴露者，悉可埋瘗。《魏书·卷八》

但是南北朝时期"骸"泛指骨时，已经有了新的变化，可以用来泛指"动物之骨"。例如：

③妇人以皮裹羊骸，戴之首上，萦屈发鬓而缀之，有似轩冕。《魏书·卷一百三》

④"辅足骨"者，后足骸之后骨。《齐民要术·卷六·养牛马驴骡》

"骸"还可以用作指"人的身体、躯体"。《列子·黄帝》："有七尺之骸，手足之异，戴发含齿，倚而趣者，谓之人。"在南北朝所查文献中，也有用例，凡 8 例。例如：

⑤刘昶猜疑惧祸，萧赜亡破之余，并潜骸窜影，委命上国。《魏书·卷五十九》

⑥飞镞鼓剑，孩稚无遗，屠裂肝肠，以为戏谑，投骸江流，以为欢笑。《宋书·卷九》

"骸骨"是南北朝所查文献中使用频率最高的"骸"之合成词，凡 17 例，其词义与"骸"相似，既可以指骨头，亦可以指"身体"。例如：

⑦时雨不沾，春苗萎悴。诸有骸骨之处，皆敕埋藏，勿令露见。有神祇之所，悉可祷祈。《魏书·卷七上》

⑧其后，弘寝疾，弘表屡乞骸骨，上辄优诏不许。《宋书·卷四十二》

汉语"骸"由"骨头"到指"人"，这种词义引申模式，在其他语言中也存在如此事实。例如：

英语：bone ①骨、骨头；break a bone in one's leg；②骨质、骨质物；

③骨骼；骷髅、尸骸；身体；sit down and rest your weary hones。《新时代英汉大词典》，第 245 页。

法语：squelette 骨骼；骸骨；骨瘦如柴的人；骨架；梗概；大意。《新简明法汉词典》，第 966 页。

Caicasse 骸骨；骨架；骨骼；人身；人体；骨架；构架；框架；架子。《新简明法汉词典》，第 129 页。

德语：knochen 骨；肢体；四肢；老家伙。《德汉汉德词典》，第 103 页。

【骼】《说文·骨部》："骼，禽兽之骨曰骼。"本指"禽兽的骨头"，后来引申为"骨的通称"。徐灏注笺："《说文》'骼、骴'连文，正取掩骼埋骴之义。禽兽之残骨曰骼、曰骴，引申之则人以为称，不可泥也。"《礼记·月令》："〔孟春之月〕掩骼埋胔。"在南北朝所查文献中，"骼"凡 9 例，其中 2 例指"禽兽之骨"，7 例指"人之骨"。例如：

①非此月数生者，毛必焦卷，骨骼细小。《齐民要术·卷六·养羊第五十七》

②凡遭寇贼郡县，令还复居业，封尸掩骼，赈赡饥流。《宋书·卷五》

【骴】《说文·骨部》："骴，鸟兽残骨曰骴。"后引申指"肉未烂尽的死人骨"。骴，又作"髊"。《吕氏春秋·孟春》："掩骼霾髊。"高诱注："白骨曰骼，有肉曰髊。"在南北朝所查文献中，"骴"凡 3 例，皆用于"掩骼埋骴"一词中，属于书面语。例如：可敕内外，依旧雩祈，率从祀典。察狱理冤，掩骴埋骼。《魏书·卷九》

【鲠】《说文·鱼部》："鲠，鱼骨也。"《仪礼·公食大夫礼》："鱼七缩俎寝右。"郑玄注："干鱼近腴多骨鲠。"贾公彦疏："郑云'干鱼近腴多骨鲠'，故不欲以腴乡宾，取脊少骨鲠者乡宾。"在南北朝所查文献中，"鲠"凡 16 例，无表"鱼骨"之义，多用作动词、形容词，用作名词时常以"骨鲠"形式出现。但是"骨鲠"在所考察文献中亦不指"鱼骨"之义，主要作"刚正"解。例如：

①刚毅忠款，群臣莫及；骨鲠之迹，朝野共知。《魏书·卷七十七》

②孝友在尹积年，以法自守，甚著声称。然性无骨鲠，善事权势，为正直者所讥。《魏书·卷十八》

2）具体骨头名称

（1）头部骨头

【颅】《说文·页部》："颅，頔颅，首骨也。"《说文·页部》："頔，颅也。"严章福校议："当作頔颅，首骨也。"颅本指头骨，后又引申指"头"。潘岳《射雉赋》："拟青颅而点项。"李善注："颅，头也。"在南北朝所查文献中，"颅"凡4例，其中3例用作指"头骨"。例如：

①浩大笑之，云："持此头颅不净处跪是胡神也。"《魏书·卷三十五》

②致肥欲得见其骨。骨谓头颅。马龙颅突目，平脊大腹，肶重有肉：此三事备者，亦千里马也。《齐民要术·卷六·养牛马驴骡》

此两例中的"头颅"之"颅"，皆释为"骨"，"头颅"也可以指整个脑袋。《后汉书·袁绍传》："卿头颅方行万里，何席之为！"

"颅"和"头颅"两者词义在引申中都经历了由"骨头"到"部位"的过程。这种引申不但汉语中如此，在其他语言中，也存在这样的引申途径。例如：

英语：carpus 腕骨；腕。《新时代英汉大词典》，第334页。

Femur 股（骨）；大腿（骨）；腿节，股节。《新时代英汉大词典》，第844页。

Metacarpus 掌骨；手掌。《新时代英汉大词典》，第1480页。

Scapula 肩胛骨；肩胛。《新时代英汉大词典》，第2054页。

法语：rotule 髌骨；膝盖骨；球形铰；球窝关节。《新简明法汉词典》，第907页。

Pubis 耻骨；阴阜。《新简明法汉词典》，第812页。

Membrure 躯体；骨架；肋骨架；框架；构架；翼缘。《新简明法汉词典》，第611页。

德语：schadel 头颅；头盖骨；头；脑袋；脑壳。《德汉汉德词典》，第165页。

Kreuz 十字形记号；十字形；十字形路口；交叉；梅花（牌）；腰部；骶骨；负担；磨难。《德汉汉德词典》，第109页。

【額/颧】《说文·页部》："額，权也。"段注："权者，今之颧字。"《睡虎地秦墓竹简·法律答问》："人奴妾治（笞）之，子以肪死，黥颜額，畀主。"然南北朝文献中，不见用例。《广韵·仙韵》："颧，颊骨。"

在规定的南北朝文献中，"颧"亦无用例，但是在南北朝其他文献中有用例。例如：

①景长不满七尺，长上短下，眉目疏秀，广颡高颧，色赤少鬓，低视屡顾，声散。《南史·卷八十》

②目有精光，长头高颧，齿白如玉，少有人杰表。《北齐书·卷一》

（2）躯干骨头

【肋】《说文·肉部》："肋，胁骨也。"《释名·释形体》："肋，勒也，检勒五藏也。"《三国志·魏志·武帝纪》"备因险拒守"裴松之注引晋司马彪《九州岛春秋》："时王欲还，出令曰'鸡肋'，官属不知所谓。主簿杨修便自严装，人惊问修：'何以知之？'修曰：'夫鸡肋，弃之如可惜，食之无所得，以比汉中，知王欲还也。'"后引申指"胸部的两侧"。《后汉书·五行志二》："桓帝建和三年秋七月，北地廉雨肉似羊肋，或大如手。""肋"在南北朝所查文献中，凡20例，既可以指"肋骨"，亦可以指"胸部的两侧"。例如：

①此老妪乃欲白刃插我肋上！可穷问本末，勿有所难。《魏书·卷十三》

②肃宗熙平二年十一月己未，并州表送祁县民韩僧真女令姬从母右肋而生。《魏书·卷一百一十二上》

王凤阳（1993：125）认为："在早期，肋一般用于禽兽，偶尔也用于人。"龙丹（2009：115）给予了否定。龙丹其说可信。在我们查找的南北朝文献中，"肋"作名词时，既可以指"禽兽之骨"，亦可以指"人骨"，与"胁"同义。

"肋"还可以作"动词"，在南北朝所查文献中，凡4例作动词，指"逼迫，以威力逼人"。例如：

③翻戾朝纪，狡惑视听，肋惧上宰，激动间阎。《宋书·卷七十五》

④军至郢城，乘威迫肋，陵掠所加，必先尊贵。《宋书·卷八十三》

以上例子中的"肋"作动词，但是《汉语大字典》《汉语大词典》没有设立该义项。我们认为，该义项的产生，是受到"胁"意义的义项而产生。"胁"指"肋骨"和"胸的两侧"时，与"肋"相同，而"胁"又具有动词义，两者在长期的接触过程中，发生了词义的感染，胁之"逼迫"义就传入"肋"了。

【胁】《说文·肉部》："胁，两膀也。"《玉篇·肉部》："胁，身左右腋下也。""肋"由"肋骨"引申指"胸的两侧",而胁的引申途径刚好相反,由"身左右腋下"引申为"肋骨"。《史记·范雎蔡泽列传》:"魏齐大怒。使舍人笞击雎,折胁折齿。"在南北朝所查文献中,"胁"凡70例,其中有11例,指"肋骨",有5例指"胸之两旁"。例如:

①世祖将征平凉,试冲车以攻冢,地干为索所罥,折胁而卒。《魏书·卷二十六》

②用羊胁六斤,又肉四斤,水四斤,煮。出胁,切之。《齐民要术·卷八·作羹臛法第七十六》

③禀生多病,天下所悉,两胁癖疾,殆与生俱,一月发动,不减两三。《宋书·卷八十五》

④以奸款难得,乃为木手,击其胁腋,气绝而复属者时有焉。《魏书·卷六十二》

"胁"在南北朝所查文献中,还有2例指"旁边",其他多用作动词,主要指"逼迫或者以武要挟"。

【膂】《说文·吕部》:"吕,脊骨也。象形。膂,篆文吕从肉,从旅。"《尚书·君牙》:"今命尔予翼,作股肱心膂。"在南北朝所查文献中,"膂"凡54例,其中5例指"脊骨"。例如:

①当"阳盐"中间脊骨欲得窊。窊则双膂,不窊则为单膂。常有似鸣者有黄。《齐民要术·卷六·养牛马驴骡》

"膂"在南北朝文献中的合成词,主要有:心膂、喉膂、膂力。"心膂"凡17例,"喉膂"1例,"膂力"29例。由于"膂"是人体一个非常重要的组成部分,故"膂"与"心"或者"喉"连文时,可以用来指"重要的人、部门或者心思、心怀",且"膂"为人体受力的主要部位之一,故"膂力"可以用来指"体力"。

【臆】《说文·肉部》:"肊,胸骨也。臆,肊或从意。"本指"胸骨",后引申指"胸部"。焦赣《易林·咸之比》:"为矢所射,伤我胸臆。"在南北朝所查文献中,"臆"凡9例,其中1例用作"胸骨",4例用作"胸部",还有4例用指"主观猜测、意料"。例如:

①额欲折。胸欲出,臆欲广。《齐民要术·卷九·炙法第八十》

②洞胡无寿,洞胡:从颈至臆也。《齐民要术·卷六·养牛马驴骡》

③但兆幽微,非可臆断,故《五行》《符瑞》两存之。《宋书·卷三十四》

【髋】唐慧琳《一切经音义》卷六十一："髋，胯骨。"在南北朝所查文献中，"髋"凡1例，用指"胯骨"。例如：大髂枯价切短胁，四弩；浅髋薄髀，五弩。《齐民要术·卷六·养牛马驴骡》

【髂】"髂"《说文》未收，最早见于《素问·长刺节论》："病在少腹有积……刺两髂髎季胁肋间。"王冰注："髂为腰骨。"在南北朝所查文献中，"髂"凡4例，用指"腰骨"。例如：

①"三府"欲齐。两髂及中骨也。尻欲颓而方。尾欲减，本欲大。《齐民要术·卷六·养牛马驴骡》

②"二轨"，从鼻至髀为"前轨"，从甲至髂为"后轨"。《齐民要术·卷六·养牛马驴骡》

（3）四肢骨头

【胫】《说文·肉部》："胫，胻也。"《释名·释形体》："胫，茎也，直而长似物茎也。"指小腿。小腿与小腿骨相关联，故"胫"后来可以指"小腿骨"。《玉篇·肉部》："胫，腓肠前骨头。"在南北朝所查文献中，"胫"凡11例，都指"小腿"。例如：陵迟至元康末，妇人出两裆，加乎胫之上，此内出外也。《宋书·卷三十》

【髌/膑】《说文·骨部》："膝端也。"段注："膝，胫头节也。《释骨》云：'盖膝之盖曰膝髌。'""髌"指"膝盖骨"。《集韵·准韵》："髌，或从肉。"《史记·秦本纪》："王（秦武王）与孟说举鼎，绝膑。"张守节正义："膑，胫骨也。"在南北朝所查文献中，没有发现"髌""膑"用作"膝盖骨"的例子，但是在南北朝其他文献中，有"膑"指"膝盖骨"的例子。例如：筑声厉而高奋，狙潜铅以脱膑。《文选·潘岳〈西征赋〉》

【骭】《广韵·谏韵》："骭，胫骨也。"也可以指"小腿"。《古诗源·饭牛歌》："生不逢尧与舜禅，短布单衣适至骭。"南北朝所查文献中，没有发现用"骭"指"胫骨"的例子，但是可以用来指"小腿"。例如：

①禹汤文武及周公，或勤思劳体，或折臂望阳，或秃骭背偻，圣贤在德，岂在貌乎？《金楼子·卷四》

《广韵·翰韵》："骭，胁也。""骭"还可以指"肋骨"之义。南北朝文献中有用例。例如：

②帝嚳戴肩，颛项骈骭。（刘昼《新论·命相》）

【髀】《说文·骨部》："髀，股也。"指"大腿"。《礼记·深衣》："带，下毋厌髀，上毋厌胁，当无骨者。"亦可以指"大腿骨"。《汉书·贾谊传》："屠牛坦一朝解十二牛，而芒刃不顿者，所排击剥割，皆众理解也。至于髋髀之所，非斤则斧。"颜师古注："髀，股骨也。"南北朝所查文献中，"髀"凡22例，有5例指"大腿骨"。例如：

①膝欲方而庳，髀骨欲短，两肩骨欲深。《齐民要术·卷六·养牛马驴骡》

②髀骨欲得出俊骨上，出背脊骨上也。易牵则易使，难牵则难使。《齐民要术·卷六·养牛马驴骡》

有10例指"大腿"，既可以指人之大腿，亦可以指动物之大腿。

③亮拊髀曰："我常不信天文，今始验矣！"《宋书·卷四十三》

④大髂枯价切短胁，四驽；浅髋薄髀，五驽。《齐民要术·卷六·养牛马驴骡》

"髀"也可以与"骨"连文，指"重要的部位、地区"。在南北朝所查文献中，凡1例。例如：

⑤而北逾翰漠，折其肩髀；南极江湖，抽其肠胃。《魏书·卷九十五》

【小结】本小结分析了17个与该语义场有关的词语，该语义场的主导词为"骨"。"骨"从词义到构词与现代汉语基本相同，其他词语使用更趋向于双音节化。该语义场中词语的词义与它们相连的部位关系密切。例如：颅，既可以指颅骨，又可以指"头颅"，这种引申在英语、德语、法语中亦有。

5. grease 油

"油"在《百词表》中居第32位。《牛津高阶英汉双解词典》："grease：animal fat that has been softened by cooking or heating."根据此定

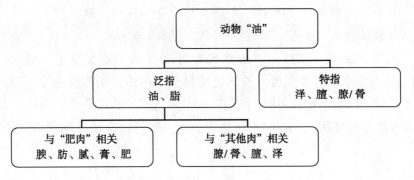

义，我们主要讨论动物之油。"动物油"语义场是"油"语义场中的二级层次，范围不是很大，我们主要讨论以下词语：第一类，泛指动物油的词语，这类词语中除了探讨几个泛指动物油的词语外，还考察与"肥肉""其他肉"密切相关的油类词。第二类，特指动物油的词语。

1) 泛指动物油的词语

【脂】《玉篇·肉部》："脂，脂膏也。"《诗·卫风·硕人》："手如柔荑，肤如凝脂。"《礼记·内则》："脂，膏以膏之。"孔颖达疏："凝者为脂，释者为膏。"王凤阳（2003：174）："脂，突出的是它的凝结的特点。"亦可以指"含脂的化妆品"。《释名·释首饰》："脂，砥也，着面柔滑如砥石。""唇脂以丹作之，象唇赤也。""脂"在南北朝所查文献中凡 70 例，其中 59 例用作"油脂"义，既可以指"动物的油"，也可以指"植物的油"。例如：

①虽骸骨仅存，脂膏咸尽。《魏书·卷九十五》

②牛髓少者，用牛脂和之。若无髓，空用脂亦得也。《齐民要术·卷五·种红蓝花栀子》

③河东罗崇之，常饵松脂，不食五谷，自称受道于中条山。《魏书·卷一百一十四》

"脂"在南北朝所查文献中也可以指"含脂的化妆品"，凡 8 例。"脂"还可以作动词用，凡 2 例，指用"油脂涂物"。

【油】古代汉语中与《百词表》的"grease"形成准确对应关系的当为"脂"，但现代汉语中，"油"替代了"脂"的主导地位，故把"油"用来与"grease"相对。《说文·水部》："油，水也。"段注："俗用为油膏字。"《玉篇·水部》："油，麻子汁也。"在南北朝所查文献中，"油"凡 67 例，其中 42 例用作"植物油"。例如：

①若无新猪膏，净麻油亦得。《齐民要术·卷九》

还有 6 例用指"动物油"，但是常与"膏"连文。例如：

②膏油熬之，令赤。浑莫焉。《齐民要术·卷八》

龙丹（2009：120）："虽然魏晋时期'油'语义场中'膏、脂、油'呈三足鼎立之势，但'油'已明显成为本语义场未来的发展方向，而后代语言的发展也为我们证实了这一点。"王小莘（2003：137）："大约在元明时期，'油'才战胜膏、脂，取得这个语义场代表性语词的资格。"① 我们认为王小莘先生所言极是，在南北朝时期，表"动物油"这个概念，"油"还不是主导词。

"油"在南北朝所查文献中，也可以作动词，指"用油涂饰；经油涂饰"，凡 4 例。例如：车非轺车，不得油幢。《宋书·卷六十一》

黄树先师在《比较词义探索》中，运用类型学对"油"的这种引申方式作了探讨，下面引用黄树先师外语例子如下：

印度尼西亚语 minyak "油，油脂，脂肪"，meminyakkan "把油涂在……"；lemak "脂肪，非肉，油脂"，melemaki "把油脂涂在……上"。

英语 lard "猪油；涂猪油于"；oil "油。动词，涂油于"。

德语 öl "油；石油"；ölen "动词，上油；抹油"。

法语 graisse "脂肪，油脂"，graisser "涂油；使沾上油污"。

（1）与"肥肉、脂肪"密切相关的词语

【肥】《说文·肉部》："肥，多肉也。"本指"肥肉"。《礼记·曲礼下》："天子以牺牛，诸侯以肥牛。""多肉"用于指植物，则引申为"茁壮、厚实"。用于动物则可以引申出"油脂"。《水经注·河水三》引晋张华《博物志》："酒泉延寿县南山出泉水，大如筥，注地为沟。水有肥如肉汁，取著器中，始黄后黑，如凝膏。"乐小梅（2007：117）对"肥"词义的引申作了梳理。在南北朝所查文献中，"肥"凡 248 例，既可以指"脂肪多"，亦可以泛指"油脂"。

《汉语大字典》："（胖、脂肪多）跟'瘦'相对，现一般不用来形容人。"形容人多用"胖"②。在南北朝所查文献中，"肥"指"胖"凡 65 例，既可以用于动物，亦可以用于人。例如：

①中厨办丰膳，烹羊宰肥牛。《宋书·卷二十一》

②非面瘦，乃臂胛肥耳。《宋书·卷九十三》

③众散略尽，乃携其弟遁、兄子世基等七骑北走。遁肥壮不能骑马，晦每待之，行不得速。《宋书·卷四十四》

"肥"用于指"油脂"，凡 34 例。例如：

④七月八月中作之。日中炙酪，酪上皮成，掠取；更炙之，又掠。肥尽无皮，乃止。《齐民要术·养羊》

---

① 王小莘：《从魏晋六朝笔记小说看中古汉语词汇新旧质素的共融和更替》，《南京师范大学文学院学报》2003 年第 1 期。

② 粟学英：《汉语史中"肥""胖"的历时替换》，《语言研究》2006 年第 4 期。

在南北朝文献中，"肥"还可以指"茁壮、厚实"，凡9例。例如：

⑤人足践踏之乃佳。践者菜肥。《齐民要术·种葵》

【膏】《说文·肉部》："肥也。"本指"肥肉"。《易·屯》："屯其膏，小贞吉。"高亨注："膏，肥肉。"后引申指"油脂"。《楚辞·天问》："何献蒸肉之膏，而后帝不若？"在南北朝所查文献中，"膏"凡74例，主要用指"肥沃""恩泽"之义。没有用指"肥肉"的例子，用指"油脂"凡23例。用指"油脂"时，既可以指植物之油，也可以指动物之油。在与"脂"连文时，"膏"一般用作中心语。例如：

①愚以世丧道久，民情玩于所习，纯风日去，华竞日彰，犹火之消膏而莫之觉也。《宋书·卷十四》

②白麻子为雄麻。颜色虽白，啮破枯燥无膏润者，秕子也，亦不中种。《齐民要术·卷二·种麻第八》

③复以猪膏三升，合豉汁一升洒，便熟也。《齐民要术·卷八》

④荏油色绿可爱，其气香美，煮饼亚胡麻油，而胜麻子脂膏。麻子脂膏，并有腥气。《齐民要术·卷三·荏、蓼第二十六》

【腻】《说文·肉部》："上肥也。"由"肥、脂肪多"可以引申出"油腻、光滑""粘腻"之意。在南北朝所查文献中，"腻"凡8例，皆出自《齐民要术》，有3例指"肥"，有5例指"油腻""粘腻"之义。例如：

①于良美地中，先种晚禾，晚禾令地腻。《齐民要术·卷二·种瓜第十四》

②每取时，先取肥者。肥者腻，不耐久。《齐民要术·卷八·作脯腊第七十五》

③下白米粉大如酸枣，粉多则白。以净竹箸不腻者，良久痛搅。《齐民要术·卷五·种红蓝花栀子》

【肪】《说文·肉部》："肪，肥也。"指"脂肪"。扬雄《太玄·灶》："次七，脂牛正肪，不濯釜而烹，则欧歜之疾至。"也可以特指"动物腰部肥厚的油"。曹丕《与锺大理书》："窃见玉书，称美玉白如截肪。"李善注引《通俗文》曰："脂在腰曰肪。"刘良注："肪，猪脂也。"在南北朝所查文献中，"肪"凡3例，皆作"脂肪"解，不用指"油"。例如：

①细切羊骼肪二升，切生姜一斤，橘皮三叶，椒末一合，豆酱清一升。《齐民要术·卷八·作羹臛法第七十六》

【腴】《说文·肉部》："腹下肥也。"《礼记·少仪》："羞濡鱼者进尾，冬右腴，夏右鳍，祭膴。"郑玄注："腴，腹下也。"引申可以泛指"油脂"。王充《论衡·艺增》："五谷之于人也，食之皆饱。稻粱之味，甘而多腴；豆麦虽粝，亦能愈饥。"也可以引申指"人的丰满、肥胖"。《南齐书·袁象传》："象形体充腴，有异于众。"南北朝时期"腴"前文已经探讨过，此处不再赘述。

　　以上五个"油"类词语，有一个共同的特点，都可以指"肥肉、脂肪多"之义，而且，这个意义与"油"词义的产生有密切关系。它们词义的这种引申方式，在其他语言中也存在。

　　英语：fat ①（动、植物的）脂肪；②脂肪组织；肥肉、膘；③肥胖；多肉；④最好部分；⑤（用于烹饪的动、植物）油（脂）。《新时代英汉大词典》，第833页。

　　法语：lard 脂肪；猪油；胖子。《新简明法汉词典》，第561页。

　　Graisse 油脂；脂肪；润滑脂；滑油。《新简明法汉词典》，第462页。

　　德语：fett 脂肪；板油。《德汉汉德词典》，第63页。

　　印度尼西亚语 minyak "油，油脂，脂肪"；gemuk "肥；脂肪，肥肉；（土地）肥沃"；lemak "脂肪，肥肉，油脂；含脂肪的，多脂肪的；美味的，可口的"。①

　　（2）与"其他肉"密切相关的词语

　　上面五个词语与"肥肉"密切相关，在"油"类词语中，还有几个词语也与"肉"密切相关，但是这个"肉"与前面的"肥肉"不同，这类词语指"肉"时，一般不含"肥"之义，例如：腥、胏、肧。"腥、胏"前文已经作了介绍，而"肧"在南北朝时只指"杂骨肉酱"，不作"肥、脂肪多"解。故这类词语我们不探讨。

　　2）特指动物油的词语

　　【膋/脀】《说文·肉部》："膋，牛肠脂也。脀，膋或从劳省声。"《广韵·萧韵》："脀，肠间脂也。""膋/脀"特指"牛肠中的脂肪"。在南北朝所查文献中，没有发现用例，但是在南北朝其他文献中有用例。例如：豹脂宜火，牛膋耐寒。（梁简文帝《对烛赋》）

　　【膻】《说文·羴部》："羴，羊臭也。从三羊，膻，羴或从亶。"段

<hr>

① 该印度尼西亚语语料来自黄树先《比较词义探索》。

注："亶声也。今经传多从或字。"《玉篇·羊部》："膻，羊脂也，羊气也。"在南北朝所查文献中，没有"膻"的用例，但是在南北朝其他文献中有指"羊气"的"膻"。例如：呼韩顿颡至，屠耆接踵来，索辫擎膻肉，韦鞲献酒杯。《北史卷九十九·列传第八十七》

"膻"到了唐代，可以用来指"羊脂"即"羊油"。例如：皮日休《喜鹊》："弃膻在庭际，双鹊来摇尾。"

【泽】《说文·水部》："泽，光润也。"《左传·襄公二十八年》："［庆封］献车于季武子，美泽可以鉴。"指"光亮、润泽"。"油脂"外表看上去也很"光亮"，故"泽"引申指"润头发或皮肤的油脂"。《楚辞·大招》："粉白黛黑，施芳泽只。"蒋骥注："泽，膏脂也。"在南北朝所查文献中，"泽"凡466例，大多用来指"滋润""雨露""雨水汇集处"，仅有5例指"润头发或皮肤的油脂"。例如：

①帝自伏御床，视太后庄奁中物，流涕，敕易奁中脂泽之具。《宋书·卷二十八》

②肃严威以振响，渐温泽而沾腴。《宋书·卷六十七》

③麻子脂膏，并有腥气。然荏油不可为泽，焦人发。《齐民要术·卷三·荏、蓼第二十六》（石声汉注："泽，这里作'润发油'讲。"）

【小结】本小节共分析了10个与该语义场有关的词语，在该语义场中主导词还是"脂"。"油"在南北朝时期使用还没有替代"脂"，两者意义虽有重合，但主要还是体现在差异上，"油"在南北朝时期可以作动词用，而"脂"不能这样使用。在本语义场中，与"油"有关的几个词语大多与"肉""脂肪"有关，它们之间存在相连关系，容易产生联系。这种词义的引申符合人类认知思维的发展，具有类型学特性，在英语、法语、德语中亦存在同样情况。

6. egg 卵

"卵"在《百词表》中居第33位，《牛津高阶双解英汉词典》："in female mammals the cell from which the young is formed；ovum."在南北朝文献中，"卵"成员不是很多，主要有以下几个：卵、蚳、丸、蟒。其中"子"在"男"语义场中已经探讨过，此处不再赘述。

【卵】《说文·卵部》："卵，凡物无乳者卵生。象形。"王筠《说文释例》："卵即谓鱼卵。鱼本卵生，故既生之卵如米，其自腹剖出者，则有膜里之如袋，而两袋相比，故作卵以象之。外象膜，内象子之圆也。凡卵皆圆，而独取鱼卵者，圆物多，惟鱼之卵有异，故取之。"《孙子·势》："兵之所加，如以碫投卵者，虚实是也。"在南北朝所查文献中，"卵"凡30例，其中22例作名词指"蛋"，可以单用，亦可以作复音词使用。复音词主要以偏正式或者动宾式词组出现。例如：

①大人岂见覆巢之下，复有完卵乎？《世说新语·言语第二》

②烧土为之，大如鹅卵，锐上平底，形似称锤，六孔。《宋书·卷十九》

③小将怀贰于内，事危累卵，势过缀旒。《魏书·卷五十九》

在南北朝所查文献中，"卵"的复音词，仅一个"卵翼"。其是并列结构，指"养育、庇护"，凡3例。例如：

④徐羡之、傅亮、谢晦，皆因缘之才，荷恩在昔，擢自无闻，超居要重，卵翼而长，未足以譬。《宋书·卷四十三》

"卵"还可以作动词使用，指"孵化、养育"。用于人常作"养育"解，例如"卵翼"之"卵"。用于动物，则常作"孵化"解。在南北朝所查文献中，"卵"凡5例。例如：

⑤绩成茧，出蛾生卵，卵七日。《齐民要术·卷五·种桑柘第四十五》

"卵"在汉语中既可以作名词，也可以作动词，在其他语言中，也有同样情况存在：

英语：egg ①名词：蛋；卵子；卵细胞；②（不及物）动词：下蛋。《新时代英汉大词典》，第716页。

法语：frai 繁殖；产卵；产卵期；鱼苗；受精卵；硬币流通时的磨损。《新简明法汉词典》，第431页。

德语：laich 鱼蛙等的卵；子；laichen（不及物动词）产卵、排卵。《朗氏德汉双解大词典》，第1109页。

【丸】《说文·丸部》："丸，圆，倾侧而转者。从反仄。"段注："圆则不能平立，故从反仄以象之。仄而反复，是为丸也。"本指"小而圆的物体"，因其外形与"卵"相似，故可以用来指"卵"。《正字通·丶部》："丸，丸者，鸟卵别名，象其圆形。"《吕氏春秋·本味》："流沙之西，丹山之南，有凤之丸。"高诱注："丸，古卵字也。"在南北朝所查文献中，"丸"凡59例，主要指"小而圆的物体"或者"量词"，没有用作"卵"的例子。

【螽】《说文·虫部》："螽，复陶也。刘歆说：螽，蚍蜉子；董仲舒说：蝗子也。从虫，象声。"《尔雅·释虫》："螽，蝮蜪。"本指"蝗虫的幼虫"。《公羊传·宣公十五年》："冬，螽生，饥。"杜预注："董仲舒云：蝗子。"亦可以指"蚁卵"。在南北朝所查文献中，"螽"凡2例，皆以并列结构词组出现，且用的都是比喻义。例如：

①古者衡虞置制，螽蚳不收，川泽产育，登器进御，所以繁阜民财，养遂生德。《宋书·卷八·本纪第八》

②臣螽蚁之族，猥承大礼，忧惧战悸，钦承旧章，肃奉典制。《宋书·卷十四·志第四》

以上两例并列结构，都是比喻微小人物或者事物。在南北朝其他文献中，"螽"有用指"蚁卵"的用例。例如：

③霆电外骇，省闼内倾，余丑纤蠹，蚳螽必尽。《梁书·卷一·本纪第一》

【蚳】《尔雅·释虫》："蠇，飞蚁，其子蚳。"郭璞注："蚳，蚁卵。"刑昺疏："其子在卵者名蚳，可以作醢。"张衡《西京赋》："获胎拾卵，蚳螽尽取。"在南北朝所查文献中，凡1例，与"螽"连文，用其引申义。具体例子见上面"螽"。

【小结】本小节共分析了4个与"卵"有关的词语，在南北朝时期，该语义场的主导词为"卵"。其用本义时，既可以以单音节形式出现，亦可以以复音词形式出现。"卵"这个实物与其相连的动作关系紧密，在英语、法语、德语等语言中"卵"与"下蛋"都同词。该语义场中其他词语在使用中，主要用其引申义。

二　头部构件核心词

头部构件核心词主要指头的器官组织，在《百词表》中，头部构件共涉及10个成分，分别为：36位的羽（feather）、37位的毛（hair）、38位的头（head）、39位的耳（ear）、40位的眼（eye）、41位的鼻（nose）、42位的口（mouth）、43位的牙（tooth）、44位的舌（tongue）、34位的角（horn）。这当中羽、毛归入该类，有些牵强，但是它们与头部也不是毫无关系。

1. 羽毛

"羽"在《百词表》中居第36位，《牛津高阶英汉双解词典》第

1022 页："feather: any of the many light fringed structures that grow from a bird's skin and cover its body." "羽" 主要指 "鸟" 的羽毛。"hair: one of the fine thread-like strands that grow from the skin of people and animals." (《牛津高阶英汉双解词典》, 第 1289 页) "毛" 侧重于讲人和动物（更多指兽），而且在一些场合中，鸟的 "羽" 也会成为 "毛"。故我们把两者合并为一个语义场。根据《牛津高阶英汉双解词典》对两者的定义，我们打算把该语义场分为四个类别谈论：泛指羽毛、鸟羽毛、兽毛、人的毛发。

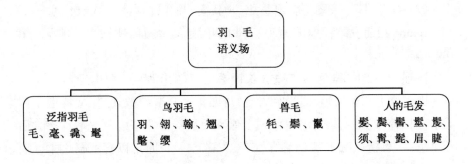

1) 泛指羽毛

【毛】《说文·毛部》："眉发之属及兽毛也。象形。"徐灏注笺："人、兽曰毛，鸟曰羽，浑言通曰毛。"在南北朝所查文献中，"毛"凡284例，多用作指"动物之毛"，用作指"人之毛"凡13例。例如：

①元帝以咸宁二年夜生，有光照室，室内尽明，有白毛生于日角之左，眼有精光耀。《宋书·卷二十七》

②定州中山郡毋极县民李班虎女献容，以去年九月二十日，右手大拇指甲下生毛九茎，至十月二十日长一尺二寸。《魏书·卷一百一十二上》

③顾长康画裴叔则，颊上益三毛。《世说新语·巧艺第二十一》

《广雅·释草》："毛，草也。"徐灏注笺："毛，引申之，草木亦谓之毛。"《周礼·地官·载师》："凡宅不毛者有里布。"郑玄注引郑司农云："宅不毛者，谓不树桑麻也。"南北朝所查文献中，凡9例用指"草木"。例如：

④晋成帝咸康初，地生毛，近白眚也。《宋书·卷三十一》

现代汉语方言中，也有用"毛"指"草木"。例如：

"毛"，闽语指"庄稼、草木"，引申为"山上的野草"；吴语指"头发乱"（许宝华，831 页）；厦门话"毛"，"山上的野草；庄稼、草木"
（周长楫 1993：221，297）；西南官话"毛根"，毛（许宝华，836 页）；
中原官话"米米毛"，狗尾草（许宝华，2254 页）。[①]

其他语言中也存在这样的引申方式。

英语：shock（毛发）蓬乱的一堆；禾束堆。《新时代英汉大词典》，
第 2141 页。

法语：chevelu ①根毛；②种发；种缨；芒。《新世纪法汉大词典》，
第 488 页。

Brousse 荆棘；头发；胡须蓬乱。《新简明法汉词典》，第 114 页。

Houpe 额前发结；鸟的冠毛；树梢叶簇。《新简明法汉词典》，第
489 页。

【毫】《集韵·豪韵》："毫，长锐毛也。"《山海经·西山经》："〔三
危之山〕其上有兽焉。其状如牛，白身四角，其毫如披蓑。"又特指"眉
毛中之长者"。南朝梁刘潜《雍州金像寺无量寿佛像碑》："毫散珠辉，唇
开果色。"也指"细毛"。《孟子·梁惠王上》："明足以察秋毫之末，而
不见舆薪。"由"细毛"引申出"细微"之义。刘勰《文心雕龙·定
势》："世之作者，或好烦文博采，深沈其旨者；或好离言辨白，分毫析
厘者。"由于毛笔常用毛做成，故"毫"引申可以指"毛笔"。在南北朝
所查文献中，"毫"凡 63 例，主要用指"细毛"（凡 23 例）和"细微"
（凡 31 例）。指"细毛"时，常与"秋"连文，指"细微"时，常与
"厘"连文。例如：

①永安三年二月，京师民家有二铜像，各长尺余，一颐下生白毫四，
一颊傍生黑毛一。《魏书·卷一百一十二上》

②秋毫无犯，则民知德信；民知德信，则襁负而来。《魏书·卷六
十》

③既成，募求古器，得周时玉律，比之不差毫厘。《宋书·卷十一》

【毦】《说文·毛部》："毦，兽细毛也。"刘向《说苑·尊贤》：
"〔鸿鹄〕背上之毛，腹下之毦，无尺寸之数，去之满把，飞不能为之益
卑。"吴宝安（2007）、龙丹（2009）对西汉、魏晋时期"毦"的使用进
行了调查，认为"毦"在这时期主要作"鸟兽之细毛"解，根据我们对

---

① 该语料来自黄树先师《比较词义探索》。

南北朝文献的调查、统计，"毳"凡5例，其中1例指"细毛"，其他皆指"毛制品"。例如：

①帝图凝远，瑞美昭宣。济流月镜，鹿毳霜鲜。《宋书·卷二十二》

②去衡门以策驷，望象魏而投辙。服毳衣以从务，乘大车而就列。《魏书·卷三十六》

【髦】《说文·髟部》："髦，发也。"指"毛发中的长毫"，玄应《一切经音义》卷四引作"髦，发中毫者也"。又可以泛指"动物头颈上的长毛"。《山海经·南山经》："〔亶爰之山〕有兽焉，其状如狸而有髦，其名曰类。"也可以特指"马颈长毛"。《仪礼·既夕礼》："马不齐髦。"郑玄注："齐，翦也。今文髦为毛。"后引申指"出类拔萃的人物"。《尔雅·释言》："髦，俊也。"郭璞注："士中之俊，如毛中之髦。"在南北朝所查文献中，"髦"凡27例，有7例指"人毛"。例如：

①将有髦头之兵，凭陵塞垣，与大司马合战。《魏书·卷一百五之四》

有5例指"动物之毛"。例如：

②其饰亦如之。驾马十五匹，皆白马朱髦尾。《魏书·卷一百八之四》

③回毛在颈，不利人。白马黑髦，不利人。《齐民要术·卷六·养牛马驴骡》

有15例指"杰出的人才"。例如：

④公官方任能，网罗幽滞，九皋辞野，髦士盈朝。《宋书·卷二》
其他语言中有引申途径与此相似的词。

法语：perruque 假发；守旧者；抱残守缺者。《新简明法汉词典》，第726页。

德语：perucke 假发；兽角肉瘤；自以为是的老学究。《德汉汉德词典》，第144页。

2）鸟羽毛

【羽】《说文·羽部》："羽，鸟长毛也。象形。"饶炯部首定："鸟长毛者，谓鸟翅之长毛也。"《左传·僖公二十三年》："皮革、齿牙、骨角、毛羽，不登于器。"孔颖达疏："鸟翼长毛谓之为羽。"亦泛指"羽毛"。《孟子·梁惠王上》："吾力足以举百钧而不足以举一羽。""鸟翼长毛谓之为羽。""羽"与"鸟翼"关系紧密，故"羽"又可以指"鸟的翅膀"。

《广韵·遇韵》："羽，鸟翅也。"因之又可以引申为"朋友"。扬雄《太玄·翕》："翕其羽，利用举。"范望注："羽，朋友之用善称，相翼之谓也……朋友相翼，进在禄位，有似叔牙之相管仲也。"在南北朝文献中，"羽"凡577例，多用作"人名""音阶中的第五音"等，而在其他例子中有表示"鸟翼长毛""泛指鸟羽""翅膀"。例如：

①头著折风，其形如弁，旁插鸟羽，贵贱有差。《魏书·卷一百》

②形大，毛羽悦泽，脚粗长者是，游荡饶声，产、乳易厌，既不守窠，则无缘蕃息也。《齐民要术·卷六·养鸡第五十九》

③臣以邕言推之，翅足众多，亦群下相扇助之象，雏而未大，脚羽差小，亦其势尚微，易制御也。《魏书·卷六十七》

在南北朝文献中，"羽"也可以用指"朋友""党羽"之例，用作该意义时，常与"翼"连文，凡5例。例如：

④太宗得磨浑，大喜，因为羽翼。《魏书·卷十四》

【翎】《说文新附·羽部》："翎，羽也。"王凤阳（1993：113）："当'羽'泛化之后，鸟类翅羽、尾羽就常用'翎'去表示。"王先生该观点值得商榷。根据"中国基本古籍数据库"检索，先秦两汉"翎"凡4例，魏晋南北朝也才1例，据此可以说"翎"在羽毛语义场中属于一个低频词。我们认为，"羽"泛化后，常常取代"翎"，"翎"更少使用。南北朝"翎"用例为：头锐身短则喜鸣，四翎亚膺则体轻，凤翼雀毛则善飞，龟背鳖腹则能产。《昭明文选卷十四》

【翰】《说文·羽部》："翰，天鸡，赤羽也。"本指雉类。《逸周书·王会》："蜀人以文翰；文翰者，若皋鸡。"孔晁注："鸟有文彩者。"羽毛与鸟两者之间关系紧密，故会引申出"羽毛"义。《广韵·翰韵》："翰，鸟羽也。"《六书故·动物三》："羽之疆者曰翰。"王凤阳（1993：114）："'天鸡'可能就是锦鸡，它的羽毛非常鲜丽，所以华丽的长羽也称'翰'。""'翰'和'翎'虽然都指鸟的大羽，但'翎'更侧重长羽。""翰"后亦泛指"长毛"。《文选·扬雄〈长杨赋〉》："故籍翰林以为主人。"李善注引《说文》曰："毛长者曰翰。"在南北朝所查文献中，"翰"凡125例，主要指"毛笔""书信"之意，仅有3例指"鸟"。例如：苟不忠恕，则择木之翰，有所不集矣。（《宋书·卷六十八》）在南北朝文献中没有发现指"鸟羽"之例。龙丹（2009：53）："'翰'指鸟羽先秦无用例……魏晋时期，'翰'用为'鸟羽'共计16例。""翰"指

"鸟羽"当在魏晋时期为常用时期,此后"毛笔"逐渐成为常用意义。这个转变也许和"毛笔"的发展有密切关系。

【翘】《说文·羽部》:"翘,尾长毛也。"曹植《斗鸡》诗:"群雄正翕赫,双翘自飞扬。"黄节注:"翘,尾长毛也。"王凤阳(1993:114):"(翘)也是鸟类的大羽,不过它侧重在尾羽。"在南北朝文献中,"翘"凡26例,多用作"人名"和动词"举起",没有用指"羽毛"。但是在南北朝其他文献中,有指"羽毛"用例。例如:

①使释法服将擢翠翘于寒条之上,曜芙蕖于重冰之下。《弘明集·卷第十一》

②班尾扬翘,双角特起。《文选·卷第九》

"翘"可以指"尾羽",故也可以用指"鸟尾"。《广韵·宵韵》:"翘,鸟尾也。"刘向《九叹·远游》:"摇翘奋羽,驰风骋雨。"也会泛指"动物的尾部"。《文选·郭璞〈江赋〉》:"蜟蜍森衰以垂翘,玄蛎魄礋而碨哑。"李善注:"翘,尾也。""翘"在南北朝文献中没有发现指"尾部"用例。

【氅】《玉篇·毛部》:"氅,鹜毛。"郑珍《说文新附考》:"《篇》《韵》并云:氅,鹜毛。其字不见汉魏人书,唯《世说》始有'鹤氅裘',是六朝名称。"在南北朝文献中,"氅"凡2例,具表"羽毛"之义。例如:

①翣扇不得雉尾;剑不得鹿卢形;槊毦不得孔雀白氅。《宋书·卷六十一》

②孟昶未达时,家在京口。尝见王恭乘高舆,被鹤氅裘。《世说新语·企羡第十六》

【缨】《说文·糸部》:"缨,冠系也。"本指"系帽的带子",《礼记·玉藻》:"玄冠朱组缨,天子之冠也。""带子"与"毛发"形似,容易产生引申之义。在南北朝所查文献中,没有发现"缨"指"毛发"的用例,但是在该时期其他文献中有用指"毛发"。例如:翠鬣紫缨之饰,丹冕绿襟之状。(沈约《水鸟赋》)

3)兽毛

【犛】《说文·牛部》:"犛牛尾也。"段注:"旄牛即犛牛,犛牛之尾名犛。"《淮南子·说山》:"执而不释,马犛截玉。"高诱注:"犛,马尾也。"后引申指"长毛"。《广雅·释器》:"犛,毛也。"在南北朝其他文献中有指"长毛"的用例。例如：加以亲量圭尺，躬察仪漏，目尽毫牦，心穷筹笑，考谭推移，又曲备其详矣。《南齐书·卷五十二·列传第三十三》

【鬃】《康熙字典·髟部》引《韵会》："鬃，马鬃也。或作骏。"徐陵《紫骝马》："玉镫绣缠鬃，金鞍锦覆幪。"吴兆宜注："鬃，马鬣也。"在南北朝所查文献中，"鬃"不见用例，"鬃"凡1例，指"马颈上的长毛"。例如：城东马子莫咙峒，比至三月缠汝鬃。《宋书·卷三十一·志第二十一》

【鬣】《说文·髟部》："鬣，发鬣鬣也。从髟巤声。"段注："鬣鬣，动而直上貌，所谓头发上指，发上冲冠也。"本指"长而硬的胡须"。《左传·昭公七年》："楚子享公于新台，使长鬣者相。"杜预注："鬣，须也。"也指"马颈上的长毛"。《礼记·明堂位》："夏后氏骆马黑鬣，殷人白马黑首，周人黄马蕃鬣。"后泛指"动物的头颈上的毛""植物的芒穗"。在南北朝文献中，"鬣"凡9例，其中7例指"马颈上的毛"，1例泛指"动物头颈之毛"，1例指"植物的芒穗"。例如：

①白马者，朱其鬣，安车者，坐乘。《宋书·卷十八》

②晋孝怀帝永嘉四年五月，大蝗，自幽、并、司、冀至于秦、雍，草木牛马毛鬣皆尽。《宋书·卷三十三》

③八月丙寅夜，有大流星长数十丈，色白有芒鬣，从首山北流坠襄平城东南。《宋书·卷二十三》

4）人的毛发

【髪】慧琳《一切经音义》卷六十四引《说文》作："顶上毛也。"《诗·小雅·都人士》："彼君子女，卷发如虿。"《说文·髟部》："髪，根也。"黄树先师（2009）在《比较词义的几个问题》一文中对此作了精辟阐述。"髪"还可以指"草木"。《庄子·逍遥游》："穷发之北有冥海者，天池也。"陆德明《释文》引李颐曰："发犹毛也。陆案：毛，草也，《地理书》云：山以草木为发。""髪"在南北朝文献中，义项单一，除了与"肤"连文时指"身体"外，其他主要就是指"头发"之义。例如：

①然后素车白马，来诣辕门，若令足下发肤不全，儿侄雕耗者，皇天后土，实闻此言。《宋书·卷八十七》

②顾悦与简文同年，而发早白。简文曰："卿何以先白?"《世说新语·言语第二》

【鬓】《说文·髟部》："鬓，颊发也。"段注："谓发之在面旁者。"
王凤阳（2003：120）："鬓与滨同源。"指"脸旁靠近耳朵的头发"。在南
北朝所查文献中，"鬓"凡27例，具指"颊发"。其指此词义时，除了可
以单用外，还常和"发"或者"须"连文。例如：

①眉八彩，鬓发长七尺二寸，面锐上丰下，足履翼宿。《宋书·卷二
十七》

②顺须鬓俱张，仰面看屋，愤气奔涌。《魏书·卷十九中》

【髻】《集韵·齐韵》："结，束发也。"段注："结，古无髻字，即用
此。"《楚辞·招魂》："郑卫妖玩，来杂陈些。激楚之结，独秀仙些。"王
逸注："结，头髻也。"在南北朝所查文献中，"结"凡437例，没有发现
用来表示"头发"的用例，表示"头发"之义都是用"髻"。"髻"凡20
例，皆表该义，例如：

①王丞相拜司空，桓廷尉作两髻，葛裙、策杖，路边窥之，叹曰：
"人言阿龙超，阿龙故自超！"《世说新语·企羡第十六》

②用角弓，其箭尤长。女妇束发，作叉手髻。《魏书·卷一百》

【髽】《说文·髟部》："髽，丧结。"《仪礼·丧服》："布总、箭笄、
髽，衰三年。"郑玄注："髽，露紒也，犹男子之括发。斩衰括发以麻，
则髽亦用麻，以麻者，自项而前，交于额上，却绕紒，如着幓头焉，《小
记》曰：'男子冠而妇人笄，男子免而妇人髽。'"在南北朝所查文献中，
凡4例，都出现在《魏书》中，但是4例都是属于引用古言，或直接引
用，或间接引用，不是南北朝常用语，当为古语词。例如：

①《礼记·丧天大记》曰，"君夫人卒于露寝"，小敛，"妇人髽带麻
于房中"。《魏书·卷九十》

②肃曰："《丧服》称男子免而妇人髽，男子冠而妇人笄。如此，则
男子不应有笄。"《魏书·卷五十五》

【髲】《释名·释首饰》："髲，被也。发少者得以被助其发也。"指
"假发"。《三国志·吴志·薛综传》："珠崖之废，起于长吏睹其好发，髡
取为髲。"在南北朝所查文献中，凡1例。例如：湛头发委地，下为二
髲，卖得数斛米，斫诸屋柱，悉割半为薪，锉诸荐以为马草。《世说新
语·贤媛》

【须】《说文·须部》："须，面毛也。从页，从彡。"《通训定声》：
"颐下曰须，口上曰髭，颊旁曰髯。俗字作须。"吴宝安（2007：39）：

"根据西汉的文献来看，暂时还看不出这种分工。"此言极是，在南北朝所查文献中，"须"常泛指"胡须"。例如：

①高帝隆准而龙颜，美须髯，左股有七十二黑子。《宋书·卷二十七》

②晔长不满七尺，肥黑，秃眉须。善弹琵琶，能为新声。《宋书·卷六十九》

亦可以指"动植物像须一样的东西"。例如：

③鼠复入，斯须更出，语如向日。《宋书·卷三十四》

④栽法欲浅，令其根须四散，则滋茂。《齐民要术·卷二·旱稻第十二》

"胡须"与植物的"根须"有很强的相似性，容易联系起来，词义也容易引申出来。这种引申在其他语言中也有。例如：

英语：hair ①头发，毛发；②（用以制作刷子的）人造毛发纤维；人造毛发；③毛状物，毛发织物；④（动植物的）纤毛，绒毛，体毛。《新时代英汉大词典》，第1054页。

Fur ①软毛，柔毛；②动物的毛发；③裘皮（或毛发）服饰；毛发围脖；④人造毛皮，仿毛皮；⑤毛皮兽，柔毛兽；⑥舌苔。《新时代英汉大词典》，第948页。

法语：chevelure ①头发，长而密的头发；②种发，种缨，须根，根毛。《新世纪法汉大词典》，第488页。

Barbe[1]①胡须；胡子；髯；②（某些动物的）须；（鲽等扁形鱼类的）鳍刺。《新世纪法汉大词典》，第256页。

Barbe[2]①毛刺，毛口，飞边；②（鸟类的）羽支；③鲽鱼科的鳍刺；④（大麦等禾本科的）芒，芒刺。《新世纪法汉大词典》，第256页。（注：《新世纪法汉大词典》的处理方式有待商榷，我们认为不应该分开来设立词目。）

【髯】《释名·释形体》："在颊耳旁曰髯，随口动摇冉冉然也。"《汉书·高帝纪上》："高祖为人，隆准而龙颜，美须髯，左股有七十二黑子。"颜师古注："在颐曰须，在颊曰髯。"可以泛指"胡须"，亦可以指"动物须"。《山海经·西山经》："〔上申之山〕其鸟多当扈，其状如雉，以其髯飞，食之不眴目。"郭璞注："髯，咽下须毛也。"在南北朝所查文献中，"髯"凡17例，皆泛指"胡须"。例如：

①超为人多须，珣状短小，于时荆州为之语曰："髯参军，短主簿，能令公喜，能令公怒。"《世说新语·崇礼第二十二》

②权方颐大口，紫髯，长上短下。《宋书·卷二十七》

【髭】《释名·释形体》："口上曰髭。"《玉篇·髟部》："髭，口上须。"《乐府诗集·陌上桑》："行者见罗敷，下担捋髭须。"亦可以指"动物嘴上的须"。《吕氏春秋·观表》："古之善相马者，寒风是（氏）相口齿，麻朝相颊，子女厉相目，卫忌相髭。"在南北朝所查文献中，"髭"凡3例，其中2例指"人嘴上的胡须"，1例指"动物嘴上的须"。例如：

①晋安帝义熙七年，无锡人赵朱，年八岁，一旦暴长八尺，髭须蔚然，三日而死。《宋书·卷三十四》

②又所乘马五匹，一夜中髭尾秃，人曰："尾之为字也，尸下毛，毛去尸，绝灭之征。"《魏书·卷九十九》

【眉】《说文·眉部》："眉，目上毛也。"在南北朝所查文献中，"眉"除了用作人名外，都是指"眉毛"。例如：鬓如反猬皮，眉如紫石棱，自是孙仲谋、司马宣王一流人。《世说新语·容止第十四》

在北宋，"眉"可以用指"美女"。苏轼《苏州闾丘江君二家雨中饮酒》诗之二："五纪归来鬓未霜，十眉环列坐生光。""眉"词义的发展属于部分代整体的方式。在藏语中也有这种引申方式。

藏语：སྨིན་མ་ 眉毛；发育成熟的少女。

【睫】《释名·释形体》："睫，插也，接也，插于眼眶而相接也。"指"眼睑边缘的细毛"。在南北朝文献中，凡5例，既可以用于人，也可以用于动物。例如：

①亮曰："弟妹饥寒，岂可独饱？自可观书于市，安能看人眉睫乎！"《魏书·卷六十六》

②睫乱者伤人，目小而多白，畏惊。《齐民要术·卷六·养牛马驴骡》

【小结】本小节共分析了23个与"毛"有关的词语，该语义场中主导词为"毛"。毛既可以用于动物，亦可以用于植物。用于植物常用于指"草"。黄树先师（2009）对"毛"与"草"的关系进行了详细阐述。两者关系密切，不仅汉语如此，外语亦如此。除了"毛"之外，还有几个使用很广泛的词语，用于指鸟类毛的"羽"，以及用于指人"毛"的

"发"和"须"。"羽"词义使用状况与现代汉语差不多，"须"在南北朝文献中，既可以用来指人的"须"，亦可以用来指"植物的根须"。这种状况在英语、法语、德语中亦存在。本语义场中其他用来特指"毛"的词语来源复杂，有与部位有关，有与状态有关，但是它们词义的发展变化不大。

2. 头（head）

"头"在《百词表》中占第 38 位，《牛津高阶英汉双解词典》第 1323 页："part of the body containing the eyes, nose, mouth and brain."南北朝时期，"头"语义场中词不是很丰富，主要有两类，一类是泛指头的词语，一类是指头部的某部分，后来用来代指头部。一共出现六个词语。

1）泛指头的词语

【头】《说文·页部》："头，首也。"《急就篇》卷三："头额颊颐眉目耳。"颜师古注："头者，首之总名也。"王力《汉语史稿》（2004：566）说："'头'和'首'的声音虽然相近，但是'首'属审母幽部，'头'属定母侯部，古音并不相同。战国以前，只有'首'没有'头'。金文里有很多'首'字，却没有一个'头'字。《诗》《书》《易》都没有'头'字。到了战国时代，'头'字就出现了。……作为'首'的同义词，它在口语里逐渐代替了'首'。"王凤阳（2003：115）赞同王力的看法，管锡华（2000：201）、吴安安（2007：13）、龙丹（2009：45）都对"头"是否取代了"首"提出了自己的看法。黄树先师在《身体核心词探索》中对"头"取代"首"的原因进行了深入的分析。

"头"在南北朝所查文献中，可以指"首"，既可以单用，也可以组合成词使用。例如：

①我今故与深公来相看，望卿摆拨常务，应对玄言，那得方低头看此邪?《世说新语·政事第三》

②鹤轩翥不复能飞，乃反顾翅垂头，视之如有懊丧意。《世说新语·言语第二》

也可以指"物体的前端"。例如：

③次作危语。桓曰："矛头淅米剑头炊。"《世说新语·排调第二十五》

同时还以作词缀，主要作名词词缀。例如：

④玄谟性严，未尝妄笑，时人言玄谟眉头未曾伸，故帝以此戏之。《宋书·卷七十六》

而且，"头"在南北朝所查文献中，还可以作"量词"，多用来作动物的量词。根据我们的调查，北朝文献中作"量词"的情况比南朝文献更为普遍。例如：

⑤于耀灵殿上养驴数十头，所自乘马，养于御床侧。《宋书·卷九》

⑥又击蠕蠕别帅肺渥于意亲山，破之，获牛羊数十万头。《魏书·卷二十三》

汉语"头"词义由"首"引申到"前端"，这种引申方式在其他语言中也有此类情况存在。例如：

英语：head ①（人、动物等的）头，头部；②头脑，脑筋，智力，才能，想象力，理解力；③（桌子等的）顶端；上首；the head of a bed。④（楼梯的）上端，顶部，页眉，书眉，天头，眉头，stand at the head of the stairs。《新时代英汉大词典》，第 1082 页。

法语：Tête ①头，头部，脑袋；②头上长头发的部位，头发；③面容；相貌；脸色；④人头像，动物头像；⑤生命，性命；……⑬顶端；顶部；上部；la tête du lit（床头）la tête des arbres（树顶）⑭开头部分；开端；开始部分；la tête d'un canal（运河的起端）。第 2622 页。

德语：Haupt ①人或大动物的首、头；②首领，首脑；③顶端；④匹。《德汉汉德词典》，第 82 页。

【首】《说文·首部》："首，百同。古文百也。"《说文·百部》："百，头也。象形。"李孝定《甲骨文字集校》："古文页百首当为一字，页象头及身，百但象头，首象头及其上发，小异耳。"吴宝安（2007：13）"'首'在西汉，'头部'已经不是它的代表义项。"这个观点是可信的。例如：先秦时期的"斩首"，到两汉时期可以说成"斩头"。

在南北朝所查文献中，"首"凡 965 例，有 683 例指"头"，其使用场合大多比较正规，或者是古词语中。例如：

①禺长史羊穆之斩禺，传首京师。《宋书·卷一》

②昧爽之臣，稽首于外；玄寂之众，遨游于内。《魏书·卷七十八》

③后顿首泣谢，乃赐坐东楹，去御筵二丈余。《魏书·卷十三》

其次，"首"主要指"首领""最初"之义。例如：

④静、简二王，为时称首。《魏书·卷十六》

⑤太尉臣讳威武明断，首建义旗，除荡元凶，皇居反正。《宋书·卷二》

《汉语大字典》"首"作量词时，使用唐朝例句。"首"作"量词"在西汉有用例，不过情况很少。例如：《史记·田儋列传论》："蒯通者，善为长短说，论战国之权变，为八十一首。"到了南北朝时期"首"作"量词"，用例就相对比较多了，在南北朝所查文献中凡25例。例如：

⑥黄门侍郎王韶之所撰歌辞七首，并合施用。《宋书·卷十九》

2）代指头部的词语

这里所说的"代指"，起初也许是临时的使用，是一种修辞手法，但是南北朝时期，已经不再是临时的了，它们已经具备了"头"的词义。

【脑】《说文·匕部》："𦟃，头髓也。"段注："俗作脑。"《素问·五岁生成篇》："诸髓者，皆属于脑。"王冰注："脑为髓海，故诸髓属之。"亦可以指"头"。吴宝安（2007：15）："但这个例子（按：指脑用作'头'之义）在西汉是一个孤证。因此，我们可以怀疑这是一种临时用法，语言运用是比较灵活的，用部分代整体是语用的一种常见手段。"我们很赞同吴宝安的说法，其开始指"头"当为一种借代修辞，久而久之，便固定形成了词义。在南北朝所查文献中，"脑"凡10例，有4例指"脑髓"（例①②），有4例指"头"（例③④）。例如：

①豚性脑少，寒盛则不能自暖，故须暖气助之。《齐民要术·卷六·养猪第五十八》

②臣等伏用悲惶，肝脑涂地。《魏书·卷一百八之三》

③或乘小辇，手自执剑击檐辇人脑，一人死，一人代，每一行，死者数十。《宋书·卷九十五》

④不蒸则脑冻不合，不出旬便死。《齐民要术·卷六·养猪第五十八》

"脑"这种词义的引申方式在其他语言中也有。

英语：brain ①脑浆，The climber fell from the cliff and dashed his brains out on the rocks below. ②头脑；智力，智慧；The relationship of brain size to intelligence is a matter of dispute. 《新时代英汉大词典》

法语：cervelle ①Le malheheureux avait eu lc crâne broyé et les débris de sa cervelle avaient éclaboussé l'avant de la voiture. 受害者的脑袋被轧得粉碎，脑浆溅到了汽车的前部。②脑：cervelle de porc 猪脑。《新世纪法汉

大词典》，第 441 页。

Encephale 脑；脑髓。《新简明法汉词典》，第 336 页。

德语：gehirn 脑；脑髓；脑浆。《德汉汉德词典》，第 71 页。

"脑"还有 2 例用法比较特殊，1 例为音译词，例如：土地平正，出金、银、鍮石、珊瑚、琥珀、车渠、马脑，多大珍珠。（《魏书·卷一百二》）。"马脑"当为"玛瑙"的异体字，属于梵语的音译词。

还有 1 例用作动词。例如：南脑劲越，西髓刚戎。（《宋书·卷十六》）南北朝其他文献中也有这种用法。徐悱《白马篇》："西征餁小月，北去脑乌丸。""脑"作动词在两汉时期就有，扬雄《长杨赋》："脑沙幕，髓余吾。"张衡《东京赋》："斩蝹蛇，脑方良。"吕向注："脑，伤害。"这种词义的发展有些令人费解。

【颅】《说文·页部》："颅，頔颅，首骨。"《战国策·秦策四》："首身分离，暴骨草泽，头颅僵仆，相望于境。"鲍彪注："颅，首骨也。"在南北朝所查文献中，"颅"凡 4 例，其中 2 例表示"头骨"，1 例指"头"。例如：

①马，龙颅突目，平脊大腹。《齐民要术·卷六·养牛马驴骡》

②持此头颅不净处跪是胡神也。《魏书·卷三十五》

在其他语言中也有由"头骨"引申出"头"的用例。例如：

英语：skull ①颅骨；头颅；头骨；脑袋；头；a gorilla skull 一个大猩猩的头骨；a bald skull 秃头；a skull-split 头痛欲裂；②骷髅头；the skeletons and skulls of cancer 癌症的死亡威胁；③脑子，脑筋，头脑；an empty skull 头脑空空。《新时代英汉大词典》，第 2184 页。

法语：crâne ①颅，颅骨：fracture du crâne. 颅骨折 Les os du crâne et ceux de la face forment la tête. 颅骨和面骨构成头颅。②头；头顶；avoir mal au crâne 头痛；crâne chauve 秃顶。《新世纪法汉大词典》，第 663 页。

在南北朝所查文献中还有 1 例，用于"的卢"，指"马"，该词当为外来词①。

【颠】《说文·页部》："颠，顶也。"可以指"头；头顶。"《诗·秦

---

① 刘文性（1994：42）《明驼、的卢、纥逻敦》："'的卢'一语在其刚进入汉语时，并没有'凶马'、'白额'的意思。这个词在突厥语中读为 duldul，意为天马、飞马、骏马。'的卢'是 duldul 的音译，天马、飞马则是意译。"（《语言与翻译》）

风·车邻》:"有车邻邻,有马白颠。"《墨子·修身》:"华髪隳颠,而犹弗舍者,其唯圣人乎!"孙诒让《间诂》:"堕颠,即秃顶也。""头顶"引申指"上;上端";《楚辞·九章·悲回风》:"上高岩之峭岸兮,处雌蜺之标颠。"王逸注:"托乘风气,游天际也。"洪兴祖补注:"颠,顶也。"还可以指"下"。段注:"颠为最上,倒之则为最下。"扬雄《太玄·疑》:"颠疑遇干客,三岁不射。"范望注:"颠,下也。"在南北朝所查文献中,"颠"主要作动词使用,没有用作"头顶"用例。

【颡】《说文·页部》:"颡,额也。"《孟子·滕文公上》:"其颡有泚,睨而不视。"赵岐注:"颡,额也。"王凤阳(1994:117):"'额'和'颡'在古代意义完全相同,差别在于方言。"《方言》卷十:"额,颡也。中夏谓之额,东齐谓之颡。"然"颡"还可以指"头"。扬雄《太玄·傒》:"上九,傒阤阤,天扑之颡。"范望注:"颡,头也。"章炳麟《新方言·释形体》:"《说文》'颡,额也。'西安谓头曰颡,开口呼之如沙。此以小名代大名也。"在南北朝所查文献中,"颡"凡22例,其中4例指"额"。例如:

①其余皆漆颡夷宗,作戒于后,何哉?《宋书·卷八十四》
②弱而能言,目有光曜,广颡大耳,众咸异之。《魏书·卷二》
其余的皆为"头"义,主要用在"稽颡"(凡15例)中。例如:
③而简礼二亲,稽颡耆腊,而直体万乘者哉!《宋书·卷九十七》
④自常山以东,守宰或捐城奔窜,或稽颡军门。《魏书·卷二》

【小结】本小节分析了6个与"头"有关的词语,该语义场中的主导词为"头","头"在书面语和口头语中都广泛使用,"首"主要使用在书面语中。其他用来指"头"的词语皆为部分代整体,它们开始为一种修辞手法,后来慢慢演变成了"头"的意义,这种引申主要是相关引申。

3. 耳(ear)

"耳"在《百词表》中居第39位,《牛津高阶双解英汉词典》第872页:"organ of hearing; its outer part."在南北朝所查文献中,该语义场中只有"耳"1个成员。

【耳】《说文·耳部》:"主听也。"在南北朝所查文献中,"耳"凡815例,其中702例用作语气词,罗素珍对南北朝语气词"耳"的异同作了详细的论述①。"耳"作实词时，在南北朝文献中，凡 104 例，主要以两种情况出现：第一，以单音词形式出现，这时"耳"主要指"耳朵"。例如：

①肝欲得小；耳小则肝小。《齐民要术·卷六·养牛马驴骡》

②君蜂目已露，但豺声未振耳。必能食人，亦当为人所食。《世说新语·识鉴第七》

以单音词出现时，"耳"还可以指"形状像耳朵的东西"。例如：

③槊者，树根下生木耳，要复接地生，不黑者乃中用。米糵也。《齐民要术·卷八·羹臛法第七十六》

④弸缚犁耳，起规逆耕。耳弸则禾芨头出而不没矣。《齐民要术·卷二·种瓜第十四》

相似事物之间容易产生引申之义，"耳"由"耳朵"引申出"耳状东西"，是一种很自然的词义发展。其他语言中也有这种引申。例如：

法语：Oreille ①耳朵；avoir le bourdonnement［sifflement，tintement］d'oreilles；②听觉；听力；③听者；④耳状物；容器两侧的耳子；把手；les Oreilles d'une soupière。《新世纪法汉大词典》，第 1883 页。

Auricule ①耳垂，外耳；②心耳；③耳形突；④耳状报春花。《新世纪法汉大词典》，第 213 页。

英语：ear ①耳，耳朵；the hearing organ consists of the inner ear，and outer ear. ②外耳；耳部；③听觉；④灵敏的听力；辨音力；⑤倾听；注意；⑥耳状物；（器皿的）把儿；耳子；（鸟的）耳羽；the ear of a coffee cup。《新时代英汉大词典》，第 700 页。

Aural ①耳的；听觉器官的；an aural surgeon；②听觉的，听力的；aural comprehension tests。《新时代英汉大词典》，第 145 页。

德语：ohr：耳朵；吊耳；吊环；绳索套。《德汉汉德词典》，第 139 页。

第二，以复音词形式出现，此时常与"目"连文。在南北朝所查文献中，"耳目"凡 40 例，有 1 例作动词，指"听、看"。例如：

⑤用能耳目四达，庶类咸熙。《魏书·卷七上》

_____

① 具体详见罗素珍、何亚南《南北朝时期语气词"耳"、"乎"的南北差异》，《合肥师范学院学报》2009 年第 1 期。

"耳"作动词之用，在之前就有用例。《韩非子·外储说左上》："君其耳而未之目耶?"现代汉语方言还有用作动词。黄陂话搭理别人叫"耳"，不回答别人的话叫"不耳人"。"耳"当理睬讲，还见于晋语、吴语、湘语、赣语以及西南官话（许宝华，1717 页）。① 不仅汉语有用作动词，在其他语言中也如此，例如上文英语"ear"，法语"Oreille"，还有黄树先师在《比较词义探索》中列举到的：

印度尼西亚语 kuping "耳朵"，menguping "偷听"；telinga "耳，耳朵"；menelinga "倾听"。

塞尔维亚克罗地亚语 üvo "耳，耳朵；听觉"。

景颇语 na^{33} "耳"，na^{31} "听见"（戴庆厦《景颇语的声调》，《藏缅语族语言研究》，第 202—205 页）。

其他 39 例"耳目"皆用作名词，指"耳朵和眼睛""能起到耳目作用的人""暗探""亲信之人"。例如：

⑥既耳目之靡端，岂足迹之所践。《宋书·卷六十七》

⑦又爱好宾游，坐客恒满，布耳目以为视听，故朝野同异，穆之莫不必知。《宋书·卷四十二》

⑧太后自以行不修，惧宗室所嫌，于是内为朋党，防蔽耳目。《魏书·卷十三》

卿是休宾耳目腹心，亲见其妻子。《魏书·卷四十三》

【小结】本节中仅有一个"耳"字，但是这个字使用很灵活，既可以以单音节形式出现，亦可以以复音节形式出现。更主要的是"耳"词义的演变具有很强的类型学特征。"耳"引申可以指"听力""耳形物"以及"听"，它的这种引申在其他语言中广泛存在，黄树先师在《比较词义探索》中进行了详细阐述。

4. 眼（eye）

"眼"在《百词表》中居第 40 位，《牛津高阶英汉双解词典》第 987 页："eye：(a) organ of sight"。南北朝所查文献中，与"眼"有关的有如下两类：第一为泛指眼睛的词语：目、眼；第二为眼睛的一部分：睛、眦、眸、瞳、眶。

1）泛指眼睛

---

① 此语料来自黄树先师《比较词义探索》。

在汉语史中，泛指"眼睛"的词主要有"目""眼"，学界对"目""眼"的研究成果颇丰，体现两个趋势。第一，汉语学界，主要探讨了"眼"何时表"目"以及发展的原因。[①] 第二，外语学界更多的是运用认知语言学的原理，从隐喻、转喻角度对中英、中韩中的"目""眼"进行对比研究。[②]

【目】《说文·目部》："目，人眼。"《易·鼎》："巽而耳目聪明。"亦可以作动词，指"观看、注视"。《左传·宣公十二年》："目于智井而拯之。"杜预注："欲入井，故使叔展视虚废井而求拯己。"也可以指"用眼色表态示意（既可以是好意，亦可以是坏意）"。《国语·周语上》："国人莫敢言，道路以目。"韦昭注："不敢发言，以目相眄而已。"在南北朝所查文献中，"目"凡412例，以上几个意义都常见。表"眼睛"凡179例；作动词，指"观看、注视"凡64例；用"眼色表态示意"凡23例。例如：

①凡诸鄙事，过目则能，锻炼金银。《宋书·卷九》

②王戎目山巨源："如璞玉浑金，人皆钦其宝，莫知名其器。"《世说新语·赏誉第八》

③王、刘相目而笑曰："公何处不如?"《世说新语·排调第二十五》

④甚见宠爱，常目而谓诸弟曰："此儿阔达好奇，终能破人家，或能成人家。"《魏书·卷九十五》

⑤由是朝野侧目，咸畏恶之。《魏书·卷八十三下》

⑥文武慑心，左右悦目，吾王不游，吾何以休，不窥重仞，安见富美。《魏书·卷六十七》

"目"名动同形，其他语言中同样存在。

---

① 王力（1986）："'眼'与'目'在上古不同义。'目'是今所谓眼睛，'眼'是今所谓眼珠（眼珠子）……大约到唐代以后，'眼'才变为'目'的同义词。"方一新（1987：52）："'眼'字在汉魏六朝文献中常作'目'讲，早具'目'义。"汪维辉（2000：31）："上古汉语用'目'，战国时出现了'眼'……至迟到汉末'眼'已在口语中代替'目'，六朝后期在文学语言中这种替代也已完成。"吴宝安（2007：20）、施真珍（2009：112）、李慧贤（2008：81）（《"眼"与"目"的词义演变》，《汉字文化》第5期）等对其发展演变的因素作了探讨。

② 以下论文运用认知理论对"眼、目"作了对比研究：王茂、项成东：《汉语"眼、目"的转喻与隐喻》，《外国语言文学》2010年第1期。覃修桂：《"眼"的概念隐喻——基于语料的英汉对比研究》，《外国语》2008年第5期。孙红娟、赵宏勃：《汉翰"眼"的隐喻对比研究》，《语言文字运用》2007年S1。周健、陈萍：《"眼"的隐喻说略》，《修辞学习》2005年第2期。

英语：eye ①眼睛，眼球，眼圈，眼眶，he is in one eye. ②视觉，视力，眼力，视角范围，a pilot must good eyes. ③目光，注视，凝视，看，the child stood looking with a eye at the toys in the shopwindow. ④注意，监督，关注；there is something chic about her engages the eye.《新时代英汉大词典》，第 808 页。

法语：ceil ①眼睛，目：yeux des astèries.（海星的眼睛）②眼球外面的部分；③眼睛作为面部表情的主要因素；④目光，〈引〉远远地注视，留心：survre de I'ceil I' évolution idéologique d' un home politique（留心观察一位政治家思想的演变）。《新世纪法汉大词典》，第 1858 页。

德语：auge ①眼睛、目、眼；②（骨牌等的）点；③分值、点数；④芽眼、幼芽；⑤青紫的眼睛；⑥法律的眼睛；⑦视力好/坏……⑩辨认，看到，区别。《朗氏德汉双解大词典》，第 166 页。

【眼】《说文·目部》："眼，目也。"戴侗《六书故》："眼是珠子。""眼"本指"眼珠"。《庄子·盗跖》："比干剖心，子胥抉眼，忠之祸也。""眼"后来用来泛指"眼睛"，"眼"何时开始表示"眼睛"，学界存在争议，具体见前文。但是我们认为汪维辉先生的观点是比较可信的，即"'眼'在口语中取代'目'不会晚于汉末"。在南北朝文献中，"眼"凡 186 例，其中 59 例指"眼睛"（例 ①—④），2 例指"眼珠"（例⑤⑥），2 例指"空穴、窟窿"①（例⑦⑧）。例如：

①譬如人眼中有瞳子，无此必不明。《世说新语·言语第二》

②马眼欲得高，眶欲得端正，骨欲得成三角，睛欲得如悬铃、紫艳光。《齐民要术·卷六·养牛马驴骡》

③惟欲指影以行权，假形而弄诏，此则掩眼捕雀，塞耳盗钟。《魏书·卷七十四》

④元帝以咸宁二年夜生，有光照室，室内尽明，有白毛生于日角之左，眼有精光耀。《宋书·卷二十七》

⑤及家人还，鼠食敬宾两眼都尽，如此者非一。《魏书·卷九十八》

⑥将军宗越偏用虐刑，先刳肠决眼，或笞面鞭腹，苦酒灌创，然后方加以刀锯。《宋书·卷二十六》

---

① 《汉语大字典》《汉语大词典》指"空穴、窟窿"义，最早用例都为唐杜甫《石笋行》："古来相传是海眼，苔藓蚀尽波涛痕。"其实在南北朝时期就有使用，应当把用例提前。

⑦又遣别将重破之于州西虎眼泉，擒斩及溺死者甚众。《魏书·卷八十二》

⑧竹杖穿眼，十个一贯，口向上，于屋北檐下悬之，经冬令瘃。《齐民要术·卷八·作脯腊第七十五》

2）眼睛的一部分

【眦】《集韵·齐韵》："眥，《说文》：'眥，目匡也。'或书作眦。"段注："眥，谓目之匡当也。"《列子·汤问》："离朱、子羽方昼拭眦扬眉而望之，弗见其形。""眦"本指"眼眶"，也可以用来指"眼睛"。清黄鹭来《秋日寄淮阳吴嵩三》："华游新咏多，五色夺双眥。"在南北朝所查文献中，"眦"凡6例，有1例指"眼眶"。例如：

①张目决眦，发怒穿冠，顿熊扼虎。《宋书·卷二十二》

有4例与"睚"连文，"睚眦"指"瞋目怒视；瞪眼看人。借指微小的怨恨"。例如：

②而御众严酷，好行刑诛，睚眦之间，动用军法。《宋书·卷八十三》

③外似柔谨，内多猜忌，睚眦之忿，必思报复。《魏书·卷十九下》

【眶】《玉篇·目部》："眶，眼眶也。"《列子·仲尼》："矢注眸子，而眶不睫。"在南北朝所查文献中，"眶"凡3例，具表"眼眶"。例如：

①马眼欲得高，眶欲得端正，骨欲得成三角，睛欲得如悬铃、紫艳光。《齐民要术·卷六·养牛马驴骡》

《正字通·目部》："眶，目眶，本作匡。"《史记·淮南王安传》："涕满匡而横流。"《说文·匚部》："匡，饮器，筥也。""眶"当指"整个眼眶"。然《灵枢经·癫狂》："眦决于面者为锐眦，在内近鼻者为内眦。"注："眦者，睛外之眼角也。""眦"指"上下眼睑的接合处。近鼻处为内眦，近鬓处为外眦，通称眼角"。

【眸】《说文新附·目部》："眸，目童子。"《广雅·释亲》："珠子谓之眸。"亦可以泛指"眼睛"。《孟子·离娄上》："存乎人者莫良乎眸子，眸子不能掩其恶。"在南北朝所查文献中，"眸"凡4例，有2例指"眼珠"（例①②），2例泛指"眼睛"（例③④）。例如：

①有一小鸟，素质墨眸，形大如雀，栖于崇庐，朝夕不去，母丧始阕，复丁父忧，哀毁过礼。《魏书·卷八十六》

②幽遐迥以希夷，寸眸焉能究其傍。《魏书·卷九十一》

③双眸闪闪若岩下电，精神挺动，体中故小恶。《世说新语·容止第十四》

④旗鼓相望，眸奋发，足使君目不能视，何必大如车轮。《魏书·卷七十三》

"眼珠"与"眼睛"联系紧密，"眼珠"常常可以用来代指"眼珠"，慢慢地就形成了"眼珠"之义，两者的区别主要依靠语境判定。

【瞳】《玉篇·目部》："瞳，目珠子也。"《史记·项羽本纪》："吾闻之周生曰'舜目盖重瞳子'，又闻项羽亦重瞳子。"在南北朝所查文献中，"瞳"凡7例，不用于指"眼睛"，其中4例用于指人的眼珠（①—②），有3例用于指动物的眼珠（③—④，表动物的皆出自《齐民要术》）。例如：

①《河图》将来告帝以期，知我者重瞳黄姚。《宋书·卷二十七》

②不然。譬如人眼中有瞳子，无此必不明。《世说新语·言语第二》

③目小而多白，畏惊。瞳子前后肉不满，皆凶恶。《齐民要术·卷六·养牛马驴骡》

④眼中有白脉贯瞳子，最快。《齐民要术·卷六·养牛马驴骡》

【睛】《玉篇·目部》："睛，目珠子。"《淮南子·主术》："夫据干而窥井底，虽达视犹不能见其睛。"高诱注："睛，目瞳子也。"在南北朝所查文献中，"睛"凡2例，皆指"眼珠"。例如：

①马眼欲得高，眶欲得端正，骨欲得成三角，睛欲得如悬铃、紫艳光。《齐民要术·卷六·养牛马驴骡》

②遂刳剔支体，抽裂心藏，挑其眼睛，投之蜜中，谓之鬼目粽。《魏书·卷九十七》

"眸""瞳""睛"三者皆表示"眼珠"，然在南北朝文献中仅"眸"会用来表示"眼睛"，这也许与三者的语源有关。"眸"与"目"同源，《同源字典·觉部》："目、眸：明母，觉幽对转。"吴宝安（2007：21）："'瞳'的来源是'童'。""睛"从目青声，青亦声。精、睛、婧等青声之字皆有明亮之意。王凤阳（2003：118）认为："三者来源不同，表示'眼珠'的特点亦不相同，'眸'侧重眼珠的位置，'瞳'侧重于其作用，而'睛'侧重于其神，故常用'眸'指'眼睛'。"随着"眸"逐渐变为书面语，"睛"在口语中占优势，指"眼睛"之义就慢慢地移到"睛"上了。例如：《西游记》第三十八回："那行者睁睛看处，真个的背在身上。"

【小结】本小节共分析了 7 个与"目"有关的词语，该语义场中的主导词为"眼"，"目"已慢慢成为书面语。该语义场中有一个很有趣的现象就是"眼珠"和"眼睛"关系紧密，两者之间常可以用来互指。"眼"既可以指"眼睛"，又可以指"眼珠"。而"眸""瞳"本皆用来指"眼珠"的词语，后来发展亦可以用来指"眼睛"。该语义场中眼睛与"眼眶"联系也很紧密，"眦"本指"眼眶"，后亦可以用指"眼睛"。

5. 鼻（nose）

鼻（nose）在《百词表》中居第 41 位，《牛津高阶英汉双解词典》第 1811 页："part of the face above the mouth, used for breathing and smelling." 在南北朝所查文献中，该语义场中仅有二个成员：鼻、頞。

【鼻】《说文·鼻部》："鼻，引气自畀也。从自、畀。"《正字通·鼻部》："鼻，《说文》本作自，象鼻形，小篆因借所专，谐畀声作鼻。"前贤对"自"与"鼻"的关系作了众多阐述①，"自"在南北朝文献中不表"鼻子"，我们对两者关系就不再赘述。"鼻"语音演变也是很复杂，前贤亦有论述。汪化云（2009：45）："'鼻'的读音一般来自全浊入声。这个读音《广韵》失记……普通话'鼻'的读音也是来自这个失记的读音。"黄树先师（2009：70）："通过汉语词族的变化，结合汉藏语言来探讨汉语'鼻'义场早期的语音面貌，探讨其形态变化。"

"鼻"本义为"鼻子"，是呼吸兼嗅觉的器官。《素问·阴阳应象大论》："在窍为鼻。"王冰注："鼻，所以司嗅呼吸。"汤勤、黄树先师（2006：59）对"鼻"的引申义作了梳理。"鼻"在南北朝所查文献中凡59 例，具指"鼻子"。例如：

①鼻如广莫长风，眼如悬河决溜。《世说新语·言语第二》

②其口嚼食并鼻饮，死者竖棺而埋之。《魏书·卷一百一》

"鼻"的引申义既可以根据鼻子的"全形"引申出"器物隆起或突起的部分"，亦可以根据"鼻孔"引申出"器物上带孔的部分"。在南北朝

---

①　以下文章对"鼻""自"关系进行了阐述：李瑾：《释"自"——"自"与"鼻"之音义关系及其语音发展论》，《华夏考古》1994 年第 1 期。范德茂：《"自"非"鼻"刍议》，《山东大学学报》（哲学社会科学版）2003 年第 4 期。陈炜湛：《"自"和"鼻"的因缘》，《语文建设》1983 年第 1 期。宋文风：《"自"字的训诂》，《绍兴文理学院学报》（社会科学版）1982 年第 1 期。

所查文献中，"鼻"常用其本义，在南北朝其他文献中有用指"器物上带孔的部分"。例如：

③缕条紧而贯矩，针鼻细而穿空。（庾信《七夕赋》）

"鼻"词义的这种引申，在其他语言中也同样存在：

英语：nose ①鼻子；the bridge of a nose；②嗅觉；觉察力；③气味；香味；④管子口；风箱口；瓶口；⑤前端突出部分；车头；飞机头；the plant's nose；⑥圆形突沿；金属护沿。《新时代英汉大词典》，第 1586 页。

法语：nez 鼻子；脸；头；嗅觉；敏感性；鼻状物；突出处。《新简明法汉词典》，第 654 页。

德语：Kartoffel 马铃薯；土豆；大怀表；大挂表；大鼻子；袜子上的大洞。《德汉汉德词典》，第 99 页。

Schnauze 某些动物的鼻子；壶嘴；飞机的机头；人的嘴；檐沟的流水口。《德汉汉德词典》，第 171 页。

在南北朝其他文献中，"鼻"也可以指"鼻涕"。例如：

④文宣性雌懦，每参文襄，有时涕出。浚常责帝左右，何因不为二兄拭鼻，由是见衔。《北齐书·卷一〇·列传第二》

黄树先师在《比较词义探索》中，从现代汉语方言和民族语言中找到了一些同样引申的例子。现引述如下：

中原官话、兰银官话"清鼻子"，清鼻涕（许宝华，第 5751 页）；胶辽官话、中原官话、晋语、吴语、赣语、客家话、粤语、闽语"鼻"，鼻涕（许宝华，第 6866 页）。

西部苗文 nzhus"鼻子；鼻涕"（鲜松奎 2000：239）。

苗语中这种使用也许是汉藏语言接触的结果。我们在英语、法语、德语中没有发现这种用例。

【頞】《说文·页部》："頞，鼻茎也。"《素问·气厥论》："胆移热于脑，则辛頞鼻渊。"王冰注："頞，谓鼻頞也。""頞"在"规定文献"中没有用例，可是在南北朝时期其他文献中有用例，具表"鼻梁"。例如：

①夫靡颜腻理，哆咮颟頞，形之异也。《梁书·卷五十·列传第四十四》

②加以顑颐蹙頞，涕唾流沫，骋黄马之剧谈，纵碧鸡之雄辩。《梁书·卷十四·列传第八》

"蹙頞"常用来指"愁容""不爽"。《孟子·梁惠王下》："百姓闻王钟鼓之声，管钥之音，举疾首蹙頞而相告。"赵岐注："蹙頞，愁貌。"在其他语言中也存在用鼻子来表示一种"愁容、无赖、不爽"等。例如：①

英语：pay through the nose（被敲竹杠，付出过高的代价）。

　　　Follow one's nose 跟鼻子走（笔直走，凭本能行事）。

法语：faire un long nez 拉长鼻（拉长脸，板起面孔）。

　　　Baisser le nez 低鼻（头）［尤指羞愧时］。

德语：anf die nase fallen［口］摔倒在鼻（失败，不成功）。

　　　Auf der nase liegen［口］躺在鼻上（［因病或劳累］卧床不起）。

　　　Mund und nase aufsperren［口］口鼻大张（十分惊讶，目瞪口呆）。

【准】《广韵·薛韵》："準，鼻也。"《史记·秦始皇本纪》："亲王为人，蜂準，长目。"张守节正义引《文颖》："準，鼻也。"在南北朝所查文献中，没有用例。

【小结】在南北朝文献中，与本语义场有关的词语凡 3 个。该语义场的主导词为"鼻"，在南北朝所查找的文献中，都是用其本义，但是在该时期其他文献和后期文献中，"鼻"可以用指"器物突起部分""器物隆起部分"。这种词义的引申在其他语言中亦如此，英语、法语、德语也存在这种引申。该语义场中的"頞"，本指"鼻梁"，因人类愁苦之时，鼻梁常有所变化，故"頞"可以用来指"愁容、无奈"，这种引申亦具有类型学特征。

6. 口（mouth）

"口"（mouth）在《百词表》中居第 42 位，《牛津高阶英汉双解词典》第 1743 页："opening through which animals take in food; space behind this containing the teeth, tongue, etc."在南北朝文献中，该语义场有以下成员：第一类为泛指"嘴"：口、嘴、喙、咮；第二类为嘴的一部分——嘴唇：吻、唇。该时期语义场的主导词还是"口"。

1）泛指嘴

【口】《说文·口部》："口，人所以言食也。象形。""口"在甲骨文就有记录，本义指"人或动物用来发声和进饮食的器官"。《书·秦誓》：

---

① 这些语料出自杨小洪《"鼻"语汇的文化语境与文化赋值》，《外国语》2007 年第 5 期。

"人之彦圣，其心好之，不啻若自其口出，是能容之。"其与"发声"密切相关，容易引申出"言论""言语"之义。《书·大禹谟》："惟口出好兴戎，朕言不再。""口"又是饮食进腹的第一个必经之路口，也就会引申出"出入的通道"。陶潜《桃花源记》："山有小口，仿佛若有光；便舍船，从口入。"在南北朝所查文献中，"口"词义丰富，可以用来指"嘴""言论""出入的通道"。例如：

①张吴兴年八岁，亏齿，先达知其不常，故戏之曰："君口中何为开狗窦？"《世说新语·排调第二十五》

②至乃斩人首，射其口，刺人脐，引肠绕树而共射之，以为戏笑。《魏书·卷八十九》

③王夷甫雅尚玄远，常疾其妇贪浊，口未尝言"钱"。《世说新语·规箴第十》

④可谓君子不失色于人，不失口于人。《宋书·卷六十二》

⑤及群凶收禽，各有所列，晔等口辞，多见诬谤。《宋书·卷七十一》

⑥高祖常被坚执锐，为士卒先，每战辄摧锋陷阵，贼乃退还峡口。《宋书·卷一》

⑦八月丙寅朔，帝自鲁口进军常山之九门。《魏书·卷二》

例①②用指本义，例③④⑤用指"言论"，例⑥⑦用指"出入通道"。"口"的这种引申，在其他语言中也有。例如：

英语：mouth n. 口，嘴；口腔；a girl with a rosebud mouth. vt. ①说，讲，读，发……音：mouth opinion. ②装腔作势地说出，故作姿态地说出；机械地重复：He kept mouthing rhe usual platitudes about the need for more compassion. ③小声但清晰地说出；用口形表达；对……努嘴示意：the manager mouthed me to close the door.《新时代英汉大词典》，第1531页。

Jaw n. ①颌；②下颌；③口部，嘴；vi. ①闲聊；胡扯；唠唠叨叨，喋喋不休；What's the good of jawing about a man when we haven't a chance of seeing any of his work? ②絮絮叨叨地责骂，数落；vt. ①说服，劝服；通过劝说而获得：he tried to jaw me to let him go；②责骂，教训。《新时代英汉大词典》，第1267页。

Lip ①嘴唇，嘴，口……⑤唐突无礼的话；顶嘴。《新时代英汉大词典》，第1380页。

德语：mund emundn großen M haben 爱吹牛；爱夸夸其谈。《朗氏德汉双解大词典》，第 1249 页。

又由"口"引申出"出入口"。例如：

英语：mouth ①口，嘴；口腔；②（容器的）开口：the mouth of a sack. ③火山口；洞口；in the mouth of cave. ④（笛子等吹奏乐器的）；⑤枪口；⑥（河流、湖泊等的）出口；入海口；we live on the mouth of the Yangtse River.《新时代英汉大词典》，第 1531 页。

Jaw n. ①颌；②下颌；③口部，嘴；④（山谷、水道等的）狭口，关隘，咽喉：the guide led us slowly through the pass's jaws。《新时代英汉大词典》，第 1267 页。

Lip ①嘴唇；嘴、口；②唇瓣；③（管乐器的）吹嘴；④（容器或洞穴的）边沿；（罐、壶等的）嘴。《新时代英汉大词典》，第 1380 页。

法语：bouche ①嘴，口，口腔；②入口；孔；穴；bouche d'incendie 消防龙头；③（江、河、海峡的）口；les bouches du Nil 尼罗河口. ④家口；吃饭的人。《新世纪法汉大词典》，第 312 页。

Gueule 1.（食肉动物、爬行动物、鱼的）嘴，口；②（人的）嘴，口；③脸，面孔；④（东西的）外貌，外形；⑤（某些东西的）进出口；口状物：la gueule d'un haut fourneau 高炉的炉喉；la gueule d'un four 炉口；窑口；la gueule d'un canon 炮口。《新世纪法汉大词典》，第 1285 页。

德语：mund ①口，嘴；②洞；洞口；emunds kraters 火山口，emunds schachtes 矿井口，emunds stollens 坑道口。《朗氏德汉双解大词典》，第 1249 页。

Schnabel ①鸟嘴，喙；②壶嘴，（容器的）嘴子。《朗氏德汉双解大词典》，第 1575 页。

"口"在南北朝所查文献中也可以指"人"。例如：

⑧丞相呼周侯曰："百口委卿!"《世说新语·尤悔第三十三》

⑨今京师民庶，不田者多，游食之口，三分居二。《魏书·卷六十》

⑩诏给内徙新民耕牛，计口受田。《魏书·卷二》

其他语言也有由"口"指"人"。例如：

英语：gob ①〈英俚〉嘴巴；②〈美俚〉水兵；水手。

法语：bouche 1. 嘴，口，口腔；…… ④家口；吃饭的人；avoir cinq bouches à nourrir 有五口人要养活；des bouches inutiles 吃饭不干活的人；

吃闲饭的人。《新世纪法汉大词典》，第 312 页。

德语：maul 1.（动物的）嘴；②（要供养的）人、口；Er muss fuänf hunrige maäuler ernaähren 他得养活五个人吃饭。《朗氏德汉双解大词典》，第 1198 页。

"口"在南北朝时期还可以作"量词"，刘世儒（1965：87）："发展到南北朝时期，它早已用得很宽泛了。"可以用指"人""动物""器物"等。例如：

⑪破二十余部，以功赐奴婢数十口，杂畜数千。《魏书·卷三十》

⑫显祖诏诸监临之官，所监治受羊一口、酒一斛者，罪至大辟，与者以从坐论。《魏书·卷二十四》

⑬银装剑一口、刺虎矛一枚、仙人文绫一百匹。《魏书·卷六十一》

⑭平还京师，灵太后见于宣光殿，赐以金装刀杖一口。《魏书·卷六十五》

⑮赐骅骝马一匹、宝剑一口。《魏书·卷七十》

⑯每耕即劳，以铁齿𰀀楼去陈根，使地极熟，令如麻地。于中逐长穿井十口。井必相当，斜角则妨地。《齐民要术·卷三·种葵第十七》

【觜/嘴】《说文·角部》："觜，鸱旧头上角觜也。"《广韵·纸韵》："觜，喙也。"段注："觜犹柴，锐词也。毛角锐，凡羽族之咮锐，故鸟咮曰觜。"《文选·潘岳〈射雉赋〉》："当咮值胷，列膆破觜。"徐爰注："觜，喙也。"《集韵·纸韵》："觜，或作嘴。"《五音集韵·旨韵》："觜，喙也。嘴，同上。"宋范成大《桂海虞衡志·志器》："有陶器如杯碗，旁植一小管若瓶嘴。""嘴"产生较晚，当为宋朝，其在现代汉语中广泛地使用，在南北朝之前的文献中没有用例，吕传峰对"嘴""口"之间的替换作了详细的论述①。"觜"在南北朝所查文献中，凡 53 例，其中 51 例用指"星宿名"，仅 2 例指与嘴有关。例如：

①肆吞噬于觜距，咸邑烬而野空。《魏书·卷六十五·列传第五十三》

②以绵幂铛觜瓶口，泻着瓶中。《齐民要术·卷五·种红蓝花栀子》

---

① 吕传峰（2006：107）："嘴""口"真正竞争始于元末明初，到清末，单用时"嘴"已基本完成对"口"的替换，但由"口"组成的复合词还大量使用。（《"嘴"的词义演变及其与"口"的历时更替》，《语言研究》第 1 期）

例①指"禽鸟之嘴"，例②就是泛指"形状或作用像嘴的东西"。

【喙】《说文·口部》："喙，口也。"朱骏声《说文通训定声》："兽虫之口曰喙。"指"鸟兽虫鱼之嘴"。《战国策·燕策二》："蚌方出曝而鹬啄其肉，蚌合而拑其喙。"在南北朝所查文献中，"喙"凡9例，有指"鸟嘴"（凡5例），也有指"兽嘴"（凡4例）。例如：

①龟背鳖腹，鹤颈鸡喙，鸿前鱼尾，青首骈翼，鹭立而鸳鸯思。《宋书·卷二十八》

②黄马白喙，不利人。《齐民要术·卷六·养牛马驴骡》

【咮】《说文·口部》："鸟口也。"《诗·曹风·候人》："维鹈在梁，不濡其咮。"毛传："咮，喙也。"在南北朝所查文献中，"咮"凡1例，用指"鸟喙"。例如：并角即音，栖翔禁籞，衮甲霜咮，翩舞川肆，荣泉流镜，后昭河源。《宋书·卷十六·志第六》

2）嘴的一部分

【吻】《说文·口部》："吻，口边也。"《周礼·考工记·梓人》："锐喙决吻，数目顅脰，小体骞腹，若是者谓之羽属。"郑玄注："吻，口腃也。"亦可以代指"口、嘴"。《文选·鲍照〈芜城赋〉》："饥鹰厉吻，寒鸱吓雏。"李周翰注："吻，觜也。""吻"在南北朝所查文献中凡7例，3例用于指"嘴唇"（例①），3例用于表示"用嘴唇接触人或物以示亲爱"（例②）。1例用于指"嘴"（例③）。例如：

①口吻欲得长。口中色欲得鲜好。旋毛在吻后为"衔祸"，不利人。《齐民要术·卷六·养牛马驴骡》

②余彼慈亲，垂之虎吻，以此为忠，无闻前诰。《宋书·卷七十三》

③黄吻年少，勿为评论宿士。《世说新语·方正第五》

在其他语言中，也有用"嘴唇"代指"嘴"。例如：

英语：lip ①嘴唇；catch one's lower lip between one's teeth。②lips：嘴，口：He had a freshly lit cigarette between lips。《新时代英汉大词典》，第1380页。

法语：lippe 厚而突出的下唇；faire la lippe 撇嘴；Rimbaud fit sa lippe la plus sauvage 兰波极其粗野地撇着嘴。《新世纪法汉大词典》，第1605页。

【脣/唇】《说文·肉部》："唇，口耑也。"《释名·释形体》："脣，口之缘也。"《庄子·盗跖》："脣如激丹，齿如齐贝。"亦可以借指"物的边或边缘"。《字汇补·肉部》："屑，器之外圆曰屑。"《墨子·备穴》："难穴，取城外池屑木瓦散之，外斩其穴，深到泉。"《六书故·人四》："唇，口端也。别作屑。"古籍中两者指"嘴唇"当为异体字，现代汉语简化后，两者又是繁简关系。"唇"在南北朝所查文献中，凡 41 例，多与"齿"或"喉"连用，具指"嘴唇"。例如：

①唇亡齿寒，理不难见。《宋书·卷七十九》

②何足以示后叶，而喉唇近侍苟以为然，亦岂容有异，便可如请。《魏书·卷六十八》

其他语言中，"唇"亦可以指"边缘"。例如：

英语：lip ①嘴唇；②（管乐器的）吹嘴；③（容器或洞穴的）边沿；（罐、壶等的）嘴；This jug would be worth a lot more if the lip wasn't cracked。《新时代英汉大词典》，第 1380 页。

法语：lévre ①唇，嘴唇；②（植）唇裂；③创口的边缘；④（管风琴的）唇管的口子；⑤（地质）（断层的）翼，侧。《新世纪法汉大词典》。

【小结】本小节共分析了 6 个与"嘴"有关的词语，在南北朝时期该语义场的主导词为"口"，"嘴"使用不普遍。该语义场中本用来指"嘴唇"的词语多可以用来指"嘴"，而且，"嘴唇"与"边缘"之间关系也非常紧密。汉语词义间的这种变化发展，在英语、德语、法语中亦存在，它们具有共性。

7. 牙（tooth）

牙（tooth）在《百词表》中居第 43 位，《牛津高阶英汉双解词典》第 3012 页："each of the hard white bony structures rooted in the gums, used for biting and chewing." 南北朝文献中，"牙"语义场成员不多，主要有：牙、齿、龇、齻。

前贤对"牙""齿"的研究主要体现在三个方面：第一，"牙""齿"本义考释以及两者词义辨析；① 第二，牙、齿历时演变研究；② 第三，

---

① 这方面成果主要有：张春玲、王永波：《"齿""牙"考辨》，《宁夏大学学报》（社会科学版）1987 年第 1 期。田树生：《辨"齿、牙"》，《殷都学刊》2002 年第 1 期。宋乐丰：《重辨"比""齿"——与〈语林趣话〉商榷》，《东华理工大学学报》（社会科学版）2004 年第 2 期。

② 龙丹：《魏晋"牙齿"语义场及其历时演变》，《语言研究》2007 年第 4 期。该方面的成果还有吴宝安《西汉核心词研究》，华中科技大学图书馆 2007 年版。

"牙"字来源研究。①

【齿】《说文·齿部》："口断骨也。向口齿之形。""齿"古字形
"山"，段注："则前当唇者称唇，后在辅车者称牙。"析言"齿"指门
牙。《诗·卫风·硕人》："领如蝤蛴，齿如瓠犀。"统言则当泛指牙齿。
《左传·哀公六年》："女忘君之为孺子牛而折其齿乎？""齿"与"齿状
物"在形态上存在相似性，故"齿"可以用指"齿状物"。《管子·轻重
甲》："与之定其券契之齿。"亦可以借指"年龄"。《孟子·公孙丑下》：
"天下有达尊三：爵一、齿一，德一……乡党莫如齿。""齿"在南北朝所
查文献中，凡182例，有特指"门牙"，也有泛指"牙齿"。例如：

①察成败之相仍，犹唇亡而齿寒。《宋书·卷六十七》

②入此秋变，头齿眩疼，根瘤渐剧，手足冷痹，左胛尤甚。《宋书·
卷七十三》

③甚臭，服之发齿已落者能令更生，病人服之皆愈。《魏书·卷一百
二》

还可以指"齿形物"。例如：

④登蹑常着木履，上山则去前齿，下山去其后齿。《宋书·卷六十
七》

⑤耕荒毕，以铁齿镉榛再遍耙之，漫掷黍穄，劳亦再遍。《齐民要
术·卷一·耕田第一》

"齿"引申出"齿形物"，这种相似引申在其他语言也有。例如：

英语：tooth ①牙；牙齿；a baby tooth ②齿状物；齿状突出；齿轮；
锯齿；梳齿；③爱好；口味。《新时代英汉大词典》，第2469页。

Tusk ①（象、海象等的）尖牙；獠牙；②（马等的）犬牙；尖牙；
③獠牙似的东西；尖物。《新时代英汉大词典》，第2523页。

法语：dent ①牙，牙齿；dents de lait（乳牙）；②齿状物：dents d'

---

① 有学者认为"牙"是外来词，主要代表有张永言《语文学论集》，语文出版社1992年
版，第235页；J. Norman, Tsu-lin Mei. The Austroasiatics in Ancient South China: Some Lexical Evi-
dence [C]，《梅祖麟语言学论文集》，商务印书馆2000年版，第459-497页。还有学者认为
"牙"不是外来词。杨琳先生认为："汉外对应至少要满足两个条件，一是音义相符，二是同时
同存。""汉语中的'牙'是自源的，不是外来词。至于南亚语中的nga倒有可能是从汉语借入
的。"我们比较赞同杨琳先生的观点。（杨琳：《古汉语外来词研究中存在的问题》，《南开语言学
刊》2010年第1期）

une feuillt 叶子的锯齿状边缘；③（机）齿；轮齿；锯齿；嵌齿；轮牙；dents d'une scie 锯齿状刀刃。《新世纪法汉大词典》，第 750 页。

Denture ①〈书〉（一口）牙齿，牙列：avoir une belle 长着一口好牙齿；②（机）齿，轮齿；齿圈，锯齿。《新世纪法汉大词典》，第 750 页。

Croc ①钩子；②钉耙；铁耙；铁塔；③篙子；④犬牙；獠牙。《新世纪法汉大词典》，第 675 页。

德语：zahn 牙齿；轮齿；锯齿。《德汉汉德词典》，第 233 页。

《齐民要术·卷六·养牛马驴骡》中具体讲了如何根据牲畜牙齿判定它们的年龄。"牙齿"与"年龄"之间关系紧密，在南北朝文献中"齿"还可以用来表示"年龄"，这种现象南朝文献比北朝文献更为普遍些。例如：

⑥乃有务在丰役，增进年齿，孤远贫弱，其敝尤深。《宋书·卷四十二》

"齿"除了作名词外，还可以用作动词。作动词时可以指"并列"。《左传·隐公十一年》："寡人若朝于薛，不敢与诸任齿。"杨伯峻注："齿，列也。不敢与齿，谓不敢与并列。"可以指"录用"等。《礼记·王制》："屏之远方，终身不齿。"郑玄注："齿犹录也。"在南北朝所查文献中，"齿"可以指"并列""谈说"等。例如：

⑦光武以冯衍才浮其实，故弃而不齿。《宋书·卷六十二》

⑧补国将军王绪，顽凶狂狡，人理不齿，同恶相成，共窃名器。《魏书·卷九十六》

⑨傲主人，非礼也；以贵骄人，非道也。失此二者，不足齿之伧耳！《世说新语·简傲第二十四》

"齿"用作动词，其他语言中也有，但是词义不一定相同。例如：

英语：tooth：n. 牙；牙齿；vt. 给……装齿—vi.（齿轮）咬合。《新时代英汉大词典》，第 2469 页。

法语：pince ①钳子；夹钳；老虎钳；夹子；②（马等的）前齿；③钳；夹；④（虾、蟹的）螯。《新世纪法汉大词典》，第 2029 页。

【牙】《说文·牙部》："牙，牡齿也。"《六书·故人四》："口有齿有牙。齿当唇，牙当车。齿相直也，牙相入也。"指"大牙"。《左传·隐公五年》："皮革、齿牙、骨角、毛羽，不登于器。"孔颖达疏："颔上大齿谓之为牙。"亦可以泛指"牙齿"。《楚辞·大招》："靥辅奇牙，宜笑嫣只。"蒋骥注:"奇牙,美齿也。"在南北朝所查文献中,"牙"凡114例,单用泛指"牙齿"凡26例,与"爪"连文,组成"爪牙或牙爪"凡27例。例如:

①牙欲去齿一寸,则四百里。《齐民要术·卷六·养牛马驴骡》

②熊罴厉爪,蓄攫裂之心;虎豹摩牙,起吞噬之愤。《宋书·卷七十四》

③今腹心丧羊孚,爪牙失索元,而匆匆作此诋突,讵允天心?《世说新语·伤逝第十七》

④听招募壮勇以为爪牙,其募士有功,赏加常募一等。《魏书·卷六十三》

"牙"在南北朝文献中还有5例用指"芽"。例如:

⑤谨谨着牙,真类鹿尾。蒸而卖者,则收米十石也。《齐民要术·卷三·蔓菁第十八》

⑥顺天行诛,司典详刑。树牙选徒,秉钺抗旆。《宋书·卷六十七》

黄树先师在《比较词义探索》中从类型学角度考察了"牙"与"芽",故此不赘述。"牙"在南北朝文献中其他用例主要用指"衙门""古代军队主将所在的称呼"。

【龀】《说文·齿部》:"龀,毁齿也。"《国语·郑语》:"府之童妾未既龀而遭之。"韦昭注:"毁齿曰龀。"在南北朝所查文献中,"龀"凡7例,都是以双音节词出现,组成"髫龀"(凡4例)"孩龀""童龀",具指"儿童"。例如:

①子业虽曰嫡长,少禀凶毒,不仁不孝,着自髫龀。《宋书·卷七》

②而有已成之事,故可无殇,非孩龀之谓也。《宋书·卷十五》

③宣令童龀,任意所从,其走赴舞堂者万数,往就学馆者无一。《魏书·卷六十》

【齻】《玉篇·齿部》:"齻,牙也。"《六书故·人四》:"齻,真牙也。男子二十四岁,女子二十一岁真牙生。"《仪礼·既夕礼》:"右齻左齻。"贾公彦疏:"谓牙两畔最长者。"在南北朝所查文献中,"齻"没有用例,但是在南北朝其他文献中有用例。例如:武成生齻牙,问诸医。《北齐书·卷三十三》

【小结】本小节共4个与"齿"有关的词语,在南北朝时期该语义场的主导词为"齿"。"齿"可以指特指,亦可以泛指,还可以用来指"齿状物"，也可以用作动词，"齿"词义的演变发展具有类型学特征。"牙"当为汉语自源词，在南北朝时期亦可以用指"齿"，但是多以复音词形式出现。该语义场其他词语的发展变化不大。

8. 舌（tongue）

舌（tongue）在《百词表》中居第 44 位，《牛津高阶英汉双解词典》第 3011 页："movable organ in the mouth, used in tasting, licking, swallowing and（in man）speaking."在南北朝时期，"舌"语义场成员简单，就有一个。

【舌】《说文·舌部》："舌，在口所以言也，别味也。"《素问·阴阳应象大论》："在窍为舌。"王冰注："舌，所以司辨五味也。""舌"功能之一为"言谈"，故其可以用来指"言语""言辞"。《论语·颜渊》："惜乎，夫子之说君子也！驷不及舌。"何晏《集解》引郑玄曰："过言一出，驷马追之不及。""舌"从外形上看"扁平"，故常引申出为"舌状物"。《抱朴子·外篇·博喻》："故锯齿不能咀嚼，箕舌不能别味。""舌"在南北朝所查文献中凡 50 例，其中 12 例用于人名、物名，28 例用于指"舌"。用于指"舌头"时，既可以用于"人"，又可以用于"一般动物"。例如：

①燕太子吐一言，田先生吞舌而死。《宋书·卷六十二》

②三日不读《道德经》，便觉舌本间强。《世说新语·文学第四》

③狗便呀欲死，牛复吐出舌。《魏书·卷五十六》

在南北朝所查文献中，"舌"亦可以引申指"言辞""言论"，凡 3 例。例如：

④今年必败。常日正赖口舌争之，故得推迁耳。《宋书·卷六十九》

⑤此非唇舌所争，尔必望济者，将去时，但当屡顾帝，慎勿言！《世说新语·规箴第十》

"舌"为发音器官之一，故可以指"装在铃铎内的锤，亦可以指管乐器的簧"。《书·胤征》："遒人以木铎徇于路。"孔传："木铎，金铃木舌。"在南北朝所查文献中，凡 1 例用指此。例如：

⑥铙，如铃而无舌，有柄，执而鸣之。《宋书·卷十九》

"舌"引申出"言论"，在其他语言中也有。例如：

英语：tongue：n.①舌；舌头；（软体动物的齿舌）②（用作食品牛羊等的）口条；③说话方式；说话能力；④语言；方言；土语；⑤舌状

物；鞋舌；大车的辕杆；铃锤；钟锤；舌片；簧舌；火舌；火苗；vt. 用运舌法吹奏；vi. 使用运舌法。《新时代英汉大词典》，第 2467 页。

法语：langue ①舌：langue bifide ②语言；语；langue nationale 民族语言；C'est la confusion des langues 七嘴八舌地讲，谁都听不懂；③（某时期、某社会集团或个人、某学科）用语；④语言规则；⑤表达法；langue de bois 刻板的表达；⑥舌形物：langue de feu 火舌；langue de terre 狭长的半岛。《新世纪法汉大词典》，第 1560 页。

德语：zunge ①舌；舌头；②（作为菜肴的）口条；舌；③sprache（语言、暗语）；④咬着舌头发音。《朗氏德汉双解大词典》，第 2145 页。

以上英语、法语中的"舌"都有"舌状物"的引申义，这种引申还有一些例子。例如：

法语：languette 小舌；小舌状物；天平的指针。《新简明法汉词典》，第 560 页。

德语：zaptchen 小舌；小塞子；栓剂。《德汉汉德词典》，第 233 页。

"舌"在南北朝所查文献中，还有 6 例与"喉"连文，组成"喉舌"，用来表示"重要官员"。例如：

⑦楗闭司心腹喉舌，东西咸主阴谋。《宋书·卷二十五》

⑧高宗称秀聪敏清辨，才任喉舌，遂命出纳王言，并掌机密。《魏书·卷四十二》

【小结】本小节仅有"舌"1 个成员，南北朝时期该语义场主导词为"舌"。"舌"既可以单音节形式出现，亦可以复音节形式出现。词义既可以用本义，亦可以用引申义指"舌状物""言语"。"舌"的这种引申方式，在英语、德语、法语等语言中有存在，具有类型学的特征。

9. 角（horn）

角（horn）在《百词表》中居第 34 位，《牛津高阶英汉双解词典》第 1383 页："bony outgrowth, usu curved and pointed and one of a pair, on the heads of cattle, deer, rams and various other animals.""角"为"牛、羊、鹿"等动物头部常见构件，故放入该节探讨。在南北朝文献中，该语义场也很简单，只有"角"一个成员。

【角】"角"在古籍中读音有四种，我们只考虑其中读音为"古岳切"类，即本义指"兽角"或由该本义引申出来的用例。《说文·角部》："角，兽角也。"古字形为""，象形字，本义所指明显。在现实生活中角形之物很多，故"角"可以指"形状像兽角的东西"。《诗·齐风·甫田》："婉兮娈兮，总角丱兮。"郑玄笺："总角，聚两髦也。"孔颖达疏："总聚其发以为两角丱然分。"亦可以引申指"角落"。《易晋》："晋其角，维用伐邑。"孔颖达疏："晋其角，西南隅也。"在南北朝所查文献中，"角"可以指"兽角"（例①—③），亦可以指"形状似兽角之物"（例④—⑥）。例如：

①见一禽，巨如羔羊，头上有角，其末有肉。《宋书·卷二十七》

②学者如牛毛，成者如麟角。《魏书·卷八十五》

③王君夫有牛名"八百里驳"，常莹其蹄角。《世说新语·汰侈第三十》

④延昌四年十二月，洛州上言魏兴太守常矫家黄雌鸡，头上肉角大如枣，长寸三分，角上生聚毛，长寸半。《魏书·卷一百一十二上》

⑤大豆：有黄落豆；有御豆，其豆角长；有杨豆，叶可食。胡豆，有青、有黄者。《齐民要术·卷二·大豆第六》

⑥魏隐兄弟少有学义，总角诣谢奉。《世说新语·赏誉第八》

"角"在南北朝所查文献中还可以指"角落，两个物体边沿对接之处"①。例如：

⑦汝有贵相，而有大厄，可以钱二十八文埋宅四角，可以免灾。《宋书·卷四十三》

⑧有赤气如雾，从显阳殿阶西南角斜属步廊。《魏书·卷一百一十二上》

⑨许思文往顾和许，顾先在帐中眠，许至，便径就床角枕共语。《世说新语·排调第二十五》

⑩井必相当，斜角则妨地。《齐民要术·卷三·种葵第十七》

"角"引申指"形状像角之物""角落"，在其他语言都存在。例如：

英语：horn ①（牛、羊、鹿等动物的）角，茸角；（昆虫等动物头上的）触角；角羽；耳羽；a bull with big horns /insect's horn；②角质；角质物；③号角；铜管乐器；④号手，吹号者；小号的吹奏者；⑤角状物；尖角：horn antenna；⑥角质容器；角状器皿；a drinking horn。《新时代英汉

---

① "角"指"角落"，与"隅"是同义词。牛太清（2003）、王东（2005）作了详细的考察。文章如下：牛太清：《常用词"隅""角"历史更替考》，《中国语文》2003 年第 2 期。王东：《"隅/角"历史替换小考》，《延安大学学报》（社会科学版）2005 年第 4 期。

大词典》，第 1134 页。

Antler ①鹿角；茸角；②鹿角枝。《新时代英汉大词典》，第 99 页。

法语：corne ①（动物的）角；cone de buffle。②角质的东西：peigne de cone；③号角；cone de berger。④蹄；la cone du sabot du cheval。⑤老茧；⑥触角：cones d'un escargot。⑦尖角；突角；角状物：chapeau à trios。⑧角状饰。⑨卷角（指书）。《新世纪法汉大词典》，第 631 页。

Coin ①尖劈，楔子；②（用于固定、夹紧的）楔形物；③标记；记号；④（金属）包角；⑤（牛、马、羊等最靠近白齿的）门牙；⑥角；角落；隅；⑦一小块，一小部分。《新世纪法汉大词典》，第 546 页。

德语：ecke ①角；隅；书角、房角、桌角、立体角；②路角；拐角处；③一角；一块；④地段、地区，角，隅。《朗氏德汉双解大词典》，第 465 页。

英语的"horn"、法语的"corne"词义发展中都产生了"乐器名"这一词义，其实在汉语当中也不例外。《广韵·觉韵》："角，亦大角，军器。"这个词义的产生与"角"在各族人民中使用有着密切关系。起初，古代人民都曾用动物的"角"制作出各类发音的器物，用来娱乐。"角"也就慢慢地引申出"乐器名"。在南北朝所查文献中，"角"还可以指"五音之一"，我们认为用指"五音之一"的"角"也许是兽角之"角"的音变造词。

【小结】本小节仅 1 个用指"角"的成员，南北朝时期该语义场的主导词为"角"。"角"引申可以用指形状似角的器物，亦可以根据其功用引申指"乐器名"。它的这种引申方式在英语、法语、德语中亦存在，具有类型学特征。

三 四肢构件核心词

《现代汉语词典》第 1295 页："四肢：指人体的两上肢和两下肢，也指某些动物的四条腿。"《百词表》用来指"四肢"的词语包括"45 位的爪（claw）、46 位的脚（foot）、47 位的膝（knee）、48 位的手（hand）"四个词语。为了讨论方便，我们把"35 位的尾（tail）"也放入该节来分析。

1. 爪（claw）

爪（claw）在《百词表》中居第 45 位，《牛津高阶英汉双解词典》

第 464 页："（a）any of the pointed nails（naill）on the feet of some mam-mals，birds and reptiles." 在南北朝所查文献中，指 "指甲" 的词语不多，主要有以下几个：爪、甲、距。

【爪】《说文·爪部》："爪，丮也。覆手曰爪，象形。" 本指 "鸟兽之趾甲"。《周礼·考工己·梓人》："凡攫杀援簭之类，必深其爪，出其目，作其鳞之而。" 也可以借指 "手指或手"。《六书故·动物三》："爪，人之指叉或以通作爪。"《素问·五藏生成论》："肝之合筋也，其荣爪也。" 司马光《涑水记闻》卷三："何至，则读其碑，辨识文字，以爪搔发垢而嗅之。" 在南北朝所查文献中，"爪" 除去 "爪牙" 外，凡 14 例，即可以指 "手指"，亦可以指 "鸟兽之爪" 或 "人之指甲"。例如：

①手足爪如鸟爪，皆下句。《宋书·卷三十四》

②初，浩父疾笃，浩乃剪爪截发，夜在庭中仰祷斗极，为父请命。《魏书·卷三十五》

③熊罴厉爪，蓄攫裂之心。《宋书·卷七十四》

④虽神气不变，而心了其故，以爪掐掌，血流沾褥。《世说新语·雅量第六》

"爪" 也可以指 "爪形器物"。《六书故·动物三》："爪，车盖之爪以玉饰之，亦曰爪。" 在南北朝所查文献中有用例。例如：

⑤或垂绳钩弋、鹗爪、龙牙，上下数重，所在皆得。《齐民要术·卷五·种桑柘第四十五》

⑥黄金涂五末，盖爪施金华。《宋书·卷十八》

"爪" 本指 "鸟兽之趾甲"，后又指 "人的指甲"，再引申指 "爪形器物"。这种引申途径在其他语言中也有。例如：

英语：claw ①（鸟、兽、昆虫等的）爪；脚爪；②（虾、蟹等节足动物的）螯；③爪状物；爪形器；起钉器。《新时代英汉大词典》，第 397 页。

Nail ①钉子；②指甲；趾甲；（动物的）爪；喙甲。《新时代英汉大词典》，第 1548 页。

法语：patte ①爪子；脚；②〈俗〉（人的）脚；③〈俗〉（人的）手；④（玻璃酒杯的）脚；⑤舌状布片，皮料；鞋舌；⑥铁钩；夹子；爪。《新世纪法汉大词典》，第 1952 页。

Ongle ①指甲；趾甲；②（动物的）爪；③〈旧〉蹄；④［植］爪。

《新世纪法汉大词典》，第 1871 页。

Griffe ①爪；爪子；②〈转、俗〉魔爪；魔掌；毒手；③签名章；戳记；④作者的风格，作者的特色；⑤（植）爪状根、根茎或鳞茎；⑥虎爪饰；⑦爪形工具。《新世纪法汉大词典》，第 1276 页。

德语：pfote 爪子；动物的前爪；手；蹩脚的书法。《德汉汉德词典》，第 144 页。

【距】《说文·足部》："距，鸡距也。"《六书故·人九》："距，鸡爪也，斗则用距。"《汉书·五行志中之上》："宣帝黄龙元年，未央殿辂軨中雌鸡化为雄，毛衣变化而不鸣，不将，无距。"颜师古注："距，鸡附足骨，斗时所用刺之。"在南北朝所查文献中，"距"凡 116 例，有 104 例用于通假，有 9 例用其本义，指"鸡爪"。例如：

①明帝泰始中，吴兴东迁沈法符家鸡有四距。《宋书·卷三十》

②毛变而不鸣不将，无距。《魏书·卷六十七》

③如鸡距者，五百里。《齐民要术·卷六·养牛马驴骡》

"距"亦可以用来指"像鸡距一样的东西"或者"倒钩"。《墨子·备城门》："城上之备：渠谵、藉车、行栈、行楼、到、颉皋、连梃、长斧、长椎、长兹、距。"在南北朝所查文献中，凡 3 例用作"像鸡距一样的东西"。例如：

④复奉役于前辕，仍执羁于后距。《魏书·卷六十五》

⑤且有驱除之雄，勿用距之于朔方矣。《魏书·卷一百五之三》

⑥剥必留距；若不留距，侵皮痕大，逢寒即死。《齐民要术·卷四·园篱第三十一》（石声汉注：切断树枝时，留下靠茎一小段，像雄鸡的"距"一样。）

法语"鸡距"词义引申与汉语很相似。例如：

Ergot 公鸡等的距；残留趾；悬蹄；麦角；果树的枯梢；隼木；凸缘；凸边。《新简明法汉词典》，第 359 页。

【甲】"甲"本义指"护身衣"，后引申亦可以指"手指或足趾上的角质层"。《管子·四时》："西方曰辰，其时曰秋，其气曰阴，阴生金与甲。"尹知章注："阴气凝结坚实，故生金为爪甲。"在南北朝所查文献中，"甲"可以用指"手指或足趾上的角质层"。前文已经阐述，此不赘述。

【小结】本小节共分析了 3 个与"爪"有关的词语，该语义场中的主导词为"爪"。既可以用于动物，也可以用于人，其词义引申还可以指"爪状物"，这种引申在英语、法语、德语中相似，具有类型学特征。而该语义场中的其他词语用来指"爪"皆为引申义，主要在书面语中使用。

2. 脚 (foot)

脚 (foot) 在《百词表》中居第 46 位，《牛津高阶英汉双解词典》第 1104 页："lowest part of the leg, below the ankle, on which a person or animal stands." 根据这个定义，在南北朝文献中，与"脚"有关的词语共有三类：一类是用于泛称脚的词语；一类是指膝盖至踝部（包括踝）的词语；一类是指踝以下部分的词语。前文"骨"语义场已经对南北朝膝盖至踝部（包括踝）的词语作了探讨，在此不赘述。故该语义场主要谈论以下两类词语。

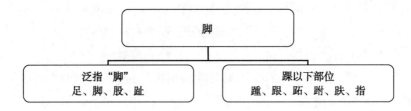

1）泛指"脚"

泛指"脚"的词语有：足、脚、腿、胫、股、趾。前面我们已经对"胫"作了阐述，此不赘述。"腿"产生的时间较晚，王力（1958：576）："《说文》没有'腿'字，《玉篇》：'腿，腿胫也。'可见'腿'字产生得很晚，在'脚'字丧失了'小腿'的意义以后。'腿'的最初意义是'小腿'。"连登岗（2010：84）对王力这一观点提出质疑："'腿'字产生于晋至隋期间，至迟不会晚于唐代。"① 我们利用《四库全书》电子版进行了检索，南北朝没有"腿"的用例。故在泛指脚的语义场中我们只考虑四个成员。

【足】《说文·足部》："足，人之足也。"古字形为♀，对这个字形的释读学界存在争议。其亦可以指"动物用以行走或奔跑的器官"。《尔雅·释鸟》："二足而羽谓之禽。四足而毛谓之兽。"引申可以指"植物的根茎"或者"器物下部形状像脚的支撑部分"。《左传·成公十七年》：

---

① 连登岗：《"腿"的名称变化》，《南通大学学报》（社会科学版）2010 年第 6 期。

"仲曰：'鲍庄子之知不如葵，葵犹能卫其足。'"杜预注："葵倾叶向日，以蔽其根。"《易·鼎》："九四，鼎折足，覆公餗，其形渥，凶。"黄树先师（2009）对"足"与"根"之间的关系作了详细论述。在南北朝所查文献中"足"凡1153例，其中178例指"足"，有指整条腿，有指脚掌。例如：

①夫蝮蛇螫手则断手，螫足则断足，诚忍肌体以救性命。《魏书·卷五十》

②长三丈余，足迹三尺一寸。《宋书·卷二十七》

有3例用指"器物下部像脚的支撑部分"。例如：

③臣闻圣不独明而治，鼎不单足而立，是以萤火之光，犹增日月之曜。《魏书·卷三十》

还有5例用指"事物的基部"。例如：

④吾得启体幸全，归骨山足，亦何所多恨。弟思自勉励，为国为家。《宋书·卷五十六》

⑤向从阁下过，见令史受杖，上捎云根，下拂地足。《世说新语·政事第三》

"足"在南北朝文献中，更多的是用指"完备""满足""充实"等。"足"的两个词义"脚"与"满足"，两者之间是否存在引申关系，学界存有争议。高本汉《汉文典》（1940：537）认为两者是同音假借。《现代汉语小词典》将两者处理为形同音同意义不同的词目。陈卫垣（2010：34）认为："表示身体部位的'足'与表示'充足'的'足'为同源引申关系。"陈文主要考虑了其字形、字义的演变，对字音没有涉及。《列子·杨朱》："逃于后庭，以昼足夜。"杨伯峻《集释》："《释文》云：足，即且切，益也。《广韵·遇韵》：'足，添物也。'则读去声。"此"足"《广韵·遇韵》："子句切。"而表示"脚"之"足"，《广韵·烛韵》："即玉切。"两者读音有异，不能混同。读"子句切"的"足"指"补足、凑满"，这个词义与"满足"词义联系更直接一些。江西新干方言中表"满足"之意就是读"jiu^{11}"，比如：我吃jiu^{11}了。故我们认为，"足"表"满意"之义，也许是读"子句切"的"足"的引申，这还有待研究。

【脚】《说文·肉部》："脚，胫也。"段注："《东方朔传》曰'结股脚'谓跪坐之状。股与脚以膝为中。"本特指"小腿"。《墨子·明鬼下》："羊起而触之，折其脚。"也可用来泛指"脚"，包括整个下肢。[1]《山海经·海外西经》："长股之国，在雄常北，被髪，一曰长脚。"在南北朝所查文献中，"脚"凡96例，其中81例泛指脚，15例指"器物的底部或器物像脚的部分"。例如：

	《宋书》	《世说新语》	《魏书》	《齐民要术》
泛指"脚"	23	6	21	31
器物的底部	7	2	0	6

①酒酣后，刘牵脚加桓公颈，桓公甚不堪，举手拨去。《世说新语·方正第五》

②章武王融并以所负过多，颠仆于地，崇乃伤腰，融至损脚。《魏书·卷十三》

③今自济州以西，犹用长辕犁、两脚耧。《齐民要术·卷一·耕田第一》

④种欲截雨脚。若不缘湿，融则不生。《齐民要术·卷二·胡麻第十三》

⑤去车脚，舆以还第，时年二十七。《宋书·卷七十二》

学者们对"足"与"脚"之间的历时考察较多，以汪维辉先生的论述较为权威。[2]两者都可以泛指"下肢"，引申都可以指"器物像脚的部分"或者"事物的底部"。这种引申不仅仅在汉语中有，在其他语言中也有。例如：

---

① 董志翘（1985）《"脚"有"足"义始于何时》（《中国语文》）认为："最早的例子见于《三国志》。"吴金华（1986）《脚有足义始于汉末》认为："始见于汉末。"汪维辉（2000）认为："始于三国。"张雪梅（2007）《脚有足义始于西汉中期》认为："始于西汉中期。"黄树先师（145-148）《汉语核心词探索》认为："'脚'当'足'讲，其时间可以提前到先秦晚期。"

② 探讨两者历时关系的论述有李云云：《汉语下肢语义场的历史演变》，《绵阳师范学院学报》2004年第1期。王建喜：《先秦至魏晋南北朝腿部语义场的演变》，《周口师范学院学报》2006年第6期。汪维辉：《东汉—隋常用词演变研究》"足/脚"条："从先秦起，'脚'就存在着泛指人体及动物下肢的倾向，在东汉魏晋南北朝时期，这一用法得到空前的发展，并取代了相应的文言词'足'，当时'脚'的词义和今天的吴方言类似，这是'脚'字历史发展的第一阶段。'脚'进一步发展成为专指脚掌，是唐以后的事（但在六朝后期的北方话中已经可以看出端倪），是它的第二阶段。这一阶段并未在所有的方言里都完成，直到今天，吴方言仍停留在第一阶段的状态。"2000年。

英语：foot ①（人或动物的）脚，足；②（长袜等的）脚部；there is a hole in the foot；③最下部，底部；底座；（桌、椅、山等的）脚；the foot of a sculpture；④（床、墓等的）下端，放脚的一端；下首的座位；⑤步；脚步；步态；步行；跑步；⑥英尺。《新时代英汉大词典》，第 905 页。

法语：pied ①（人的）脚，足；②立脚处；立足处；③步态，步伐；步子；④脚状物；鞋底；pied de fer（鞋匠用的）脚状铁砧；⑤（动物的）脚，蹄；⑥（器皿、家具的）脚，腿；pied de table 桌子的脚；le pied d'une lampe 灯的支架；⑦（蔬菜等）近地面的基部；（树干的）根部；⑧株；棵；⑨（山、墙等的）基部，脚。《新世纪法汉大词典》，第 2022 页。

德语：schenke 股；大腿；三角形的腰；角的边；剪刀、圆规等的脚。《德汉汉德词典》，第 167 页。

Bein（人或动物的）腿；（家具、器具的）腿；《德汉汉德词典》，第 34 页。

【股】《说文·肉部》："股，髀也。"段注："髀，股外也。言股则统髀，故曰髀也。"指"大腿"，从胯至膝盖的部分。《战国策·秦策一》："〔苏秦〕读书欲睡，引锥自刺其股，血流至足。"也指"胯至足踵部分"。《广雅疏证》："凡对文，则膝以上为股，膝以下为胫……散文则通谓之胫。"《诗·小雅·采菽》："赤芾在股，邪幅在下。"郑玄笺："胫本曰股。"在南北朝所查文献中，"股"凡 63 例，其中 55 例指"大腿"，7 例指"直角三角形构成直角的较长的边"。例如：

①嗟臂大于股，将受其殃。《宋书·卷二十二》

②陈留、章武，伤腰折股。贪人败类，秽我明主。《魏书·卷十三》

③以句股法言之，傍万五千里，句也。《宋书·卷二十三》

④后主料注重差勾股，复撰《史宗》，仍自注之，合数十卷。《魏书·卷九十一》

【趾】《尔雅·释言》："趾，足也。"郭璞注："足，脚。""趾"从足止声，"止"当为"趾"之古字。①上古汉语中两者有混用，直到春秋时期才开始正式分开。郭全芝（1983：167）："用'趾'来代替表示脚的'止'在春秋时代已相当固定了。《左传》一书，'止'和'趾'的分工

---

① 参见黄树先《汉语核心词"足"研究》，《语言科学》2007 年第 2 期。郭全芝《说"趾"》，《淮北煤炭师范学院学报》（社会科学版）1983 年第 1 期。

已很清楚：'止'表示'止息'等'止'的引申义，'趾'则用来表示'止'的原义'脚'。"王凤阳（1993：128）："用'趾'表示'脚趾'，这是近代分别的产物。"王先生这个观点有待商榷，"趾"用指"脚趾"应当在中古就有了。《医宗金鉴·正骨心法要旨·足五趾骨》："趾者，足之指也。名以趾者，所以别于手也，俗名足节。"焦赣《易林·否之艮》："兴役不休，与民争时，牛生五趾，行危为忧。"在南北朝所查文献中，"趾"凡49例，其中16例用指"脚"。例如：

①赋敛罄其所资，良畴无侧趾之耦。《宋书·卷五十二》

②圣躬玉趾，非所践陟。《魏书·卷六十七》

"趾"是人体整个身体的最重要承重部分，由人及物，则指"事物的基础、地基部分"。《左传·宣公十一年》："议远迩，略基趾。"杜预注："趾，城足。"在南北朝所查文献中有10例指"基础、地脚"。例如：

③自《贡》典，先才经创，基趾犹存，澄流引源，桑麻蔽野，强富之实，昭然可知。《宋书·卷六十七》

④永平之中，始创雉构，基趾草昧，迄无成功。《魏书·卷四十一》

2）踝以下部位

【指】《说文·手部》："指，手指也。"《孟子·告子上》："今有无名之指，屈而不信，非疾痛害事也。"亦可以来指"足趾"。《左传·定公十四年》："灵姑浮以戈击阖庐，阖庐伤将指，取其一屦。"杜预注："其足大指见斩，遂失屦，姑浮取之。"在南北朝所查文献中，"指"凡291例，其中26例指"手指"，4例指"脚趾"。例如：

①其朝未兴，兵士进，杀二侍者于帝侧，伤帝指。《宋书·卷四》

②年十余岁，能以指弹碎羊膊骨。《魏书·卷七下》

③以刀头穿岸，少容脚指，于是径上，随之者稍多。《宋书·卷五十》

④人手足皆六指，产子非六者即不育，胜兵二千人。《魏书·卷一百二》

【踵】《玉篇·足部》："踵，足后曰踵。"《荀子·荣辱》："小人莫不延颈举踵而愿曰：'知虑材性，固有以贤人矣！'"亦可用作动词，《说文·足部》："踵，追也。"《六韬·均兵》："骑者，军之伺候也，所以踵败军，绝粮道，击便寇也。"在南北朝所查文献中，"踵"凡61例，其中15例用作名词，皆用作宾语，43例皆为动词。例如：

①驱龙池之种，藉常胜之气，二方候隙，企其移踵。《魏书·卷九十八》

②乃更助虐凭凶，抽兵勒刃，遂使顿仆牢井，死不旋踵。《宋书·卷七十九》

③公宣美王化，导扬休风，华夷企踵，远人胥萃。《宋书·卷二》

④今大晋继三皇之踪，踵舜、禹之迹，应天从民。《宋书·卷十四》

⑤故有踵覆车之轨，蹈衅逆之踪。《魏书·卷二》

⑥况导源积石，袭构昆山，门踵英猷，弼成鸿业，抗高天之攧柱，振厚地之绝维，德冠五侯，勋高九伯者哉！《魏书·卷七十四》

"踵"在南北朝时期，动词义活跃，名词义在上古汉语以及近代汉语出现较少。在两汉之前，"踵"名词还可以用指"鞋后跟"。《庄子·让王》："曾子居卫，缊袍无表，颜色肿哙，手足胼胝。三日不举火，十年不制衣，正冠而缨绝，捉衿而肘见，纳屦而踵决。"成玄英疏："履败纳之而跟后决也。"在近代"踵"又可以指"物体的基部"。《元史·五行志二》："〔元统〕二十八年六月壬寅，彰德路天宁寺塔忽变红色，自顶至踵，表里透彻，如煅铁初出于炉，顶上有光焰迸发，自二更至五更乃止。"

"脚后跟"与"鞋后跟"两者属于不同的领域，但是两者紧密相连，很容易产生相关引申。不仅汉语如此，其他语言中也有。例如：

英语：heel ①踵，（脚）跟；life one's right heel off the ground；②（马等的）后足；蹄的后部，后肢蹄踵；③（鞋、袜等的）后跟，踵部：shoes with high heels；④踵形物；根部；底部；后部；（近腕部的）手掌根；（提琴的）弓根；（步枪的）托踵；（高尔夫）棒杆弯头；He pressed the paper down firmly with the heel of his hand。《新时代英汉大词典》第 1094 页。

法语：talon ①脚后跟，踵；talon et pointe de pied；②马蹄的后跟；③（鞋、袜的）后跟；（袜子的）后掌儿：des chaussettes percèes an talon；④滑雪板的后端。《新世纪法汉大词典》第 2581 页。

德语：Ferse 脚后跟；袜跟。《德汉汉德词典》第 63 页。

【跟】《说文·足部》："跟，足踵也。"焦赣《易林·蹇之革》："头痒搔跟，无益于疾。"《释名·释形体》："足后曰跟，在下方著地，一体任之，象木根也。"王力《同源字典》第 83 页："见母文部同音。"两者（跟、根）同源。王凤阳（1993：128）："'跟'和'踵'是古今同义词，它是汉以后才兴起的，是用树木的'根'比喻人的脚'踵'的产物。"在

南北朝所查文献中,"跟"凡1例,用作动词,指"跟随"。例如:

①平旦,当有十人跟随,向西北行,中有二人乘黑牛,一黑牛最在前,一黑牛应第七。《魏书·卷九十一·列传第七十九》

然在南北朝其他文献中,"跟"可以指"脚跟",亦可以指"物体底部或后部"。例如:

②有人患脚跟肿痛,诸医莫能识。《北齐书·卷三十三·列传第二十五》

③无不熏衣剃面,傅粉施朱,驾长檐车,跟高齿屐,坐棋子方褥,凭斑丝隐囊,列器玩于左右,从容出入,望若神仙。《颜氏家训·卷第三》

【跖】《说文·足部》:"跖,足下也。"段注:"今所谓脚掌也。或借跖为之。"南北朝之前,"跖"可以用来指"腿脚"。《素问·通评虚实论》:"跖跛,寒风湿之病也。"王冰注:"湿胜于足则筋不利,寒胜于足则挛急……故足跛而不可履也。"在南北朝文献中,"跖"凡6例,其中5例用指"人名",还有1例,指"脚掌"。例如:会稽谢真生子,大头有鬃,两跖反向上,有男女两体。《宋书·卷三十四》

【跗/趺】《玉篇·足部》:"跗,《仪礼》:'乃屦綦结于跗,连絇。'跗,足上也。趺,同上。""跗"指"脚背"。《医宗金鉴·正骨心法要旨·跗骨》:"跗者,足背也。一名足趺,俗称脚面。"也可以指"脚",《集韵·虞韵》:"跗,足也。"《杂事秘辛》:"胫跗丰妍,底平指敛,约缣迫袜,收束微如。"在南北朝所查文献中,"跗/趺"都没有指"脚背或脚"的用例,但是在南北朝其他文献中有用例。例如:《北史·艺术传下·马嗣明》:"嗣明为灸两足趺上各三七壮,便愈。""跗"在南北朝其他文献中,主要用其引申义"花萼"或者"物体的底部"。例如:

①胤嗣长号,跗萼增恸。《梁书·卷八·列传第二》

②柱下以樟木为跗,长丈余,阔四尺许,两两相并,凡安数重。《北史·卷六十·列传第四十八》

"趺"亦会用指"花萼""物体的底部",其还可以特指"碑下的石座"。例如:

③休之步登冢头,见一铜柱,趺为莲花形。《北史·卷四十七·列传第三十五》

【小结】本小节共分析了10个与"足"有关的词语,南北朝时期该语义场的主导词为"足"。其他与"足"有关的词语皆没有广泛使用。通

过本小节的分析,可以发现"足"与"根基""事物的底部"关系非常
密切。这种关系不仅仅在汉语中存在,在英语、法语、德语中亦存在。

3. 膝(knee)

膝(knee)在《百词表》中居第 47 位,《牛津高阶英汉双解词典》
第 1586 页:"(a) joint between the thigh and lower part of the human leg;
corresponding joint in animals." 根据牛津英语的定义,本小节我们主要考
虑四肢的关节词语,这类词语有三类。

1)泛指关节

【节】《说文·竹部》:"节,竹约也。" 段注:"约,缠束也。竹节如
缠束之状。" 本指"竹节",其形状、功能与人关节相似,故引申可以指
"人或动物骨骼的连接处"。《吕氏春秋·开春》:"饮食居处适,则九窍百
节千脉皆通利矣。" 在南北朝所查文献中,"节"凡 1829 例,其中 12 例
用于泛指"草木条干间坚实结节的部分"。例如:

①露枝霜条,故多劲节,非鸾则凤,其在本枝也。《魏书·卷十四》

②春初掘藕根节头,着鱼池泥中种之,当年即有莲花。《齐民要术·
卷六·养鱼第六十一》

还有 3 例用于指"动物骨骼的连接处"。例如:

③"乌头"欲高。"乌头",后足外节。《齐民要术·卷六·养牛马驴
骡》

④不治者,入膝节,令马长跛。《齐民要术·卷六·养牛马驴骡》

【关】《说文·门部》:"关,以木横持门户也。" 门闩是屋内外分割的
一个重要标记,"关"引申则可以指"人体上某些关键部位或器官的名称"。
《难经·十八难》:"脉有三部九侯,三部者,寸、关、尺也。" 在南北朝所
查文献中,"关"凡 912 例,仅有 1 例用指"人体某关键部位"。例如:"天
关"欲得在。"天关",脊接骨也。《齐民要术·卷六·养牛马驴骡》

"关"引申义也可以泛指"人或动物的关节"。《素问·骨空论》:

"腘上为关。"段成式《酉阳杂俎》："荆丛下见一病鹤，垂翼俛咪，翅关上疮坏无毛。"但是，我们在南北朝所查文献中没有找到用例。

2）手部关节

【肘】《说文·肉部》："肘，臂节也。"《左传·成公二年》："自始合，而矢贯余手及肘。"黄树先师（2003：90）："汉语和缅语的词义稍有不同，但词义是可以相通的：肘、膝都是四肢的关节处。"在南北朝所查文献中，"肘"凡 16 例，其中 15 例用指"上下臂相接处可以弯曲的部位"，既可以用于人，又可以用于动物。例如：

①肘腋欲开，能走。《齐民要术·卷六·养牛马驴骡》

②旧目韩康伯：将肘无风骨。《世说新语·轻诋第二十六》

还有 1 例用作动词。例如：

③帝肘之曰："朕畏天顺人，授位相国，何物奴，敢逼人！"《魏书·卷十二》

【腕】《玉篇·肉部》："腕，手腕。"《释名·释形体》："腕，宛也。言可宛屈也。"《墨子·大取》："断指与断腕，利于天下相若，无择也。"在南北朝所查文献中，"腕"凡 18 例，皆指"臂下端与手掌相连可以活动的部分"。例如：

①忠臣义士，所以扼腕拊心。《宋书·卷十四》

②干剂于腕上手挽作，勿着勃。《齐民要术·卷九·饼法第八十二》

3）脚部关节

【膝】《说文·卩部》："厀，胫头卩也。"《礼记·檀弓下》："今之君子，进人若将加诸膝，退人若将坠诸渊。"在南北朝所查文献中，"膝"凡 50 例，皆指"大腿和小腿相连关节的前部，即膝盖"。既可以用于指人之膝盖，亦可以用于指动物的膝盖。例如：

①今之君子，进人若将加诸膝，退人若将坠诸渊。《世说新语·方正第五》

②臂欲长，而膝本欲起，有力。前脚膝上向。《齐民要术·卷六·养牛马驴骡》

【卷】《说文·卩部》："卷，厀曲也。"王筠《句读》："厀与卷盖内外相对。""膝"指前部的膝盖，"卷"指大小腿相连关节的后部。段注："卷之本义也。引申为凡曲之称。"《诗·大雅·卷阿》："有卷者阿，飘风自南。"朱熹集传："卷，音权，曲也。阿，大陵也。"在南北朝所查文献

中,"卷"大多用作"书籍"或"书籍的量词",而没有用指"大小腿相连关节的后部"。用于指"弯曲"凡17例。例如:

①自昔多故,戎马在郊,旌旗卷舒,日不暇给。《宋书·卷三》

②卢同质器洪厚,卷舒兼济。《魏书·卷七十六》

黄树先师(2003:90):"膝为足的关节,其特性是可以弯曲,故汉语的'膝'的部分字词和表示弯曲的字词有同一来源。"[1] 指"膝"的"卷",可以引申指"弯曲",在其他语言中也有。例如:

英语:knee ①(人或动物的)膝关节;膝,膝盖;②膝盖受伤;③(裤子等的)膝部;④膝状物;(建)(木材、金属等制的)隅撑,角撑,斜撑;(楼梯)转手弯头;(家具)弯脚;(船)肘板,肘材;⑤(曲线图的)弯曲,拐点,折点。《新时代英汉大词典》,第1307页。

法语:genou ①膝,膝部,膝盖;〈引〉(丝足动物前肢的)腕关节;②(船)橹柄,桨柄;连接肋材用的弯头;③(技)管,弯头,肘管;球窝节。《新世纪法汉大词典》,第1244页。

Coude 肘;拐角。《新简明法汉词典》,第210页。

德语:Knle 膝盖;裤子的膝部;管的弯曲处。《德汉汉德词典》,第103页。

【䠊】《释名·释形体》:"膝头曰䏶;䏶,围也。或曰䠊。䠊,扁也,亦因形而名之也。"王先谦疏证补:"此云扁为膝形,盖薄而椭圆之体。"在南北朝所查文献中,"䠊"没有用例,但在南北朝时期其他文献中发现一个用例。例如:翘遥迁延,蹩躠䠊跧。《文选·卷四》

这个例子中,"䠊跧"用指"旋转的舞姿"。《汉语大词典》该词用例为唐朝,偏晚。

【踠】《玉篇·足部》:"踠,曲脚也。"亦可以指"弯曲"。《文选·班固〈东都赋〉》:"马踠余足,士怒未渫。"李善注:"踠,屈也。"在南北朝所查文献中"踠"凡4例,皆出自《齐民要术》,指"马脚与蹄间相连的屈曲处"。例如:蹄欲得厚而大,踠欲得细而促。《齐民要术·卷六·养牛马驴骡》

在南北朝其他文献中,"踠"可以指"人体足胫相连的活动部位"。例如:刘敬叔《异苑》卷四:"晋时长安谣曰:秦川城中血没踠,惟有凉

---

① 参见黄树先《说"膝"》,《古汉语研究》2003年第3期。

州倚柱看。"

【小结】本小节共分析了8个与"膝"有关的词语,"节"用来泛指"关节"的主导词,而"膝"为特指"膝盖"的主导词。"弯曲"为"膝盖"的主要功能,引申可以指"弯曲"。这种引申不仅汉语存在,在其他语言例如英语、法语、德语中亦存在,具有类型学特征。该语义场中其他词语使用变化较小。

4. 手（hand）

手（hand）在《百词表》中居第48位,《牛津高阶英汉双解词典》第1296页:"end part of the human arm below the wrist."英语中"hand"与"arm"是有区别的,前者指"手腕至手指末端部分",后者指"臂至手腕部分"。而汉语中"手"的所指包含了英语这两个词的所指,既可以指"手腕至手指末端部分",亦可以指整个上肢。我们在本节中主要考察以下三类。

1）上肢总称

南北朝文献中,用来总称上肢的词语主要有以下几个。

【手】《说文·手部》:"手,拳也。"段注:"今人舒之为手,卷之为拳,其实一也。故以手与拳二篆互训。""手"古字形为"ϒ",既描摹出了手指,也描摹了整个手臂,故"手"在文献中既可以指"腕以下的部分",亦可以指"整个上肢"。"手"在历史文献中,字形稳定,字义丰富,已有一些学者对其作了探讨。[①] 在南北朝所查文献中,"手"可以指

---

① 现阶段对"手"的研究,主要体现在以下几个方面:第一,对表"手"的词语字形演变的分析。第二,运用比较探索其源。第三,利用认知语言学、语法化理论,分析英汉"手"的隐喻、转喻以及手的语法化。主要论文如下:黄树先:《说"手"》,《语言研究》2004年第3期。刘洋:《英汉"手"习语的认知框架》,《山西师大学报》（社会科学版）2008年第2期。陈晶等:《试析"手"的语法化》,《东莞理工学院学报》2010年第2期。吴国升:《汉字中的"手"》,《语文学刊》2001年第3期。梁玉振等:《"手"之流变探析》,《宁夏大学学报》（人文社会科学版）2009年第6期。

"腕以下的部分"，也可以指"整个手臂"。例如：

①谢遏年少时，好著紫罗香囊，垂覆手，太傅患之，而不欲伤其意。《世说新语·假谲第二十七》

②十手拔，乃禁取。《齐民要术·卷三·种葵第十七》

③入泉伐木，登山求鱼，手必虚。《齐民要术·卷一·种谷第三》

④三月初，取枝大如手大指者，斩令长一尺半，八九枝共为一窠，烧下头二寸。《齐民要术·卷四·安石榴第四十一》

"手"在人类生活中具有很重要的地位，其功能多样，故在词义发展过程中，"手"的词义丰富，名词可以引申指"笔迹""手艺"等词义。例如：

⑤乐令善于清言，而不长于手笔。《世说新语·文学第四》

⑥会善书，学荀手迹，作书与母取剑，仍窃去不还。《世说新语·巧艺第二十一》

⑦王手尝不如两道许，而欲敌道戏。《世说新语·方正第五》

亦可以指"多司某职或擅长某种技艺的人"。例如：

⑧今羽林射手犹有八百，皆是义故西人，一旦舍此，欲归可复得乎？《宋书·卷五十》

其他语言中，"手"亦有同样的引申。例如：

英语：hand ①手；②（灵长目动物的）前脚；（甲壳动物的）螯；③控制；掌握；照看；处理；④作用；影响；⑤参与；插手；经手；⑥像手的东西；（钟表等的）指针；（香蕉的）一串；⑦方面；面；⑧手艺；技能；⑨能手；行家。《新时代英汉大词典》，第1061页。

法语：main ①手；②技巧，手法，笔迹；熟悉；③头家；庄家；④（抽屉、车厢内的拉手）。《新世纪法汉大词典》，第1658页。

【肢】《说文·肉部》："胑，体四胑也。从肉，只声。肢，胑或从支。"《荀子·君道》："块然独坐而天下从之如一体，如四胑之从心。"在南北朝所查文献中，"胑"没有用例。《广韵·支韵》："肢，肢体。""肢"在南北朝规定文献中也没有用例，但是在南北朝时期其他文献中有用例，既可以指"四肢"（例①②），亦可以指"人体的腰部"（例③）。例如：

①四肢七窍每与形等，只翼不可以适远。《弘明集·卷九》

②即觉手臂疼肿，月余日，渐及半身，肢节俱肿，痛不可忍。《北史

卷九十·列传第七十八》

③关情出眉眼，软媚着腰肢。《萧纶·车中见美人》

【支】《说文·支部》："支，去竹之枝也。从手持半竹。"本指"枝条"，引申亦可以指"四肢"。《正字通·支部》："支，与肢通。人四体也。"《易·坤》："君子黄中通理，正位居体，美在其中而畅于四支。"在南北朝所查文献中，"支"凡258例，其中9例用指"四肢"。例如：

①诚宜明慎用刑，爱民弘育，申哀矜以革滥，移大辟于支体，全性命之至重，恢繁息于将来。《宋书·卷五十七》

②福时在内，延突火而入，抱福出外，支体灼烂，发尽为烬。《魏书·卷四十四》

③情欲既甚，支骨消削，须长二尺，一时落尽。《魏书·卷七十一》

"支"在南北朝所查文献中，亦可以用作"量词"。刘世儒（1965：105）："作为量词，支和枝并不同。枝作量词，词义较实，支则分派衍，同本义相去渐远了。""支"在南北朝文献中作量词时，凡6例，既可以用于计量杆状物品，也可以用于计证券等。例如：

④移葱者，三支为一本；种薤者，四支为一科。《齐民要术·卷三·种薤第二十》

⑤一支付勋人，一支付行台。《魏书·卷七十六》

2）腕至肩膀部位

这个部位的具体所指本来还应包括关节在内，但前文已经对手部关节"腕""肘"作了探讨，在此不再赘述。

【臂】《说文·肉部》："臂，手上也。"即指"腕至肩膀的部分"。《左传·襄公十四年》："公孙丁授公辔而射之，贯臂。"在南北朝所查文献中，"臂"凡46例，其中44例用指"人的手臂"，2例用指动物的前肢。例如：

①若遇七贤，必自把臂入林。《世说新语·赏誉第八》

②臂欲长，而膝本欲起，有力。《齐民要术·卷六·养牛马驴骡》

"臂"由人的手臂，引申指"动物的前臂"，亦可以指"似臂一样的东西"，例如弓把，弩柄。《释名·释兵》："弩，其柄曰臂，似人臂也。"在南北朝所查文献中，虽然没有用例，但是在其他朝代文献中时有用例。《墨子·备高临》："弩臂前后与筐齐。""臂"还可以喻指"得力的助手"，例如：如今陇东不守，汧军败散，则二秦遂强，三辅危弱，国之右臂，于斯废矣。(《魏书·卷七十一》)"臂"的这种引申方式在其他语言中不乏其例。

英语：arm ①臂；(脊椎动物的) 前肢；(无脊椎动物的) 腕；(肉类的) 前脚部分；②(衣服的) 臂部，袖子；(椅子、沙发等的) 靠手，扶手；③臂状物；狭长港湾 (或通道)；④(仪器、机器等的) 臂；杆；⑤大树枝；⑥职能部门；分支机构；⑦权利；力量；⑧可依靠的人；得力助手；⑨军种；兵种；⑩(锚) 臂；(横桅) 杆臂。《新时代英汉大词典》，第 118 页。

法语：bras ①臂；胳膊；上臂；②劳动力；人手；兵员；③(衣服) 袖子；④(马的) 上膊；(章鱼、乌贼等头足类软体动物的) 腕；⑤力臂；臂；支杆；杆；⑥扶手；靠手；⑦(电唱机的) 唱针臂；⑧支流；⑨(转) 权力；权威、威力；战斗力；责任；帮助。《新世纪法汉大词典》，第 327 页。

德语：a.rm ①臂；胳膊；上肢；前肢；②杆；分支；湾；臂；枝。《朗氏德汉双解大词典》，第 129 页。

【厷】《说文·又部》："厷，臂上也。从又，从古文。乀，古文厷，象形。肱，厷或从肉。"汉语辞书中，对"肱"的界定有不同所指，一则认为指腕至肘的部分，一则指肘至肩的部分，前贤对此也有论述。① 在南北朝所查文献中，"肱"凡 33 例，其中 2 例用作人名，其余皆泛指胳膊，2 例单用，29 例以"股肱"形式出现。例如：

①乃曲肱而不闷，信抱瓮而无机。《魏书·卷三十六》

②赖七百祚永，股肱忠贤，故能休否以泰，天人式序。《宋书·卷五》

【髆】章炳麟《新方言·释形体》："今谓臂曰臂髆或曰胳膊，语稍异古，然相引申也。"《说文·骨部》："髆，肩甲也。"本指"肩"。段注："《肉部》曰肩髆也，单称曰肩，絫呼曰肩甲，甲之言盖也，肩盖乎众体也，今俗云肩甲者，古语也。"引申指"肩膀"。唐慧琳《一切经音义》卷六十："髆《集训》云'两肩及臂也'。"《北史·孟信传》："欲为卿受一独髆耳。"《说文·肉部》："膊，薄脯也。"指"曝肉"，后引申指"上

_____

① 参见冯良珍《释"肱"》，《山西大学学报》1984 年第 2 期。孟肇咏《释"肱"》，《运城高专学报》1994 年第 1 期。童致和《释"肱"》，《辞书研究》1983 年第 2 期。

肢近肩之处"。《太玄争》:"次六臂膊胫如股脚腨如,维身之疾。"在南北朝所查文献中,"膊"凡2例,具指"上肢近肩之处"。例如:

①又少而善射,有膂力。年十余岁,能以指弹碎羊膊骨。《魏书·卷七下》

②妇女服大衫,披大帔,其发前为髻,后披之,饰以金银花,仍贯五色珠,落之于膊。《魏书·卷一百二》

3) 腕部以下部位

南北朝文献中指腕部以下部位词语有拳、掌、指、拇,但"指"前文已经作了交代,此处不再赘述。

【拳】《说文·手部》:"拳,手也。"段注:"合掌指而为手……卷之为拳。"《吕氏春秋·赞能》:"鲁君许诺,乃使吏鞹其拳。"高诱注:"以革囊其手也。"亦指"拳头",《玉篇·手部》:"拳,屈手也。"《后汉书·皇甫嵩传》:"虽僮儿可使奋拳以致力,女子可使褰裳以用命。"在南北朝所查文献中,"拳"凡24例,其中5例用指"拳头"。例如:

①以手搏其耳,以拳殴其背曰:"朝廷不治,实尔之罪!"《魏书·卷二十八》

还有7例用指"卷曲",3例用指"力气,勇气"。例如:

②武帝赵婕妤,家在河间,生而两手皆拳,不可开。《宋书·卷二十七》

③拳勇有膂力,铁厚一寸,射而洞之。《魏书·卷九十五》

在南北朝所查文献中,"拳"还有一新的用法。即用作"量词",表示数量。例如:

④文襄使季舒殴帝三拳,奋衣而出。《魏书·卷十二》

"手"卷曲起来就成"拳",两者本质没变,形体改变,故"拳"可以用指"手"。而且"拳"是一种力量的象征,也可以用来指"力气、勇气"。不仅汉语如此,其他语言也有如此事实。例如:

英语:fist ①拳,拳头;②手迹;笔迹;③(俚) 手。《新时代英汉大词典》,第871页。

法语:poing ①拳,拳头;②手;③coup de poing (转) 有力的;厉害的;motrer le poing à qn 向某人扬拳头(表示威胁)。《新世纪法汉大词典》,第2063页。

德语:faust ①拳;拳头;②独自;自己负责;③统治;掌权。《朗氏德汉双解大词典》，第 603 页。

【掌】《说文·手部》："掌，手中也。"《说文通训定声·干部》："拳，张之为掌，卷之为拳。"《孟子·梁惠王上》："老吾老，以及人之老；幼吾幼，以及人之幼，天下可运于掌。"亦可以指"动物的脚掌或掌形物"，《孟子·告子上》："熊掌，亦我所欲也。"在《齐民要术》《世说新语》中，"掌"凡 14 例，都用作名词，在《宋书》《魏书》中，"掌"凡 273 例，其中只有 14 例用作名词。作名词时，"掌"既可以指手掌，也可以泛指手。例如：

①以此思归死士，掩袭何、刘之徒，如反掌耳。《宋书·卷一》

②虽神气不变，而心了其故，以爪掐掌，血流沾褥。《世说新语·雅量第六》

③培土时宜慎之，勿使掌拨，掌拨则折。《齐民要术·卷四·插梨第三十七》

④得其人也，六合唾掌可清；失其人也，三河方为战地。《魏书·卷七十二》

在《宋书》《魏书》中，"掌"主要用作动词，指"用手掌打""主管"等，其中用指"主管"为多。例如：

⑤高祖顾谓飐曰："萧赜以王元长为子良法曹，今为汝用祖莹，岂非伦匹也?"敕令掌飐书记。《魏书·卷八十二》

⑥伯益佐舜禹，职掌山与川。《宋书·卷二十二》

"掌"由名词引申出动词，在其他语言中也有。例如：

英语：palm：n. ①手掌，　（手）掌心；②（手套的）掌心部分；③（鹿角的）掌状部分；vt. ①将某物藏于（手）掌中；②用手掌接触（或抚慰）。《新时代英汉大词典》，第 1673 页。

法语：paume ①手掌，手心；②老式网球；③对搭接；paumer ①掴；②抓住；③丢失，遗失；④挨打；受（训斥、惩罚）。《新世纪法汉大词典》，第 1953 页。

【拇】《说文·手部》："拇，将指也。"徐锴系传："所谓将指者，为诸指之率也。"《说文通训定声》："手足大指皆曰拇。"《易·解》："解而拇，朋至斯孚。"孔颖达疏："拇，足大指也。"《楚辞·招魂》："敦脄血拇，逐人駓駓些。"王逸注："拇，手母指也。"在南北朝所查文献中，"拇"凡 2 例，一个用于泛指拇指，一个用于特指手的大拇指。例如：

①此蕉有三种：一种，了大如拇指，和而锐，有似羊角，名"羊角蕉"，中最甘好。《齐民要术·卷十·五谷果瓜菜茹非》

②定州中山郡，毋极县民李班虎女献容，以去年九月二十日，右手大拇指甲下生毛九茎，至十月二十日，长一尺二寸。《魏书·卷一百一十二上》

【小结】本小节共分析了9个与"手"有关的词语，南北朝时期该语义场主导词为"手"。在南北朝时期，"手"使用很灵活，可以单用，亦可以组成复音词使用，而且其词义很发达。与手有关的词语和"人"关系密切，例如："手"可以引申指"具有某种技艺的人"，"臂"可以引申指"得力助手"，这种引申在其他语言中也存在。同时从该语义场中的词语可以发现，"手"与"力量"也关系紧密，"拳"既可以指"手"，又可以指"有力"。该语义场的"手""掌"皆既可以作名词，又可以作动词，这种兼类词在英语、法语、德语中情况相同。

5. 尾（tail）

尾（tail）在《百词表》中居第35位，《牛津高阶英汉双解词典》第2905页："movable part at the end of the body of a bird, an animal, a fish or a reptile." 在本语义场我们主要讨论四个词，一个泛指"尾"，三个特指"帑、旄、翘"。

1）尾巴的泛指

【尾】《说文·尾部》："尾，微也。从到毛，在尸后。古人或饰系尾，西南夷亦然。"《易·履》："履虎尾，不咥人，亨。"在南北朝所查文献中，"尾"凡252例，主要用指"尾巴"。例如：

①头不用多内。臀欲方。尾不用至地。《齐民要术·卷六·养牛马驴骡》

还有27例指"末端"。例如：

②顾长康啖甘蔗，先食尾。问所以，云："渐至佳境。"《世说新语·排调第二十五》

在其他语言中，"尾"词义引申与汉语有很多共同之处。

英语：tail ①尾巴；②（位置或外形）像尾巴一样的东西；向下（或向外）延伸之物；后面部分；（游行队列等的）后部；一长列人（或车辆等）；③（飞机、火箭、汽车等的）尾部；④彗星尾部；⑤（一系列事物中）较差（或较弱）的部分；⑥最差的击球手；⑦（衬衣）腰以下的部分；（衣服后片的）下垂部分；⑧燕尾服；（男子的）晚礼服。《新时代英汉大词典》，第 2391 页。

法语：queue ①尾，尾巴；②尾状物；　（物体的）尾部；末梢；③（花、叶、果子的）梗、柄；④（下垂的）发束；⑤（器皿的）柄，把手；⑥（礼服的）燕尾，燕尾服；⑦（行列、列车的）末尾，后部。《新世纪法汉大词典》，第 2195 页。

德语：schwanz 尾巴；彗星的尾巴；阴茎。《德汉汉德词典》，第 174 页。

2）尾巴的特指

以下词语主要用于特指某一种动物的尾巴。

【帑】《左传·襄公二十八年》："岁弃其次，而旅于明年之次，以害鸟帑。"杜预注："鸟尾曰帑。"在南北朝所查文献中，"帑"凡 9 例，仅有 1 例指"鸟尾"。例如：

①五年七月己亥，月犯岁星，在鹑火鸟帑，南国之墟也。《魏书·卷一百五》

其余"帑"皆指"国家库藏的金帛"。《说文·巾部》："帑，金币所藏也。"引申指"所藏金币"。例如：

②长安丰全，帑藏盈积。《宋书·卷二》

这两个义项之间没有必然联系，来源不同，表"国家库藏的金帛"之"帑"与其形符密切相关，而表"鸟尾"之"帑"则不同，黄树先师（2005：96）拿汉语的"帑"与藏文 ŋa-ma 比较，而且黄树先师（2009：45）进一步指出"帑"作"尾"讲，又同"苏"。①

【旄】《玉篇·㫃部》："旄，牦牛尾，舞者持。"《书·牧誓》："王左杖黄钺，右秉白旄以麾。"陆德明《经典释文》："旄音毛。马云：白旄，旄牛尾。"在南北朝所查文献中，"旄"凡 43 例，其中 8 例用指"旄牛尾"，其余皆指"用牦牛尾做竿饰的旗子"。例如：

①腊以丑，牲用白，其饰节旄，自当赤，但节幡黄耳。《宋书·卷十四》

②眷威略着时，增隆家业，青紫麾旄，亦其宜矣！《魏书·卷二十

---

① 参见黄树先《从核心词看汉缅语关系》，《语言科学》2005 年第 3 期。黄树先《汉语文献几个词的解释》，《民族语文》2009 年第 2 期。

六》

【翘】《说文·羽部》："翘，尾长毛也。"《楚辞·招魂》："砥室翠翘，纬曲琼些。"王逸注："翘，羽也。"后借指"鸟尾巴"，《广韵·宵韵》："翘，鸟尾也。"《九叹·远游》："摇翘奋羽，驰风骋雨。"在南北朝所查文献中，"翘"凡26例，仅有1例用指"鸟尾巴"。例如：

①有哲其仪，时惟皓鸠。性飀五教，名编素丘。殷历方昌，婉翘来游。《宋书·卷二十九》

其余多用作动词，指"举起"。《广雅·释诂一》："翘，举也。"例如：

①是以遐方荒俗之氓，莫不翘足抗手，敛衽屈膝。《魏书·卷三十六》

②翘鬟厉色，上坐便言："方当永别，必欲言所见。"《世说新语·规箴第十》

【小结】本小节分析了4个与"尾"有关的词语，南北朝时期该语义场的主导词为"尾"。"尾"除了用指尾巴之外，还可以用指"尾部、末尾"。这种引申在英语、法语、德语中情况相同。"旄""翘"用指"尾巴"皆为引申义。"帑"既可以用指"尾巴"，又可以用指"国家所藏金币"，但是两者之间的来源不同。

四　躯干构件核心词

《现代汉语词典》第1126页："躯干，人体除去头部、四肢所余下的部分。"在《百词表》中躯干部位的核心词有：belly 腹（49 位）、neck 颈（50 位）、breasts 胸（51 位）、heart 心（52 位）、liver 肝（53 位）。

1. belly 腹

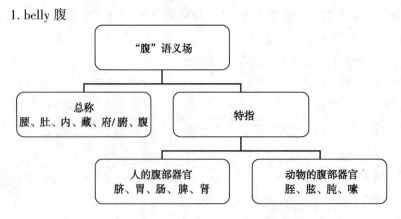

Belly（腹）在《百词表》中居第 49 位，《牛津高阶英汉双解词典》第 223 页："（a）part of the body below the chest，containing the stomach，bowels and digestive organs；abdomen." 根据牛津词典的意义，在该语义场我们主要讨论以下词语。

1）总称

【腹】《说文·肉部》："腹，厚也。从肉，复声。"《礼记·月令》："〔季冬之月〕冰方盛，水泽腹坚，命取冰。"郑玄注："腹，厚也。"亦可以用指"肚子"。《玉篇·肉部》："腹，腹肚也。"《易·说卦》："干为首，坤为腹。"施真珍（2009：127）认为："语言中的'厚'，应该不会成为'腹'的得名之由。《汉典》认为'腹'是后起形声字，初文应即'畐'字，象人腹部之形。"我们认为这个说法欠妥，畐古文"𐤁"，朱芳圃《殷周文字释丛》："字象长颈鼓腹圆底之器。""畐为盛器，充盈于中，因以象征丰满。""畐"当为器皿，与腹关系不大。李孝定《甲骨文字集释第四》："有身者腹部隆然坟起，故腹字从之取义。篆文改为从肉，不如从身于义较恰矣。从身复声者，当为腹指初文。"李说甚是。在南北朝所查文献中，"腹"凡 204 例，其中 99 例指"肚子"，既可以指"人的肚子"（凡 62 例），也可以指"动物的肚子"（凡 37 例）。例如：

①王家诸郎亦皆可嘉，闻来觅婿，咸自矜持，唯有一郎在东床上坦腹卧，如不闻。《世说新语·雅量第六》

②龟背鳖腹，鹤颈鸡喙，鸿前鱼尾，青首骈翼，鹭立而鸳鸯思。《宋书·卷二十八》

王凤阳（1993：131）："不过'腹'在特定的语言环境中有时相对于'胃'。"此言甚确，在南北朝所查文献中，在特定的语言环境下，"腹"亦可以指"胃"。例如：

③百姓讹言行虫病，食人大孔，数日入腹，入腹则死。《宋书·卷三十一》

"腹"亦可以用来指"器物凸起部分"或指"器物的内部"。在南北朝所查文献中凡 2 例。例如：

④以囊盛米系流查及船腹，阳覆船，顺风流下，以饷赭圻。《宋书·卷七十四》

⑤此碗腹殊空，谓之宝器，何邪？《世说新语·排调第二十五》

"腹"由肚子引申出器物凸起部分,这种引申其他语言也有。例如:

英语:belly ①(人或动物的)腹,腹部;肚子;the horse's belly;②腹腔;③谓:have a pain in one's belly 肚子疼;④(物体的)肚状突起部分;the belly of a pot;⑤(物体的)内部:the belly of a ship;⑥(物体的)前部,前面(区别于背部或背面);下侧;下面(区别于上侧或上面);⑦(弦乐器的)面板。《新时代英汉大词典》,第199页。

Paunch ①(尤指凸起的)肚子,腹部;大肚皮;②(动)反刍动物的第一胃,瘤胃;③(厚且结实的)防摩垫(席)。《新时代英汉大词典》,第1696页。

Entrails ①内脏;肠;②(物体的)内部。《新时代英汉大词典》,第751页。

法语:panse ①(俗)大肚子;avoir la panes pleine 肚子吃得鼓鼓的;②(动物)瘤胃;③(器皿、某些字母如 a、b、p、q 的)鼓突部分;panse d' une cruche 壶肚;④钟被敲击的部位;⑤旧时一种凸肚形帆船。《新世纪法汉大词典》,第1918页。

Ventre ①腹;腹部;肚子;danse du ventre 肚皮舞;②肠胃;肚腹;③(书)母腹;④人体内部;⑤(喻)物体的凸肚;肚儿;le ventre d' un alambic 一只蒸馏器的肚儿;⑥(物)波腹;⑦炉腰;⑧机身腹部,机身内部;⑨(无)波腹,ventre de courant 电流波腹。《新世纪法汉大词典》,第2755页。

德语:bauch 腹部;凸出部分;(中间隆起的)腹状物。《德汉汉德词典》,第31页。

在南北朝所查文献中,以"腹"为语素组合而成的词,出现最多的是"心腹"(腹心),凡113例,可以用来指"亲信""贤智策谋之臣",亦可以用来指"近中心的重要地区"。例如:

⑥昔羊子道恒禁吾此意。今腹心丧羊孚,爪牙失索元,而匆匆作此诋突,讵允天心?《世说新语·伤逝第十七》

⑦阮佃夫腹心人张羊为佃夫所委信。《宋书·卷九》

⑧定州逆虏,越趣北界;邺下凶烬,蚕噬腹心。《魏书·卷五十六》

【府/腑】《说文·广部》:"府,文书藏也。"指储藏文书或财物的地方。《礼记·曲礼下》:"在官言官,在府言府。"郑玄注:"府,谓宝藏货贿之处也。"亦可以引申指"腑脏"。徐灏《说文解字注笺·广部》:

"府，人身亦有出纳藏聚，故谓之五腑六藏，俗别作腑脏。"《素问·热论》："五藏已伤，六府不通。" 在南北朝所查文献中，"府" 凡 1829 例，多用指 "官署""达官贵族的住宅"，仅有 7 例用指 "腑脏"。例如：

①己之府奥，早已倾泻而见；殷陈势浩汗，众源未可得测。《世说新语·赏誉第八》

②"三府" 欲齐。两髂及中骨也。尻欲颓而方。尾欲减，本欲大。《齐民要术·卷六·养牛马驴骡》

③若膏肓之疾，长桑不治，体府之病，阳庆弗理，此则率由践逆，自绝调御。《宋书·卷八十一》

④又演隐审五藏六府心髓血脉，商功大算端部，变化玄象，土圭、《周髀》。《魏书·卷九十一》

"府" 指 "腑脏"，后用 "腑"。《玉篇·肉部》："腑，藏腑。"《抱朴子·内篇·至理》："破积聚于腑脏。" 在南北朝所查文献中，"腑" 凡 5 例，有 1 例用指 "腑脏"，有 4 例 "腑""肺" 连文，喻指 "极亲近的人"。例如：

⑤犹冀玄当洗濯胸腑，小惩大诫，而狼心弗革，悖慢愈甚，割据江湘，擅威荆郢，矫命称制，与夺在手。《魏书·卷九十七》

⑥臣忝同肺腑，情为义动，苦求还都，侍卫辇毂。《宋书·卷七十五》

【藏】《玉篇·艹部》："藏，库藏也。" 指储藏东西的地方，《礼记·月令》："〔孟冬之月〕天气上腾，地气下降，天地不通，闭塞而成冬，命百官谨盖藏。" 郑玄注："谓府库囷仓有藏物。" 人体内脏如同库藏之所，故 "藏" 可以用来指 "内脏"。《周礼·天官·疾医》："参之以九藏之动。" 郑玄注："正藏五，又有胃、旁胱、大肠、小肠。" 贾公彦疏："正藏五者，谓五藏：肺、心、肝、脾、肾，并气之所藏。" 在南北朝所查文献中，"藏" 凡 333 例，仅有 11 例指 "内脏"。例如：

①相马五藏法：肝欲得小；耳小则肝小，肝小则识人意。《齐民要术·卷六·养牛马驴骡》

②后张手自破视，五藏悉糜碎。《宋书·卷八十一》

③医药所不能疗，或谓肝藏伤裂。《魏书·卷五十三》

"藏" 后亦作 "臟"，《抱朴子·内篇·至理》："破积聚于腑臟。" 但是在南北朝所查文献中，"臟" 没有用例。

【内】《广雅·释言》："内，里也。"《左传·定公八年》："公敛处父帅成人自上东门入，与阳氏战于南门之内。"亦可以指"内心""心里"，《易·坤》："君子敬以直内，义以方外。"孔颖达疏："内，谓心也。"也可以指"内脏"，《淮南子·精神训》："人大怒破阴，大喜坠阳，大忧内崩，大怖生狂。"在南北朝所查文献中，"内"凡2835例，主要用作方位名词，也用指"内心"，但用指"内脏"仅5例。例如：

①朕当时惶骇，五内崩坠，于其语次，劣得小止。《宋书·卷七十九》

②独见公卿，言及丧事，追惟茶毒，五内崩摧。《魏书·卷一百八之三》

"内"由"里面"引申指"内心""内脏"，这种引申途径在其他语言中也有。例如：

英语：inside ①里面，内侧；内部；the inside of the arm；②(人行道靠墙或远离车道的) 内侧；跑道内圈；(双层巴士的) 底层；③肠胃；内脏；something is wrong with my insides；④内幕，内情；⑤本性；内心思想；内心感情。《新时代英汉大词典》，第1223页。

法语：interne：a．①内部的；内侧的；体内的；parois interne 内壁；douleur interne 内脏痛；maladie interne 内脏疾病；②内在的；内心的；n．①(中学的) 寄宿生；②住院实习医生。《新世纪法汉大词典》，第1469页。

德语：inner ①内部的；里面的；②内在的；内心的；精神的；③内脏；④内科的；体内的；⑤国内的。《朗氏德汉双解大词典》，第949页。

【肚】《玉篇·肉部》："肚，腹肚。"《初学记》卷十九引汉刘向《列女传·齐锺离春》："凹头深目，长肚大节。"在南北朝所查文献中，"肚"凡9例，都出自《齐民要术》，不指"腹肚"，有8例用指"动物之胃"。《广雅·释亲》："胃谓之肚。"王念孙疏证："肚之言都也，食所都聚也。"例如：

①治牛肚反及嗽方：取榆白皮，水煮极熟，令甚滑，以二升灌之，即差也。《齐民要术·卷六·养牛马驴骡》

②取石首鱼、鯋鱼、鲻鱼三种肠、肚、胞，齐净洗，空白盐，令小倚咸，内器中，密封，置日中。《齐民要术·卷八·作酱等法第七十》

王凤阳 (1993：131)："'胃''肚'是古今字，它们都和'腹'产生交叉。"称"胃"与"肚"为古今字，值得商榷，两者读音不同，字义不同，我们认为两者来源可能不同，《汉语大字典》分开设立字目，很有道理。

其中，有1例，甚为可疑，即：

③冬即内着羊肚中，夏盛不津器。《齐民要术·卷六·养羊第五十七》

"羊肚"管义达（2000：265）释为"羊皮袋子"，其余众人皆释为"羊胃"，我们认为管先生释义较合原文。"羊肚"与"不津器"对文，"不津器"为"不漏的容器"，"羊肚"应该释为"容器"。"肚"本义不管是指"人或动物的腹部"还是指"人或动物的胃"，两者外形与容器很相似，很自然就会产生"容器"之意义。汉语中还会把"物体凸起或中间鼓出的部分"称为"肚"。曲波《林海雪原》五："刘勋昌背着缴来的'九九'式步枪，手提着大肚匣子走在后面。"前文已交代了外语中这种引申不乏其例。

【腰】《玉篇·肉部》："腰，髀也。"《素问·痿论》"宗筋主束骨而利机关"。唐王冰注："腰者，身之大关节，所以司屈伸，故曰机关。"在南北朝所查文献中，"腰"凡41例，37例用指"身体胯上胁下的部分"，4例用作动词，指"佩在腰上"。例如：

①桓道恭，玄之族也，时为贼曹参军，颇敢直言。常自带绛绵着绳腰中。《世说新语·规箴第十》

②章武王融并以所负过多，颠仆于地，崇乃伤腰，融至损脚。《魏书·卷十三》

③斌遣干爱诱呼之，以腰刀为信，密令壮健者随之，而干爱不知斌之欲图灵庆也。《魏书·卷七十》

④镌山裂地，腰金拖紫，穷贵于国，极富于家。《宋书·卷七十四》

"腰"在人体的中间部分，在南北朝时期，亦可以引申用指"事物的中间部分"。在南北朝规定文献中没有用例，但是在南北朝其他文献中有用例。例如：庾信《枯树赋》："横洞口而欹卧，顿山腰而半折。"这个引申义，现代汉语还继续在使用。如树腰，半中腰。在其他语言中也有这样的引申。例如：

英语：waist ①腰；腰围；②（小提琴、沙漏等器物的）中间细部；（黄蜂等昆虫的）细腰部；（某些地区的）狭长地带，腰状地带；③（衣服的）腰身；背心；紧身胸衣；儿童内衣；④（飞机的）机身中部；（船只的）上甲板中部，船腰。《新时代英汉大词典》，第 2639 页。

　　2）特指

　　腹部器官主要有两类，一类为人类的腹部器官，如脐、胃、肠、脾、肾；一类为动物的腹部器官，如腔、肱、胏、嗉。

　　【脐】《说文·肉部》："齐（脐），肶齐也。"本指"肚脐"，《庄子·人间世》："支离疏者，颐隐于脐，肩高于顶。"又可以用指"螃蟹的腹部"。《广雅·释鱼》"蜅、蟹，蛫也"，王念孙疏证："今人辨蟹，以长脐者为雄，团脐者为雌。"在南北朝所查文献中，"脐"凡 11 例，有 4 例指"肚脐"。例如：

　　①"从事"言"到脐"，"督邮"言在"鬲上住"。《世说新语·术解第二十》

　　②不图厥始，而忧其终，噬脐之恨，悔将何及？《魏书·卷六十九》

　　"脐"指"肚脐"，既可以用于人，如上面两例，也可以用于部分动物[1]，南北朝所查文献中有 3 例。例如：

　　③出窠早，不免乌、鸱；与湿饭，则令脐脓也。《齐民要术·卷六·养鸡第五十九》

　　④此既水禽，不得水则死；脐未合，久在水中，冷彻亦死。《齐民要术·卷六·养鹅、鸭第六十》

　　"脐"在南北朝所查文献中，也有 3 例用指"螃蟹的腹部"[2]。例如：

　　⑤九月内，取母蟹，母蟹脐大圆，竟腹下。《齐民要术·卷八·作酱等法第七十》

　　"脐"亦可以引申指"物体像脐一样的部位"。现代汉语中有这种用法，赣州被称为中国的脐橙之乡。在南北朝所查文献中，有 1 例用作此指。例如：

　　⑥取芥子熟捣，如鸡子黄许，取巴豆三枚，去皮留脐，三枚亦熟捣，以水和，令相着和时用刀子，不尔破人手。《齐民要术·卷六·养牛马驴骡》

---

　　① 《汉语大词典》云："肚脐。人和其他哺乳动物肚子中间脐带脱落之处。"欠妥，鸡、鸭为禽类，非哺乳动物，亦有脐部。

　　② 《汉语大字典》《汉语大词典》例子皆出自宋陆游《记梦》诗："团脐霜蟹四腮鲈，樽俎芳鲜十载无。"用例明显偏晚。

外语中也有用"脐"指"物体像脐一样的部位",同时外语中常用"脐"指"中间""中心"。例如:

英语:navel ①肚脐;②中央;中心;中心点;the navel of the earth;地球的中心。《新时代英汉大词典》,第1557页。

Navel orange 脐橙。《新时代英汉大词典》,第1557页。

法语:nombril ①脐;②(植)种脐;③(纹章)横带饰和盾形端点之间的点。《新世纪法汉大词典》,第1831页。

德语:nabel ①肚脐;②中心点。《德汉汉德词典》,第131页。

【胃】《说文·肉部》:"穀府也。"《灵枢经·五味》:"胃者,五藏六府之海也,水谷皆入于胃,五藏六府皆禀气于胃。"在南北朝所查文献中,"胃"凡62例,大多用来指"星名",仅有4例用指"消化器官"(例①②),1例通作"谓"(例③)。例如:

①射之中心,兵刃乱至,肠胃缠萦水草,队主裴应斩质首。《宋书·卷七十四》

②而北逾翰漠,折其肩髀;南极江湖,抽其肠胃。《魏书·卷九十五》

③见使至,兴宗因胃曰:"领军殊当忧惧。"《宋书·卷五十七》

【肠】《说文·肉部》:"肠,大小肠也。"《素问·灵兰秘典论》:"大肠者,传道之官,变化出焉;小肠者,受盛之官,化物出焉。"亦可以用指"内心、感情"。《史记·万石张叔列传》:"上以为廉,忠实无他肠,乃拜绾为河间王太傅。"在南北朝所查文献中,"肠"凡42例,大多用其本义,其中仅有3例用指"内心、感情"。例如:

①破其腹中,肠皆寸寸断。《世说新语·黜免第二十八》

②挛缩如羊肠,用布一匹。隆又禁改之,所省复不赀。《齐民要术·序》

③天下孰不愤心悲肠,以忿胡人之患,靡衣偷食,以望国家之师。《宋书·卷八十二》

【肾】《说文·肉部》:"肾,水藏也。"《书·盘庚下》:"今予其敷心腹肾肠,历告尔百姓于朕志。"在南北朝所查文献中,"肾"凡5例,俱指"泌尿器官"。例如:

①辛卯,荧惑犯左执法。九月壬子,荧惑犯进肾。《宋书·卷二十七》

②肾欲得小。肠欲得厚且长，肠厚则腹下广方而平。《齐民要术·卷六·养牛马驴骡》

【脾】《释名·释形体》："脾，裨也。在胃下，裨助胃气，主化谷也。"《灵枢经·顺气一日分为四时》："脾为牝藏，其色黄。"在南北朝所查文献中，"脾"凡8例，4例用作地名，还有4例用指"脾脏"。例如：

①想见君颜色，感结伤心脾。《宋书·卷二十一》

②肠欲得厚且长，肠厚则腹下广方而平。脾欲得小。《齐民要术·卷六·养牛马驴骡》

【膍/肶】《说文·肉部》："牛百叶也。……一曰鸟膍胵。肶，膍或从比。"《说文句读》："羊亦有之，在胃之下，而状如焚夹，故名百叶。"本指"牛羊等反刍类动物的重瓣胃"。《庄子·庚桑楚》："腊者之有膍胲，可散而不可散也。"在南北朝所查文献中，"膍"无用例，"肶"有1例，指"羊胃"。例如：羊节解法：羊肶一枚，以水杂生米三升，葱一虎口，煮之，令半熟。《齐民要术·羹臛法》

【胘】《说文·肉部》："牛百叶也。"亦可以泛指"胃"。《广雅·释器》："胃谓之胘。"在南北朝所查文献中，"胘"凡1例，用指"牛胃"。例如：牛胘炙：老牛胘，厚而脆。《齐民要术·卷九·炙法》

【肫】《玉篇·肉部》："肫，鸟藏也。"亦可以指小猪。《集韵·魂韵》："豘，《说文》：'小豕也。'或作豚。通作肫。"在南北朝所查文献中，"肫"凡8例，5例用指"小猪"，3例用于人名。例如：

①蒸肫法：好肥肫一头，净洗垢，煮令半熟，以豉汁渍之。《齐民要术·卷八》

②安国进军，破孟虬于蓼潭，义军主陈肫又破之于汝水，孟虬走向义阳。《宋书·卷八十七》

【嗉】《尔雅·释鸟》："亢，鸟咙；其粻，嗉。"郭璞注："嗉者，受食之处，别名嗉，今江东呼。"在南北朝所查文献中，"嗉"凡1例，用指"鸟类喉下盛食物的囊"。例如：雏既出，别作笼笼之。先以粳米为粥糜，一顿饱食之，名曰"填嗉"。《齐民要术·卷六》

【小结】本小节共分析了16个与"腹"有关的词语，在南北朝时期该语义场的主导词为"腹"。"腹"使用灵活，既可以单用，亦可以以复音词形式出现，而且词义丰富。既可以用于本义，亦可以用指"器物凸起的部分"。这种引申在英语、法语、德语中情况相同。该语义场中的

"腰""脐"，它们皆处于动物的中部，故皆可以引申指"中部、中心"，这种引申在其他语言中情况也相同。"内"由于其所指范围很大，所指缩小就可以指"腹"，这种通过所指缩小引申新的词义在英语、法语、德语中亦如此。该语义场中的其他词语，用指"腹"使用频率不高，词义发展变化较小。

2. neck 颈

Neck（颈）在《百词表》中居第 50 位，《牛津高阶英汉双解词典》第 1780 页："（a）part of the body that connects the head to the shoulders." 该语义场我们主要讨论三类颈部词语：一类为颈部词语；一类为咽喉词语；一类为两者的总称词语。

1)"项"与"喉"的总称

【亢】《说文·亢部》："亢，人颈也。頏，亢或从页。"徐灏注笺："颈为头茎之大名，其前曰亢，亢之内为喉。浑言则颈亦谓之亢。""亢"既可以用指咽喉，亦可以用指颈项。《史记·刘敬叔孙通列传》："夫与人斗，不搤其亢，拊其背，未能全其胜也。"裴骃《集解》引张晏曰："亢，喉咙也。"《汉书·张耳陈馀传》："高曰：'所以不死，白张王不反耳。今王已出，吾责塞矣。且人臣有篡弑之名，岂有面目复事上哉！'乃仰绝亢而死。"颜师古注："苏林曰：'亢，颈大脉也，俗所谓胡脉也。'亢者，总谓颈耳。《尔雅》云：'亢，鸟咙。'即喉咙也。"在南北朝所查文献中，"亢"凡 140 例，皆不用指"颈项或咽喉"。

【胡】《说文·肉部》："牛顄垂也。"《诗·曹风·候人》"维鹈在梁"，三国吴陆玑疏："鹈，水鸟，形如鹗而极大，喙长尺余，直而广，口中正赤，颔下胡大如数升囊。"《类篇·肉部》："胡，颈也。"《正字通·肉部》："胡，喉也。"在南北朝所查文献中，"胡"凡 943 例，多用指"对西北方少数民族的称呼"。有 1 例用指"鸟兽颔下的垂肉或皮囊"。有 2 例用指"颈"。例如：

①观鸟兽冠胡之形，制冠冕缨蕤之饰。《宋书·卷十八》

②牛，歧胡有寿。歧胡：牵两腋；亦分为三也。《齐民要术·卷六·养牛马驴骡》

③洞胡无寿。洞胡：从颈至臆也。旋毛在"珠渊"，无寿。《齐民要术·卷六·养牛马驴骡》

"胡"在南北朝其他文献中，有用指"胡须"的用例。南朝梁元帝《金楼子·箴戒》："帝纣垂胡，长尺四寸，手格猛兽。"该词义的来源，在学界存有争议①：一种认为来自胡人之义，一种认为来自兽颔下垂肉。杨琳（2007：110）对此作了详细阐述。我们也赞同杨先生的论述，"胡"表"胡须"当与"颔下垂肉"有关。喻敏（1989）《汉藏同源字稿谱》认为藏语中胡须〔rgya〕与汉语"胡"同源。杨琳（2007）认为德哥藏语胡须〔kha⁵³ pu⁵³〕、夏河藏语胡须〔kha hwə〕、泽库藏语胡须〔kha wsə〕、麻窝羌语胡须〔dʐa hu〕、大理及剑川白语胡须〔u²¹〕与汉语"胡"同源。

"颔下肉""颈""胡须"三者常常联系在一起，故"颔下肉"引申出"颈"，再由"颈"引申出"胡须"，这当很自然。不仅汉语如此，其他语言中亦有。

英语：neck ①颈；颈部；脖子；②衣领；领子；领口；③颈状物；颈状部位；细长部分；瓶颈；④（动物的）颈肉；⑤（羊的）颈部毛。《新时代英汉大词典》，第1560页。

法语：col：颈；脖子；衣领；（第548页）。collet ①衣领；披肩式大衣领；②齿颈；③根须；④颈肉；⑤瓶颈。《新世纪法汉大词典》，第551页。

【脰】《说文·肉部》："脰，项也。"《左传·襄公十八年》："射殖绰，中肩，两矢夹脰。"杨伯峻注："脰音豆，颈项。"亦可以指"咽喉"。《释名·释形体》："咽，咽物也，或谓之嗌……青徐谓之脰，物投其中，受而下之也。"在南北朝规定文献中没有用例，但是在南北朝其他文献中，有用指"颈"的例子。例如：

①子四槊洞胸死，子五伤脰，还至堑，一恸而绝。《南史·卷六十四》

②岂若蹙足入绊，申脰就羁，游帝王之门，趋宰衡之势。《周书·卷四十二》

---

① 王国维《西胡续考》、王力《汉语史稿》等认为胡须义来自胡人多须；杨树达《积微居小学述林·释胡》，杨琳《"胡"的胡须义的由来及出现时代》等认为胡须义来自兽颔下垂肉。

2）颈部词语①

【项】《说文·页部》："项，头后也。"段注："头后者，在头之后。"亦可以指"脖子"。《集韵·讲韵》："项，颈项。"《左传·成公十六年》："王召养由基，与之两矢，使射吕锜，中项，伏弢。"在南北朝所查文献中，"项"凡74例，仅有9例用指"脖子"，但不是指"脖子的后部"。例如：

①胸欲出，臆欲广。颈项欲厚而强。回毛在颈，不利人。《齐民要术·卷六·养牛马驴骡》

②鼻目皆在顶上，面处如项，口有齿，都连为一，胸如鳖，手足爪如鸟爪，皆下句。《宋书·卷三十四》

③跋使人牵逼令入，见跋不拜，跋令人按其项。《魏书·卷八十七》

【颈】《说文·页部》："头茎也。"《左传·定公十四年》："使罪人三行，属剑于颈。"唐慧琳《一切经音义》卷四引《仓颉篇》："前曰颈，后曰项。"在南北朝两者几无分别。在南北朝所查文献中，"颈"凡46例，皆用指"脖子"。例如：

①大头缓耳，一驽；长颈不折，二驽。《齐民要术·卷六》

②见一群白颈乌，但闻唤哑哑声。《世说新语·卷下之下》

③遂长驱灞、浐，悬旐龙门，逆虏姚泓，系颈就擒。《宋书·卷二》

④臣请刎颈殿庭，有死无二。《魏书·卷四十》

"颈"亦可以用来指"物体如人颈的部位"。《周礼·考工记·辀人》："参分其兔围，去一以为颈围。"郑玄注："颈，前持衡者。"贾公彦疏："衡在辀颈之下，其颈于前向下，持制衡鬲之辅。"现代汉语中也有此用法，如"颈瓶"。用"颈"指物体如人颈的部位，在其他语言中亦有。

英语：cervix ①颈（尤指颈背）；②器官的颈部；子宫颈。《新时代英

---

① 王力（1999：830）（《古代汉语》，中华书局）、王凤阳（1993：121）（《古辞辨》，吉林文史出版社）、管锡华（2000：217）（《〈史记〉单音词研究》，巴蜀书社）、池昌海（2002：182）（《〈史记〉同义词研究》，上海古籍出版社）等先生对项部词语作了详细的论述。大多认为浑言无别，皆指"脖子"；析言别之，"项"指"脖子后部"，"颈"指"脖子前部"，"领"指"整个脖子"。吴宝安（2007：48）（《西汉核心词研究》，华中科技大学图书馆）、龙丹（2008：88）（《魏晋核心词研究》，华中科技大学图书馆）从认知、词源、使用频率等角度进行了详细考察，认为两者所指应当相同，主要是组合不同。

汉大词典》，第 355 页。

法语：col 颈；领子；瓶颈；山口。《新简明法汉词典》，第 169 页。

Gorge 喉咙；咽喉；嗓子；女子的胸部；颈状部分；入口；窄路。《新简明法汉词典》，第 459 页。

Cou 脖子；颈项；瓶子器皿的颈。《新简明法汉词典》，第 209 页。

德语：hals ①颈；脖子；②喉咙；咽喉；嗓子；③（容器的）颈；④（乐器的）颈。《朗氏德汉双解大词典》，第 819 页。

【领】《说文·页部》："领，项也。"《诗·卫风·硕人》："领如蝤蛴，齿如瓠犀。"毛传："领，颈也。"亦可以引申指"衣领"。[①]《释名·释衣服》："领，颈也，以壅颈也。亦言总领衣服为端首也。"《荀子·劝学》："若挈裘领，诎五指而顿之，顺者不可胜数也。"在南北朝所查文献中，"领"凡 1699 例，主要用作动词，仅有 8 例用指"脖子"。例如：

①术大怒，便欲刃之。车骑下车，抱术曰："族弟发狂，卿为我宥之！"始得全首领。《世说新语·方正第五》

②而不根于民，是以即真之后，天下莫不引领而叹。《宋书·卷二十七》

③臣之愆负，死有余责。属陛下慈宽，赐全腰领。今更遣臣北行，正是报恩改过，所不敢辞。《魏书·卷六十六》

有 16 例用指"衣领"。例如：

④中衣以绛缘其领袖，赤皮蔽膝。《宋书·卷十八》

⑤后夜忽梦一丈夫，衣冠甚伟，着绣衣曲领，向安祖再拜。《魏书·卷四十五》

"衣领"常以覆"领"，故"领"很容易就产生"衣领"之义，其他语言也有这种引申。例如：

英语：neck ①颈；颈部；脖子；②衣领；领子；领口；③颈状物；颈状部位；细长部分；瓶颈。《新时代英汉大词典》，第 1560 页。

法语：collet 领子；衣领；围巾；牛羊等的颈肉；捕捉野兔等套颈活结；齿颈。《新简明法汉词典》，第 171 页。

Encolure 马颈；颈部；人的脖子；开领；领口；领宽；样子；神态。

---

① 黄树先（2009）对衣服与身体部位之间的关系作了详细阐述，具体见黄树先《服饰名与身体部位名》，《民族语文》2009 年第 5 期。

《新简明法汉词典》，第 337 页。

　　刘世儒（1965：106）："（领）作为量词，出现也很早，并且也早已不以量衣服为限了。在南北朝，除了'袴一领'的说法已被淘汰外，其他用法大致都还在沿用。"在南北朝文献中，"领"用作量词凡 13 例，所量之物多样化。例如：

　　⑥戊午，以皇后六宫以下杂衣千领，金钗千枚，班赐北征将士。《宋书·卷八》

　　⑦赐平缣帛百段、紫纳金装衫甲一领，赐奖缣布六十段、绛衲袄一领。《魏书·卷六十五》

　　⑧赤漆鼓角二十具；五色锦被二领，黄绸被褥三十具。《魏书·卷一百三》

　　在南北朝时期，用指"颈"部的"颈""领""项"使用情况各不相同，主导词是"颈"。"领"主要用作动词，"项"更多地用作人名或地名用词。

　　3）咽喉词语①

　　【咽】《说文·口部》："咽，嗌也。"《汉书·息夫躬传》："吏就问，云咽已绝，血从鼻耳出。"颜师古注："咽，喉咙。"《疮疡全书·序》："咽喉为饮食精气之要路。"即"咽"为饮食之要路，"喉"为精气之要路。常引申指"险要之处"。在南北朝所查文献中，"咽"凡 39 例，仅 1 例用指"咽喉"，4 例用指"险要之处"。例如：

　　①治马患喉痹欲死方：缠刀子露锋刃一寸，刺咽喉，令溃破即愈。《齐民要术·卷六·养牛马驴骡》

　　②朔州是白道之冲，贼之咽喉，若此处不全，则并肆危矣。《魏书·卷四十四》

　　"咽喉"的这种引申方式在其他语言中亦有。例如：

　　英语：throat ①咽；咽喉；喉咙；喉道；食管；颈前部；②声音；嗓音；歌喉；③咽喉状部分；狭窄通道（或出入口）。《新时代英汉大词典》，第 2443 页。

　　法语：gorge ①喉部；②（妇女的）胸脯；③咽喉；喉咙；嗓子；

---

　　① 有关"咽喉"词语研究成果不是很多，主要有：王凤阳《古辞辨》，吉林文史出版社 1993 年版，第 122 页。池昌海《〈史记〉同义词研究》，上海古籍出版社 2002 年版，第 182 页。

④峡谷；碉堡的入口；⑤凹槽；凹颈；⑥孔；管口。《新世纪法汉大词典》，第 1261 页。

德语：kehle ①咽喉；②［建］沟槽；③［军］要道。《德汉常用词用法词典》，第 794 页。

Kehlkopf und Rachen 咽喉要地。《现代汉德词典》，第 524 页。

《玉篇·口部》："咽，吞也。"《释名·释形体》："咽，咽物也。""咽"字本作"嚥"。王力《同源字典》，第 268 页："咽、嚥，真元对转。"两者同源，一为名词，一为动词。在南北朝所查文献中，"咽"多用作动词，指"吞"，凡 10 例。

③于时宾客为之咽气。王徐徐答曰："亡叔是一时之标，公是千载之英。"《世说新语·品藻第九》

④其人虽众，然皆患彰遐迹，事隔天朝，故吞言咽理，无敢论诉。《宋书·卷四十一》

⑤经日不得食，左右进以粗粥，咽不能下。《魏书·卷九十七》

黄树先师认为："咽喉是人进食的通道，表示咽喉的词语可当吞咽讲。"并且列举了方言和外语中的一些实证①。我们还找到了其他一些例子。例如：

英语：gullet ①食管；咽喉；②胞咽。《新时代英汉大词典》，第 1046 页。

《广韵·屑韵》："咽，哽咽。"《同源字典》"咽、噎、嚥，真质对转"三者同源。在南北朝所查文献中，"咽"作动词，亦可以用指"哽咽"，凡 24 例。例如：

⑥桓乃流涕呜咽，王便欲去。《世说新语·任诞第二十三》

⑦恪奉辞暨今，悲恋哽咽，岁月易远，便迫暮冬，每思闻道，奉承风教。《魏书·卷二十一下》

【喉】《说文·口部》："喉，咽也。"《庄子·大宗师》："真人之息以踵，众人之息以喉。""喉"为精气之要路，常与发音的舌、唇连用。在南北朝所查文献中，"喉"凡 31 例，有 13 例指"喉咙"。例如：

①喉欲曲而深。胸欲直而出。髃间前向。《齐民要术·卷六·养牛马驴骡》

---

① 具体详见黄树先师《比较词语探索》，第 140 页。

②十二月己巳，月犯槵闭及东西咸。占曰："槵闭司心腹喉舌，东西咸主阴谋。"《宋书·卷二十五》

"喉"可以用于喻指"掌握机要、出纳王命的重臣"，在南北朝所查文献中，凡3例用指"掌握机要、出纳王命的重臣"。例如：

③多选忠义士，为喉唇。天下一定，万世无风尘。《宋书·卷二十二》

④此乃弓弧小艺，何足以示后叶，而喉唇近侍苟以为然，亦岂容有异，便可如请。《魏书·卷六十八》

亦可以喻指"宫廷中与帝王亲近的重要职位"，凡7例。例如：

⑤臣亮管司喉舌，恪虔夙夜，恭谨一心，守死善道。《宋书·卷四十四》

⑥高宗称秀聪敏清辨，才任喉舌，遂命出纳王言，并掌机密。《魏书·卷四十二》

还可以喻指"要害之地（处）"，凡8例。例如：

⑦穄青喉，黍折头。《齐民要术·卷二·黍穄第四》

⑧将军渊规潜运，妙略克宣，辟境克城，功著不日，据要扼喉，津径势阻，可谓勋高三捷，朕甚嘉焉。《魏书·卷十六》

【嗌】《说文·口部》："嗌，咽也。"王凤阳（1993：123）："'咽'主要指喉头前部以会厌软骨将之与气管分开，与食道相连的部分；'喉'指喉头，是声带之所在；'嗌'可以总'咽喉'两者，相当于'咽喉'合用。"《穀梁传·昭公十九年》："〔许世子止〕哭泣歠飦粥，嗌不容粒，未逾年而死。""嗌"亦可以用来指"交通要道"。段注："嗌者，扼也。扼要之处也。"王凤阳（1993：123）云："'咽''喉''嗌'，在用作比喻时是可以互相通用的。"在南北朝所查文献中，"嗌"凡1例，用指"交通要道"。例如：寿春形胜，南郑要险，乃建邺之肩髀，成都之喉嗌。《魏书·卷七十一》

【咙】《说文·口部》："咙，喉也。"《尔雅·释鸟》："亢，鸟咙。"郭璞注："咙，谓喉咙。"在南北朝所查文献中，"咙"凡3例，与"喉"连文，皆用指"喉咙"。例如：昔年食白饭，今年食麦麸。天公诛谪汝，教汝捻咙喉。咙喉喝复喝，京口败复败。《宋书·卷三十一》

【小结】在本小节共分析了10个与"颈"有关的词语，在南北朝时期该语义场主导词为"颈"。"颈"形态同"颈瓶"，又与衣服相连，故它们之间关系紧密，不仅汉语其他语言亦如此。"喉咙"为进食要道，故在语言中喉咙与要道关系紧密。

3. breasts 胸

Breasts（胸）在《百词表》中居第 51 位，《牛津高阶英汉双解词典》第 310 页："either of the two parts of a woman's body that produce milk；（a）（rhet 修辞）upper front part of the human body；chest."该语义场我们主要讨论两类词语：一类是指"乳房"的词语；一类是指"胸部"的词语。

1）指"乳房"的词语

【乳】 "乳"甲骨字形为：🐚（《甲骨文合集》二二二四六），徐中舒《甲骨文字典》："象母抱子以哺乳之形，为乳之初文。"引申指"乳房""乳汁"。《山海经·海外西经》："形天与帝至此争神，帝断其首，葬之常羊之山，乃以乳为目，以脐为口，操干戚以舞。"《史记·张丞相列传》："苍之免相后，老，口中无齿，食乳，女子为乳母。"在南北朝所查文献中，"乳"凡 92 例，既可以作名词指"乳房""乳汁"，亦可以作动词指"喂奶""饮"，还可以作形容词指"幼小"。

	乳房	乳汁	喂奶、饮	似母乳的东西	幼小	乳母
《齐民要术》	5	38	1	2	1	1
《魏书》	3	3	5	2	2	5
《宋书》	2	6	4	1	1	1
《世说新语》	0	2	1	0		6
总数	10	49	11	5	4	13

从表中可以看出，在南北朝所查文献中，"乳"作名词时，用指"乳汁"为多数，用指"乳房"为少数，特别在口语性很强的文献中，两者差别更大。试举几例：

①龙颜虎肩，身长十尺，胸有四乳。《宋书·卷二十七》

②箠捶其发落，伤其一乳。《魏书·卷二十九》

③性既丰乳，有酥酪之饶；毛堪酒袋，兼绳索之利：其润益又过白羊。《齐民要术·卷六·养羊第五十七》

④儿悲思啼泣，不饮它乳，遂死。郭后终无子。《世说新语·惑溺第三十五》

⑤牛产五日外，羊十日外，羔、犊得乳力强健，能啖水草，然后取

乳。《齐民要术·卷六·养羊第五十七》

由"乳房"引申出"乳汁",英语中也有同样引申。

英语:breast ①(人体的)胸部;胸膛;胸腔;②(动物的)胸脯;③(女性的)乳房;(男性发育尚未成熟的)乳房;④乳汁;营养之源;⑤(上衣的)胸部,上衣前部。《新时代英汉大词典》,第270页。

后代渐渐地不用"乳"来指"乳房",① 主要使用"奶"来指乳房。据黄树先师(1989:109)研究,"奶"为楚语词。《广雅·释亲》:"奶,母也。""母亲"的天职是哺乳孩子,而哺乳离不开"乳房",故语言中常常用母亲来指代"乳房"。现代汉语方言中就很多是用"奶"指"乳房"。英语中也有同样情况。

英语:mamma ①(雌性哺乳动物的)乳房;(妇女的)乳房;②(雄性哺乳动物的)乳房;乳腺;③妈妈。 《新时代英汉大词典》,第1433页。

从上列表中可知,在南北朝所查文献中,"乳"作动词是其一个主要用法。《荀子·礼论》:"乳母,饮食之者也。""乳母"之"乳"亦可认为是动词。"喂奶"与"乳房""乳汁"联系紧密,容易发生转喻。外语中亦如此。

英语:milk n.①奶,乳汁;牛奶;羊奶;②乳状物;(植物的)液汁;③(药)乳剂;vt.①挤(牛、羊等)的奶;挤(奶);给……喂奶;②敲诈;充分利用……而获利。《新时代英汉大词典》,第1490页。

德语:brust ①胸;胸腔;②(妇女的)乳房;③(妇女的)胸脯;④胸脯肉;⑤给孩子喂奶。《朗氏德汉双解大词典》,第353页。

2)指"胸部"的词语

【胸/匈】《说文·勹部》:"匈,声也。从勹,凶声。胷,匈或从肉。"《玉篇·勹部》:"匈,膺也。或作胷。"《管子·任法》:"以法制之,如天地之无私也。是以官无私论,士无私议,民无私说,皆虚其匈以听其上。"在南北朝所查文献中,"匈"凡81例,皆用指"匈奴",不指"胸"。《字汇·肉部》:"胷,同胸。"在南北朝所查文献中,"胸"凡36例,可以用指"身体颈至腹的部分",凡19例,亦可以指"心中""胸

① 吴宝安师姐对"奶"取代"乳"的动因作了详细分析,详见吴宝安《西汉核心词研究》,华中科技大学图书馆2007年版,第56页。

怀"凡 17 例。例如：

①"双兔"欲大而上。"双兔"，胸两边肉如兔。《齐民要术·卷六·养牛马驴骡》

②支道林拔新领异，胸怀所及乃自佳，卿欲见不？《世说新语·文学第四》

其他语言中也有用"胸"来指"胸怀""心中"。例如：

英语：bosom ①（尤指女性的）胸部，胸怀；②（女人的）乳房；③中间；中心；最内（或最深处）；亲密关系；安乐窝；④（上衣的）胸襟；（衬衫的）假前胸；⑤胸怀；胸襟。《新时代英汉大词典》，第253 页。

法语：sein ①胸部，胸口；②乳房；③（衣服的）胸口部分；④娘胎，母腹；⑤深处；内部；⑥心；心怀。《新世纪法汉大词典》，第2452 页。

德语：busen ①（妇女的）胸部；乳房；②襟怀；心怀；胸怀。《朗氏德汉双解大词典》，第 362 页。

现代汉语方言中，有用"胸"指"乳房"。雷州方言"胸平"指"女性平胸"，胸口"hiaŋ^{35} tem^{55}"指"女性胸部丰满"，厦门方言"胸套"、上海方言"胸罩"等同于"奶套"。（李荣《现代汉语方言大词典》六卷本，第 3317 页）用"胸"指"乳房"在其他语言中也有①。例如：

英语：breast ①（人体的）胸部；胸膛；胸腔；②（动物的）胸脯；③（女性的）乳房；（男性发育尚未成熟的）乳房；④乳汁；营养之源；⑤（上衣的）胸部，上衣前部。《新时代英汉大词典》，第 270 页。

Bosom ①（尤指女性的）胸部，胸怀；②（女人的）乳房；③中间；中心；最内（或最深处）；亲密关系；安乐窝；④（上衣的）胸襟；（衬衫的）假前胸；⑤胸怀；胸襟。《新时代英汉大词典》，第 253 页。

法语：poitrine ①胸脯；胸膛；②（女人的）胸脯，乳房；une belle poitrine（漂亮的乳房）；③（牛、羊、猪等的）前胸；胸肉。《新世纪法汉大词典》，第 2066 页。

Sein ①胸部，胸口；②乳房；③（衣服的）胸口部分；④娘胎，母腹；⑤深处；内部；⑥心；心怀。《新世纪法汉大词典》，第 2452 页。

---

① 黄树先《比较词义研究》第 297 条对此作了具体阐述。

德语：brust ①胸；胸腔；②（妇女的）乳房；③（妇女的）胸脯；④胸脯肉。《朗氏德汉双解大词典》，第 353 页。

【膺】《说文·肉部》："膺，胷也。"《国语·鲁语下》："请无瘠色，无洵涕，无捣膺，无忧容。"韦昭注："膺，胸也。"在南北朝所查文献中，"膺"凡 99 例，大多用作人名用字，其中 8 例指"胸"。例如：

①膺下欲广一尺以上，名曰"挟一作扶尺"，能久走。《齐民要术·卷六·养牛马驴骡》

②德愿应声便号恸，抚膺擗踊，涕泗交流。《宋书·卷四十五》

③诚可为痛心疾首，拊膺扼腕。《魏书·卷六十七》

还有 27 例用作动词，指"承应、当"。除此之外还有以复音词"服膺"形式出现，凡 4 例。例如：

④臣与华歆服膺先朝，今虽欣圣化，犹义形于色。《世说新语·方正第五》

⑤朕以寡薄，运膺宝图，虽未明求衣，惕惧终日，而暗昧多阙，炎旱为灾，在予之愧，无忘寝食。《魏书·卷九》

"膺"在先秦两汉时期，还有一个义项，即"胸前的带子"。王凤阳（1993：124）："考察前期文献，'膺'多与马具有关。……因为'膺'是当'胸'设置的，由于部位相关关系，马'胸'也就称作'膺'。"《诗·秦风·小戎》："蒙伐有苑，虎韔镂膺。"毛传："膺，马带也。"吴宝安（2007：54）曾对此质疑。《汉语大字典》认为是通假字，我们认为《汉语大词典》处理得更合理，应当把其看成"膺"的一个引申义。这种引申不仅汉语中有，在其他语言中也同样存在。① 例如：

英语：thorax ①胸；胸廓；②（昆）胸部；③（古希腊时使用的）胸铠，护胸甲。《新时代英汉大词典》，第 2439 页。

法语：poitrail ①马具中套在马胸的部分；②（牛、马等的）前胸；③（人的）胸部；④（建）过梁。《新世纪法汉大词典》，第 2066 页。

【臆】《说文·肉部》："肊，胷骨也。臆，肊或从意。"② 马叙伦《说文解字六书疏证》卷八："乙意音皆影纽。故肊转注为臆。"亦可用来指"胸部"。《文选·王粲〈登楼赋〉》："气交愤于胸臆。"李善注："《说

---

① 黄树先《比较词义研究》，第 303 条对此作了具体阐述。

② 马叙伦《说文解字六书疏证》卷八认为："字在肉部，宜指肉言。"

文》曰:'臆,胸也。'"在南北朝所查文献中,"臆"凡9例,其中5例用指"胸部",皆出自《齐民要术》。例如:

①鸡、雉、鹑三物,直去腥藏,勿开臆。《齐民要术·卷八·作脯腊第七十五》

还有3例指"主观的、猜测的",1例用指"气塞、懑"。例如:

②但兆幽微,非可臆断,故《五行》《符瑞》两存之。《宋书·卷三十四》

③奉讳惊号,肝脑涂地,烦冤膈臆,容身无所。《宋书·卷九十九》

【襟】《尔雅·释器》:"衣眦谓之襟。"郭璞注:"交领。"黄树先师(2009:14):"汉语'襟'指领子,可能跟脖子有关系。"① 亦可以指"衣服的前幅"。《释名·释衣服》:"襟,禁也,交于前所以禁御风寒也。"《广韵·侵韵》:"襟,袍襦前袂。"亦可引申指"胸怀"。晋潘岳《西征赋》:"开襟乎清暑之馆,游目乎五柞之宫。"在南北朝所查文献中,"襟"凡16例,有6例指"衣服的前幅",2例用于喻指"地势的交会扼要"。例如:

①养黄发以询格言,育青襟而敷典式,用能享国久长,风徽万祀者也。《魏书·卷六十六》

②王遂披襟解带,留连不能已。《世说新语·赏誉第八》

③此城襟带淮浒,川路冲要,自昔经算,未能克之,蚁固积纪,每成边害。《魏书·卷十六》

有8例用于指"胸襟、胸怀"。例如:

④彭城王勰、任城王澄皆虚襟相待。《魏书·卷四十七》

⑤冰炭结六府,忧虞缠胸襟。《宋书·卷二十二》

【抱】"抱"指"人胸腹之间的部位"或许与"抱腹"有关。《释名·释衣服》:"抱腹,上下有带,抱裹其腹上裆者也。"《仪礼·士相见礼》:"凡与大人言,始视面,中视抱,卒视面,毋改。"胡培翚正义:"抱在袷下带上。"引申可指"胸怀"。在南北朝所查文献中,"抱"凡146例,主要用作动词,用作名词凡11例,既可以指"人胸腹之间的部位",又指"胸怀"。例如:

①执玩反复,铭于心抱。《魏书·卷五十二》

②车骑曰:"中郎袷抱未虚,复那得独有?"《世说新语·轻诋第二十

---

① 黄树先师:《服饰名和身体部位名》,《民族语文》2009 年第 5 期。

六》

③然区区丹抱，不负夙心，贪及视息，少得申畅。《宋书·卷六十九》

④乃者边兵屡动，劳役未息，百姓因之，轻陷刑网，狱讼烦兴，四民失业，朕每念之，用伤怀抱。《魏书·卷七上》

【小结】本小节共分析了6个与"胸"有关的词语，南北朝时期该语义场的主导词为"胸"。"乳"依附于"胸"之上，两者之间关系紧密，"乳"可以用来指"胸"。"胸"亦可以用来指"乳"，这种关系不仅在汉语中存在，在英语、法语、德语亦不例外。"胸"还与"胸骨"以及"胸衣"关系紧密。黄树先师曾对"胸"与胸衣之间的关系做过深入分析。该语义场中其他词语用来指"胸"时，发展变化不大。

4. heart 心

Heart（心）在《百词表》中居第 52 位，《牛津高阶英汉双解词典》第 1330 页："(a) hollow muscular organ that pumps blood through the body." 在南北朝文献中，该语义场成员单一，只有"心"一个。

【心】《说文·心部》："心，人心，土藏，在身之中。象形。博士说以为火藏。"古字形为"𢖽(克鼎)"，像心脏之形。《素问·痿论》："心主身之血脉。""心脏"为人体主要内脏之一，引申义丰富，众多学者从隐喻、转喻角度对"心"作了阐述①。在南北朝文献中，"心"凡 2002 例，可以用指"心脏"。例如：

①武子一起便破的，却据胡床，叱左右："速探牛心来!"《世说新语·汰侈第三十》

②目大则心大，心大则猛利不惊，目四则朝暮健。《齐民要术·卷六·养牛马驴骡》

"胸"常常起到保护心脏的作用，两者关系紧密。在南北朝"心"亦可以用来指"胸"。例如：

③周既过，反还，指顾心曰："此中何所有?"《世说新语·雅量第

---

① 具体参见王文斌：《论汉语"心"的空间隐喻的结构化》，《解放军外国语学院学报》2001 年第 1 期。吴恩峰：《论汉语"心"的隐喻认知系统》，《语言教学与研究》2004 年第 6 期。吴恩峰：《再论"心"的隐喻———兼与齐振海先生的商榷》，《外语研究》2004 年第 3 期。张建理：《汉语"心"的多义网络：转喻与隐喻》，《修辞学习》2005 年第 1 期。齐振海、王义娜：《"心"词语的认知框架》，《外语学刊》2007 年第 2 期。

六》

"相似""相关"是词义引申中两个重要因素，齐振海、王义娜（2007）通过对"心"英汉的隐喻和转喻比较，勾勒出"心"隐喻、转喻的连续系统图：

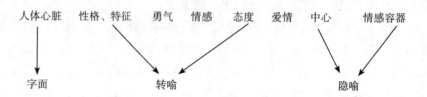

在南北朝所查文献中，"心"转喻而产生的词义有"内心""思想""性情""谋略"等。例如：

④济先略无子侄之敬，既闻其言，不觉懔然，心形俱肃。《世说新语·赏誉第八》

⑤桓公少于殷侯齐名，常有竞心。《世说新语·品藻第九》

⑥高士必在于纵心调畅。沙门虽云俗外，反更束于教，非情性自得之谓也。《世说新语·轻诋第二十六》

⑦箕子、比干迹异心同，不审明公孰是孰非？《世说新语·品藻第九》

由隐喻而产生的词义有"物体的中央""中心""植物的花蕊""苗尖"。例如：

⑧蒲熟时，多收蒲台。削肥松，大如指，以为心。《齐民要术·卷三·杂说第三十》

⑨黍心未生，雨灌其心，心伤无实。《齐民要术·卷二·黍·祭第四》

⑩其苗长者，亦可捩去叶端数寸，忽伤其心也。《齐民要术·卷二·旱稻第十二》

"心"在词义引申上，其他语言与中文有很大的相似性。

英语：heart ①心（脏）；②胸（部）；③内心；衷心；心灵；心肠；心地；④感情；爱；爱情；同情；⑤心情；心境；⑥中心；核心；要点；实质；⑦（植）心材；（蔬菜等的）菜心；⑧心形物；鸡心；⑨红心；红桃；⑩（土地的）肥沃程度；⑪精神；勇气；胆量；决心；热情；⑫个性；性情；⑬心肝；宝贝；心爱的人；恋人；意中人。《新时代英汉大词典》，第 1087 页。

法语：cceur ①心；心脏；②胸；胸脯；③胃；④心形物；⑤事或物的中心部分；中央；核心；⑥（原子）堆芯；（反应堆）活性区；⑦心；内心；⑧心愿；心意；心情；心境；⑨爱；爱情；情感；⑩心肠；心地；⑪勇气；胆量；毅力；热心；⑫品性；品质。《新世纪法汉大词典》，第 543 页。

德语：herz ①心；心脏；②心灵；心肠；心情；③心形的东西；④（若干植物的）核心部分；⑤中心；⑥红桃（扑克牌的一种花色）；⑦红桃牌。《朗氏德汉双解大词典》，第 876 页。

【小结】本小节成员单一，仅有 1 个"心"，南北朝时期该语义场的主导词为"心"。"心"使用广泛，可以用其本义，亦可以用其引申义，而且既可以以单音节形式出现，亦可以以复音词形式出现。汉语"心"词义的引申与英语、法语、德语引申情况很相似，具有类型学特征。

5. liver 肝

Liver（肝）在《百词表》中居第 53 位，《牛津高阶英汉双解词典》第 1577 页："large organ in the abdomen that produces bile and purifies the blood." 在南北朝文献中，该语义场成员与"心"一样，仅仅一个成员"肝"。

【肝】《说文·肉部》："木藏也。"许慎之解受阴阳五行学说的影响。"肝"乃高等动物消化器官之一，具有储存、合成、分泌、解毒和防御等功能。《仪礼·士昏礼》："赞以肝从。"郑玄注："肝，肝炙也，饮酒宜有肴以安之。"亦可以指"内心"。汉邹阳《狱中上书自明》："两主二臣，剖心析肝相信，岂移于浮辞哉！"在南北朝所查文献中，"肝"凡 38 例，既可以指"肝脏"，亦可以指"内心"。例如：

①待皇太子生，杀猪取其肝肺。《宋书·卷七十二》

②臣忝籍枝萼，思尽力命，碎首屠肝，甘之若荠。《魏书·卷十九下》

③及闻吾病，肝心寸绝，谓当以幅巾薄葬之事累汝，奈何反相殡送！《宋书·卷六十二》

古人认为"心、肝"为人感知的主要器官之一，故两者常引申指人内心的某种感觉。其他语言亦如此。例如：

英语：liver 肝脏；（动物供食用的）肝；liverish 易怒的；易躁的。

《新时代英汉大词典》，第 1386 页。

法语：foie ①肝；肝脏；②恐惧；害怕；③肝色物质；肝色化合物。《新世纪法汉大词典》，第 1142。

德语：leber ①肝（脏）；②（家畜的）肝；frei von der leber weg spre-chen 说话直率，想啥说啥，心直口快。《朗氏德汉双解大词典》，第 1128 页。

【小结】本小节成员单一，仅有"肝"1 个，在南北朝时期该语义场的主导词为"肝"。"肝"既可以用指"肝脏"，亦可以用指"内心"。"肝"是人用来感知的器官之一，故其可以用来指内心的活动。这种词义的引申在英语、法语、德语中情况相同，具有类型学的特征。

第五节　人工物核心名词

"人工物"指通常情况下需要经过人类的加工才可能产生的东西。《百词表》中人工物核心名词有三个：smoke 烟（81）、fire 火（82）、ash 灰（83）。

一　烟 smoke

Smoke（烟）在《百词表》中居第 81 位，《牛津高阶英汉双解词典》第 2664 页："visible（usu white，grey or black）vapour coming from sth that is burning." 在南北朝文献中，该语义场共三个成员。

【烟】《说文·火部》："烟，火气也。从火，垔声。烟，或从因。""烟"指"物质燃烧时所产生的气状物"。《国语·鲁语上》："既其葬也，焚，烟彻于上。"亦可引申指"像烟一样的云气物"。曹操《气出唱》之二："从西北来时，仙道多驾烟。"在南北朝所查文献中，"烟"凡 81 例，其中有 52 例指"物质燃烧时所产生的气状物"。例如：

①挂着屋下阴中风凉处，勿令烟熏。《齐民要术·卷三·蔓菁第十八》

②时东北风急，因命纵火，烟焰张天，鼓噪之音震京邑。《宋书·卷一》

亦可以指"像烟一样的云气物"，凡 23 例。例如：

③以火头内泽中作声者，水未尽；有烟出，无声者，水尽也。《齐民

要术·卷五·种红蓝花栀子》

④异采腾于轸墟，紫烟蔼于邦甸，锡冕兆九五之征。《宋书·卷十六》

⑤秀出无穷，烟起不极。《魏书·卷六十九》

"烟"常漂浮在空中，与"云、气"相似，故语言中两者常相互指代。例如：

英语：smoke ①The visible suspension of carbon and other particles in air, given off a burning or smouldering substance. ②A volume, cloud, or olumn of smoke. ③Fume or vapour caused by the action of heat in moisture.《牛津英语大词典》(简缩版)，第 2888 页。

fog 雾；雾气；尘雾；a pale sun shining through the fog（透过雾气的暗淡阳光）；a constant nicotine fog 阵阵尼古丁的烟雾。《新时代英汉大词典》，第 900 页。

法语：fumèe ①烟；②蒸汽；水汽；雾气；香气；③酒意；④（鹿的）粪便。《新世纪法汉大词典》，第 1215 页。

Vapeur ①蒸汽，汽；②雾气；烟雾；La cuisine est pleine de vapeur（厨房里烟雾腾腾）；③蒸汽；④气体。《新世纪法汉大词典》，第 2738 页。

德语：dampf ①汽；蒸汽；②（物）汽；③雾气；烟雾。《朗氏德汉双解大词典》，第 382 页。

Qualm 浓烟；烟雾；蒸汽；抽烟；吸烟。《德汉汉德词典》，第 152 页。

在南北朝所查文献中，"烟"常与"火"连文，用来借指"人"[1]，凡 5 例。例如：

⑥此之界局，与彼通连，两民之居，烟火相接，来往不绝，情伪繁兴。《宋书·卷九十五》

⑦恒代而北，尽为丘墟；崞潼已西，烟火断绝。《魏书·卷一百六上》

还有 1 例用指"用来制作墨的烟炱"。例如：

⑧合墨法：好醇烟，捣讫，以细绢筛。《齐民要术·卷九·笔墨第九十一》

---

① 黄树先《比较词义探索》第 456 条有大量外语语料论证两者的联系。

　　"烟"在现代汉语方言中，还可以用作动词，指"熏"。"熏"亦可以用指"烟"，后文有交代。江西新干方言中有用"烟"作动词"熏"的用法。如拿肉去烟一下。广东揭阳话也可以作动词"熏"解，如锅底硬虎会烟乌（锅底当然会给熏黑）。（许宝华等主编《汉语方言大词典》，第5067页）黄树先师在《比较词义探索》中就具体分析了"烟"与"熏"的联系①，例子翔实，故不再赘述。在此我们仅再补充两个例子。例如：

　　英语：fume n. ①（刺鼻、浓烈或有害的）烟，气；汽；②愤怒；恼怒；vi. ①冒烟（或气、汽）；（烟、汽、气等）冒出；散发；②发怒，发火；vt. ①（用香或烟等）熏；用化学药品的烟雾把（木材等）熏成深颜色；②发出，冒出（烟、气、汽等）；③怒气冲冲地说话。《新时代英汉大词典》，第946页。

　　德语：qualm 浓烟；烟雾；蒸汽；抽烟；吸烟。《德汉汉德词典》，第152页。

　　【煴】《说文·火部》："煴，郁烟也。"指"郁烟，不见火焰的燃烧而产生出来的许多烟"。《玉篇·火部》："煴，烟煴也。"亦可以用来指"没有火焰的微火"。《灵枢经·寿夭刚柔》："置酒马矢煴中，盖封涂勿使泄。"在南北朝所查文献中，"煴"凡3例，有1例用来指"郁烟"。例如：

　　①天雨新晴，北风寒彻，是夜必霜。此时放火作煴，少得烟气，则免于霜矣。《齐民要术·栽树》

　　"煴"还有2例与"烟"连文，1例指"阴阳二气和合貌"，1例用指"云烟弥漫貌"。例如：

　　②于是华域肃清，讴歌允集，王纲帝典，焕哉惟文，太和烟煴，流泽洋溢。《宋书·卷九十五》

　　③自义风电靡，天光反辉，昭晳旧物，烟煴区宇。以庶务草创，未遑九伐，自尔以来，奄延十载。《宋书·卷九十五》

　　【熏】《说文·中部》："火烟上出也。从中，从黑。中黑，熏黑也。"金文字形：🜔（毛公鼎），《玉篇·火部》："火上出也。"亦可以用指"火烟"。《墨子·节葬下》："秦之西有仪渠之国者，其亲戚死，聚柴薪而焚之，熏上，谓之登遐。"在南北朝所查文献中，"熏"凡20例，皆用作动词。现

────────────

　　① 详见黄树先师即将出版的《比较词义探索》第455条。

代汉语方言中，"熏"可以用来指"烟，烟雾"。闽语"烟"福建厦门
[hun⁴⁴]、仙游[huon⁵³³]皆指"烟，烟雾"。(许宝华等主编《汉语方言
大词典》，第 6862 页)。

【小结】本小节共分析了 3 个与"烟"有关的词语，在南北朝时期该
语义场的主导词为"烟"。"烟"既可以单用，亦可以以复音词形式出现。
其词义丰富，既可以用于本义，亦可以用于指"云、气"，其词义的这种
发展在英语、德语、法语中情况相同。

二 火 fire

Fire（火）在《百词表》中居第 82 位，《牛津高阶英汉双解词典》
第 1054 页："burning that produces light and heat." 在南北朝文献中，该语
义场凡 15 个成员，我们把它们分为以下四个部分。

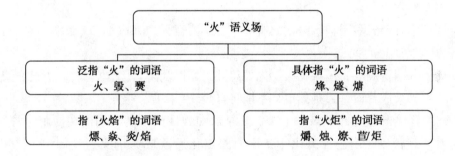

1. 泛指"火"的词语

汉语中用来泛指"火"的词语有火、毁、燹、熄等①，但是在南北朝
文献中，主要有火、毁。

【火】《说文·火部》："火，毁也。南方之行，炎而上。象形。"甲
骨字形"🔥"林光《文源》："象光焰迸射之形。"《书·盘庚上》：
"若火之燎于原，不可向迩，其犹可扑灭?"孔传："火炎不可向近。"
亦可以引申"烧"。《释名·释天》："火，化也，消化物也，亦言毁也，
物入中皆毁坏也。"《礼记·王制》："昆虫未蛰，不以火田。"在南北朝
所查文献中，"火"凡 624 例，大多作名词，用其本义，有 9 例作动词。
例如：

---

① 王凤阳先生曾对"火、毁、燹"做过研究，具体详见《古辞辨》，第 60 页。

①乙亥，京邑火，延烧太社北墙。《宋书·卷五》

②三月，饶安、东光、安陵三县火，烧七千余家，死者万五千人。《宋书·卷三十二》

有 3 例"火"用指"危险境地"。例如：

③今赤子几临危塈，将赴水火，以烦劳而不救，岂赤子所望于慈母！《魏书·卷七十八》

"火"在南北朝引申义较少，但是用"火"作喻体的情况就不少。可以作"像火一样的颜色""激情、愤怒、暴躁"等的喻体。例如：

④张重华在凉州，日暴赤如火，中有三足乌，形见分明，数旦乃止。《宋书·卷三十四》

⑤但心如猛火，山林无以供其暴。《魏书·卷十》

⑥古人有言"众怒如水火焉"，以此观之，今日非可慰谕止也。《魏书·卷六十六》

⑦五年五月癸酉申时，北有赤气，东西竟天，如火焰。《魏书·卷一百一十二上》

⑧国重戎战，用兵犹火，内外怨弊，易以乱离。《魏书·卷六十七》

⑨天戒若曰，兵犹火也，不戢将自焚。《宋书·卷三十一》

隐喻既是比喻领域的范畴，又是认知领域的范畴，词语在使用时常常利用相似性创造各类比喻，比喻固定化后就成为词义。例如"火"。"火"可以帮助人类，亦可以伤害人类，犹"战争"，对统治阶级也有利有害。在先秦文献中就会用来比喻"战争"，在南北朝文献中亦不例外。"火"在南北朝文献中，用来指"战争"，凡 2 例。例如：

⑩又命诸军各穿池于营内，朝夕不外汲，兼以防蛮之火。《宋书·卷七十七》

"像火一样的颜色""激情、愤怒、暴躁"等喻体在南北朝时期还没有固定化成为"火"的词语，但是到了唐代这些喻体就固定化成为"火"的词义。例如：

⑪风翻一树火，电转五云车。（元稹《感石榴二十韵》）

⑫中夜恨火来，焚烧九回肠。（李群玉《自澧浦东游江表途出巴丘投员外从公虞》）

汉语"火"词义隐喻发展模式①，其他语言与汉语有很大的相似。

英语：fire ①火；②火灾；失火；③炉火；火堆；④暖气设备；取暖装置；⑤引火物；柴火；⑥似火的东西；发光体；火光；火花；光芒；星；⑦热情；激情；强烈的感情；活力；勃勃生机；⑧生动的想象；⑨剧痛；发炎；⑩苦难；磨难；严峻。《新时代英汉大词典》，第 864 页。

法语：feu 火；燃烧物；失火；火灾；炉火；炉灶；有烟火的人家；灯光；信号灯；方位灯；火器；枪炮；开火；射击；炮火；战火；火刑；光；光辉；星光；日光；酷暑；炎热；火辣辣；火热；热情；怒火；火气；欲火；情欲；拍卖时所点的烛火。《新简明法汉词典》，第 406 页。

Flamme 火焰；火舌；火刑；火灾；热情；热心；情火；爱情。《新简明法汉词典》，第 416 页。

Brasier 火堆；火盆；野火堆；激情；欲火；战火。《新简明法汉词典》，第 110 页。

德语：feuer ①火；炉火；②火焰；大火；火灾；③着火了；④给某人（递火）点烟；⑤向……要火点烟；⑥火力；炮火；射击；⑦光泽；⑧激情；热情。《朗氏德汉双解大词典》，第 621 页。

【毁】《说文·火部》："毁，火也。"段注："毁，烜实一字。《方言》'齐曰烜'，即《尔雅》郭注之'齐曰毁'也。俗乃强分为二字二音。"《诗·周南·汝坟》："鲂鱼赪尾，王室如毁。"毛传："毁，火也。"在南北朝规定文献中，"毁"没有用例，但是在南北朝其他文献中，有 1 用例。例如：覆政弗兴，历兹永久，如毁既及，晋、郑靡依。《梁书·卷一》

【燹】《说文·火部》："燹，火也。"《玉篇·火部》："燹，野火也。"在南北朝所查文献中，"燹"没有用例。

2. 指"火焰"的词语

"火焰"为"火"的一部分，故我们把"火焰"放在"火"的下位概念。在南北朝文献中，用指"火焰"的词语共 4 个。

---

① 有一些学者从隐喻以及文化角度对"火"作了研究。具体详见：娄捷《从"火"的意义演变看隐喻认知》，《现代语文》2006 年第 7 期。赵静莲《从〈说文〉火部字透视中国火文化》，《牡丹江师范学院学报》（哲学社会科学版）2007 年第 5 期。王英雪《汉英语言中关于"火"的隐喻比较》，《鸡西大学学报》2010 年第 3 期。金花漫《英汉语"火"词语的情感隐喻认知》，《西南科技大学学报》（哲学社会科学版）2009 年第 1 期。

【炎/焰】《说文·炎部》："炎，火光上也。"徐灏《说文解字注笺·火部》："炎、焰，古今字。"《书·洛诰》："无若火始焰焰。"唐朝石经作"炎炎"。在南北朝所查文献中，"炎"凡96例，仅5例用指"火焰"。例如：

①炎烟蔽天，不可扑灭。《宋书·卷三十二》

②伯姬待姆，安就炎燎；樊姜俟命，忍赴洪流。《魏书·卷六十七》

"焰"在南北朝文献中凡12例，皆用指"火焰"。例如：

③时东北风急，因命纵火，烟焰张天，鼓噪之音震京邑。《宋书·卷一》

④超南郊，柴燎焰起，而烟不出。《魏书·卷九十五》

【焱】《说文·火部》："焱，火华也。"《楚辞·刘向〈九叹·远游〉》："日曖曖其西舍兮，阳焱焱而复顾。"在南北朝所查文献中，"焱"凡4例，其中2例用指"火焰"。例如：飞星焱去而迹绝，流星迹存而不灭。《魏书·卷九十一》

还有2例用指"疾进貌"，同"猋"。"猋"，《说文·犬部》："猋，犬走貌。"引申指"疾进"。《楚辞·九歌·云中君》："灵皇皇兮既降，猋远举兮云中。"王逸注："猋，去疾貌也。"例如：

②徐州刺史申令孙，提彭、宋剽勇，陆涂焱奋。《宋书·卷八十四》

【熛】《说文·火部》："熛，火飞也。从火熏声。读若摽。"段注："玄应引《三仓》云：'熛，迸火也。'"《淮南子·说林训》："一家失熛，百家皆烧。"在南北朝所查文献中，"熛"凡1例，用指"火焰"。例如：

①皇上仁雄集瑞，英睿应历，凤仪熛升，龙辉电举。《宋书·卷八十四》

在南北朝其他文献中，亦有用指"火焰"。例如：

②譬犹崩泰山而厌蚁壤，决悬河而注熛烬，岂有不殄灭者哉！《梁书·卷一》

3. 具体指"火"的词语

本部分主要讨论火的某些具体类别，"火炬"本来也应当归入该语义场内，但是由于表"火炬"的词语比较丰富，于是我们把表"火炬"的词语分开来讨论。

【烽】《说文·火部》："燹，燧，候表也。边有警则举火。从火逄声。"《广韵·锺韵》:"烽,同燹。"王玉树《拈字》:"(燹)今俗省作烽。"《墨子·号令》:"昼则举烽,夜则举火。""烽"在南北朝所查文献中,凡30例,有27例用指"边防报警的烟花"。例如:

①贪祸恣毒,无因自反,恐烽燧之警,必自此始。《宋书·卷六十四》

②肥如侯贺护举烽于安阳城北,故贺兰部人皆往赴之,其余旧部亦率子弟招集族人,往往相聚。《魏书·卷十六》

古代有"烽"则常有"烽火台",故"烽"可以用来指"烽火台",南北朝所查文献中,凡3例用指"烽火台"。例如:

③上使庆之于桑里置烽火三所。《宋书·卷七十九》

④伯之等仅以身免,屯于烽火。《魏书·卷二十一下》

【燧】《玉篇·火部》:"燧,以取火于日。"用指"取火的器材"。《论语·阳货》:"旧谷既没,新谷既升,钻燧改火,期可已矣。"引申可以指"火炬、火"。曹植《应诏诗》:"前驱举燧,后乘抗旌。"亦可以指"烽火"。《汉语大字典》:"古代边防报警的信号,白天放烟告警叫'烽',夜间举火告警叫'燧'。"这应该是两汉之前的区别。黄金贵(1995:190):"南北朝起,'烽'已可指烟与苣火,且渐成烽燧总称;'燧'也可单用,指亭燧之火,但不广泛。"黄先生此言可信。在南北朝文献中,"燧"凡10例,4例指遂人氏,1例用指"火炬"(例①),1例用指"取火的器材"(例②),4例用指"烽火"(例③④)。此时指"烽火",已经不再仅仅指"夜间举火告警",而是"烽火"的泛称。例如:

①大燧一移,衰情顿尽,反心以求,岂制礼之意也。《魏书·卷一百八之四》

②自大礼告终,钻燧三改,大明仁照,远迩倾属。《宋书·卷四十三》

③自神鼎南底,累纪于兹,虔贡虽违,边燧静息,凭心象魏,潜款弥纯。《魏书·卷九》

④贪祸恣毒,无因自反,恐烽燧之警,必自此始。《宋书·卷六十四》

【煻】《龙龛手鉴·火部》:"煻,灰火"。指"热灰火。"在南北朝所查文献中,"煻"凡1例。例如:

①其鱼,草裹泥封,煻灰中燫之。《齐民要术·卷八》

4. 指"火炬"的词语

在电灯还没有普及之前,"火炬"是我国人民生活的一个不可或缺的东西。在漫长的历史发展过程中,人类对"火炬"有不同的认识,产生了一系列不同的字。黄金贵先生(1995:1368)对 10 多个表"火炬"的字进行了辨析。①

【苣/炬】《说文·艸部》:"苣,束苇烧。"指"用草秆扎成的火炬"。《墨子·备城门》:"人擅苣长五节。寇在城下,闻鼓音,燔苣。"邵瑛《群经正字》:"今经典作炬。"在南北朝所查文献中,"苣"没有用来指"火把"。《玉篇·火部》:"炬,火炬。"王充《论衡·感虚》:"使在地之火,附一把炬,人从旁射之,虽中,安能灭之?""炬"其制作是用苇束在一起而成的,起初作照明用,既可以用在屋内,亦可以用在屋外。但是在秦以后主要指用在屋外的火把。在南北朝所查文献中,"炬"凡 48 例,38 例用作人名,8 例指"火炬"。例如:

①端门设庭燎火炬,端门外设五尺、三尺灯。《宋书·卷十四》

还有 2 例指"蜡烛"。

②义恭又送炬烛十挺,孝武亦致锦一匹。《宋书·卷四十六》

"火把"与"蜡烛"(灯)皆有照明功效,功能相似产生联系,符合人类心理的发展。在外语中亦有这种引申。

英语:torch ①手电筒;②火炬;火把;火炬式灯。《新时代英汉大词典》,第 2472 页。

法语:flambeau 火炬;火把;蜡烛。 《新世纪法汉大词典》,第 1125 页。

【燎】《说文·火部》:"燎,放火也。"《诗·小雅·正月》:"燎之方扬,宁或灭之。"郑玄笺:"火田为燎。""燎",从火,寮声。黄金贵(1995:1370):"寮声有大义。……则'燎'也得指大火。"引申指"火炬"。《玉篇·火部》:"火在门外曰烛,于门内曰庭燎。"《诗·小雅·庭燎序》:"庭燎,美宣王也。"在南北朝所查文献中,"燎"凡 45 例,23 例用指"火炬"。例如:

①端门设庭燎火炬,端门外设五尺、三尺灯。《宋书·卷十四》

②辞太和庙,之圜丘,升祭柴燎,遂祀明堂,大合。《魏书·卷一百

---

① 详见黄金贵《古代文化词义集类辨考》,上海教育出版社 1995 年版,第 1368 页。

八之一》

其余皆用作动词。例如：

③民惰窳羊主切，少粗履，足多剖裂血出，盛冬皆然火燎炙。《齐民要术·序》

【烛】《说文·火部》："烛，庭燎，火烛也。"《仪礼·士昏礼》："从车二乘，执烛前马。"郑玄注："使徒役持炬火居前照道。"黄金贵（1995：1372）："烛之异于燎者，在于有把手，用于手执，小于庭燎。"①在南北朝所查文献中，"烛"凡91例，其中68例子用作"蜡烛"。例如：

①须臾，举蜡烛火掷伯仁，伯仁笑曰："阿奴火攻，固出下策耳！"《世说新语·雅量第六》

②手下苍头常令秉烛，或时睡顿，大加其杖，如此非一。《魏书·卷六十八》

还有23例用作动词，指"照亮"。例如：

③太尉公命世天纵，齐圣广渊，明烛四方，道光宇宙。《宋书·卷二》

④朕每思知百姓之所疾苦，以增修宽政。而明不烛远，实有缺焉。《魏书·卷七上》

【爝】《说文·火部》："爝，苣火祓也。"段注："苣，束苇烧之也；祓，除恶之祭也。"《吕氏春秋·本味》："汤得伊尹，祓之于庙，爝以爟火，衅以牺猳。"《玉篇·火部》："爝，炬火也。"《庄子·逍遥游》："日月出矣，而爝火不息；其于光也，不亦难乎！"成玄英疏："爝火，犹炬火也，亦小火也。"在南北朝所查文献中，"爝"凡2例，皆用指"烛光"。2例皆出自"萤爝"一词中，"萤爝"指"微弱的光"，亦可以用来作自谦之词。例如：

①若实有萤爝，增晖光景，固其腾声之日，飞藻之辰也，岂敢自求从容，保其淡逸。《宋书·卷八十四》

②愚诚丹款，实希效力，有心萤爝，乞暂施行。《魏书·卷五十六》

【小结】本小节共分析了15个与"火"有关的词语，在南北朝时期该语义场主导词为"火"。在南北朝时期，"火"主要用作名词，大多用

---

① 有学者对"烛"指词源作了讨论。例如：李嘉翼《说"烛"》，《汉字文化》2005年第2期；张相平《"烛"词源考》，《汉字文化》2007年第1期。

其本义，引申可以指"灾害""暴躁""像火一样的颜色"。这种引申在英语、法语、德语中情况亦相同。其他用来特指火的词语，在使用上变化不大。

三　灰 ash

Ash（灰）在《百词表》中居第 83 位，《牛津高阶英汉双解词典》第 136 页："powder that remains after sth（esp tobacco, coal, etc）has burnt."本语义场主要考察经过燃烧后形成的"灰"，在南北朝文献中，该语义场成员主要有灰、煨、烬、炭。王凤阳（1993：83）对它们作了辨析①。

【灰】《说文·火部》："死火余㶳也。从火从又。又，手也。火既灭，可以执持。"《周礼·地官·掌炭》："掌灰物炭物之征令，以时入之，以权量受之，以共邦之用。"《礼记·月令》："〔仲夏之月〕毋烧灰。"郑玄注："火之灭者为灰。"在南北朝所查文献中，"灰"凡 96 例，有用指"灰烬"（例①②），亦有用指"尘土"（例③④）。例如：

①原火一燎，异物同灰，幸求多福，无贻后悔。《宋书·卷九十九》

②作浪中坑，火烧使赤，却灰火。《齐民要术·卷八·蒸缹法第七十七》

③三月末，四月初，扬灰簸土觅真珠。《魏书·卷七十五》

④若能多收，常用作食，既无灰尘，又不失火，胜于草远矣。《齐民要术·卷八·作酱等法第七十》

"灰"引申可以指"介于黑色与白色之间的一种颜色"。《晋书·郭璞传》："时有物，大如水牛，灰色卑脚，脚类象，胸前尾上皆白，大力而迟钝。"在南北朝所查文献中有两例用指"灰色"。例如：

⑤白头蚕，……灰儿蚕，秋母蚕，秋中蚕，老秋儿蚕，秋末老，獬儿蚕，绵儿蚕，同功蚕，或二蚕三蚕，共为一茧。《齐民要术·卷五·种桑柘第四十五》

"灰"为人们日常生活中常见的事物，其外貌与"介于黑色与白色之间的一种颜色"相似，故两者关系紧密。其他语言中亦如此。例如：

英语：ash ①灰；灰烬；灰末；②火山灰；③（尤指木灰似的）淡灰

---

① 详见王凤阳《古辞辨》，吉林文史出版社 1993 年版，第 84 页。

色；（脸色等的）灰白色；死灰色；死一般的苍白；④骨灰；遗骸。《新时代英汉大词典》，第 128 页。

法语：cendre ①灰；灰烬；②灰色物；灰状物；un ciel de cendre（灰色的天空）；un goût de cendre（忧伤的情调）③骨灰；遗骸。《新世纪法汉大词典》，第 431 页。

【煨】《说文·火部》："煨，盆中火。"指"热灰"。在南北朝所查文献中，"煨"凡 4 例，2 例用作人名，2 例与"烬"连文，其中 1 例用指"灰烬"，1 例用指"残余"。例如：

①三帝受制于奸臣，二皇晏驾于非所；五都萧条，鞠为煨烬。《魏书·卷六十七》

②降虏之煨烬，卜式编户齐民，以羊、马之肥，位登宰相。《齐民要术·卷六·养牛马驴骡》

"煨"因为是指温度较高的灰，故可以用来烧食物。在江西新干方言中还会说"煨芋头"（把芋头放在热灰中烧熟）、"煨［bo³³ bo¹¹］"（把鸡蛋放在热灰中烧熟）等。

【烬】《说文·火部》："烬，火余也"段注："今依唐初玄应本：火之余木曰烬，死火之烬曰灰。"可见"烬"既可以指木柴烧后的剩余物，也可以指煨、灰。《诗·大雅·桑柔》："民靡有黎，具祸以烬。"朱熹《集传》："烬，灰烬也。"在南北朝所查文献中"烬"凡 31 例，10 例用指"灰烬"，皆出自北朝文献《魏书》中。例如：

①福时在内，延突火而入，抱福出外，支体灼烂，发尽为烬。《魏书·卷四十四》

《小尔雅·广诂》："烬，余也。"段注："烬，引申为凡余之称。"《左传·襄公四年》："靡自有鬲氏，收二国之烬，以灭浞而立少康。"杜预注："烬，遗民。"在南北朝所查文献中，凡 19 例用指"残余、遗民"。例如：

②六月，兖州刺史谢玄讨贼，大破之，余烬皆走。《宋书·卷二十五》

③虎收其余烬，西走度河，窜居朔方。《魏书·卷一》

还有 2 例用指"烧毁"。《汉语大字典》引用宋代例子，引例有些过晚。例如：

④逮乎秦皇，剪弃道术，灰灭典籍，坑烬儒士，盲天下之目，绝象魏

之章,《箫韶》来仪,不可复矣。《魏书·卷三十八》

⑤肆吞噬于觜距,咸邑烬而野空。《魏书·卷六十五》

【炭】《说文·火部》:"炭,烧木余也。"《礼记·月令》:"〔季秋之月〕草木黄落,乃伐薪为炭。"亦可以喻指"灾害、灾难、痛苦"。《玉篇·火部》:"炭,火也。"《书·仲虺之诰》:"有夏昏德,民坠涂炭。"孔传:"民之危险,若陷泥坠火,无救之者。"在南北朝所查文献中,"炭"凡55例,有25例用指"木炭"。例如:

①臣不能吞炭漆身,今日复睹圣颜。《世说新语·方正第五》

②听乐均,度晷景,候钟律,权土炭,效阴阳。《宋书·卷十一》

③坐为平原太守崔敞所讼,廷尉论辄收市利,费用官炭,免官。《魏书·卷五十八》

④至冬叶落,附地刈杀之,以炭火烧头。《齐民要术·卷四·插梨第三十七》

还有30例用指"灾害、灾难、痛苦",常以"涂炭"形式出现。例如:

⑤是冬,苏峻称兵,都邑涂炭。《宋书·卷三十三》

⑥遂使天下分崩,黔黎荼炭,数十年间,民无聊生者,斯之由矣。《魏书·卷五十六》

【小结】本小节共分析了4个与"灰"有关的词语,在南北朝时期该语义场的主导词为"灰"。"灰"既可以用指"灰烬",亦可以用指"介于黑白之间的颜色"。"灰"的这种引申在英语、法语、德语中情况相同。"烬"主要在北朝文献中使用,在南北朝文献中鲜有。"煨"用作动词,在现代汉语方言中还存在。"炭"与"火"常连文,"火"可以用来指"灾害、祸害","炭"亦可以用来指"灾害、祸害"。

第六节　自然物核心名词

本节所讲"自然物"指大自然中不经人力故意所为而形成的事物,包括星际自然物和地球自然物。在《百词表》中,星际自然物包括:sun 日、moon 月、star 星、rain 雨、cloud 云、night 夜。地球自然物包括:water 水、stone 石、sand 沙、earth 地、path 路、mountain 山。两者凡12

个词语，下面按类别分别探讨。

一　星际自然物核心词

《说文解字·叙》："古者庖牺氏之王天下也，仰则观象于天，俯则观法于地，视鸟兽之文与地之宜，近取诸身，远取诸物，于是始作易八卦，以垂宪象。"观察天际是人类在生活中经常发生的活动之一，对天际中的可视现象进行记录、描写也就成为人类自然的事情。在《百词表》中包含 6 个星际核心词。

1. sun 日

Sun（日）在《百词表》中居第 72 位，《牛津高阶英汉双解词典》第 2860 页："（also the sun）［sing］the star around which the earth orbits and from which it receives light and warmth." 该语义场我们主要讨论以下两个类别。

1）指"太阳"之词

【日】《说文·日部》："日，实也。太阳之精不亏。"① 其甲骨字形有："☉"(前四二九·五)，像太阳之形。《易·系辞下》："日往则月来，月往则日来。"引申可以指"白天""每天""他日""往日""光阴"等。在南北朝所查文献中，"日"凡 5873 例，词义丰富，后代所具有的词义，在南北朝时期都具备了。例如：

①殷浩始作扬州，刘尹行，日小欲晚，便使左右取袄。《世说新语·政事第三》

②自中人以还，北人看书，如显处视月，南人学问，如牖中窥日。《世说新语·文学第四》

---

① 关于"日"字来源，宋金兰（2004：36）认为："汉藏系语言里的'日（太阳）'由'目（眼睛）'派生而来。"该文从语音、文献、方言等角度进行了论证。详见宋金兰《汉藏语"日""月"语源考》，《汉字文化》2004 年第 4 期。

③三日不饮酒，觉形神不复相亲。《世说新语·任诞第二十三》

④宣武集诸名胜讲易，日说一卦。《世说新语·文学第四》

⑤襟情之咏，偏是许之所长。辞寄清婉，有逾平日。《世说新语·赏誉第八》

⑥太后入户，见直侍并是昔日所爱幸者。《世说新语·贤媛第十九》

⑦于时冰雪积日，侃室如悬磬，而逵马仆甚多。《世说新语·贤媛第十九》

"太阳"为人类最早注意的天象之一，其照耀人类，给人类光明。人类通过对其不断地观察、了解，发现太阳的运转与地球昼夜变化密切相关。故"日"可以用来指"天、年"。《书·洪范》："五纪：一曰岁，二曰月，三曰日，四曰星辰，五曰历数。"孔颖达疏："从夜半以至明日夜半，周十二辰为一日。"外语"日"词义的发展亦能给予证明。例如：

英语：sun ①太阳；日；②恒星；③阳光；日光；（太阳的）光热；阳光照射处；④(诗)（一）天；（一）日；（一）年；⑤（太阳般）光芒四射的人（或事物）；⑥中天之日。《新时代英汉大词典》，第 2357 页。

法语：jour ①日光；阳光；②（象征生命的）光明；生命；生活；③光线；亮光；④角度；观点；……⑩白天；白昼；⑪天（指气候）；⑫一天（指已完成或需要的量）；⑬天，昼夜；日；日子；某一天；日期；纪念日。《新世纪法汉大词典》，第 1518 页。

【（太）阳】《说文·阜部》："阳，高明也。"《公羊传·僖公二十二年》："宋公与楚人期战于泓之阳。"何休注："泓，水名。水北曰阳。"①"阳"从"阜"，从"易"。"易"甲骨字形为"𣆟"。李孝定《甲骨文集释》："象日初升之形。"还有一字形"𣆛"。徐中舒《甲骨文字典》："增加'彡'是为了'突出初日之光线'。"夏先培（2003：114）："'易'应为'阳'的原始字根。""'阳'的本义是'太阳、阳光'。"② 此言甚确。《广雅·释诂一》："太，大也。""阳"本义指"太阳、阳光"两者连用，表明古人对"太阳、阳光"的敬畏。王力曾对"日"和"太阳"的历史演变作

---

① 学界对"阳"之本义存在不同看法：一部分学者认为"山南水北"是其本义。如王力、朱振家等；还有一部分认为"阳光"为其本义，如郭锡良。

② 夏先培：《"阴""阳"二题》，《长沙电力学院学报》（社会科学版）2003 年第 4 期。

了详细探讨。① 在南北朝所查文献中，"太阳"凡17例，仅4例用指"日"。例如：

①使太阳与万物同晖，臣何以瞻仰？《世说新语·崇礼第二十二》

②二十九年，荧惑逆行守氐，自十一月霖雨连雪，太阳罕曜。《宋书·卷九十九》

③脱守迷不悟者，当仰凭天威，抑厉将士，譬犹太阳之消微露，巨海之荡荧烛，天时人事，灭在昭然。《魏书·卷六十五》

还有6例用指"地名"，7例指"极盛的阳气"。例如：

④率轻骑二万会粲于太阳，大败晋监军裴邈于渑池，遂至洛川。《魏书·卷九十五》

⑤鱼既极阴，屋上太阳，鱼见屋上，象至阴以兵革之祸干太阳也。《宋书·卷三十三》

从以上例子可以看出，"太阳"在南北朝时期已经成为一个复音词。据吴宝安（2007）研究，在西汉时期，有1例"太阳"可以用来指"日"。在南北朝时期，"太阳"指"日"频率增大，"太阳"完全可以认为是"日"的别名，不过这个时期用指"太阳"还是以"日"为主。王力（1980：486）："'月'称'太阴'到后代只用于特殊的场合，没有能在全民语言中生根，算是失败了；'日'称'太阳'却成功了。"黄树先师（2010：35）、吴宝安（2007：149）、龙丹（2009：169）对"太阳"替代"日"的动因作了可信的分析。

【旸】《说文·日部》："日出也。《虞书》曰：'曰旸谷。'"《书·尧典》："分命羲仲，宅嵎夷，曰旸谷，寅宾出日。"孔传："旸，明也。日出于谷而天下明，故称旸谷。"在南北朝所查文献中，"旸"凡2例，其中1例用于人名，1例用指"日出"。例如：诗以明言，言以通理。旸坎迷流，觌良暗止。《魏书·卷五十二》

王力（1982：364）认为"阳"与"旸"同源。"旸"在后代也可以用来指"太阳"。唐元稹《投吴端公崔院长》："初旸好明净，嫩树怜

① 王力《汉语史稿》第486-487页："先秦的'阳'字早有了'日光'的意义。但是，'太阳'二字连在一起是汉代的事，那时'太阳'的'阳'是阴阳二气的'阳'。'太阳'在最初并不专指'日'，而是指极盛的阳气，或这种极盛的阳气的代表物。在唐代，'太阳'只是'日'的别名，它在口语里是否完全代替了'日'，还不敢断定。但是我们相信，它这样常常见用，至少从宋代起，它已经进入了基本词汇了。"

低庳。"

【晶】《说文·日部》:"晶,精光也。"段注:"凡言物之盛皆三其文。"引申可以指"太阳"。在南北朝规定文献中没有用例,但是在南北朝其他文献中有指"太阳"的用例。例如:晶冥炎潜,冏映觇苦。(北周·卫元嵩《元包经·明夷》)

2)指"日光"之词

【旭】《说文·日部》:"日旦出皃。从日,九声。若勖。一曰明也。"《诗·邶风·匏有苦叶》:"雍雍鸣雁,旭日始旦。"晋陶潜《归园田居》诗之五:"欢来苦夕短,已复至天旭。"在南北朝所查文献中,"旭"凡27例,但有26例用于人名,仅有1例指"光、明亮"。例如:

①水激濑而骏奔,日映石而知旭。《宋书·卷六十七》

"旭"本义指"太阳初出的样子",亦可以引申指"太阳"。在南北朝其他文献中有用例。例如:

②西光已谢,东旭又良。(齐·谢朓《齐海陵王墓铭》)

【晷】《说文·日部》:"日景也。"《文选·张衡〈西京赋〉》:"白日未及移其晷,已狭其什七八。"薛综注:"晷,景也……言日景未移。"亦可以引申指"光阴、时间"。晋潘尼《赠陆机出为吴王郎中令》:"寸晷是宝,岂无玙璠。"在南北朝所查文献中,"晷"凡60例,有50例用指"日晷"(指一种仪器或仪器上的投影),有7例指"日光"。例如:

①伏惟陛下,耳听法音,目玩坟典,口对百辟,心虞万几,晷昃而食,夜分而寝。《魏书·卷六十》

②在西成之暮晷,肃皇命于禁中。《宋书·卷四十三》

还有2例用指"光阴、时间"。例如:

③伏惟贵妃含和日晷,表淑星枢,徽音峻古,柔光照世,声华帝掖,轨秀天嫔,景发皇明,祚昌睿命。《宋书·卷四十一》

④比元序愆度,留熏耀晷,有伤秋稼,方贻民瘼。《宋书·卷八十九》

"晷"亦可以引申指"白昼"。晋王嘉《拾遗记·前汉下》:"〔昭帝〕常以季秋之月,泛蘅兰云鹢之舟,穷晷系夜,钓于台下。"在南北朝所查文献中,凡1例用指"白昼"。例如:

⑤华、夷即晏,晷纬还光,铿锵闻于管弦,趋翔被于冠冕,同轨仰化,异域怀风。《宋书·卷八十四》

【景】《说文·日部》："景，光也。"曹操《陌上桑》："景未移，行数千。寿如南山不忘愆。"在南北朝所查文献中，"景"凡1911例。可以指"日光"，也可以指"光明、明亮"。例如：

①旷无方，幽以清。神之来，光景照。听无闻，视无兆。《宋书·卷二十》

②武节齐声，或合或离。电发星弩，若景若差。兵法攸象，军容是仪。《宋书·卷二十》

③文帝元嘉十三年九月己酉，会稽郡西南向晓，忽大光明，有青龙腾跃凌云，久而后灭。吴兴诸处并以其日同见光景。《宋书·卷二十八》

还可以指"太阳"以及"大"。例如：

④怜鸣蜩之应节，惜落景之怀东。《宋书·卷四十三》

⑤赫赫煌煌，耀幽冥。三光克从，于显天垂景星。《宋书·卷二十二》

⑥光天之命，上帝是皇。嘉乐殷荐，灵祚景详。《宋书·卷二十》

"景"在南北朝的词义丰富，后代具有的词义在南北朝都具备了，但是在南北朝文献中，"景"主要见于"谥号"或人名中。

【晖/煇（辉）】《说文·日部》："晖，光也。"《易·未济》："君子之光，其晖吉也。"《说文·火部》："煇，火也。"《集韵·微韵》："煇，或作辉。""晖，同辉。"王力（1982：509）："在'光'的意义上，晖、煇（辉）实同一词。"在南北朝所查文献中，"晖"凡179例，《魏书》凡149例，其中143例用作人名，而《宋书》凡28例，仅4例用作人名。用指"日光"凡24例。例如：

①周文王为世子，卑躬求道。禧等虽连蕚宸晖，得不尊尚师傅也？《魏书·卷二十一上》

②仰照天晖，敢罄管穴。《宋书·卷十三》

还有6例用指"昌明、鲜明"。例如：

③俾屏余一人，长弼皇晋，流风垂祚，晖烈无穷。《宋书·卷一》

④则合璧之曜，信而有征，连珠之晖，于是乎在，群流共源，实精古法。《宋书·卷十三》

"日光"给人类带来光明、光亮，以上四个指"日光"的词语，都引申可以指"光明、光亮"。这种引申符合人类思维认知的发展。在其他语言中有关"日光"的词语也有这种引申。例如：

英语：daylight ①日光，天光；②黎明；拂晓；③白天；日间；④光明；光天化日。《新时代英汉大词典》，第 550 页。

Sunshine ①阳光；日光；②晴朗；晴好；③有阳光的地方；阳光照射的地方；④阳光；光明；幸福；欢乐。《新时代英汉大词典》，第 2359 页。

法语：lumiere ①光，光线；日光，阳光；②灯光；辉光；照明器具；③（画儿的）明亮部分，投光部分；④光辉；⑤（面部的）表情；光芒。《新世纪法汉大词典》，第 1639 页。

Jour ①日光，阳光；②（象征生命的）光明；生命；生活；③光线；亮光；④角度；观点；⑤明；明亮部分。《新世纪法汉大词典》，第 1517 页。

【小结】本小节共分析了 9 个与"日"有关的词语，在南北朝时期该语义场的主导词为"日"。"太阳"还没有完全战胜"日"。"日"词义引申发达，可以用来指"天、年"，在英语、德语、法语中情况相同。该语义场中与"日光"有关的词语在汉语文献中词义变化不大，但是它们具有一个同性：都与"光明、光亮"关系密切，而且这种关系不仅仅在汉语中存在，在其他语言中亦存在，具有类型学的特征。

2. moon 月

Moon（月）在《百词表》中居第 73 位，《牛津高阶英汉双解词典》第 1728 页："the natural body that moves round the earth once every 28 days and shines at night by light reflected from the sun." 汉语中用来借指"月亮"的词语不少，如玉轮、玉盘、玉镜、玉弓、玉块、玉钩、玉兔、金兔、寒兔、玉蟾、金蟾、冰蟾、银蟾等。但是我们在本小节主要考虑单音节，用来表示"月亮"的单音节词就不多了。在南北朝所查文献中，用指"月亮"的词凡 3 个。与月相关的词语不少，我们选择其中 5 个进行考察。

1）月亮

【月】《说文·月部》："月，阙也，太阴之精，象形。"众多学者认为"月"与"夕"同源①，黄树先师（2009：249）："我们有理由相信，汉语及亲属语言的词根是＊ni，后来词义发展后，在＊ni 后面添加不同的

---

① 梅祖麟：《古代楚方言中"夕"字的词义和语源》，《方言》1981 年第 3 期。朱国理：《"月""夕"同源考》，《古汉语研究》1998 年第 2 期。

词尾，表达不同的意思。"这个结论对解释"月"族词的词义、字形的发展有很好的效果。"月"在南北朝所查文献中凡12668例，既可以指"月亮"，亦可以指"计时单位"。例如：

①若令月中无物，当极明邪？《世说新语·言语第二》

②丞相尝夏月至石头看庾公，庾公正料事。《世说新语·政事第三》

"月亮"的圆缺呈现出很强的规律性，古人根据观察，利用月亮的圆缺来计时，表示一个比较长的时间。从认知角度看，这符合人类认知的发展。在外语中，也会用"月"来计时。例如：

英语：moon ①月亮；月球；②月光；③卫星；④无法获得的东西，可望而不可及的东西；⑤月份；Upon receiving his ordination as a holy man, he has himself wandered for many moons alone；⑥月形；月形物。《新时代英汉大词典》，第1520页。

法语：lune ①月亮；月球；②卫星；③（古）朔望月，太阳曰：lune de miel 蜜月；lune rousse 复活节后的第一个月；vieilles lunes 旧时的岁月；过时的东西；④任性；心血来潮。《新世纪法汉大词典》，第1641页。

德语：mond 月亮；月球；monat 月；月份。《朗氏德汉双解大词典》，第1239页。

【（太）阴】《说文·阜部》："阴，暗也。水之南，山之北。"对"阴"的本义，学界存有二说，夏先培（2003：114）：" '阴' 的本义当是 '没有阳光；阴天'。"《诗经·邶风·谷风》："习习谷风，以阴以雨。"亦可以用来指"月亮"。《素问·六节藏象论》："日为阳，月为阴。"在南北朝所查文献中，"太阴"凡3例，1例用于山名，2例用指"北方"。例如：夫王朝南向，正阳也；后北宫，位太阴也。《宋书·卷三十》

"太阴"在南北朝所查文献中没有发现用指"月亮"，正如王力先生所言，"太阴"在汉代之后只在特殊场合使用。在唐代文献中，有1用例。杨炯《盂兰盆赋》："太阴望兮圆魄皎，闾阖开兮凉风裊。"

【兔】《埤雅·兔》："旧说：兔者，明月之精。"汉张衡《灵宪》："月者，阴精之宗，积而成兽，象兔蛤焉。"在南北朝所查文献中，"兔"凡138例，没有用指"月亮"的例子。"白兔"是古代的一种吉祥物，常用来上贡，"白兔"在南北朝所查文献中凡97例，皆用指吉祥物。例如：

①汉光武建武十三年九月，南越献白兔。《宋书·卷二十九》

在南北朝其他文献中，"白兔"有用作"月亮"的用例。① 例如：

②金波来白兔，弱木下苍乌。（北周·庾信《宫调曲》之三）

【桂】《说文·木部》："桂，江南木，百叶之长。"传说月亮中有桂树，故"桂"可以用来借指"月亮"。在南北朝所查文献中，"桂"凡146例，皆不指"月亮"，但是在该时期其他文献中，有用指"月亮"的例子。例如：

①南窗北牖桂月光，罗帷绮帐脂粉香。《乐府诗集·杂曲歌辞八·东飞伯劳歌》

②桂月危悬，风泉虚韵。（北周·庾信《终南山义谷铭》）

【蟾】《后汉书·天文志上》"言其时星辰之变"，南朝梁刘昭注："羿请无死之药于西王母，姮娥窃之以奔月……姮娥遂托身于月，是为蟾蠩。"后用为月亮的代称。《广韵·盐韵》："蟾，蟾光，月彩。"《古诗十九首》之十七："三五明月满，四五蟾兔缺。"在南北朝文献中，"蟾"凡1例，用指"蟾蜍"。

2）月相

【弦】《说文·弦部》："弦，弓弦也。"指"弓背两端之间系着的绳状物"《仪礼·乡射礼》："有司左执弣，右执弦而授弓。""弦"与乐器上的线相似，引申可以指"乐器上用以发声的线"。《礼记·乐记》："昔者舜作五弦之琴以歌《南风》。""弓"与"弦"组成的图形与月亮相似。《释名·释天》："弦，月半之名也，其形一旁曲，一旁直，若张弓施弦也。"引申可以指"月亮"。《汉书·律历志上》："而朔晦月见，弦望满亏，多非是。"在南北朝所查文献中，"弦"凡193例，仅有33例用指"月亮"。例如：

①冬至之日在斗二十一度，晦朔弦望，先天一日。《宋书·卷十二》

②大余满六十，去之，即上弦日。《魏书·卷一百七》

在南北朝所查文献中，"弦"可以指"弓背两端之间系着的绳状物"，亦可以用来借指"弓弩""弓弦声"。例如：

③弯弓欲射，袍拨弦，矢不得发，一时散走。《魏书·卷七十五》

④后攻悬瓠，登楼临射城中，弦不虚发。《魏书·卷三十》

---

① 《汉语大字典》《汉语大词典》"兔"指"月亮"的用例皆为唐朝文献。我们认为可以引此例，提前用例。

⑤援弹飞丸，应弦而落。《魏书·卷一》

可以指"弦乐器上的线"，同时也可以指"弦乐器""弦乐器弹奏出的声音"。例如：

⑥子敬素好琴，便径入坐灵床上，取子敬琴弹，弦既不调，掷地云："子敬！子敬！人琴俱亡。"《世说新语·伤逝第十七》

⑦管弦繁奏，锺、夔先听其音。《世说新语·言语第二》

⑧张季鹰本不相识，先在金闾亭，闻弦甚清，下船就贺，因共语，便大相知说。《世说新语·任诞第二十三》

"弓弦""弦乐器"与"绳、丝、线"关系密切，上文已经列出了一些汉语的例子，外语中也有。例如：

英语：string ①多股线；细绳；（用来系、扎或拉的）（一根）带子；（操纵木偶用的）拉线，牵线；②（乐器的）弦；strings：弦乐器；弦乐演奏者；③附加条件。《新时代英汉大词典》，第 2329 页。

法语：corde ①绳子；②织物的经纬线；③界绳；④绞索；⑤弓弦。《新世纪法汉大词典》，第 629 页。

Instrument à cordes 弦乐器；musique d' instruments á cordes 弦乐。《汉法辞典》，第 508 页。

德语：bogen ①曲线；弧线；弯路；②拱门；拱顶；③（弦乐器的）弓，琴弓，弓子；④（武器或运动器械的）弓。《朗氏德汉双解大词典》，第 334 页。

【晦】《说文·日部》："晦，月尽也。"《左传·成公十六年》："陈不违晦。"杜预注："晦，月终，阴之尽。"在南北朝所查文献中，"晦"凡320 例，多用来指"月末之日"。例如：

①又有草夹阶而生，月朔始生一荚，月半而生十五荚，十六日以后，日落一荚，及晦而尽。《宋书·卷二十七》

"晦"引申可以指"晚上、夜"。《易·随》："君子以向晦入宴息。"高亨注："翟玄曰：'晦者，冥也。'冥谓暮夜也。向晦犹今言向晚也。"南北朝所查文献中有用例。例如：

②杳冥冥，羌昼晦，东风飘，神灵雨。《宋书·卷二十一》

在南北朝所查文献中，"晦"还可以用来指"昏暗""隐藏"。例如：

③天大风晦冥，迷入民室。《宋书·卷十九》

④居玉石以多迷，宅显晦而乘所。《魏书·卷三十六》

⑤又非人望所推，以王潜默晦身，有过人之量，将谋废立。《魏书·卷十一》

【朔】《说文·月部》："月一日始苏也。"月相名可以用指每月初一。《书·太甲中》："惟三祀，十有二月朔，伊尹以冕服奉嗣王归于亳。"在南北朝所查文献中，"朔"凡 1238 例，多用指"每月初一"。例如：

①殷因月朔，与众在厅，视槐良久，叹曰："槐树婆娑，无复生意！"《世说新语·黜免第二十八》

②十有一月庚子朔，帝至真定。《魏书·卷二》

在南北朝所查文献中，"朔"还可以用来指"历政""北方"。例如：

③暨至汉之孝武，革正朔，更历数，改元曰太初。《宋书·卷十二》

④雕颜卉服之乡，龙荒朔漠之长，莫不回首朝阳，沐浴玄泽。《宋书·卷二》

⑤虎收其余烬，西走度河，窜居朔方。《魏书·卷一》

【望】《释名·释天》："望，月满之名也。月大十六日，小十五日，日在东，月在西，遥相望也。"在南北朝所查文献中，"望"凡 1037 例，多用作动词，仅有 148 例指"每月月圆之日"。例如：

①求望，加十四日，日余三千四百八十九。《宋书·卷十二》

②其七品以上，朔望入朝，若正员有阙，随才进补。《魏书·卷十一》

【朏】《说文·月部》："朏，月未盛之明。"用指"每月初三"。《书·毕命》："惟十有二年，六月庚午朏。"孔传："康王即位十二年六月三日庚午。"在南北朝所查文献中，"朏"凡 26 例，23 例子用于人名，仅有 3 例指"每月初三"。例如：

①昔秘书监薛谓等尝论此事，以为朝日以朔，夕月以朏。卿等意谓朔朏二分，何者为是？《魏书·卷一百八》

②尚书游明根对曰"考案旧式，推校众议，宜众朏月。"《魏书·卷一百八》

【小结】本小节共分析了 10 个与"月"有关的词语，在南北朝时期该语义场的主导词为"月"。"月"与"日"相似，亦可以用来计时，这种引申在其他语言中也同样存在。用来指"月相"的词语很多，本小节分析的"弦"是比较活跃的一个，其因外形上与"月亮"有关，引申可以用来指"月相"。"弦"的这种引申在英语、法语、德语中情况也相同。

3. star 星

Star（星）在《百词表》中居第 74 位，《牛津高阶英汉双解词典》第 2770 页："any one of the distant bodies appearing as a point of light in the sky at night." 根据这个定义，我们对南北朝规定文献进行了考察，发现文献中该语义场成员主要有：星、辰、精、光、彗、孛、牛。前四个泛指星，后三者为具体的星名。

1）泛指"星"

【星】《说文·晶部》："万物之精，上列为星。从晶，生声。一曰象形。"指"宇宙间发射或反射光的天体"。① 《诗·大雅·云汉》："瞻昂昊天，有嘒其星。"亦可以用指"星宿"。《淮南子·天文训》"五星、八风、二十八宿。"汉高诱注："二十八宿……南方：井、鬼、柳、星、张、翼、轸也。"在南北朝所查文献中，"星"凡 1848 例，大多用来指"星"或"星宿"。例如：

①皇家造宋，日月重光，璇玑得序，五星顺命，而戎车岁动，陈诗义阙。《宋书·卷六》

②南北二极规二十八宿，北斗极星，五分为一度，置日月五星于黄道之上，置立漏刻。《宋书·卷二十三》

还可以用来喻指"星状物"，亦可以用来形容多且散。例如：

③不畏利槊坚城，唯畏杨公铁星。《魏书·卷五十八》

④自采石至于暨阳，六七百里，船舰盖江，旗甲星烛。《宋书·卷九十五》

⑤若边戍未增，星居布野，勤惰异教，贫富殊资，疆场之民，多怀彼此，虏在去就，不根本业，难可驱率，易在振荡。《宋书·卷六十四》

⑥其地平正，人居星布。《魏书·卷一百二》

在南北朝文献中，"星"还可以用来指"夜"。黄树先师（2010：37）曾对"星辰与夜、过夜"的关系作了详细阐述。② 例如：

⑦吾近以戎暴横斥，规效情命，收龟落簪，星舍京里，既获遄至，胡马卷迹，支离沾德，复继前绪，《行苇》之欢，实协初虑。《宋书·卷一

---

① 杨树达对甲骨文中的"星"的流变作了探讨，并对"星"与"晴"之间关系作了阐述。详见杨树达《释星》，《积微居甲文说》，上海古籍出版社 2006 年版，第 20 页。

② 详见黄树先《汉语核心词"星"音义研究》，《语文研究》2010 年第 1 期。"星"指"夜"，《汉语大词典》使用元代例子，用例偏晚。

百》

⑧美景星之继昼，大唐尧之德盛。《魏书·卷九十一》

现代汉语中，"星"可以用来形容才能出众的人。如学术之星。黄树先师（2010：37）对两者关系作了阐述。现补充一些例子。

法语：astre 星；星球；天体；名家；明星。《新简明法汉词典》，第62页。

德语：stern 星；星符；星状物；星宿；明星。《德汉汉德词典》，第184页。

【辰】《说文·辰部》："震也。三月，阳气动，靁电振，民农时也。物皆生，从乙、匕，象芒达；厂，声也。辰，房星，天时也。"郭沫若《甲骨文研究》："星之名辰者，盖星象于农事大有攸关。"既可以指具体的星名，《尔雅·释天》："北极谓之北辰。"也可以指星宿，《尔雅·释天》："大火谓之大辰。"还可以用来指"日、月、星的统称"。《左传·昭公十七年》："在此月也，日过分而未至，三辰有灾。"杜预注："三辰，日、月、星也。"① 在南北朝所查文献中，"辰"凡984例，多用与指天干地支的词语连文，用来记时。"辰"也可以用来指"星宿""北极星""日月星的统称"。例如：

①种常以冬至后九十日、百日，得戊辰日种之。《齐民要术·卷二·种瓜第十四》

②臣等潜伏闾阎，于兹六载，旦号白日，夕泣星辰，叩地寂寥，呼天无响。《魏书·卷六十》

③七月己酉，有流星长丈余，入紫微，经北辰第三星而灭。《魏书·卷一百五之三》

④古称大者天地，其次君臣，所以列贯三辰，神人代序，谅理本于造昧，而运周于万叶。《宋书·卷一》

【精】《说文·米部》："精，择也。"《论语·乡党》："食不厌精，脍不厌细。"刘宝楠正义："精者，善米也。""善米"通常是形态完好，色泽鲜艳。故"精"引申可以指"完美、最好"。《广韵·清韵》："精，善也，好也。"亦可以引申指"明亮"。《广韵·清韵》："精，明也。"《战

---

① "辰"到底先指"星宿""星的专名"还是"日月星"？各有不同说法。详见吴宝安《西汉核心词研究》，华中科技大学图书馆 2007 年版，第 154 页。王凤阳《古辞辨》，吉林文史出版社 1993 年版，第 24—25 页。

国策·魏策四》："今攻韩之管，国危矣，未卒而移兵于梁，合天下之从，无精于此者矣。"鲍彪注："精，犹明。"眼睛与星星也是明而有光，故"精"可以指"眼睛"，《正字通·米部》："精，目中黑粒有光者亦曰精，今通作睛。"《荀子·解蔽》："瞽者仰视而不见星，人不以定有无，用精惑也。"① 也可以指"星"，《文选·张衡〈东京赋〉》："辨方位而正则，五精帅而来摧；尊赤氏之朱光，四灵懋而允怀。"薛综注："五精，五方星也。"在南北朝所查文献中，"精"凡411例，用于指"眼睛"凡2例。例如：

①顾长康画人，或数年不点目精。《世说新语·巧艺第二十一》

②断析义恭支体，分裂肠胃，挑取眼精，以蜜渍之，以为鬼目精。《宋书·卷六十一》

还有36例用于指"星"。例如：

③三精数微，五纬会始，自非深推测，穷识晷变，岂能刊古革今，转正圭宿。《宋书·卷十三》

④五郊改五精之号，皆同称昊天上帝，各设一坐而已。《宋书·卷十六》

【光】《说文·火部》："光，明也。"《释名·释天》："光，晃也，晃晃然也。"指"光线"。《诗·齐风·鸡鸣》："匪东方则鸣，月出之光。"亦可以用来指"日、月、星辰等天体"。《庄子·天运》："一清一浊，阴阳调和，流光其声。"成玄英疏："阴升阳降，二气调和，故施生万物，和气流布，三光照烛，此谓至乐，无声之声。"在南北朝所查文献中，"光"凡2614例，主要用于人名、谥号，其次用于指"光线"。其用于指"日、月、星辰等天体"，凡66例。用于指天体时，常以合成词"三光""五光""重光"等形式出现。例如：

①庙胜远加，重氛载涤，二仪廓清，三光反照，事遂永代，功高开辟，理微称谓，义感朕心。《宋书·卷一》

②三光起重辉之照，庶物蒙再化之始。《魏书·卷二十四》

在望远镜发明之前，人们一直以为日月星辰都能发光，故它们与"光"关系紧密，不仅汉语如此，其他语言中亦如此。

---

① 黄树先师（2010：37），王云路、方一新（1992：230）对"精"指"眼"的历时演变作了调查。详见黄树先《汉语核心词"星"音义研究》，《语文研究》2010年第1期。王云路、方一新《中古汉语语词例释》，吉林教育出版社1992年版，第230页。

英语：light ①光；光线；光亮；光感；②可见光；不可见光；③采光；④发光体，光源；灯；灯火。《新时代英汉大词典》，第 1370 页。

2）星名

我国文献中用来指"星"名的词不少，二十八星宿很多既可以用来指星宿名，又可以用来作具体的星名。[①] 我们主要讨论大家非常熟悉的三个星的专用名词：彗、孛、牛。

【彗】《说文·又部》："彗，扫竹叶。"指"扫帚"，《史记·孟子荀卿列传》："〔驺子〕如燕，昭王拥彗先驱，请列弟子之座而受业，筑碣石宫，身亲往师之。"彗星出现的时候，后面常拖有长光，整体像扫帚。《左传·昭公十七年》："彗，所以除旧布新也，天事恒象。"孔颖达疏："彗，埽帚也。其形似彗，故名焉。"在南北朝所查文献中，"彗"凡 92 例，皆用于指"彗星"，主要以合成词"彗星""孛彗"形式出现，古人认为"彗星"是灾害出现的象征。例如：

①宦者在天市为中外有兵，天纪为地震。孛彗主兵丧。景初元年六月，地震。《宋书·卷二十三》

②《汉书》载王莽篡位之前，彗星出入，正与今同。《魏书·卷三十五》

【孛】《尔雅·释天》："彗星为欃枪。"郭璞注："彗，亦谓之孛，言其形孛孛似扫彗。"《释名·释天》："孛星星旁气孛孛然也。""孛"为"彗星"的别名。《春秋·文公十四年》："秋，七月，有星孛入于北斗。"杜预注："孛，彗也。"两者统言无别，析言有别。《汉书·文帝纪》"有长星出于东方"，颜师古注引汉文颖曰："孛、彗、长三星，其占略同，然其形象小异。孛星光芒短，其光四出，蓬蓬孛孛也。彗星光芒长，参参如埽彗。长星光芒有一直指，或竟天，或十丈，或三丈，或二丈，无常也。"在南北朝所查文献中，"孛"凡 82 例，其中 24 例用指"彗星"。例如：

①案占，孛、彗异状，其殃一也。《宋书·卷二十三》

②彗孛者，恶气之所生，是为僭晋将灭，刘裕篡之之应也。《魏书·卷三十五》

---

① 朱习文（2005）对《汉语大词典》中的星名进行了比较全面的训诂。详见朱习文《古天文词汇研究》，浙江大学图书馆，2005 年。

还有 58 例用指"彗星出现时光芒四射的现象"。用作此解时,"孛"后面通常跟着介词"于",用来引出方位。例如:

③十月戊午,有星孛于氐北,尾长四丈,西北指,贯摄提,向大角,东行,日长六七尺,十余日灭。

④二年三月丁未,有流星径数寸,起自天纪,孛于市垣,光芒烛地,有尾迹,长丈余,凝着天。《魏书·卷一百五之四》

【牛】牛可以用来指星宿名,《说苑·辨物》:"所谓二十八星者:东方曰角、亢、氐、房、心、尾、箕,北方曰斗、牛、须女、虚、危、营室、东壁,西方曰奎、娄、胃、昴、毕、觜、参,南方曰东井、舆鬼、柳、七星、张、翼、轸。所谓宿者,日月五星之所宿也。"《汉书·律历志下》:"斗二十六。牛八。"亦可以用来特指"牵牛星"。晋潘岳《西征赋》:"仪景星于天汉,列牛女以双峙。"在南北朝所查文献中凡 669 例,大多用其本义,仅有 87 例用指"星宿"或"星"。例如:

①黄帝以来诸历以为冬至在牵牛初者,皆黜焉。《宋书·卷十二》

②流星起于牵牛,入紫微,龙形委蛇,其光照地,落于平阳北十里。《魏书·卷九十五》

③命度从牛前五起,宿次除之,不满宿,则天正十一月朔夜半日所在度及分也。《宋书·卷十二》

④十二月壬戌朔,日有蚀之。在牛四度。占曰"其国叛兵发"。《魏书·卷一百五之一》

【小结】本小节共分析了 7 个与"星"有关的词语,在南北朝时期该语义场的主导词为"星"。"星"在南北朝文献中使用广泛,既可以以单音节词出现,亦可以组合成双音节词出现。"星"引申可以指"夜",亦可以指"才能出众的人",这种引申在英语、法语、德语中情况相同。其他用来指"星名"的词语变化发展不大,很多都是来自引申义。

4. rain 雨

Rain(雨)在《百词表》中居第 76 位,《牛津高阶英汉双解词典》第 2260 页:"condensed moisture of the atmosphere falling as separate drops; fall of these drops."在南北朝文献中,该语义场成员有以下几类:一类为泛指雨的词,雨;一类为表"大雨"的词,潦、瀑、暴、淫、霪、霖、霈、澍、霍;一类为表"小雨"的词,溟、蒙、零。

1)泛指雨

【雨】《说文·雨部》:水从云下也。《易·说卦》:"雷以动之,风以散之，雨以润之，日以烜之。"亦可以作动词，属于音变造词，指"下雨"。《诗·小雅·大田》："雨我公田，遂及我私。"引申可以指"降落"。《诗·邶风·北风》："北风其凉，雨雪其雱。"在南北朝所查文献中，"雨"凡576例，其中413用作名词，指"从云层中降向地面的水"。例如：

①时风雨忽至，祥抱树而泣。《世说新语·德行第一》

②燥耕虽块，一经得雨，地则粉解。《齐民要术·卷一·耕田第一》

用指"降雨"凡74例①。例如：

③闰月，京邑雨水；丁巳，遣使巡行赈恤。《宋书·卷五》

④二十年七月，高祖以久旱不雨，辍膳三旦，百僚诣阙，引在中书省。《魏书·卷六十三》

用指"降落"凡89例。例如：

⑤晋武帝泰始八年五月，蜀地雨白毛。《宋书·卷三十一》

⑥江南雨血，地生毛。《魏书·卷九十六》

从高空飘下东西，这个动作犹如下雨的动作，"降雨"引申出"降落"，符合人类的认知。

英语：rain ①下雨，降雨；②雨点般落下，雨点般流下；the blows rained on my head and my shoulders。《新时代英汉大词典》，第1890页。

2）大雨

【潦】《说文·水部》："潦，雨水大皃。"《礼记·曲礼上》："水潦降，不献鱼鳖。"引水可以指积水，《诗·大雅·泂酌》："泂酌彼行潦，挹彼注滋，可以餴饎。"高亨注："潦，积水也。"在南北朝所查文献中，"潦"凡16例，既可以指"大雨""积水"，亦可以指"水淹、水灾"。例如：

①凡冬籴豆、谷，至夏秋初雨潦之时粜之，价亦倍矣。盖自然之数。《齐民要术·卷三·杂说第三十》

②仲德食毕欲行，会水潦暴至，莫知所如。《宋书·卷四十六》

③又南土下湿，夏月蒸暑，水潦方多，草木深邃，疾疫必起，非行师

---

① 黄树先师在《比较词义探索》第433条中从类型学角度阐述了雨与降雨两者之间的关系。用例如下：印度尼西亚语 hujan "雨；下雨"，hujan salju "下雪"。英语 rain "雨。动词，下雨"；sleet "雨雪，冰雹。动词，下雨雪，冰雹"。德语 Regen "雨；（雨点般）落下"，regnen 动词，"下雨"。

之时。《魏书·卷三十五》

④苟诚感有着，虽行潦菜羹，可以致大嘏，何必多杀，然后获祉福哉!《魏书·卷一百八之一》

⑤时大乘寇乱之后，加以水潦，百姓困乏。《魏书·卷三十二》

"暴雨"常引发"水灾"。故指"暴雨"的词容易引申出"灾害"义项。不仅汉语如此，在其他语言中情况亦相同。例如：

英语：flood ①洪水；水灾；②(流出或发出的) 一大片，一大阵，一大批，大量；③涨潮，升潮；潮水的最高点；潮峰。《新时代英汉大词典》，第890页。

法语：tourmente 风暴；飓风；骚动；动乱。《新简明法汉词典》，第1023页。

Orage 暴风雨；大雷雨；骚动；风暴；大动荡；灾难；灾害。《新简明法汉词典》，第678页。

德语：hochwasser ①洪水；高水位；② ≈ Uberschwemmung 水灾；洪水泛滥；发大水。《朗氏德汉双解大词典》，第931页。

【瀑/暴】《说文·水部》："瀑，疾雨也。"在南北朝所查文献中，"瀑"凡3例皆用指"瀑布"。例如：

①唐嶷入太平水路，上有瀑布数百丈。《宋书·卷六十七》

王力先生认为"暴""瀑"两者同源，此言可信。《广雅·释诂》："暴，猝也。"《尔雅·释天》"暴雨谓之涷"，《说文·水部》："瀑，疾雨也。"《诗经》曰"终风且瀑"。今《诗经·邶风·终风》："终风且暴，顾我则笑。""暴"指"暴雨"。在南北朝所查文献中"暴"凡443，仅有5例与"雨"有关，常和"雨"连文，但是此时的"暴"用指"大且急"。例如：

①禧是夜宿于洪池，大风暴雨，拔树折木。《魏书·卷二十一上》

③时夏月，暴雨卒至，舫至狭小，而又大漏，殆无复坐处。《世说新语·德行第一》

"暴"还可以指"急躁""猛烈"等意思。例如：

④昱穷凶极暴，自取灰灭，虽曰罪招，能无伤悼。《宋书·卷九》

⑤子思，字众念，性刚暴，恒以忠烈自许。《魏书·卷十四》

"暴雨"与"急躁"脾气相似，都具有大且突然、急速等特点。两者关系紧密，词义容易产生联系，符合人类认知。在其他语言中亦如此。

例如：

英语：storm ①风暴；暴（风）雨；②(政治、社会等方面的) 风暴，风潮，大动荡；大动乱；③(感情、掌声等暴风雨般) 爆发，迸发；《新时代英汉大词典》，第 2313 页。

Spate ①洪水，大水；（河水的）泛滥；②大量；大批；③猛烈爆发（或突发）的一阵；the argument developed into a spate of wrathful words and abuse。《新时代英汉大词典》，第 2239 页。

法语：bourrasque ①狂风；龙卷风；阵风；暴（风）雨；②(脾气等的) 发作；Bourrasque de colère 大发雷霆。《新世纪法汉大词典》，第 320 页。

Tempete 暴风雨；风暴；大动荡；骚动；骚乱；爆发；激动。《新简明法汉词典》，第 1001 页。

德语：Sturm 狂风；风暴；感情强烈反应；狂热；暴怒。《德汉汉德词典》，第 187 页。

【淫/霪】《玉篇·雨部》："霪，久雨也。"《淮南子·修务训》："禹沐浴霪雨，栉扶风。"高诱注："禹劳力天下，不避风雨，以久雨为沐浴。"在南北朝所查文献中，"霪"无用例。王力（1982：612）："霪是淫的分化字，本作'淫'。"《尔雅·释天》："久雨谓之淫，淫谓之霖。"《素问·五运行大论》："其眚淫溃。"王冰注："淫，久雨也。"在南北朝所查文献中，"淫"凡 197 例，仅 7 例用于指"久雨"。其指"久雨"时，常与"雨"连文。例如：

①魏明帝景初元年九月，淫雨过常，冀、兖、徐、豫四州水出，没溺杀人，漂失财产。《宋书·卷三十三》

②去秋淫雨，洪水为灾，百姓嗷然，朕用嗟悯，故遣使者循方赈恤。《魏书·卷七上》

【霖】《说文·雨部》："霖，雨三日已往。"《书·说命》："若岁大旱，用汝作霖雨。"孔传："霖，三日雨。"王力（1982：612）认为霖、淫、霪同源。在南北朝所查文献中，"霖"凡 31 例，1 例用于人名，其余皆指"久雨"。作"久雨"解时，可以作名词，凡 24 例，常以"霖雨"（凡 20 例）形式出现。例如：

①五六月中霖雨时，拔而栽之。《齐民要术·卷二·旱稻第十二》

②霖雨弥日，水潦为患，百姓积俭，易致乏匮。《宋书·卷五》

作动词凡 6 例，此时常以"雨霖"形式出现。例如：

③六月中无不霖，遇连雨生，则根强科大。《齐民要术·卷三·种胡荽第二十四》

④太和四年八月，大雨霖三十余日，伊、洛、河、汉皆溢，岁以凶饥。《宋书·卷三十》

⑤正始二年三月，青、徐州大雨霖，海水溢出于青州乐陵之隰沃县，流漂一百五十二人。《魏书·卷一百一十二上》

【霂】慧琳《一切经音义》卷四十一引《文字集略》："霂，大雨也。"亦可以用指"雨雪充沛貌"。《初学记》卷二引《孟子》："油然作云，霂然下雨。"在南北朝所查文献中，"霂"凡 2 例，皆用指"盛貌"。例如：

①仰惟圣明，霂然昭览，狂瞽之言，伏待刑宪。《魏书·卷五十》

"霂"指"雨"，《汉语大字典》《汉语大词典》用例皆出自唐朝。其实在南北朝时期就已经有用例了。例如：

②春霆殷殷以远响，兴雨霂霂于载涂。（南朝宋·傅亮《喜雨赋》）

【澍】《说文·水部》："澍，时雨，澍生万物。"《淮南子·泰族训》："若春雨之灌万物也，浑然而流，沛然而施，无地而不澍，无物而不生。"在南北朝所查文献中，"澍"凡 27 例，其中有 24 例指"时雨、透雨"，常与"雨"连文。例如：

①六月戊子，获澍雨。《宋书·卷十七》

②五月丁巳，帝祈雨于北苑，闭阳门，是日澍雨大洽。《魏书·卷七上》

"久旱逢甘雨"，"澍"即为"甘雨"，滋润万物，让万物生辉。故"澍"引申可以指"滋润"。王充《论衡·雷虚》："天施气，气渥为雨；故雨润万物，名曰澍。"在南北朝所查文献中，有 3 例用指"滋润"。例如：

③元首聪明，股肱忠。澍丰泽，扬清风。《宋书·卷二十》

④昔成汤遇旱，齐景逢灾，并不由祈山川而致雨，皆至诚发中，澍润千里。《魏书·卷七下》

外语中也有相似的引申。例如：

英语：moisture ①潮湿；湿气；水汽；②水滴；水珠；水分；降水；moisten ①使湿润；弄湿；moisturize：使湿润；增加……的水分；滋润

（皮肤等）。《新时代英汉大词典》，第 1513 页。

【霢】慧琳《一切经音义》卷十二引《集训》："霢，时雨所灌，普生万物。或作澍，亦通。"在南北朝规定文献中，没有用例，但是在南北朝其他文献中有用例。例如：

①丧还之日，复大雨霢，车轴折壤，不复得前，尔日天雷震西州听事，两柱俱时粉碎，于时莫不战栗，此又尤为怪也。《金楼子·卷五·志怪篇十二》

②差营逢霢雨，立累挂长虹。（梁元帝《藩难未静述怀》）

3）小雨

【溟】《说文·水部》："溟，小雨溟溟也。"扬雄《太玄·少》："上九，密雨溟沐，润于枯渎，三日射谷。"范望注："雨之细者称溟沐。"引申可以指"迷茫、不清晰"。庾信《望渭水》："犹言吟溟浦，应有落帆还。"在南北朝所查文献中，"溟"凡 14 例，皆指"海"，没有指"小雨"的用例。

【蒙】《说文·水部》："蒙，微雨也。"《诗·豳风·东山》："我来自东，零雨其蒙。"毛传："蒙，雨貌。"引申可以指"弥漫、笼罩"，左思《魏都赋》："阳灵停曜于其表，阴祇蒙雾于其里。"在南北朝所查文献中，"蒙"凡 1 例，"蒙汜"指"日落之处"。例如：言四方者，东阳谷，日之所出，西至蒙汜，日之所入。《宋书·卷二十三》

【零】《说文·雨部》："余雨也。"指"小雨"。《诗·豳风·东山》："我来自东，零雨其蒙。"孔颖达疏："道上乃遇零落之雨，其蒙蒙然。"高亨注："零雨，又慢又细的小雨。"在南北朝所查文献中，"零"凡 165例，仅有 1 例用指"小雨"。例如：

①洒零玉墀，雨泗丹掖，抚存悼亡，感今怀昔。《宋书·卷四十一》

大多用来指"降落""凋零"。例如：

②然同云仍结，霏雪骤零，将由寡昧，未能仰答天心，此之不德，咎竟焉在？《魏书·卷三十》

③邹羡囚燕市，繁霜为夏零。《宋书·卷二十二》

【小结】本小节共分析了 13 个与"雨"有关的词语，在南北朝时期该语义场的主导词为"雨"。"雨"在南北朝时期既可以用作名词，亦可以用作动词。作动词时其词义的引申，英语、法语、德语与汉语有一些相似。淫雨成灾，用来指"大雨"的词语与"灾害"有关，而"小雨"却与"滋润"有关。这种联系符合人类思维认知的发展，在英语、法语、德语中情况亦相同。

5. cloud 云

Cloud（云）在《百词表》中居第 80 位，《牛津高阶英汉双解词典》第 481 页："（separate mass of）visible water vapour floating in the sky." "气"与"云"常常交错在一起，而"雾"又是一种特殊的气，"雾"在郑张尚芳先生《华澳语言比较三百核心词表》（征求意见稿）中居第 8 位，属于加"﹡"符号的最核心词，所以我们把有关"气"的词语也放入该部分来分析。在本语义场我们主要考察以下几类词语。

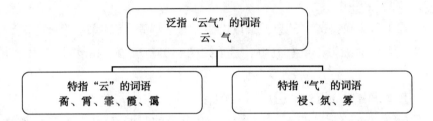

1）泛指"云气"的词语

【雲/云】《说文·雲部》："山川气也，从雨，云象雲回转形，云古文省雨。"《正字通·二部》："云，雲本字。"在现代汉语中，云为雲的简体字。姚孝遂《说"一"》："《说文》古文作'乞'，篆文加'雨'作'雲'……许慎以为'云''象雲回转形'是正确的。……其初形多数不从'雨'。'雲'字从'雨'是由于'雲'与'云'在用法上产生分化而出现的一种区别形式。"① 姚先生所言可信。在南北朝所查文献中，这种分化作用仍然存在，"云"主要用于指"言语"，而"雲"主要用于指"由水滴、冰晶聚集形成的在空中悬浮的物体"。例如：

①谢景重在坐，答曰："意谓乃不如微云点缀。"《世说新语·言语第二》

②岂朕精诚有感，何报应之速，云雨震洒，流泽沾渥。《魏书·卷四上》

"雲"引申可以指"高或高空"。《后汉书·光武纪上》："云车十余

---

① 详见姚孝遂《说"一"》，《第二届国际中国文字学研讨会论文集》香港中文大学中国语言及文学系，1993 年 10 月。

丈，瞰临城中。"李贤注："云车即楼车。称云，言其高也。"在南北朝所查文献中亦有用例。例如：

③刘真长与殷渊源谈，刘理如小屈，殷曰："恶，卿不欲作将善云梯仰攻。"《世说新语·文学第四》

④显皇轨于云岱，扬鸿化于介丘。《魏书·卷三十八》

"雲卷雲舒"常指大范围的变化，具有"多"之含义。《诗·齐风·敝笱》："齐子归止，其从如云。"毛传："如云，言盛也。""雲"与"多"紧密相连。在南北朝所查文献中有用"云"指"多"。例如：

⑤故先王之制，四海云至，而修封疆。《齐民要术·卷一·种谷第三》

⑥于是民间盗铸者云起，杂以铅锡，并不牢固。《宋书·卷七十五》

⑦今众军云集，十有五万，进取之方，其算安在？《魏书·卷十九下》

其他语言中亦有这种引申。① 例如：

英语：cloud ①云；云片；②（空中飘浮的）云状物；烟雾；烟尘；③（尤指昆虫、鸟类等活动着的）一大群；④阴云；阴暗；阴影；忧郁的表情；⑤疑团；猜疑。《新时代英汉大词典》，第 406 页。

法语：nuèe ①大而厚的云朵；②大群，大量，大批；une nuèe de criquets（一大群蝗虫）；③宝石中深暗、不透明的云雾状部分；④模糊、虚幻的观点。《新世纪法汉大词典》，第 1843 页。

德语：wolke ①云；②云雾，雾气，尘雾；wolkig 多云的；云一般的；如云的。《朗氏德汉双解大词典》，第 2091 页。

【气】《说文·气部》："气，云气也。象形。"《集韵·未韵》："气，或作气。"王筠《说文句读》："《周礼·大司马》注'皆昼以云气'。《释文》：气，本或作气，同。是后汉犹用气字。"《墨子·号令》："巫祝史与望气者，必以善言告民，以请上报守。"段注："气，本云气，引申为凡气之称。"《列子·天瑞》："天，积气耳，亡处亡气。"在南北朝所查文献中，"气"的词义丰富，能够指"自然之气"。例如：

①风气日上，足散人怀。《世说新语·赏誉第八》

②加以时气和洽，嘉瑞并降，遍于郡国，不可胜纪。《魏书·卷四

---

① 黄树先师在《比较词义探索》第 454 例中罗列了很多例子，在此我们补充一些例子。

上》

亦可以用来指"人的精神状态"。例如：

③石虔闻之，气甚奋，命朱辟为副。《世说新语·豪爽第十三》

④又太傅清河王横被屠害，致使忠臣烈士，丧气阙庭。《魏书·卷十九下》

2）特指"云"的词语

【霱】《埤雅·释天》："二色为霱，外赤内青谓之霱云。"董仲舒《雨雹对》："云则五色而为庆，三色而成霱。"指"彩云"时，常与"云"连文。在南北朝所查文献中，"霱"没有指"彩云"的用例。

【霄】《说文·雨部》："霄，雨霓为霄。"《广韵·宵韵》："霄，近天气也。"《淮南子·人间训》："凌乎浮云，背负青天，膺摩赤霄。"引申可以指"高空"。《尸子·贵言》："干霄之木，始若蘖足，易去也。"在南北朝所查文献中，"霄"凡39例，主要用指"高空"。例如：

①既有陵霄之姿，何肯为人作耳目近玩！《世说新语·言语第二》

②陟秀峰以遐眺，望灵象于九霄。

仅有3例用指"云"。例如：

③愿言桑梓，思旧游。倾霄盖，靡电旌。《宋书·卷二十二》

④弧精引弓以持满，狼星摇动于霄端。《魏书·卷九十一》

【霏】《说文新附·雨部》："霏，雨云皃。"《诗·邶风·北风》："北风其喈，雨雪其霏。"毛传："霏，盛貌。"高亨注："霏，雨雪大的样子。"在"高空"这一框架之中，"霏"既可以用来指雨下落时的那种飘逸形态，也可以用来指空中的飘浮物即云、雾、气。在南北朝所查文献中，"霏"凡18例，主要用指"飘逸、飘扬""盛貌"。例如：

①羊孚作《雪赞》云："资清以化，乘气以霏。"《世说新语·文学第四》

②然同云仍结，霏雪骤零，将由寡昧，末能仰答天心。《魏书·卷三十》

③江河炳着于上穹，素气霏霏其带天。《魏书·卷九十一》

在南北朝规定文献中，没有用指"云"例，但是在该时期其他文献中有用例。例如：

④林壑敛暝色，云霞收夕霏。（谢灵运《石壁精舍还湖中作》）

【霞】《说文新附·雨部》："赤云气也。"《楚辞·远游》："餐六气而饮沆瀣兮，漱正阳而含朝霞。"在南北朝所查文献中，"霞"凡16例，具用指"日出、日落时天空及云层上因日光斜射而出现的彩色光象或彩色的云"。例如：

①海西时，诸公每朝，朝堂犹暗；唯会稽王来，轩轩如朝霞举。《世说新语·容止第十四》

②日色黯兮，高山之岑。月逢霞而未皎，霞值月而成阴。《魏书·卷六十九》

【霭】《说文新附·雨部》："霭，云皃。"陆机《挽歌》之二："悲风徽行轨，倾云结流霭。"亦可以用指"云雾气"。陶潜《时运》之一："山涤余霭，宇暖微霄。""云、雾、气"通常会形成一片灰蒙蒙的景象，但凡人身临其中，便让其产生被笼罩的感觉，故引申可以指"笼罩"。南北朝所查文献中，"霭"凡4例，可以指"云、雾、气"。例如：

①棱威崝、潼，则华岳寒霭，伪酋衔璧，咸阳即序。《宋书·卷二》

②积霜霭于近援，起沈寥于远天。《魏书·卷三十六》

也可以用指"笼罩"，《汉语大字典》《汉语大词典》使用的例证皆为唐代文献，当提前用例。例如：

③今虽关、陇犹霭，区县澄氛，偃武修文，于是乎在。《宋书·卷八》

3）特指"气"的词语

【雾】《尔雅·释天》："地气发，天不应曰雾。"《管子·度地》："风、雾、雹、霜，一害也。"在南北朝所查文献中，"雾"凡76例，大多用来指"雾气"。例如：

①此人，人之水镜也，见之若披云雾睹青天。《世说新语·赏誉第八》

②又南土昏雾，暑气郁蒸，师人经夏，必多疾病。《魏书·卷四十》

《尔雅·释天》："雾谓之晦。"郭璞注："言晦冥。"刑昺疏："雾又名晦。"（按："晦"在南北朝文献中没有用指"雾"）"雾是一种灰蒙蒙的气体，肉眼在大雾中看不了很远。故"雾"与"暗"有关系，可以指"迷蒙"或者"阴霾"等表示不清楚的状态。例如：

③刘谓王曰："渊源真可。"王曰："卿故堕其云雾中。"《世说新语·赏誉第八》

④回戈叠挥，则荆、汉雾廓。《宋书·卷一》

⑤使积年之雾，倏焉涤荡；数载之尘，一朝清谧。《魏书·卷七十四》

在其他语言中亦如此。例如：

英语：haze ①霾，雾霭；烟雾；②迷糊；糊涂；懵懂；疑惑。《新时代英汉大词典》，第 1082 页。

Fog ①雾；雾气；烟雾；尘雾；②（底片、正片等上的）灰雾；雾翳；③困惑，迷茫。《新时代英汉大词典》，第 900 页。

法语：nebulosite 薄暮状云；雾状云；云团；阴天；阴沉；暗淡；含糊；朦胧；暧昧。《新简明法汉词典》，第 651 页。

Nuage 云；云状物；阴影；模糊；疑团；忧色。《新简明法汉词典》，第 662 页。

德语：Bewolk 为云所遮住；云层密布；变得阴暗起来；云层；云；云层密布。《德汉汉德词典》，第 39 页。

Nebel 雾；雾气；雾霭；迷雾；星云；星团。《朗氏德汉双解大词典》，第 1284 页。

【氛】《说文·气部》："氛，祥气也。从气，分声。雾，氛或从雨。"段注："氛，谓吉凶先见之气。统言则祥氛二字兼吉凶，析言则祥吉氛凶耳。许意是统言。"① 引申可以指"雾气、云气"。刘桢《赠从弟》诗之三："于心有不厌，奋翅凌紫氛。"在南北朝所查文献中，"氛"有 1 例用指"预示吉凶的云气"，其余主要用指"雾气、云气"。例如：

①裁一鼓而冰销，俄氛祲之廓荡。《魏书·卷六十五》
②荡积霾之秽氛，启披阴之光晖。《宋书·卷六十七》
③乘紫氛以厉羽，负青天而鼓翼。《魏书·卷三十六》

"氛"在南北朝时期，还可以指"尘俗之气"。例如：

④忠干勇鸷，消荡氛翳，首制鲸凶。《宋书·卷八十三》
⑤故屈王亲总元戎，扫清氛秽。《魏书·卷十九下》

【祲】《说文·示部》："精气感祥。"《左传·昭公十五年》："吾见赤黑之祲，非祭祥也，丧氛也。"杜预注："祲，妖氛也。"王凤阳（1993：30）云："'祲'与'氛'不同处在于：'祲'从一开始就表示灾祥，表

---

① 王凤阳（1993：30）认为"氛"由"祥"变"凶"的原因为：其所以如此，是因为人们望"氛"主要是要避凶的缘故，正如人们尝味多是尝有无坏味一样。

示妖气。"《广韵·侵韵》："祲，日傍气也。"在南北朝所查文献中，"祲"凡9例，仅有2例用指"云气"，其余皆用指"不祥之气、妖气"。例如：

①至如昏祲蔽景，鼎祚倾基。《宋书·卷六十七》

②裁一鼓而冰销，俄氛祲之廓荡。《魏书·卷六十五》

③既袄祲廓清，大明升曜，幽显宅心，远迩云集。《宋书·卷七十九》

④象物方臻，视祲告祲。《魏书·卷四十一》

【小结】本小节共分析了10个与"云"有关的词语，在南北朝时期该语义场的主导词为"云"。该语义场词语变化不大，"云"常与"多""模糊、不清楚"产生联系。这种联系在英语、法语、德语中亦有。

6. night 夜

Night（夜）在《百词表》中居第92位，《牛津高阶英汉双解词典》第1797页："time of darkness between sunset and sunrise."我们把南北朝文献中有关"夜"的成员分为以下三类：第一类，字源与夜景有关的词语：夜、夕、宵、岁；第二类，字源与太阳有关的词语：昏、晚、暮、曛、冥；第三类，字源与人休息有关的词语：宿。

1）与夜景有关的词语

在科技还不发达的社会，夜晚最美的景色应当为满天繁星或者明月高照，赏月在古代是一种普遍而又很高雅的活动。在人类的认识中，"星""月"与"夜"紧密相连。在汉语词语中有用"星""月"来代替"夜"的。前文已经对"星"指"夜"作了交代，在此不再赘述。

【夜】《说文·夕部》："夜，舍也。天下休舍也。从夕，亦省声。"陈独秀《小学识字教本》："夜，师酉簠作𤕦，克鼎作𤕦，则有月无星，大即天也。《说文》篆文作𤕦，谓从夕亦省声，非也。"《诗·唐风·葛生》："夏之日，冬之夜，百岁之后，归于其居。"在南北朝所查文献中，"夜"凡854例主要用于指"从天黑到天亮的一段时间。"例如：

①司马太傅斋中夜坐，于时天月明净。《世说新语·言语第二》

②夜半渍，向晨速投之，令与白露俱下。《齐民要术·卷二·大小麦第十》

"坟墓"里面通常阴凉、漆黑，但是人们又不希望逝者生活在这种环境中，在没有办法改变的情况下，人类在语言上作了一些变化。"夜"除了表示一个时间段外，通常还伴有"黑暗"，故可以将"坟墓"说成"夜台、夜室、夜府"，这些词语中的"夜"相对于"昏暗"。在南北朝墓志文献中有这样的用例。

③曾未申其巧笑，忽沦躯于夜台。（梁沈约《伤美人赋》）

④阖闾墓中石铭云：吴王之夜室也。（梁任昉《述异记》卷上）

【夕】《说文·夕部》："莫也。从月半见。"刘心源《奇觚室吉金文述·卷三》："夕作月者，古文月夕通用。"马叙论《说文解字六书疏证·卷十三》："像初月之形，月初生明，当莫时见，因谓其时为夕也。"《诗·小雅·北山》："偕偕士子，朝夕从事。"引申可以指"夜晚"，《左传·哀公八年》："吴子闻之，一夕三迁。"在南北朝所查文献中，"夕"凡256例，可以用来指"日暮"。例如：

①日夕，遂设精食，从者无所乏。《世说新语·贤媛第十九》

②后肃宗朝太后于西林园，宴文武侍臣，饮至日夕。《魏书·卷十三》

也可以用来指"夜晚"。例如：

③一夕中作池，比晓便成。《世说新语·豪爽第十三》

④昼则佣书，以自资给，夜则读诵，终夕不寝。《魏书·卷五十五》

【宵】《说文·宀部》："宵，夜也。从宀，宀下冥也。肖声。"林义光《文源》卷六："从月在宀下，小声。"王凤阳（1993：1）："宵和夜都指太阳隐没，月亮当值的一段时间。它们之间的区别和昼与日一样，一个侧重于光照，一个侧重于时间。"这种差别在先秦是正确的，但是根据我们对南北朝所查文献的调查，两者几乎没有差别。在南北朝所查文献中，"宵"凡58例，皆用指"夜晚"之意。例如：

①中宵慨然曰："大丈夫乃为庾元规所卖！"《世说新语·尤悔第三十三》

②犹括次专家，搜比谠议，隆冬达曙，盛暑通宵。《魏书·卷九十》

【㝱】《广韵·昔韵》："㝱，夜也。"《类篇·穴部》："㝱，长夜谓之㝱。"从宀，夕声，"夕"亦表意。在南北朝所查文献中，"㝱"凡6例，仅有1例用指"夜"。例如：戒凉在律，杪秋即㝱。霜夜流唱，晓月升魄。《宋书·卷四十一》

2）与太阳有关的词语

【暮】《说文·日部》："暮，日且冥也。从日在莽中。"徐锴《系传》："平野中，望日且莫将落，如在莽中也。今俗作暮。"本义指"日落时，傍晚"。《国语·晋语五》："范文子暮退于朝。"引申可以指"夜"。《楚辞·刘向〈九叹·离世〉》："断镳衔以驰骛兮，暮去次而敢止。"王逸注："暮，夜也。"在南北朝所查文献中，"暮"凡120例，其中34例指"傍晚"。例如：

①大作酪时，日暮，牛羊还，即间羔犊别着一处，凌旦早放，母子别群，至日东南角，噉露草饱，驱归捋之。《齐民要术·卷六·养羊第五十七》

②死伤者数百人，乃退走。会日暮，众亦归。《宋书·卷一》

还有11例用指"夜、晚上"。例如：

③隐丛灌故悉晨暮，托星宿以知左右。《宋书·卷六十七》

④缓火至暮，水尽沸定，乃熟。《齐民要术·卷五·种红蓝花栀子》

⑤因媒致币，遘止一暮。其三率我初冠，眷彼弱笄。《魏书·卷九十二》

"暮"在南北朝所查文献中，还可以指"晚、迟""时间靠后"。例如：

⑥时岁唯暮春，桑麦始茂，故老遗氓。《宋书·卷九十五》

⑦不图暮节晦德，终缺哀荣，便可追复王封。《魏书·卷二十一上》

【晚】《说文·日部》："晚，莫也。从日，免声。"段注："莫者，日且冥也。"《诗·齐风·东方未明》"不能辰夜，不夙则莫"，毛传："莫，晚也。"也可以指"迟"。《墨子·节用上》："其欲晚处家者，有所四十年处家。"在南北朝所查文献中，"晚"凡225例，其中有18例指"日暮、傍晚"。例如：

①王问："何处来?"云："从师家受书还，不觉日晚。"《世说新语·政事第三》

②时日晚天阴，室中微暗。《魏书·卷七十一》

还有6例指"晚上、夜晚"。例如：

③召必以三晡为期，遣必以日出为限，夕不见晚魄，朝不识曙星。《宋书·卷四十一》

④晚乃稍加弁带，而不能修饰容仪。《魏书·卷十四》

"暮"亦可以指"迟""时间"。例如：

⑤羊固拜临海，竟日皆美供，虽晚至，亦获盛馔。《世说新语·雅量

第六》

⑥凡谷成熟有早晚，苗秆有高下，收实有多少，质性有强弱，米味有美恶，粒实有息耗。《齐民要术·卷一·种谷第三》

"暮""晚"两字都可以指"傍晚""晚上"，也都可以指"晚、迟"①"时间靠后"，还都可以指"年老"。但两者还是有一些差别的，"暮"会意字，侧重指太阳落下的时刻，而"晚"形声字，"从日免声"，主要指太阳下去之后的时间。"暮"指时间更多的是作名词，而"晚"主要是作形容词，指"迟"。江西省新干话中指"迟"用"晚"，比如：来晚［an¹¹］了。王凤阳（1993：5）："'晚'和'暮'是同源分化词，正如早和朝是同源分化词一样。在作为时间词时晚相对于暮；不同处在于晚形容词化了，它还表示比某一特定时间靠后，与早成反义。"

【曛】《玉篇·日部》："曛，黄昏时。"又可以引申指"日落的余光"，《集韵·文韵》："曛，日入余光。"在南北朝规定文献中，"曛"没有用例，但是在该时期其他文献中有用例，"曛"既可以指"日落、黄昏时"，又可以指"日落的余光"。例如：

①曛雾蔽穷天，夕阴晦寒地。（鲍照《冬日》）

②晓霜枫叶丹，夕曛岚气阴。（谢灵运《晚出西射堂》）

以上三个词都可以指"黄昏"亦都可以指"夜晚"。"黄昏"与"夜晚"紧密相连，而且与"暮年"有联系。这种联系在其他语言中亦存在。例如：

英语：evening ①黄昏，傍晚；晚上；②后期，末期，晚期；晚年。《新时代英汉大词典》，第773页。

Sunset ①日落；傍晚；黄昏；②晚霞；夕阳；落日余晖；③晚年；暮年衰落期，衰败期。《新时代英汉大词典》，第2358页。

法语：soir ①晚间，晚上，夜晚；le soir de la vie 晚年，暮年；②傍晚；黄昏（下午五六点钟）。《新世纪法汉大词典》，第2485页。

Crepusculaire ①晨曦；曙光；②暮色，黄昏；③衰落，衰微，晚期。《新世纪法汉大词典》，第670页。

Tard ①在晚上，夜里；②在晚年；在暮年。《新世纪法汉大词典》，

---

① 黄树先师在《比较词义探索》第503条阐述了名词"晚"与形容词"迟"之间的关系，我们在此补充一些例子。

第 2590 页。

德语：Abend 晚上，傍晚；晚会；占一个晚上的；晚报。《德汉汉德词典》，第 11 页。

【昏】《说文·日部》："昏，日冥也。"指"天刚黑的时候"。《诗·陈风·东门之杨》："昏以为期，明星煌煌。"引申可以指"暗、昏暗"。王褒《九怀·陶壅》："浮云郁兮昼昏，霾土忽兮塺塺。"在南北朝所查文献中，"昏"凡 217 例，其中 56 例用指"傍晚"。例如：

①漏所以节时分，定昏明。昏明长短，起于日去极远近，日道周圜，不可以计率分。《宋书·卷十二》

②乐共饮食到黄昏，多驾合坐，万岁长宜子孙。《宋书·卷二十一》

③洛儿邻人李道潜相奉给，晨昏往复，众庶颇知，喜而相告。《魏书·卷三十四》

也可以指"黑暗、昏暗"。例如：

④魏齐王嘉平元年正月壬辰朔，西北大风，发屋折木，昏尘蔽天。《宋书·卷三十四》

⑤会天大风扬尘，昼昏，众乱，昌退。《魏书·卷三十》

还可以用于形容人昏聩、迷糊的精神状态。例如：

⑥襄事甫尔，丧礼顿释，昏醑长夜，庶事倾遗。朝贤旧勋，弃若遗土。《宋书·卷七》

⑦病危，太后请以后事，竟言还安定，语遂昏忽。《魏书·卷八十三下》

【冥】《说文·冥部》："冥，幽也。从日，从六，冖声。日数十，十六日而月始亏，幽也。"《老子》："窈兮冥兮，其中有精。"引申可指"夜"。《诗·小雅·斯干》："哙哙其正，哕哕其冥。"郑玄笺："冥，夜也。"在南北朝所查文献中，"冥"凡 68 例，可以指"昏暗"。例如：

①天大风晦冥，迷入民室。《宋书·卷十九》

②会有风雨从东南来，扬沙昏冥。《魏书·卷三十五》

还有 3 例用指"夜"。例如：

③忆往年散发，极目流涕，吾不舍日夜，又恒虑吾羸病，岂图奄忽，先归冥冥。《宋书·卷六十二》

④诚二祖之幽庆，圣后之冥休。《宋书·卷十六》

⑤既成，颜上足下，各有黑石，冥同帝体上下黑子。《魏书·卷一百

一十四》

《集韵·青韵》："冥，《说文》：'幽也。'或从日。""暝"可以指"昏暗"，宋玉《神女赋》："闇然而暝，忽不知处。"亦可指"日暮、夜晚"，《玉篇·日部》："暝，夜也。"《玉台新咏·古诗为焦仲卿妻作》："暗暗日欲暝，愁思出门啼。""暝"在南北朝所查文献中，凡12例，既可以指"昏暗"（凡5例），也可以指"夜晚"（凡7例）。例如：

⑥高宗和平二年三月壬午，京师大风晦暝。《魏书·卷一百一十二上》

⑦城陷之日，云雾晦暝，白虹临北门，亘属城内。《宋书·卷七十九》

⑧简文崩，孝武年十余岁立，至暝不临。《世说新语·言语第二》

⑨正昼而暝，阴为阳，臣制君也。《宋书·卷三十四》

夜来临，可以说成黑幕降临，"夜"与"黑暗"关系紧密，以上三字就是一个明证。在其他语言中亦有这种用例。例如：

英语：night ①夜；夜间，夜晚；黄昏，傍晚；②黑夜；夜色；③夜晚的活动；晚会；（电影、演出等的）夜场；④黑暗；蒙昧时代。《新时代英汉大词典》，第 1574 页。

Dusk ①薄暮；黄昏；傍晚；②幽暗；昏暗。《新时代英汉大词典》，第 695 页。

法语：crepusculaire ①晨曦；曙光；②暮色，黄昏；③衰落，衰微，晚期。《新世纪法汉大词典》，第 670 页。

Nuit ①夜；夜晚；夜间；②宿夜费；③无知；昏黑；愚昧；④夜间的。《新世纪法汉大词典》，第 1843 页。

德语：Nacht 夜；黑暗；黑暗时期。《德汉汉德词典》，第 132 页。

3）与人休息有关的词语

一旦入夜，闭眼睡觉。"睡觉"也就意味着到了晚上了。笔者曾经对四岁的儿子说，快去睡觉，他说，又不是晚上睡什么觉哟。可见，两者有联系。"瞑"《说文·目部》："瞑，翕目也。"而《广韵·径韵》："瞑，夕也。"两者有联系。但是"瞑"在南北朝没有用例，我们就不考虑。

【宿】《说文·宀部》："宿，止也。从宀，佰声。古文夙。"容庚《金文编》："许书从囟，囟乃由 🈂 传写之讹。"罗振玉《增订殷墟书契考释》："卜辞从人在 🈂 旁或人 🈂 在上，皆示止意。"《诗·邶风·泉水》：

"出宿于沛，饮饯于祢。"引申可以指"夜"。《左传·僖公二十四年》："命女三宿，女中宿至。"在南北朝所查文献中，"宿"主要用指"过夜、居住"以及"星辰、星座"。例如：

①诣黄叔度，乃弥日信宿。《世说新语·德行第一》

②三年五月壬寅，荧惑犯氐。氐，宿宫也。《魏书·卷一百五之三》

还有 88 例用指"夜"，在《齐民要术》中"宿"用作"夜"最多，仅《齐民要术》就有 71 例。例如：

③时戴在剡，即便夜乘小舟就之。经宿方至，造门不前而返。《世说新语·任诞第二十三》

④经宿，太祖遣驿至，使悉力急追。《宋书·卷六十一》

⑤时七月中旬，长安毒热，预停尸四宿，而体色不变。《魏书·卷三十三》

⑥着席上，布令厚三四寸，数搅之，令均得地气。一宿则芽出。《齐民要术·卷二·种麻第八》

【小结】本小节共分析了 10 个与"夜"有关的词语，在南北朝时期该语义场的主导词为"夜"。汉语中用来指"夜"的词语主要与"夜景或者黑暗""太阳""休息"有关。"黄昏"引申亦可以用来指"夜"和"暮年"，这种引申在其他语言中亦有这样的语言事实。

二 地球自然物核心词

本节主要谈论地球上自然形成的物体词语，在《百词表》中凡 5 个：water 水、stone 石、sand 沙、earth 地、mountain 山。《百词表》中"path 路"比较特殊，它不完全属于自然形成，但考虑到它和以上 5 个词还是有一些共同之处，故我们也放入本节。

1. water（水）

Water（水）在《百词表》中居第 75 位，《牛津英汉高阶双解词典》第 3212 页："liquid without colour, smell or taste that falls as rain, is in lakes, rivers and seas, and is used for drinking, washing, etc."人类生活离不开"水"，用来指"水"的词也很丰富，本节我们主要分析以下五类词：第一类为泛指"水"的词语；第二类为山川湖泊之水：泉、汍、海、湖、川；第三类为回旋之水：涔、洄、涡、漩、湍、渊、溢、濑、洑；第四类为指大水的词语：波、浪、洪、涛；第五类为细流：涟、涓、沦、荥。

1）泛指水

【水】《说文·水部》："准也，北方之行。象众水并行，中有微阳之气也。"甲骨字形"氵"像水流动之形，本义当指"无色、无臭、无味的液体"。《荀子·劝学》："冰，水为之，而寒于水。"在南北朝所查文献中，"水"凡2927例，既可以指"无色无味的液体"，也可以指"水灾"。例如：

①殷仲堪既为荆州，值水俭，食常五碗盘，外无余肴，饭粒脱落盘席间，辄拾以啖之。《世说新语·德行第一》

②会心处不必在远，翳然林水，便自有濠、濮间想也，觉鸟兽禽鱼自来亲人。《世说新语·言语第二》

还可以用作"江、河、湖、海的通称"。例如：

③其裔始均，入仕尧世，逐女魃于弱水之北，民赖其勤，帝舜嘉之，命为田祖。《魏书·卷一》

④主者详具其制，并下河南处田地于东郊之南，洛水之北，平良中水者。《宋书·卷十四》

用"水"作"江、河、湖、海的通称"，在其他语言中也有这种情况。例如：

英语：water ①水；自来水；水源；供水；②泉水；③（有一定用途的）（一部分）水；④水面；水深；水位；潮（位）；⑤大片的水；（江、海、湖、池等）水体，水域；（某国所属的）海域，领海。《新时代英汉大词典》，第2653页。

法语：eau ①水；②温泉；矿泉；③（池塘、湖、河、江、海等的）大片水；④分泌物；体液；汗；⑤（水果的）汁。《新世纪法汉大词典》，第862页。

德语：wasser ①水面、水域；②水；海水；池塘；湖；③活水；河流；溪流。《朗氏德汉双解大词典》，第2041页。

2）山川湖泊之水

【泉】《说文·泉部》："泉，水原也。"潘岳《射雉赋》："天泱泱以垂云，泉涓涓而吐溜。"亦可以用来指"地下水"。《左传·隐公元年》："君何患焉？若阙地及泉，隧而相见，其谁曰不然？"在南北朝所查文献中，"泉"凡341例，可以用指"从地下流出来的水""地下水"。例如：

　　①爰逮道至天而甘露下，德洞地而醴泉出。《宋书·卷十一》

　　②且北方沙漠，夏乏水草，时有小泉，不济大众。《魏书·卷四十一》

　　③八年正月，太庙殿又陷，改作庙，筑基及泉。《宋书·卷三十》

　　④又于城中去城十步，掘地至泉，广作地道，潜兵涌出，置炉铸铁，持以灌贼。《魏书·卷五十八》

　　人逝世后要埋葬于地下，与"泉"指"地下水"相关，故亦可以用来指"泉下，即人死后所葬的地方。"例如：

　　⑤若生当相见，亡者会黄泉。今日乐相乐，延年万岁期。《宋书·卷二十一》

　　⑥若死为鬼，永旷天颜，九泉之下，实深重恨。《魏书·卷十六》

　　"泉"与"原"关系密切。"原"《说文·𡘋部》："水泉本也。从𡘋出厂下。"段注："泉字衍。"马叙伦《说文解字六书疏证》卷二十二："本作泉也，水本也。泉即水本。而原又为泉之转注字也。""原"可以指"水源"。《左传·昭公九年》："犹衣服之有冠冕，木水之有本原。"引申亦可以指"根源、来源"。《史记·老子韩非列传论》："皆原于道德之意，而老子深远矣。""原"的这种引申方式在其他语言中也有。例如：

　　英语：spring 泉；动机；源泉；起源；出身。《新时代英汉大词典》，第 2263 页。

　　法语：source 泉；源泉；源流；来源；根源；开端；原体；原稿；原本。《新简明法汉词典》，第 960 页。

　　德语：quelle 泉；泉源；矿泉；温泉；根源；由来；来源；出处；流出；冒出；涨大；膨胀。《德汉汉德词典》，第 152 页。

　　【沈】《说文·水部》："沈，水厓枯土也。"亦可以指"山侧洞穴旁流出的泉水"，《尔雅·释水》："沈，泉穴出。穴出，仄出也。"郭璞注："从旁出也。"邢昺疏引李巡曰："水泉从旁出名曰沈。"《列子·黄帝》："沈水之潘为渊。"在南北朝所查文献中，"沈"凡 1 例，用指"旁出的泉水"。例如：沈泉傍出，潺湲于东檐；桀壁对峙，碏礴于西溜。《宋书·卷六十七》

　　【海】《说文·水部》："天池也，以纳百川者。"本义当指"百川会聚之处"，《诗·小雅·沔水》："沔彼流水，朝宗于海。"亦可以指"海水"。《汉书·晁错传》："吴王即山铸钱，煮海为盐，诱天下之豪桀。"在南北朝所查文献中，"海"凡1512例，可以用指"百川汇聚之处"，亦可以指"海水"。例如：

①声如震雷破山，泪如倾河注海。《世说新语·言语第二》

②参戎氛雾之初，驰驱革命之会，托翼邓林，寄鳞溟海，遂荷恩宠，荣兼出内。《魏书·卷二十四》

"海"从面积上这个视角观察，显得非常广大，而从量视角观察又显得多。"海"在之后文献中，可以用来表示"大""多"之意。《玉篇·水部》："海，大也。"郭澄清《大刀记》第十三章："'哎，二楞，这二天来找零活的挺多吗？''嗬！海啦！'二楞说。"

"海"的这种引申方式在其他语言中亦有。例如：

英语：sea ①海，海洋；（与陆地或淡水相对的）海水；海域；海面；洋面；②海；③内海；大淡水湖；④波涛，波浪；⑤很多，大量；一大片。《新时代英汉大词典》，第2076页。

法语：mer ①海；海洋；②无边无际，茫茫一片；大量；une mer d'èpis 一望无际的麦穗；une mer de sang 大量流出的血。《新世纪法汉大词典》，第1715页。

德语：meer ①海；大海；②大量；大批。《朗氏德汉双解大词典》，第1200页。

【湖】《说文·水部》："大陂也。从水，胡声。扬州浸有五湖。浸，川泽所仰以灌溉也。"《周礼·夏官·职方氏》："〔扬州〕其川三江，其浸五湖。"王凤阳（1993：52）："北方把大面积的积水叫'大沼''大陂'，或者说'汪汪千顷陂'，不说'湖'，'湖'是南方的方言。"此言可信。在南北朝所查文献中，"湖"凡234例，可以用在"地名""县名"，但主要还是用指"积水的大泊"。例如：至于陛下受命践阼，弘建大业，群生仰流，唯独江湖沅湘之表，凶桀负固，历代不宾。《宋书·卷十六》

【川】《说文·川部》："贯穿通流水也。"罗振玉《增订殷墟书契考释》："象有畔岸而水在中。"《周礼·地官·遂人》："凡治野，夫间有遂，遂上有径；十夫有沟，沟上有畛；百夫有洫，洫上有涂；千夫有浍，浍上有道；万夫有川，川上有路，以达于畿。"郑玄注："万夫，四县之田。遂、沟、洫、浍，皆所以通水于川也。"在南北朝所查文献中，"川"凡729例，大多用作地名、山名，也可以用指"河流"。例如：

①我家临川，何如卿家宛陵？《世说新语·品藻第九》

②凡五行相生，水生于金，是故百川发源，皆自山出，由高趣下，归注于海。《宋书·卷二十三》

3) 回旋之水

该部分本来应该考察旋涡、急湍之水，由于指"积水"的词语数量不多，故把指"积水"的词语亦放入该部分。

【潦】《说文·水部》："潦，渍也。"指"久雨而渍"，《淮南子·说林训》："宫池潦则溢，旱则涸。"高诱注："潦，多水也。"引申可以指"路上积水"，《淮南子·俶真训》："夫牛蹄之潦，无尺之鲤；块阜之山，无丈之材。"高诱注："潦，潦水也。"在南北朝所查文献中，"潦"凡1例，用指"路上的积水"。例如：恃此为援，何异于蹄潦之鱼，冀拯江海？《魏书·卷五十》

【洄】《说文·水部》："洄，溯洄也。从水从回。"《尔雅·释水》："逆流而上曰溯洄。"《诗·秦风·蒹葭》："溯洄从之，道阻且长。"毛传："逆流而上曰溯洄。"引申可以指"回旋的流水"。《后汉书·循吏传·王景》："十里立一水门，令更相洄注，无复溃漏之患。"李贤注引郭璞曰："旋流也。"在南北朝所查文献中，"洄"凡2例，皆用指"回旋之水"。例如：江有洄洑，船下必来泊，岸有横浦，可以藏船舸，二三为宜。《宋书·卷五十》

【涡】《尔雅·释水》："过辨回川。"郭璞注："旋流。"陆德明《经典释文》："过，本或作涡，同。"郭璞《江赋》："盘涡谷转，凌涛山颓。"在南北朝所查文献中，"涡"凡20例，19例用于地名，仅有1例用指"旋流"。例如：俘斩五万余人，其余溺死于涡水，水为之不流。《魏书·卷十二》

【湍】《说文·水部》："湍，疾濑也。"指"急流的水"，《孟子·告子上》："性犹湍水也。"赵岐注："湍水，圜也。"孙奭疏："水流沙上，萦回之势湍湍然也。"亦可以指"冲刷、冲激"。《史记·河渠书》："道果便近，而水湍石，不可漕。"在南北朝所查文献中，"湍"凡7例，其中1例用指"地名"，4例用指"急流之水"。例如：

①远堤兼陌，近流开湍。凌阜泛波，水往步还。《宋书·卷六十七》

还有2例用指"冲刷、冲激"。例如：

②或鼓鳃而湍跃，或掉尾而波旋。《宋书·卷六十七》

③舍陵衍之习，竞湍沙之利。《宋书·卷七十》

【渊】《说文·水部》："渊，回水也。从水，象形，左右岸也，中象水貌。"引申可以指"深渊、深池"。《诗·小雅·鹤鸣》："鱼潜在渊，或在于渚。"在南北朝所查文献中，"渊"凡678例，主要用指"深渊、深池"。例如：

①今之君子，进人若将加诸膝，退人若将坠诸渊。《世说新语·方正第五》

②或不即渊博锗，盐醋浸润，气彻则皱，器便坏矣。《齐民要术·卷五·漆第四十九》

"渊"的这种引申在其他语言中也有。

法语：ruisseau 溪流；小河；水道；沟渠。《新简明法汉词典》，第911页。

德语：gewasser 积水；水流；水域；海域。《德汉汉德词典》，第75页。

【溘】《说文新附·水部》："溘，奄忽也。"《楚辞·离骚》："溘吾游此春宫兮，折琼枝以继佩。"王逸注："溘，奄也。"在南北朝所查文献中，"溘"凡1例，用指"忽然"。例如：

①况遵明冠盖一时，师表当世，溘焉冥没，旌纪寂寥。《魏书·卷八十四》

"溘"引申可以指"水；波浪"。《玉篇·水部》："溘，水也。"在南北朝规定文献中没有用例，但是在该时期其他文献中有用例。例如：

②散涣长惊，电透箭疾；穿崩溘聚，坻飞岭覆。（鲍照《登大雷岸与妹书》）

【濑】《说文·水部》："濑，水流沙上也。"《楚辞·九歌·湘君》："石濑兮浅浅，飞龙兮翩翩。"引申可以指"急流"。《淮南子·本经训》："抑减怒濑，以扬激波。"高诱注："濑，急流也。"在南北朝所查文献中，"濑"凡9例，有4例用于地名，有1例用指"急流"。例如：

①濑排沙以积丘，峰倚渚以起阜。《宋书·卷六十七》

"濑"还可以用指"浅水沙石滩"。王力（1982：574）认为濑与滩同源（透来旁纽，元月对转），《汉书·司马相如传下》："东驰土山兮，北揭石濑。"颜师古注："石而浅水曰濑。"在南北朝所查文献中，凡4例用指"浅水沙石滩"。例如：

②水激濑而骏奔，日映石而知旭。《宋书·卷六十七》

③里䡾漫石数里，水从上过，故曰濑石上而开道。《宋书·卷六十七》

【㳫】《集韵·屋韵》："㳫，洄流。"在南北朝所查文献中，"㳫"凡2例，1例用于"地名"，1例用指"旋涡"。例如：江有洄㳫，船下必来泊，岸有横浦，可以藏船舸，二三为宜。《宋书·卷五十》

4）指大水

【波】《说文·水部》："波，水涌流也。"《管子·君臣下》："夫水波而上，尽其摇而复下，其势固然者也。"引申可以指"水流、水"。《诗·小雅·渐渐之石》："有豕白蹢，烝涉波矣。"在南北朝所查文献中，"波"凡174例，除了用作记录外国人名、地名的记音词外，主要用指"水流、波浪"。例如：

①桓公入峡，绝壁天悬，腾波迅急，乃叹曰："既为忠臣，不得为孝子，如何？"《世说新语·言语第二》

②关陇遭罹寇难，燕赵贼逆凭陵，苍生波流，耕农靡业，加诸转运，劳役已甚，州仓储实，无宜悬匮。《魏书·卷九》

"波"亦可以引申指"潮流、风气"。晋代陆云《赠汲郡太守》："风澄俗俭，化静世波。"这种引申其他语言也存在。例如：

英语：tide ①潮汐；潮水；②涨潮；③（舆论、事件等的）潮流；浪潮；趋势。《新时代英汉大词典》，第2449页。

法语：courant 水流；河流；现时；目下；气流；思潮；潮流；电流。《新简明法汉词典》，第213页。

Vague 波涛；海涛；波状物；波浪形；纷至沓来；潮流。《新简明法汉词典》，第1053页。

德语：stromung 流；水流；思潮；流派。《德汉汉德词典》，第187页。

strom 大河；河流；流；气流；电流；潮流；激流。《德汉汉德词典》，第186页。

【洪】《说文·水部》："洪，洚水也。"司马相如《难蜀父老》："夏后氏戚之，乃堙洪塞源，决江疏河。""洪"从水，共声。"共"亦表义，"汇集"的意义。"洪"指水汇集在一起，就是大水。"供"指人上奉的东西汇集在一起。汇集在一起后，就多起来了，故"洪"可以指"大"。《尔雅·释诂上》："洪，大也。"《书·多方》："洪舒于民。"在南北朝所查文献中，"洪"凡 371 例，有用于人名，还有 5 例用指"大水"。例如：

①山禽夜响，晨猿相和鸣。洪波迅濑，载逝载停。《宋书·卷二十二》

②又洪波奔激，则堤防宜厚；奸悖充斥，则禁网须严。《魏书·卷五十四》

"洪"在南北朝文献中，主要用作形容词，指"大"。例如：

③仆生出边垂，寡见大义，若不一叩洪锺，伐雷鼓，则不识其音响也！《世说新语·言语第二》

④而前史载卓公宽中，文饶洪量，褊心者或之弗信。《魏书·卷四十八》

"洪水"引申为"大"，在其他语言中亦有。

英语：flood ①洪水；水灾；②一大片；一大阵；一大批；大量；③涨潮；升潮；潮水的最高点；潮峰。《新时代英汉大词典》，第 890 页。

法语：inondation ①泛滥；淹没；②洪水；③大量侵入；大量涌入；充斥；充满。《新世纪法汉大词典》，第 1446 页。

德语：flut ①涨潮；②潮水；洪水；洪流；③大量；大批；潮水般的。《朗氏德汉双解大词典》，第 642 页。

【浪】《玉篇·水部》："浪，波浪也。"左思《吴都赋》："长鲸吞航，修鲵吐浪。"王凤阳（1993：55）："'浪'，在先秦还没有从波里分化出来，先秦使用的'浪'都不作波浪解。……用'浪'来表示浪头，是魏晋以后的事。""波""浪"常常连用，统言无别，析言有别。"水面上连续不断地上下起伏的现象叫作'波'；向上涌起的波峰叫作'浪'。""浪"在南北朝所查文献中凡 58 例，可以用指"波浪"。例如：

①风起浪涌，孙、王诸人色并遽，便唱使还。《世说新语·雅量第六》

②顷东北数州，频年淫雨，长河激浪，洪波汩流，川陆连涛，原隰过望，弥漫不已，泛滥为灾。《魏书·卷五十六》

据我们调查分析，在南朝所查文献中，"浪"除了用于人名、地名外，皆用指"波浪"。而在北朝所查文献中，"浪"除了南朝文献中的用法外，还可以用指"无用的""随意的""放荡"等①。例如：

③无歧而花者，皆是浪花，终无瓜矣。《齐民要术·卷二·种瓜第十四》

④在步道上引手而取，勿听浪人踏瓜蔓，及翻覆之。《齐民要术·卷二·种瓜第十四》

⑤不尔，不肯入窠，喜东西浪生。《齐民要术·卷六·养鹅、鸭第六十》

【涛】《说文新附·水部》："涛，大波也。"王充《论衡·书虚》："涛之起也，随月盛衰，小大满损不齐同。"在南北朝所查文献中，"涛"凡 35 例，有 14 例用于人名、地名，有 21 例用指"大波"。例如：

①前方淮之水，左洞庭之波，右顾彭蠡之涛，南望巫山之阿，遂造章华之台。《宋书·卷六十七》

②顷东北数州，频年淫雨，长河激浪，洪波汩流，川陆连涛，原隰过望，弥漫不已，泛滥为灾。《魏书·卷五十六》

【澜】《说文·水部》："澜，大波为澜。"《孟子·尽心上》："观水有术，必观其澜。"赵岐注："澜，水中大波也。"亦可以指"小波"。《释名·释水》："风行水波成文曰澜。澜，连也，波体转流相及连也。"在南北朝所查文献中，"澜"凡 7 例，既可以指"大波"，也可以指"小波"。例如：

①岁宫干维，月躔苍陆，长河巨济，异源同清，澄波万壑，洁澜千里。《宋书·卷五十一》

②洪涛满则曾石没，清澜减则沉沙显。《宋书·卷六十七》

5）细流

【涟】《广韵·仙韵》："涟，涟漪，风动水貌。"在南北朝所查文献中，"涟"凡 8 例，2 例用于地名，1 例指水波，5 例指"泪流不断的样子"。例如：

①拂青林而激波，挥白沙而生涟。《宋书·卷六十七》

②孔时为太常，形素羸瘦，着重服，竟日涕泗流涟，见者以为真孝子。《世说新语·德行第一》

---

① 董志翘、蔡镜浩（1994），汪维辉（2007）对"浪"的词义作了阐述。详见董志翘、蔡镜浩《中古虚词语法例释》，吉林教育出版社 1994 年版。汪维辉《〈齐民要术〉词汇语法研究》，上海教育出版社 2007 年版。

【涓】《说文·水部》："涓，小流也。"《晋书·凉武昭王李玄盛传论》："覆篑创元天之基，疏涓开环海之宅。"引申可以指"水流细缓貌"。《广雅·释训》："涓涓，流也。"在南北朝所查文献中，"涓"凡27例，有2例用指"小流"，3例指"水流细缓貌"。其用指"水流细缓貌"时，"涓"常是重叠式。例如：

①愚假驹以表谷，涓隐岩以搴芳。《宋书·卷六十七》

②洪流壅于涓涓，合拱挫于纤蘖，介焉是式，色斯而举。《宋书·卷四十三》

"涓"在南北朝所查文献中，亦可以用来喻指"微小"，凡9例。例如：

③施隆贷而有渥，报涓尘而无期。《宋书·卷六十七》

④则蔓草难除，涓流遂积，秽我彝章，挠兹大典。《魏书·卷五十九》

"涓"还可以用来指"选择"。《说文通训定声·干部》："涓，凡有所弃，乃有所取，故亦训择。"在南北朝文献中有3例用此意义。例如：

⑤帝容承祀，练时涓日。九重彻关，四灵宾室。《宋书·卷二十》

【沦】《说文·水部》："沦，小波为沦。"《文选·谢庄〈月赋〉》："声林虚籁，沦池灭波。"李善注引薛君《韩诗章句》："沦，文貌。"在南北朝所查文献中，"沦"凡39例，只有1例用指"水的小波纹"。其余皆指"沉没、隐没""坠落""陷入"等词义。例如：

①沦涟两拍之伤，奄抑七萃之箴。《宋书·卷八十》

②互窥上国，疆场侵噬，州郡沦胥。《魏书·卷十一》

③谯纵怙乱，寇窃一隅，王化阻阂，三巴沦溺。《宋书·卷二》

【荥】《说文·水部》："荥，绝小水也。"《淮南子·泰族训》："故邱阜不能生云雨，荥水不能生鱼鳖者，小也。"王念孙《读书杂志·淮南内篇二》："荥水，小水也。"在南北朝所查文献中，"荥"凡114例，都是用于人名。例如：战荥阳，汴水陂。戎士愤怒，贯甲驰。《宋书·卷二十二》

【小结】本小节共分析了23个与"水"有关的词语，在南北朝时期该语义场的主导词为"水"。"水"既是人类生命中不可或缺的东西，亦是给人类造成灾害的一种来源，故"水"与"灾害"有关。在表示"水"的词语中，很多词语的引申具有类型学特征。例如："海"引申指

"大","洪"引申指"大","波"引申指"潮流",这种引申在英语、法语、德语中亦有。而且在对"水"语义场分析中,也发现"浪"在南北朝使用情况相差很大。南朝文献中"浪"使用得更规范,而在北朝文献中词义发达,使用很灵活。

2. stone（石）

Stone（石）在《百词表》中居第 77 位,《牛津英汉高阶双解词典》第 2803 页:"（often used attributively or in compounds）hard solid mineral substance that is not metallic; (type of) rock." "沙"是小石头的一种,在《百词表》中居第 78 位,《牛津英汉高阶双解词典》第 2466 页:"（mass of）very fine fragments of rock that has been worn down, found on beaches, in river-beds, deserts, etc." 故我们把两者放在一起讨论。在南北朝文献中,指"石"的词语丰富①,我们主要考虑以下各类指"石头"的词语。

1）泛指石

【石】《说文·石部》:"石,山石也。"《诗·小雅·渐渐之石》:"渐渐之石,维其高矣。"引申可以特指石器,如"石磬""碑碣""石针",亦可以指"药石"。在南北朝所查文献中,"石"凡 1950 例,用法与现在没有差异,主要用指名词或者形容词。例如:

①力侧力,放马山侧。大马死,小马饿,高山崩,石自破。《宋书·卷三十一》

②二月乙亥,幸代园山,建五石亭。三月庚子,车驾还宫。《魏书·卷二》

"石"是一个兼类词,兼名、形两类,在英语中"石"亦为兼类词。

---

① 吴宝安（2007:169）《西汉核心词研究》分析了 17 个石类核心词,龙丹（2009:183）《魏晋核心词研究》分析了 12 个石类核心词。

例如：

　　英语：stone n．①石头，石料；石块；石子；②界石，界碑；里程碑；纪念碑；③磨石；adj．①石的；石制的；②石头色的，石青色的。《新世纪英汉大词典》，第 2309 页。

　　2）大石

　　【磻/砧】《说文新附·石部》："砧，石柎也。"班婕好《捣素赋》："于是投香杵，扣玫砧，择鸾声，争凤音。"在南北朝所查文献中没有用例。《玉篇·石部》："磻，掏石。砧，同磻。"《广韵·侵韵》："掏衣石也。"在南北朝规定文献中，"磻"亦没有用例，但是在南北朝其他文献中有用例。例如：田沫冠山，奔涛空谷，磻石为之摧碎，埼岸为之齑落。（鲍照《登大雷岸与妹书》）

　　【砺】《说文新附·石部》："砺，礛也。"《玉篇·石部》："可磨刃。"《国语·楚语上》："若金，用女作砺。若津水，用女作舟。"引申可以指"磨治""磨炼"。《书·费誓》："备乃弓矢，锻乃戈矛，砺乃锋刃，无敢不善。"在南北朝所查文献中，"砺"凡 16 例，有 1 例用指"砺石"，其余皆用作"磨治""磨炼"。例如：

　　①使黄河如带，太山如砺，国以永存，爰及苗裔。《魏书·卷七十八》

　　②孙曰："所以枕流，欲洗其耳；所以漱石，欲砺其齿。"《世说新语·排调第二十五》

　　③既分张，言集无日，无由复得动相规诲，宜深自砥砺，思而后行。《宋书·卷六十一》

　　④城高十仞，其厚三十步，上广十步，宫墙五仞，其坚可以砺刀斧。《魏书·卷九十五》

　　【砥】《广雅·释器》："砥，砺也。"质地粗者为砺，细者为砥。《书·禹贡》："砺砥砮丹。"孔传："砥细于砺，皆磨石也。""砥"同"砺"一样，引申亦可以指"磨""磨炼"。除此之外，"砥"因质地细，引申还可以指"平直""平坦"等词义。《广韵·纸韵》："砥，也；直也。"左思《魏都赋》："长庭砥平，钟虡夹陈。"在南北朝所查文献中，"砥"凡 17 例，皆用来指"磨""磨炼"。例如：

　　①砥锋挺锷，不与二祖同戴天日。《宋书·卷五十五》

　　②罴既频荐升等，所部守令，咸自砥砺，威化大行，百姓安之。《魏

书·卷二十七》

以上"砥""砺"两者本义都指"磨刀石",因其可以使刀"锋锐",引申可以指"磨炼"。这种引申,在其他语言中也存在。例如:

英语:whetstone ①(用以磨利带刃工具的)油石,砥石,磨刀石;②(喻)使思想(或感觉)敏锐的事物。《新时代英汉大词典》,第2679页。

德语:wetzstein 磨刀石;wetzen ①磨、磨快;把……磨锋利。《朗氏德汉双解大词典》,第2069页。

【碑】《说文·石部》:"碑,竖石。"《说文句读》:"古碑有三用:宫中之碑,识曰景也;庙中之碑,以丽牲也;墓所之碑,以下棺也。秦之纪功德也,曰立石,曰颂石;其言碑者,汉以后之语也。"在南北朝所查文献中,"碑"凡87例,皆用指"竖石",且多与纪功德有关。例如:

①王夷甫以王东海比乐令,故王中郎作碑云:"当时标榜,为乐广之俪。"《世说新语·品藻第九》

②丁亥,以牧守妄立碑颂,辄兴寺塔。《魏书·卷九》

在其他语言中,"碑"与"功德"也有关系。例如:

英语:memorial ①纪念物;纪念仪式;纪念日;纪念;留念;②纪念碑;纪念馆。《新时代英汉大词典》,第1472页。

法语:monument 纪念碑;巨大建筑物;遗物;古代遗迹;庙;碑;伟业;巨著;突出的例子;惊人的事例。第635页。

德语:denkmal 碑;纪念碑;②瑰宝;文物。《朗氏德汉双解大词典》,第400页。

【碣】《说文·石部》:"特立之石。"《汉书·扬雄传上》:"鸿蒙沆茫,碣以崇山。"颜师古注:"碣,山特立貌。"亦可以指"石碑"。《广韵·月韵》:"碣,今为碑碣字,李斯造。"《字汇·石部》:"碣,碑碣。方者为碑,圆者为碣。"《隶释·汉国三老袁良碑铭》:"民被泽,邦畿乂,才本德,曜其碣。"在南北朝所查文献中,"碣"凡18例,多用指"特立之石"。例如:

①经过至我碣石,心惆怅我东海。《宋书·卷二十一》

②临终敕子侄不听求赠,但勒《家诫》立碣而已。《魏书·卷七十六》

"碣"在南北朝所查文献中,亦可以用指"界碑"。例如:

③自杏城以北八十里，迄长城原，夹道立碣，与晋分界。《魏书·卷一》

【盘】《玉篇·石部》："盘，大石也。"《易·渐》："鸿渐于盘。"王弼注："盘，山石之安者。""盘"与"安"有关系，如《玉台新咏·古诗为焦仲卿妻作》："君当作盘石，妾当作蒲苇。蒲苇纫如丝，盘石无转移。"在南北朝所查文献中，"盘"凡40例，有10例用指"大石头"。例如：

①尝从太祖登钟山北岭，中道有盘石清泉，上使于石上弹琴，因赐以银钟酒。《宋书·卷七十八》

②匡亲同若子，私继岁久，宜树维城，永兹盘石，可特袭王爵，封东平郡王。《魏书·卷十九上》

在南北朝时期，"盘"亦与"安"关系密切。

③以帝宗盘固，周布于天下，其属籍疏远，荫官卑末，无良犯宪，理须推究。《魏书·卷一百一十一》

在其余语言中，也有类似情况。

英语：rock ①岩石；礁石；②岩矿石；矿砂；③山岩；壁岩；④（大块）孤石；⑤石块；石子；⑥坚固的支撑；盘石般的支柱；强有力的保护；坚实的依靠。《新时代英汉大词典》，第1996页。

法语：rocke ①岩石；②含有宝石的矿石；③（地质）岩；④ami de la vieille rocke 故交；深交。《新世纪法汉大词典》，第2391页。

德语：felsen 岩石；山崖；Felsenfest 坚定不移的；坚贞不屈的；坚如磐石的。《朗氏德汉双解大词典》，第612页。

3）小石

【碌】《说文新附·石部》："碌，小石也。"亦可以指"平凡"。《史记·酷吏列传论》："九卿碌碌奉其官，救过不赡，何暇论绳墨之外乎！"在南北朝所查文献中，"碌"凡7例，其中有6例用指"平凡"，且用指"平凡"时，"碌"常重叠使用。例如：

①嵩性狼抗，亦不容于世；唯阿奴碌碌，当在阿母目下耳。《世说新语·识鉴第七》

②其他碌碌，咸知款贡，岂牛马内向，东风入律者也。《魏书·卷一百》

还有1例与"碡"连用，在赣方言新干话中，把"碌碡"说成

[lu：^{33}t ʂu^{11}]，用指"碾压用的农具"。例如：

③青稞麦。特打时稍难，唯映日用碌碡碾。《齐民要术·卷二·大小麦第十》

【砾】《说文·石部》："砾，小石也。"宋玉《高唐赋》："砾磥磥而相摩兮，嶵震天之礚礚。"在南北朝所查文献中，"砾"凡 10 例，其中 2 例用于人名，8 例用于指"小石头"。例如：

①洮之汏之，沙砾在后。《世说新语·排调第二十五》

②须臾转从子上来，飞沙扬砾。《宋书·卷三十四》

③先是，有人囊盛瓦砾，指作钱物，诈市人马，因逃去。《魏书·卷七十七》

【礓】《玉篇·石部》："礓，砾石也。"在南北朝所查文献中，"礓"凡 1 例，用指"小石头"。例如：置枯骨、礓石于枝间，骨、石，此是树性所宜。《齐民要术·卷四·安石榴第四十一》

【碛】《说文·石部》："碛，水陼有石者。"段注："《三苍》曰'碛，水中沙堆也。'"《史记·司马相如列传》："陵三嵏之危，下碛历之坻。"张守节正义："碛历，浅水中沙石也。"在南北朝所查文献中，"碛"凡 19 例，其中 3 例用指"水中的小石头"。例如：

①面芄野兮悲桥梓，溯急流兮苦碛沙。《宋书·卷六十七》

②国有八城，皆有华人。地多石碛。《魏书·卷一百一》

"碛"主要出现在北朝文献中，"碛"凡 18 例，其中 4 例用指"石头"，其余皆指"沙漠"。例如：

③气候暑热，家自藏冰。地多沙碛，引水溉灌。《魏书·卷一百二》

【沙】《说文·水部》："沙，水散石也。"段注："石散碎谓之沙。"《史记·淮阴侯列传》："韩信乃夜令人为万余囊，满盛沙，壅水上流，引军半渡，击龙且。""沙"常积聚一处，小之为滩，大之为漠，故"沙"可以用指"沙滩"①"沙漠"。《易·需》："需于沙，小有言，终吉。"孔颖达疏："沙是水傍之地。"在南北朝所查文献中，"沙"凡 559 例，常用于人名、地名以及音译词。其用于指"小石头"凡 47 例。例如：

①十二月丁卯夜，又大风，发木扬沙。《宋书·卷三十四》

---

① 黄树先师在《比较词义探索》第 440 条对"沙"与"沙滩"关系作了阐述。法语中还有 1 例可作补充：Ensablement 小沙丘；沙洲；淤沙；积沙。《新简明法汉词典》，第 347 页。

②会有风雨从东南来，扬沙昏冥。《魏书·卷三十五》

还有 32 例用指"沙漠"。例如：

③今东渐于海，西被流沙，大漠之阴，日南北户，莫不通属。《宋书·卷十六》

④及阿那瑰背恩，纵掠窃奔，命师追之，十五万众度沙漠，不日而还。《魏书·卷十八》

4）玉石

【玉】《说文·玉部》："玉，石之美。"《诗·小雅·鹤鸣》："它山之石，可以攻玉。""玉"在我国具有特殊的文化地位，它常可以用来作吉祥、美好、权贵等的象征。《说文·玉部》："有五德：润泽以温，仁之方也；䚡理自外，可以知中，义之方也；其声舒扬，尃以远闻，智之方也；不桡而折，勇之方也；锐廉而不技，絜之方也。"在南北朝所查文献中，"玉"凡 564 例，主要用指"美石"。例如：

①毛伯成既负其才气，常称："宁为兰摧玉折，不作萧敷艾荣。"《世说新语·言语第二》

②而镇将伊利妄生奸挠，表卿造船市玉与外贼交通，规陷卿罪，窥觎州任。《魏书·卷四十二》

在南北朝所查文献中，"玉"继续保持"美好""权贵"等的象征。例如：

③刘万安，即道真从子，庾公所谓"灼然玉举"。《世说新语·赏誉第八》

④王其爱玉体，俱享黄发期。《魏书·卷十二》

【璞】《玉篇·玉部》："璞，玉未治者。"《韩非子·和氏》："王乃使玉工理其璞而得宝焉。"引申可以指"质朴""淳朴"。《孔子家语·王言解》："民敦俗璞，男悫而女贞。"王肃注："璞，悫愿貌。"在南北朝所查文献中，"璞"凡 55 例，主要用于人名，有 5 例用指"未经雕琢的玉"。例如：

①如璞玉浑金，人皆钦其宝，莫知名其器。《世说新语·赏誉第八》

②孝静兴和四年七月，邺县民献白玉一璞。《魏书·卷一百一十二下》

还有 1 例用指"质朴"。例如：

③吾不用璞言，自贻伊戚，万悔于心，何嗟及矣！《魏书·卷四十

六》

【小结】本小节共分析了 15 个与"石""沙"有关的词语，在南北朝时期该语义场的主导词为"石""沙"。"石"在组合和聚合关系中，变化发展不大，主要用作名词和形容词。而"沙"的引申可以指"沙滩"，这具有类型学特征，在英语、法语、德语中亦然。该语义场中的"磨刀石"可以引申出"磨炼"，"碑石"与"功德"紧密相关，还有"大石"与"安稳"相关，这些联系在英语、法语、德语中也存在，而其他词语的使用变化发展不大。

3. earth（地）

Earth（地）在《百词表》中居第 79 位，《牛津英汉高阶双解词典》第 874 页："land; the surface of the world as opposed to the sky or sea." "earth"在英语中，既可以指"土"，亦可以指"地"。郑张尚芳《华澳语言比较三百核心词表》（征求意见稿）中"土""地"皆为核心词，分别居第 13 位、第 14 位。故我们本节主要考察两类词语：第一类指土；第二类指地。

1）指"土"

"土"是一个上位概念，在其语义场中，我们主要考虑三种成员：一是泛称土；二是特指土；三是泥土。

【土】《说文·土部》："土，地之吐生物也。"《书·禹贡》："厥贡惟土五色。"孔传："王者封五色土为社。建诸侯，则各割其方色土与之，使立社。"引申可以指"国土"。《逸周书·作雒》："〔周公〕及将致政，乃作大邑成周于土中。"孔晁注："王城也，于天下土为中。"亦可以指"故乡"。《汉书·叙传上》："〔高祖〕痚戍卒之言，断怀土之情。"颜师古注："洛阳近沛，高祖来都关中，故云断怀土之情也。"在南北朝所查文献中，"土"凡 1203 例，主要用指"泥土、土壤"。例如：

①庾文康亡，何扬州临葬，云："埋玉树着土中，使人情何能已已！"《世说新语·伤逝第十七》

②夏至，天气始暑，阴气始盛，土复解。《齐民要术·卷一·耕田第一》

亦可以指"国土""故乡"。例如：

③元帝始过江，谓顾骠骑曰："寄人国土，心常怀惭。"《世说新语·言语第二》

④先皇移都，为百姓恋土，故发冬夏二居之诏，权宁物意耳。《魏书·卷十五》

"土"的这种引申在其他语言中也有。例如：

英语：land ①陆地；地面；②土地；③农田；耕地；④务农，耕作；⑤国家；国土；地区；⑥房地产；地皮。《新时代英汉大词典》，第1327页。

Soil ①土壤；泥土；土地；②国土；领土；③务农，农业生活；④滋生地；温床。《新时代英汉大词典》，第2219页。

法语：glebe 土块；耕地；采邑；采地。《新简明法汉词典》，第456页。

Contree 国土；地方；地区。《新简明法汉词典》，第199页。

德语：land 土地；田地；陆地；田野；农村；乡下；地带。《德汉汉德词典》，第112页。

Region 地方；地带；区域；部分；身体部位；领域；范围。《德汉汉德词典》，第156页。

"土"在明清以后，又可以指"本地的""俗气的""不入流的"。《水浒传》第十三回："两个都头领了台旨，各自回归，点了本管士兵，分投自去巡察。"刘少奇《对于文艺工作的几点意见》："百花齐放，就允许并存，各搞各的，比如洋的土的都可以搞嘛。"在其他语言中，亦有这种引申。例如：

英语：earth ①地球；②陆地；地面；③土；泥；④与天堂、地狱相对的人间；尘世；⑤尘事；世俗事务；物质欲望；earthly：尘俗的，世俗的。《新时代英汉大词典》，第703页。

Terrene ①地球的；尘世间的；②泥土的；土质的；③陆地的；陆生的。《新时代英汉大词典》，第2424页。

法语：terre ①地球，世界；②人间；尘世；世界；③大陆；陆地；④地方；地区；区域；⑤地，土地，田，田地；⑥乡下；乡里；terrestre ①地球的；②人间的；尘世的；世俗的；③陆生的；陆地的；陆上的。《新世纪法汉大词典》，第2618页。

【尘】《说文·麤部》："尘，鹿行扬土也。从麤从土。"《左传·成公十六年》："甚嚣，且尘上矣。"引申亦可以指"污染"。《诗·小雅·无将大车》："无将大车，祇自尘兮。"朱熹集传："言将大车，则尘污之。"

在南北朝所查文献中，"尘"凡192例，主要用指"灰尘、尘土"。例如：

①数十年间，外郡无风尘之警，边城早开晚闭，胡马不敢南临。《宋书·卷九十五》

②中箔上安蚕，上下空置。下箔障土气，上箔防尘埃。《齐民要术·卷五·种桑柘第四十五》

在南北朝所查文献中，还有8例"尘"用指"俗世"。例如：

③王江州夫人语谢遏曰："汝何以都不复进？为是尘务经心，天分有限？"《世说新语·贤媛第十九》

④净居无尘，道家所先。《魏书·释老志》

【埃】《说文·土部》："埃，尘也。"《庄子·逍遥游》："野马也，尘埃也，生物之以息相吹也。"在南北朝所查文献中，"埃"凡13例，皆用指"灰尘"。例如：

①赖宗社灵长，庙算流远，洒涤尘埃，歼殪丑类，氛雾时靖，四门载清。《宋书·卷六十八》

②臣仰籍先资，绍飨厚秩，思以埃尘，用裨山海。《魏书·卷二十一下》

【壤】《说文·土部》："壤，柔土也。"《书·禹贡》："厥土惟白壤。"孔传："无块曰壤。"引申可以指"地"。《墨子·三辩》："凡回于天地之间，包于四海之内，天壤之情，阴阳之和，莫不有也。"在南北朝所查文献中，"壤"凡99例，其中仅8例用指泥土，其余大多用指"地"。例如：

①故洗拂灰壤，登沐膏露，上处圣泽，下更生辰，合芳离蜕，遐迩改观。《宋书·卷七十五》

②后兖州故吏汲宗等以道俊遗爱在人，前从坐受诛，委骸土壤，求得收葬。《魏书·卷八十三上》

③群从兄弟，则有封、胡、遏、末。不意天壤之中，乃有王郎！《世说新语·贤媛第十九》

④一归泉壤，长离紫庭，恋仰天颜，诚痛无已。《魏书·卷六十四》

【块】《尔雅·释言》："块，墣也。"郭璞注："土块也。"桓宽《盐铁论·水旱》："雨不破块，风不鸣条。"在南北朝所查文献中，"块"凡28例，其中9例用指"泥土块"。例如：

①燥耕虽块，一经得雨，地则粉解。《齐民要术·卷一·耕田第一》

有 15 例用指"成团的东西"。例如：

②于盆中调和，以手搦破之，无块，然后内瓮中。《齐民要术·卷七·造神曲并酒六四》

③宋文帝元嘉二十九年十一月己卯朔，日始出，色赤如血，外生牙，块垒不员。《宋书·卷三十四》

人郁闷、生气时，常说心堵得慌，就如有土块在人体内一般，引申可以指"郁结的心思"。南北朝有 2 例用指此意义，都以"垒块"形式出现。例如：

④王大曰："阮籍胸中垒块，故须酒浇之。"《世说新语·任诞第二十三》

【堆】《广韵·灰韵》："堆，聚土。"指"土墩、沙墩"，《史记·司马相如列传》："触穹石，激堆埼。"在南北朝文献中，"堆"凡 66 例，大多用于地名、人名，有 7 例子用指"土墩"。例如：

①吾比梦吾亡父登一高堆，堆旁之地悉皆耕熟，唯有马蔺草株往往犹在。《魏书·卷七十五》

②纳瓜子四枚、大豆三个于堆旁向阳中。《齐民要术·卷二·种瓜第十四》

"土墩"乃大量土堆放于一起，引申可以指"堆积在一起的东西"。南北朝所查文献中有 6 例用指此意义。例如：

③一日再入，以手刺豆堆中候看：如人腋下暖。《齐民要术·卷八·作豉法第七十二》

有 5 例用作动词，指"堆积"。例如：

④每平旦收聚堆积之；还依前布之，经宿即堆聚。《齐民要术·杂说》

⑤爨募人力，于城上系大磨石堆之。《宋书·卷九十五》

【泥】《广韵·齐韵》："泥，水和土也。"《易·需》："需于泥，致寇至。"在南北朝所查文献中，"泥"凡 197 例，《魏书》中多用作人名、地名，其余文献中，主要用指"和水的土"。例如：

①须臾，复有一婢来，问曰："胡为乎泥中?"《世说新语·文学第四》

②戊子，邺城毁五层佛图，于泥像中得玉玺二。《魏书·卷四下》

在南北朝所查文献中，还有 17 例"泥"用作动词，指"涂抹"。

例如：

③石以椒为泥，王以赤石脂泥壁。《世说新语·汰侈第三十》

④以石灰泥马槽，马汗系着门。《齐民要术·卷六·养牛马驴骡》

"泥"还可以用来指"无用的东西""不好的东西"。例如：

⑤豉法难好易坏，必须细意人，常一日再看之。失节伤热，臭烂如泥，猪狗亦不食。《齐民要术·卷八·作豉法第七十二》

其他语言中亦有此用法。例如：

英语：mud ①泥；泥地；烂泥；泥浆；②干泥地；③没用的东西；残渣，废物。《新时代英汉大词典》，第 1536 页。

法语：bourbe ①河泥，淤泥；②卑鄙下流。《新世纪法汉大词典》，第 319 页。

【涂】《说文新附·土部》："涂，泥也。"《孟子·公孙丑上》："立于恶人之朝，与恶人言，如以朝衣朝冠，坐于涂炭。"赵岐注："涂，泥。"郑珍《说文新附考》："古涂、途字并止作涂。"在南北朝所查文献中，"涂"凡 124 例，主要用指"敷、擦"或者"道路"。例如：

①生布绞取浓汁，涂盘上或盆中。《齐民要术·卷四·种枣第三十三》

②遂信宿中涂，竟不言及此事。《世说新语·雅量第六》

【淤】《说文·水部》："淤，淀滓浊泥。"《汉书·沟洫志》："春夏干燥，少水时也，故使河流迟，储淤而稍浅。""淤"引申可以指"污浊"。《玉篇·水部》："淤，浊也。"在南北朝所查文献中，"淤"凡 2 例，皆用指"污浊"。例如：居宅下湿，绕宅为沟，以通淤水。《宋书·卷九十一》

【淀】《说文·水部》："淀，滓滋也。"《尔雅·释器》："淀谓之垽。"郭璞注："滓淀也。今江东呼垽。"邢昺疏："淀，滓泥也。一名垽。"引申可以泛指"沉淀物"。在南北朝所查文献中，"淀"凡 6 例，其中 1 例用指"沉积的泥滓；灰滓"，2 例用指"蓝靛"，3 例用指"沉淀物"。例如：

①又方：又去痂如前法。烧葵根为灰；煮醋淀，热涂之，以灰厚傅。《齐民要术·养羊》

②候如强粥，还出瓮中，蓝淀成矣。《齐民要术·卷五·各蓝第五十三》

③前件三种酢，例清少淀多。至十月中，如压酒法，毛袋压出，则储

之。《齐民要术·卷八·作酢法第七十一》

2）指"地"

在南北朝文献中，用来指"地"的词语丰富，我们选择其中常用的词语进行考察。

【地】《说文·土部》："地，元气初分，轻、清、阳为天；重、浊、阴为地。万物所陈列也。""地"通常是相对于"天"而言。《易·系辞下》："仰则观象于天，俯则观法于地。"引申可以指"土地"。王凤阳（1993：61）："'土'经常和土地的所有权联系在一起，而'地'则经常表示土地的面积和地貌特征。"土与地两者引申都可以指"田地"，此时两者在古代文献中几乎没有差别。在南北朝所查文献中，"地"出现次数频繁，共 2434 例，故我们主要选择《齐民要术》《世说新语》来做统计调查。在南北朝所查文献中，"地"主要用来指"大地""陆地"，亦可以指"田地"①。例如：

①臣闻天得一以清，地得一以宁，侯王得一以为天下贞。《世说新语·言语第二》

②管宁、华歆共园中锄菜，见地有片金，管挥锄与瓦石不异，华捉而掷去之。《世说新语·德行第一》

③观其地势。干湿得所，禾秋收了，先耕荞麦地，次耕余地。《齐民要术·杂说》

"地"引申还可以指"质地、底子"。《三国志·魏志·东夷传》："今以绛地交龙锦五匹、绛地绉屬十张……答汝所献贡直。"在南北朝时期，"地"亦有这种用法。《文心雕龙·定势》："虽复契会相参，节文互杂，譬五色之锦，各以本采为地矣。"其他语言中，"地"也有这种引申。

英语：ground ①地；地面；②土；土壤；土地；③范围；领域；④理由；根据；原因；⑤场地；场；⑥陆地；地；⑦场地；庭院；⑧立场；观点；见解；⑨背景；底色。《新时代英汉大词典》，第 1038 页。

法语：terrain ①地，地面；土地；地皮；②土；土壤；土质；③底层；岩层；岩石；地体；④地形；阵地；战场；决斗场所；⑤场；场地；场所；方面；⑥体质。《新世纪法汉大词典》，第 2616 页。

---

① 《齐民要术》中"地"主要用来指"田地"，这个主要与文献的性质密切相关，在其他文献中，"地"还是以指"大地""陆地"为主。

【野】《说文·里部》："野，郊外也。"《诗·邶风·燕燕》："之子于归，远送于野。"在人们意识中，相对"朝廷"而言，"民间"就是郊外，故"野"引申可以指"民间"。《书·大禹谟》："君子在野，小人在位。"在南北朝所查文献中，"野"凡622例，主要用指"郊外"或者"民间"。例如：

①王东亭作宣武主簿，尝春月与石头兄弟乘马出郊野。《世说新语·捷悟第十一》

②但种数亩，用之无穷。种者地熟，美于野生。《齐民要术·卷三·种蒜第十九》

③贼中甚饥，专仰野掠。今朝廷足食，兵卒饱暖。《魏书·卷四十一》

④于是审其量，足以镇安朝野。《世说新语·雅量第六》

亦可以指"粗鄙"。例如：

⑤伦之虽外戚贵盛，而以俭素自处。性野拙，人情世务，多所不解。《宋书·卷四十六》

"野"引申指"粗鄙"，在其他语言中亦有。

英语：wild：adj ①未驯化的；天然的；非栽培的；②原始的；未开化的；野蛮的；③荒凉的；没有人烟的；荒芜的；未开垦的；④难以约束的；不受限制的；放纵的；放荡的；无法无天的；n. ①荒野；荒地；未开垦地带；穷乡僻壤；②野生；天然。 《新时代英汉大词典》，第2690页。

法语：campagne ①平原；原野；②田野；③农村；乡下；④战场；⑤战争；战役；战斗；出征；⑥运动；⑦乡下人；农村居民；campagnard ①住在农村的；住在乡下的；②农村的；乡下的；③土里土气的；粗俗的。《新世纪法汉大词典》，第371页。

【田】《释名·释地》："已耕者曰田。"《诗·小雅·大田》："大田多稼，既种既戒，既备乃事。"郑玄笺："大田，谓地肥美，可垦耕，多为稼、可以授民者也。"在南北朝所查文献中，"田"凡986例，除了用于人名、地名外，主要用指"耕种的土地"。例如：

①简文见田稻不识，问是何草？左右答是稻。《世说新语·尤悔第三十三》

②春夏不得不趣田亩，秋冬课收敛，益蓄果实、菱、芡。吏民皆富

实。《齐民要术·序》

"田"亦可以指"耕种"。《字汇·田部》："田，耕治之也。"《诗·齐风·甫田》："无田甫田，维莠骄骄。"孔颖达疏："上'田'谓垦耕，下'田'谓土地。"在南北朝所查文献中，"田"亦可以指"耕种"。例如：

③其白地，候寒食后检荚盛时纳种。以次种大豆、油麻等田。《齐民要术·杂说》

在其他语言中，"田"既可以指"耕种的土地"，也可以指"耕种、种植"。例如：

英语：farm n. ①农场，农庄；②种植场；培植场；养殖场；饲养场；畜牧场；vt. ①耕作，耕种（田地）；②在……上经营农场；把……用作农场；③种植；养殖。《新时代英汉大词典》，第 829 页。

【疆】《尔雅·释诂下》："疆，垂也。"《书·泰誓中》："今朕必往，我武惟扬，侵于之疆。"孔传："言我举武事，侵入纣郊疆伐之。"引申可以指"边际，止境"。《广雅·释诂四》："疆，穷也。"《左传·成公二年》："今吾子求合诸侯，以逞无疆之欲。"杜预注："疆，竟也。"杨伯峻注："无疆，犹言无止境。"在南北朝所查文献中，"疆"凡 151 例，可以用指"国界、边界"，亦可以用指"边际、止境"。例如：

①卿今仗节方州，当疆理西蕃，何以为政？《世说新语·言语第二》

②且可密装徐严，为振旅之意，整疆完土，开示威略。《魏书·卷十九下》

③地德普施，惠存无疆。乃建太社，保佑万邦。《宋书·卷十七》

④宜享无疆，隆我皇祚；如何不幸，奄焉殂殒！朕用悲恸于厥心！《魏书·卷四下》

"国界、边界"与"止境、范围"关系密切，不仅汉语如此，其他语言亦不例外。

英语：boundary ①边界，疆界；界限；分界线；②范围；范畴；③球场边界线；击到（或超越）边界线的球。《新时代英汉大词典》，第 257 页。

法语：limite ①界限，边界，边；②（时间的）界限；期限；③极限、限度、范围；④极限；限。《新世纪法汉大词典》，第 1599 页。

【小结】本小节共分析了 14 个与"土"有关的词语，4 个与"地"有关的词语。"土""地"关系紧密，两者常常可以互指。在南北朝时期，用来指"土"的主导词为"土"，用来指"地"的主导词为"地"。两者引申途径不同，"土"可以用来指"故乡、国土"，亦可以用来指"本地的、俗气的"。而"地"引申可以指"质地"。它们的这种引申在英语、法语、德语中亦如此。该语义场中"野""疆""泥"的词义引申也具有类型学特征。

4. path（路）

Path（路）在《百词表》中居第 85 位，《牛津英汉高阶双解词典》第 1963 页："way or track made for or by people walking."有些"路"是人为产生，有些"路"是自然形成，故我们把"路"放入本章节中考察。在南北朝所查文献中，"路"主要有以下几类。

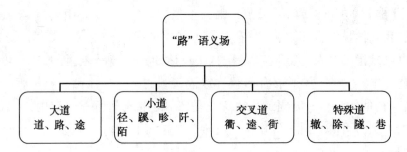

1）大道

"大""小"都为相对概念，但是从文献资料来看，以下三个词通常是用来指大道。对于三个词语之间的关系，前贤已经作了一些研究①。

【道】《说文·辵部》："道，所行道也。"《诗·小雅·大东》："周道如砥，其直如矢。"据吴宝安（2007：180）、龙丹（2008：200）研究，在魏晋以前，指道路的主导词是"道"，但是从每个词义项的主导地位而言，"道"指"道路"的主导意义地位是不断丧失的，而"路"指"道路"的主导意义地位却不断增强。在南北朝所查文献中，"道"与"路"两者出现频率都很高，我们对《齐民要术》《世说新语》作了穷尽调查，得出以下数据。

---

① 王力（2000：1502）《古代汉语》常用词中曾作了探讨。王凤阳（2003：207）、黄金贵（1995：1195）、池昌海（2002：193）等曾对三者作了辨析。

	道		路	
	《齐民要术》	《世说新语》	《齐民要术》	《世说新语》
指"路"的次数	12	8	3	14
出现频率	23	214	3	14

从表中可以看出，在南北朝所查文献中，"道"与"路"两者指"路"时，不分上下。

"道"除了用指"道路"之外，还可以用指"途径、方法"。《商君书·更法》："治世不一道，便国不必法古。"在南北朝所查文献中，"道"亦可以用指"途径、方法"。例如：

①陈元方兄弟恣柔爱之道，而二门之里，两不失雍熙之轨焉。《世说新语·德行第一》

②所谓天子有道，守在四夷者也。《魏书·卷十八》

"道"引申指"途径、方法"，在其他语言中亦具有。例如：

英语：road ①道路；径；车道；公路；②街道；马路；路；街；道；③巷道；④铁路；⑤途径；（通往成功等的）路。《新时代英汉大词典》，第 1994 页。

Way ①道路；大道；小街；巷；②路线，路径；路途；路程；③出口；出路；通道；……⑥方法；手段；方式；途径；样式。《新时代英汉大词典》，第 2658 页。

法语：chemin 路；距离；路程；途径；方法。《新简明法汉词典》，第 150 页。

德语：kanal 水道；渠道；下水道；海峡；运河；信道；通道；波段；频道；管；秘密联系；秘密途径。《德汉汉德词典》，第 97 页。

【路】《说文·足部》："路，道也。"《易·说卦》："艮为山，为径路。"孔颖达疏："为径路，取其山虽高，有涧道也。"在南北朝所查文献中，"路"凡 768 例，除了用作人名外，主要用指"道路"。例如：

①王平子年十四、五，见王夷甫妻郭氏贪欲，令婢路上儋粪。《世说新语·规箴第十》

②若路远者，以韦囊盛之。《齐民要术·卷四·种栗第三十八》

【途】《玉篇·辵部》："途，途路也。"《管子·中匡》："鲍叔、隰朋趋而出，及管仲于途。"在南北朝所查文献中，"途"凡 124 例，大多用来指“道路”[1]。例如：

①臣之情地，生途已竭，所以未沦于泉壤，借命于朝露者，以日月贞照。《宋书·卷四十八》

②臣衅结祸深，痛缠肝髓，日暮途遥，复报无日。《魏书·卷五十九》

在南北朝所查文献中，“途”亦可以用指“途径、方法”。例如：

③政虽多途，治归一体，朕每蒙慈训，犹自昧然。《魏书·卷五十四》

2）小道

【径】《说文·彳部》：“径，步道也。”段注：“此云步道，谓人及牛马可步行而不容车也。”《周礼·地官·遂人》：“夫间有遂，遂上有径。”也可以指“直径”。《周髀算经》卷上：“四极径八十一万里，周二百四十三万里。”还可以指“直接”。《集韵·径韵》：“径，直也。”枚乘《上书谏吴王》：“夫铢铢而称之，至石必差；寸寸而度之，至丈必过。石称丈量，径而寡失。”在南北朝所查文献中，“径”凡198例，其中有24例用指“路”。例如：

①子且下车。子适知邪径之速，不虑失道之迷。《世说新语·言语第二》

②东西三百余里，径路不通。《魏书·卷三十》

“径”在南北朝所查文献中，主要用作“直径”以及“直接”。例如：

③掘圆坑深一尺七寸，口径尺。《齐民要术·卷四·安石榴第四十一》

④于是高侍中往，径就谢坐。《世说新语·言语第二》

【蹊】《释名·释道》：“步所用道曰蹊。蹊，傒也。言射疾则用之，故还傒于正道也。”段玉裁《说文解字注·彳部》：“蹊，凡始行之以待后行之径曰蹊。”《史记·李将军列传论》：“谚曰：‘桃李不言，下自成蹊。’”在南北朝所查文献中，“蹊”凡4例，皆用于指“小路”。例如：

①又界上严立关候，杜废间蹊。《宋书·卷六十四》

---

① “途”在南北朝文献中，虽然多用指“道路”，但是其相对于“道”“路”两词而言，还不足以成为主导词。

②贼入陇，守蹊自固。《魏书·卷五十八》

【畛】《说文·田部》："畛，井田闲陌也。"《诗·周颂·载芟》："千耦其耘，徂隰徂畛。"孔颖达疏："畛是地畔道路之名。"在南北朝所查文献中，"畛"凡3例，皆用指"田间小道"。例如：

①涂路所经见也，则乔木茂竹，缘畛弥阜，横波疏石，侧道飞流，以为寓目之美观。《宋书·卷六十七》

②苟兵酷吏，因逞威福。至使通原遥畛，田芜罕耘。《魏书·卷四十七》

【阡】《说文新附·自部》："阡，路东西为陌，南北为阡。"《文选·潘岳〈藉田赋〉》："遄阡绳直，迤陌如矢。"在南北朝文献中，"阡"凡22例，有3例与"陌"对文使用，其余19例皆与"陌"连文。例如：

①立先农坛于中阡西陌南，御耕坛于中阡东陌北。《宋书·卷十四》

②明书此数纸，无复词理，略道阡陌，万不写一。《宋书·卷六十二》

③躬劝农耕，出入阡陌，止舍离乡亭，锋有安居。《齐民要术·序》

"阡陌"在南北朝文献中，主要"泛指田间小路"，也可以用于指"田野"。例如：

④夫景绳枢席牖之子，阡陌鄙俚之夫，遭风尘之会，逢驰骛之日。《魏书·卷九十八》

【陌】《广雅·释宫》："陌，道也。"《史记·秦本纪》："为田开阡陌，东地渡洛。"引申亦可以指"街道、道路"。《后汉书·蔡邕传》："及碑始立，其观视及摹写者，车乘日千余两，填塞街陌。"在南北朝所查文献中，"陌"凡37例，主要用指"田间东西小路"，常与"阡"连文。例如：

①颜斐为京兆，乃令整阡陌，树桑果。《齐民要术·序》

②去阡陌各二十丈。车驾未到，司空、大司农率太祝令及众执事质明以一太牢告祠。《宋书·卷十七》

在南北朝所查文献中，还有5例用指"市中街道"。例如：

③为人有记功，从桓宣武平蜀，按行蜀城阙观宇，内外道陌广狭，植种果竹多少，皆默记之。《世说新语·任诞第二十三》

3）交叉道

【衢】《说文·行部》："衢，四达谓之衢。"《左传·昭公二年》："尸诸周氏之衢,加木焉。"引申亦可以指"树枝交错互出"。《山海经·中山经》:"其上有桑焉,大五十尺,其枝四衢。"郭璞注:"言枝交互四出。"在南北朝所查文献中,"衢"凡 39 例,其中 36 例用于指"路",其余 3 例用于指"树枝分杈"。例如:

①诏曰:"雨水猥降,街衢泛溢,可遣使巡行。穷弊之家,赐以薪粟。"《宋书·卷六》

②为衢樽于上叶,号木铎于前修。《魏书·卷三十六》

"交叉道"很容易与"分叉、分杈"联系在一起,两者有着共同的特性。不仅汉语如此,外语亦不例外。

英语:cross ①十字;十字形;②十字架;③交叉;交叉处。《新时代英汉大词典》,第 515 页。

Crossing ①交叉口;交叉点;十字路口;②(人行)横道;渡口;(铁路)道口。《新时代英汉大词典》,第 516 页。

法语:croisement 杂配;交叉;十字街头;交叉路口。《新简明法汉词典》,第 223 页。

德语:kreuz 十字形记号;十字形;十字形路口;交叉;梅花(牌);腰部;骶骨;负担;磨难。《德汉汉德词典》,第 109 页。

【逵】《尔雅·释宫》:"九达谓之逵。"郭璞注:"四道交出,复有旁通。"《左传·隐公十一年》:"颍考叔挟辀以走,子都拔棘以逐之,及大逵。"杜预注:"逵,道方九轨也。"在南北朝所查文献中,"逵"凡 64 例,其中 62 例用于人名,还有 2 例用指"四通八达的道路"。例如:

①列言统曹正厨,置尊酒俎肉于中逵,以犒飨校猎众军。《宋书·卷十四》

②况陛下合气天地,势倾山海,岂令小竖,跨塞天逵。《魏书·卷一百》

【街】《说文·行部》:"街,四通道也。"《管子·桓公问》:"汤有总街之庭,以观人诽也。"在南北朝所查文献中,"街"凡 43 例,皆用来指"四通八达之道"。例如:

①宣武移镇南州,制街衢平直。《世说新语·言语第二》

②性谦和,倾身礼士,虽在街途,停车下马,接诱恂恂,曾无倦色。《魏书·卷七十二》

4)特殊道

【辙】《说文新附·车部》:"辙,车迹也。"《管子·小匡》:"平原广牧，车不结辙，士不旋踵，鼓之而三军之士视死如归，臣不如王子城父。"引申亦可以指"道路"。《六书·故工事三》："辙，由轨出者也。"在南北朝所查文献中，"辙"凡 35 例，其中有 28 例用指"车迹"。例如：

①按以日八行譬月九道，此为月行之轨，当循一辙，环匝于天。《宋书·卷十三》

②天丧其神，人重其怨，将践瓜圃之踪，且追儿侯之辙。《魏书·卷九十八》

还有 7 例用指"道路"①。例如：

③而令扫辙息驾，无窥门之期。《宋书·卷四十一》

④徐偃之辙，故不旋踵矣。《魏书·卷五十二》

汉语中"车迹"与"道路"有关系。其他语言中亦如此。例如：

英语：track ①踪迹；形迹；轨迹；航迹；车辙；②（尤指踩出的）小径；小道；道径；③（铁路的）轨道，路线；④跑道；赛道；⑤声槽；声轨。《新时代英汉大词典》，第 2480 页。

法语：piste ①足迹；踪迹；行踪；②线索；③跑道；④圆形演出场地或活动场地；⑤马迹；马道；⑥小道；小路。《新世纪法汉大词典》，第 2036 页。

德语：bahn 道路；行车道；跑道；铁路；线路；轨道。《德汉汉德词典》，第 30 页。

【除】《说文·𨸏部》："殿陛也。"《史记·魏公子列传》："赵王埽除自迎，执主人之礼。"引申可以指"门与屏之间的通道"。《汉书·苏武传》："前长君为奉车，从至雍棫阳宫，扶辇下除，触柱折辕。"颜师古注："除谓门屏之间。"在南北朝所查文献中，"除"主要用作动词，用作名词时，主要指"台阶"。例如：后正会，值积雪始晴，听事前除雪后犹湿，于是悉用木屑覆之，都无所妨。《世说新语·政事第三》

【隧】《玉篇·阜部》："隧，墓道也。"《周礼·春官·冢人》："及窆，以度为丘隧，共丧之窆器。"亦可以指"地道"。《左传·隐公元年》："公入而赋：'大隧之中，其乐也融融！'姜出而赋：'大隧之外，其乐也泄泄！'"词义泛化可以指"道路"。《左传·襄公二十五年》："初，陈侯会楚子伐郑，当陈隧者，井堙木刊。"杜预注："隧，径也。"在南北朝

---

① 《汉语大字典》"辙"指"道路"用例为宋朝的，南北朝文献中有用例，当提前。

所查文献中，"隧"凡8例，2例用于地名，6例用指"墓道"。例如：

①奉营仓卒，未暇营改。而茔隧之所，山原卑陋。《宋书·卷四十一》

②又多往其父母陵隧中，与群小共作鄙艺。《魏书·卷九十八》

【巷】《说文·𨤲部》："里中道。从𨤲从共。皆在邑中所共也。"朱骏声《说文通训定声》："篆文从邑，今字作巷。"《诗·郑风·叔于田》："叔于田，巷无居人。"毛传："巷，里涂也。"在南北朝所查文献中，"巷"凡66例，多指"里中的道路"。例如：

①玄北征后，巷议疑其不振。《世说新语·识鉴第七》

②凡一顷地中，须开十字大巷，通两乘车，来去运輂。《齐民要术·卷二·种瓜第十四》

【小结】本小节共分析了15个与"路"有关的词语。在南北朝时期该语义场的主导词为"道"，但是其用指"道路"的义项在逐渐减弱，"路"已经和其平分秋色了。"道路"与目的地紧密相连，故"道"可以引申指"途径、方式"。"路"又常出现分叉，故"衢"亦可以引申指"分权"。"路"与"车迹"关系紧密，故"辙"可以引申指"道路"。这些引申在英语、法语、德语中情况相同，具有类型学的特征。该语义场中的其他词语使用频率不是很高，而且变化发展亦不大。

5. mountain（山）

Mountain（山）在《百词表》中居第86位，《牛津英汉高阶双解词典》第1742页："mass of very high rock going up to a peak."在南北朝文献中，与"山"有关的词语丰富，在本节中我们对指"山的一部分"的词语，例如山峰，暂不作探讨，主要谈论以下几类词语。

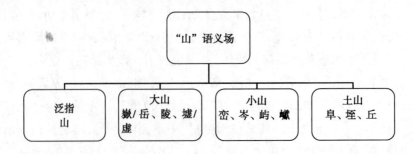

1）泛指"山"

【山】《说文·山部》："宣也。宣气散，生万物，有石而高。象形。"

《荀子·劝学》："积土成山，风雨兴焉。"在南北朝所查文献中，"山"凡 3347 例，我们选取《世说新语》《齐民要术》做穷尽式调查，在这两种语料中，"山"凡 126 例，其中有 102 例用其本义，指"地面上由土石构成的隆起部分"。例如：

①吾家君譬如桂树生泰山之阿，上有万仞之高，下有不测之深。《世说新语·德行第一》

②凡开荒山泽田，皆七月芟艾之，草干即放火，至春而开。《齐民要术·卷一·耕田第一》

还有 4 例用指"坟墓"。北魏郦道元《水经注·渭水三》："又东径长陵南，亦曰长山也。秦名天子冢曰山，汉曰陵，故通曰山陵矣。"在这些文献中，用指"坟墓"时，"山"常与"陵"连文。例如：

③孝武山陵夕，王孝伯入临，告其诸弟曰："虽榱桷惟新，便自有黍离之哀！"《世说新语·伤逝第十七》

"山"形状突兀、隆起，与"坟墓"很相似，故两者容易产生联系。黄树先师在《比较词义探索》第 480 条作了详细阐述，我们在此不再赘述。

在南北朝所查文献中，"山"还可以用来形容"多"，例如：官用竹，皆令录厚头，积之如山。（《世说新语·政事第三》）后来也可以用来形容大，如《红楼梦》第三十回："叫了半日，拍得门山响，里面方听见了。"在其他语言中"山"亦可以用来指"大或者多"。例如：

英语：mountain ① 山；高山，大山；山区；② 大批；大堆；a mountain of debts 一大堆债务；③剩余；大量积压；一大堆食品。《新时代英汉大词典》，第 1530 页。

法语：mont ①山，峰；②用于某些山名中；③用于某些短语中；promettre des monts d'or a qn 许愿给某人以巨大财富。《新世纪法汉大词典》，第 1766 页。

Montagne ① 山，山岳；② 山区；③ 一大堆：une montagne de paperasses 一堆废纸；④山岳派；⑤高地起伏的滑车道。《新世纪法汉大词典》，第 1766 页。

2）大山

【嶽/岳】《说文·山部》："嶽，东岱，南霍，西华，北恒，中泰室。王者之所以巡狩所至。"段注："今字作岳，古文之变。"《玉篇·山部》：

"岳,同嶽。"《文选·张衡〈思玄赋〉》:"二女感于崇岳兮,或冰折而不营。"旧注:"岳,五岳也。"在南北朝所查文献中,"岳"凡309例,除去用于人名外,"岳"主要还是指"五岳或四岳"。例如:

①昔在上世,三圣系轨,畴咨四岳,以弘揖让,惟先王之有作,永垂范于无穷。《宋书·卷二》

②明年正月,南巡恒岳,祀以太牢。《魏书·卷一百八之一》

还有36例用于泛指"大山",泛指时,可以单独使用,也可以与"山""川"等连文。例如:

③藩岳作屏,则帝王成务。《宋书·卷二》

④故四灵效瑞,川岳启图。《宋书·卷二》

⑤此忆江湖左右与之同,而山岳形势,池城所无也。《宋书·卷六十七》

⑥及改镇立郡,依岳立州,因籍仓府,未刊名实。《魏书·卷十九下》

【陵】《说文·阜部》:大阜也。《诗·小雅·天保》:"如山如阜,如冈如陵。"毛传:"大阜曰陵。"在南北朝所查文献中,"陵"凡2605例,多用于人名、地名,可以用来指"坟墓",前文已经作了交代,不再赘述,亦可以用来指"大阜"。例如:

①骋良马,驰击若飞,双甄所指,不避陵壑。《世说新语·规箴第十》

②丘陵、孤险不生五谷者,树以竹木。《齐民要术·卷一·种谷第三》

【墟/虚】《说文·丘部》:"虚,大丘也。"段注:"虚者,今之墟字。"《集韵·鱼韵》:"虚,或从土。"宋玉《对楚王问》:"鲲鱼朝发昆仑之墟,暴鬐于碣石,暮宿于孟诸。"在南北朝所查文献中,"墟"凡60例,主要用指"处所""废墟"。例如:

①遂使神州陆沈,百年丘墟,王夷甫诸人,不得不任其责!《世说新语·轻诋第二十六》

②地不厌良,故墟弥善,薄即粪之,不宜妄种。《齐民要术·卷三·种葵第十七》

3)小山

【峦】《说文·山部》:"山小而锐。"《楚辞·九章·悲回风》:"登石峦以远望兮,路眇眇之默默。"在北朝所查文献中,凡149例,皆用指人名,而南朝所查文献中,凡5例,既可以用指"山",也可以用指"山峰"。例如：

①被服纤丽，振绮纨。携童幼，升崇峦。《宋书·卷二十二》

②庆忌孟贲，蹈谷超峦。张目决眦，发怒穿冠。《宋书·卷二十二》

"峦"指"山峰"，由整体去代部分，这种引申在其他语言中也存在。例如：

英语：peak the pointed top or summit of a mountain a mountain or hill with a more or less pointed summit , or of a conical form。《牛津英语大词典》（缩略本），第 2129 页。

法语：mont 山，峰。《新世纪法汉大词典》，第 1766 页。

【岑】《说文·山部》："岑，山小而高。"可以指"小而高的山"。阮籍《咏怀》诗之六："松柏翳冈岑，飞鸟鸣相过。"亦可以泛指"山峰"。陆机《猛虎行》："静言幽谷底，长啸高山岑。"还可以用指"高"。《方言》第十二："岑，高也。"在南北朝所查文献中，"岑"凡 14 例，有 4 例用指山，2 例用指"山峰"，2 例用指"高"。例如：

①干合抱以隐岑，杪千仞而排虚。《宋书·卷六十七》

②伏见嵩岑极天，苞育名草，修生救疾，多游此岫。《魏书·卷七十一》

③凌绝壁而起岑，横中流而连薄。《宋书·卷六十七》

【屿】《说文新附·山部》："屿，岛也。"曹操《沧海赋》："览岛屿之所有。"戴侗《六书故》："屿，徐与切，平地小山也，在陆为屿，在水为岛。"在南北朝所查文献中，"屿"凡 5 例，皆用指"小岛"。例如：

①初，德宗新安太守孙泰以左道惑众被戮，其兄子恩窜于海屿，妖党从之。《魏书·卷九十六》

②兴世居临沔水，沔水自襄阳以下至于九江，二千里中，先无洲屿。《宋书·卷五十》

【巘】《广韵·阮韵》："巘，山形如甑。"指小山。《诗·大雅·公刘》："陟则在巘，复降在原。"亦可以用指"山峰或山崖"。《广韵·狝韵》："巘，山峰。"在南北朝文献中，"巘"凡 3 例，其中例 2 用指"山"，1 例用指"山崖"。例如：

①南山则夹渠二田，周岭三苑。九泉别涧，五谷异巘。《宋书·卷六十七》

②高祖率所领奔击，大破之，投巘赴水死者甚众。《宋书·卷一》

4）土山

【丘】《说文·丘部》："丘，土之高也，非人所为也。"《书·禹贡》："九河既道……桑土既蚕，是降丘宅土。"孔传："地高曰丘。大水去，民下丘居平地，就桑蚕。"亦可以指"坟墓"。《方言》卷十三："冢，自关而东谓之丘，小者谓之塿，大者谓之丘。""丘"在南北朝所查文献中凡583例，主要用于人名、地名，也可以用于指"土山"或者"坟墓"。例如：

①端委庙堂，使百僚准则，臣不如亮；一丘一壑，自谓过之。《世说新语·品藻第九》

②闰月甲子，帝观筑圆丘于南郊。《魏书·卷七下》

【垤】《说文·土部》："垤，蚁封也。"《诗·豳风·东山》："鹳鸣于垤，妇叹于室。"蚂蚁做窝时，常把挖掘出来的土，堆积在洞口，一堆一堆的，形状与小山很相似，故"垤"可以用来指"小山丘"。《孟子·公孙丑上》："太山之于丘垤，河海之于行潦，类也。"在南北朝所查文献中，"垤"凡6例，其中有2例用指"小山丘"。例如：岂初征之惧对，冀鹳鸣之在垤。《宋书·卷六十七》

【阜】《释名·释山》："土山曰阜。阜，厚也，言高厚也。"《诗·小雅·天保》："如山如阜，如冈如陵。"毛传："高平曰陆，大陆曰阜，大阜曰陵。"亦可以泛指山。《文选·左思〈蜀都赋〉》："经途所亘，五千余里，山阜相属，含溪怀谷。"刘逵注："阜，大山也。"还可以指"盛"。《玉篇·阜部》："阜，盛也。"在南北朝所查文献中，"阜"凡65例，17例用指山，22例用指"盛"。例如：

①远堤兼陌，近流开湍。凌阜泛波，水往步还。《宋书·卷六十七》

②宜于山阜之曲，三遍熟耕。《齐民要术·卷五·种槐第五十》

③寇盗静息，民物殷阜，蜀土安说，至今称之。《宋书·卷九十二》

④亦宜微减，以务阜积，庶府无横损，民有全力。《魏书·卷十九中》

【小结】本小节共分析了13个与"山"有关的词语，在南北朝时期该语义场的主导词为"山"。"山"与"坟墓"关系密切，引申可以指"坟墓"，还可以指"多"。在该语义场中"整个山"与"山的一部分"常常可以互指，如"峦"。这些联系在英语、法语、德语中相同。该语义场的其他用来指"山"的词语古今变化不大。

第三章

核心动词研究

我们根据北京大学语言所研制出来的语义分类树，把 M·Swadesh《一百词的修订表》中的 19 个动词分为四个类别。

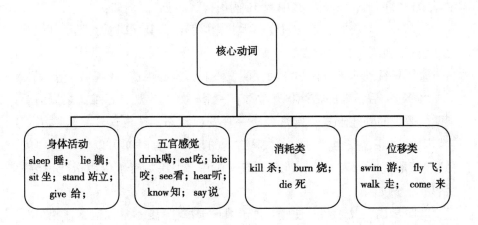

第一节　身体活动核心动词

身体活动动词主要指由身体部位发出的动作，《百词表》中用来指身体活动动词凡 5 个：sleep（睡）、lie（躺）、sit（坐）、stand（站立）、give（给）。

一　sleep（睡）

Sleep（睡）在《百词表》中居第 60 位，《牛津英汉高阶双解词典》第 2644 页："condition that occurs regularly in humans and animals，esp at night, in which the eyes are closed and the muscles, nervous system, etc are relaxed."“睡”语义场的研究，成果颇丰，主要有王凤阳（1993：791）、王政白（1992：274）、汪维辉（2000：139），硕士学位、博士学位论文有：刘新春（2003）、白利利（2005）、谭代龙（2005），这些研究主要从语义场角度对“睡觉”类词语作历史演变阐述。在南北朝文献中，用来指“睡”的动词主要有 7 个，其中“卧”除了指“睡觉”之外，还可以指“躺”，我们把该词放入“躺”语义场中去分析，故本语义场主要分析 5 个睡觉类核心词。

【寐】《说文·寢部》：“卧也。”段注：“俗所谓睡着也。”《诗·卫风·氓》：“三岁为妇，靡室劳矣。夙兴夜寐，靡有朝矣。”在南北朝所查文献中，“寐”凡 52 例，其中有 51 例用指“睡觉”。例如：

①锺毓兄弟小时，值父昼寝，因共偷服药酒。其父时觉，且托寐以观之。《世说新语·言语第二》

②朕思百姓病苦，民多非命，明发不寐，疚心疾首。《魏书·卷六》

“睡觉”后，人的精神状态常常有一个很好的改观，思维比之以前要清醒，表现的外在形式，常常处于一种安稳状态。《慧琳音义》卷五引《考声》：“寐，安也。”故指“睡觉”的动词，有时亦可以用来指“安稳”“清醒”“清楚”。在南北朝所查文献中，“寐”有 1 例用指“清醒”“清楚”。例如：

③明早往，及未寐，便呼：“子慎！子慎！”虞不觉惊应，遂相与友善。《世说新语·文学第四》

“寐”还可以指“死”。《文选·陆机〈叹逝赋〉》：“托末契于后生，余将老而为客。然后弭节安怀，妙思天造，精浮神沧。忽在世表，悟大暮之同寐，何矜晚以怨早。”李善注：“寐，犹死也。”在南北朝规定文献中，“寐”不见用于指“死”的用例，但是“寐”的这个意义在后代时有使用。例如，《初刻拍案惊奇》卷九：“精诚所至，金石为开。贞心不寐，死后重谐。”

“寐”引申指“安静”“死”，在其他语言中亦存在，黄树先师在《比较词义探索》第 331 条对“睡觉”与“安静”的关系作了详细阐述。例如：

英语 repose “休息；宁静”。

德语 schlafen “睡觉；安静，宁静”。

西班牙语 posa "［古］休息，宁静；屁股"。

葡萄牙语 descanso "休息；睡眠；安静；闲逸"；dormir "睡觉；静止，平静"。

意大利语 distéso "躺下的；安宁的"；dormire "睡；寂静"；sónno "睡眠；寂静"；tranquillare "休息；平静"。

罗马尼亚语 odíhnă "休息，睡觉；安宁"，odihní "睡觉；安静"。

保加利亚语 cпя/spja "睡觉；沉静"；cън/sân "睡眠；沉寂；梦"。

我们在此补充一些"睡觉"与"安静""死"有关系的例子。例如：

英语：sleep ①睡眠，睡觉；②睡意，倦意；③睡眠时间；觉；④休止，静止；寂静；⑤安息，长眠，死。《新时代英汉大词典》，第2189页。

Slumber ①睡眠；小睡；安睡；②静止；不活动，不活跃。《新时代英汉大词典》，第2198页。

法语：dormir ①睡，睡觉；②长眠，永息；③消极；不振作；没精神；④静止；停滞；停息。《新世纪法汉大词典》，第839页。

【寝】《广雅·释言》："寝，偃也。"《诗·小雅·斯干》："乃生男子，载寝之床。"引申可以指"睡觉"。《论语·公冶长》："宰予旦寝。""寝"用指"睡觉"，既可以指"睡觉"的动作，亦可以指"睡觉"的状态，但相对而言，主要强调动作。在南北朝所查文献中，"寝"凡282例，主要用指"躺下"[①]，少量用于指"睡觉"，且常与动词连用。例如：

①朕属念蒸黎，无忘寝食。《魏书·卷十一》

②锺毓兄弟小时，值父昼寝，因共偷服药酒。《世说新语·言语第二》

在南北朝所查文献中，"寝"还有19例，可以用指"止、息"。《字汇·宀部》："寝，息也。"例如：

③其有先朝舅事寝而不举、顷来便习不依轨式者，并可疏闻，当加览裁。《魏书·卷九》

④又议宗庙舞事，录尚书江夏王义恭等十二人立议同，未及列奏，值军兴，事寝。《宋书·卷十九》

---

① 黄树先师在《比较词义探索》第328条对"睡觉"与"躺下"两者关系作了详细探讨，"躺下"是"睡觉"动词产生的常规动作，故两者可以用一个词来表示。

黄树先师在《比较词义探索》中对"睡觉"与"停止"作了探索，上文引用的外语例子中亦可以证明两者的关系。例如：

意大利语 riposare "睡；停息，静止；（农田）休闲"。

葡萄牙语 descanso "睡觉；间断"。

韩语자다 chata "睡觉；平静，停止"。

【睡】《说文·目部》："睡，坐寐也。从目，垂声。""垂"亦表义。段注："知为坐寐者，以其字从垂也。《左传》曰：坐而假寐。《战国策》：读书欲睡。宋本无声字，此以会意包形声也。"《史记·商君列传》："孝公既见卫鞅，语事良久，孝公时时睡，弗听。"词义进一步扩展，可以泛指"睡觉"。《字汇·目部》："睡，今睡眠通称。"《庄子·列御寇》："夫千金之珠，必在九重之渊而骊龙颔下。子能得珠者，必遭其睡也。"在南北朝所查文献中，"睡"凡 13 例，主要用指"睡觉"。例如：

①顾司空未知名，诣王丞相。丞相小极，对之疲睡。《世说新语·言语第二》

②晋平公闻清角而颠陨，魏文侯听古雅而眠睡。《魏书·卷一百九》

在南北朝所查文献中有 1 例"睡"亦可以用来指"沉迷"。例如：

③周衰凋缺，又为郑卫所乱。魏文侯虽好古，然犹昏睡于古乐。《宋书·卷十九》

"睡"用指"睡觉"和"沉迷"，这种引申方式在赣方言新干话中也有。如"困"可以指"睡觉"。我好困呀（我好想睡觉呀），亦可以指"沉迷"。如：你困到游戏中去。

【瞑】《说文·目部》："瞑，翕目也。"指"闭、合拢"。《淮南子·缪称训》："故行险者不得履绳，出林者不符直道，夜行瞑目而前其手，事有所至，而明有所害，人能贯冥冥入于昭昭，可与言至矣。"引申可以指"闭目"。《左传·文公元年》："丁未，王缢。谥之曰'灵'，不瞑；曰'成'，乃瞑。"在南北朝所查文献中，"瞑"凡 4 例，有 3 例用指"闭眼"。例如：

①臣之区区，不望目睹盛化，窃慕子囊城郢之心，庶免苟偃不瞑之恨。《宋书·卷六十》

"瞑"也可以用指"睡觉"。《玉篇·目部》："瞑，寐也。"在南北朝文献中，"瞑"有 1 例用指"睡觉"。例如：

②其始如瞑，有顷渐觉。问之，自谓当一再宿耳。《宋书·卷三十

四》

【眠】《字汇·目部》："眠，翕目也。"《玉篇·目部》："眠，同瞑。"王力（1982：341）："'瞑、眠'实同一词，后来歧为二义，'瞑'是闭眼，'眠'是睡眠。"《列子·周穆王》："〔古莽之国〕其民不食不衣而多眠，五旬一觉。"在南北朝所查文献中，"眠"凡41例，其中有38例用指"睡觉"，既可以指小睡，亦可以指时间较长的睡觉。例如：

①昼日父眠，小者床头盗酒饮之，大儿谓曰："何以不拜？"《世说新语·言语第二》

②王子猷居山阴，夜大雪，眠觉，开室命酌酒，四望皎然。《世说新语·任诞第二十三》

③昱左右杨玉夫、杨万年等见其醉眠，乃于幄下斩之。《魏书·卷九十七》

还有3例用指"卧倒；平放"。《类篇·目部》："眠，偃息也。"例如：

④干地眠卧，不湿不污。百匹群行，亦不斗也。《齐民要术·卷六·养牛马驴骡》

【小结】本小节共分析了5个与"睡觉"有关系的词语，在南北朝时期该语义场的主导词为"寐"。睡觉与安静、死存在着关系，故"寐"既可以指睡觉，亦可以指"安静、死"，"寝"既可以指"睡觉"，又可以指"停止"。这种联系在英语、法语、德语中情况相同。"睡"在南北朝所查文献中主要指"睡觉"，但是它还没有战胜"寐"，没有取得主导地位。

二　lie（躺）

lie（躺）在《百词表》中居第67位，《牛津英汉高阶双解词典》，第1164页："（of a person or an animal）to be or put yourself in a flat or horizontal position so that you are not standing or sitting."在南北朝语料中，用来指"躺"的词语凡4个分析如下。

【卧】《说文·卧部》："卧，休也。"《孟子·公孙丑下》："坐而言，不应，隐几而卧。"焦循正义："卧与寝异，寝于床，《论语》'寝不尸'是也；卧于几，《孟子》'隐几而卧'是也。卧于几，故曰伏。"亦可以指"睡眠"。《史记·高祖本纪》："汉王病创卧，张良强请汉王起行劳军，以安士卒。""躺下"与"睡"关系密切,前文已经作了交代。在南北朝文献中,"卧"凡123例,既可以指"躺",也可以指"睡"。例如:

①庾公尝入佛图,见卧佛,曰:"此子疲于津梁。"于时以为名言。《世说新语·言语第二》

②司徒崔浩对曰:"颖卧疾在家。"《魏书·卷六十五》

③高坐道人于丞相坐,恒偃卧其侧。《世说新语·简傲第二十四》

④高祖宠诞,每与诞同舆而载,同案而食,同席坐卧。《魏书·卷八十三上》

在南北朝所查文献中,还有3例用来指"隐居"。例如:

⑤卿屡违朝旨,高卧东山,诸人每相与言:'安石不肯出,将如苍生何!'今亦苍生将如卿何?《世说新语·排调第二十五》

"卧"亦可以指"停息"。《玉篇·卧部》:"卧,息也。"《管子·白心》:"思索精者明益衰,德行修者王道狭,卧名利者写生危。"尹知章注:"卧犹息也,写犹除也。能息名利,则除身之危。"这种引申,在其他语言中亦有。例如:

英语:rest ①静止;停止;②休息;睡;③安心;放心;安定下来;安静下来;平静下来;④安置;搁;放;躺;靠;⑤依赖,依靠。《新时代英汉大词典》,第1965页。

Lounge ①倚;躺;②闲逛,闲荡。 《新时代英汉大词典》,第1403页。

法语:se coucher ①躺下,卧下;睡下;②俯伏;倾侧;倾斜;③上床,睡觉去(休息);avoir hâte de se coucher après une rude journeèe(劳累一天之后急于上床休息)。《新世纪法汉大词典》,第642页。

德语:liegen ①躺;卧;平放;②处于;位于;③覆盖;④遗忘;落下;⑤搁置;积压;⑥卡主;停住;⑦把……忘带走;⑧搁下。《朗氏德汉双解大词典》,第1150页。

【偃】《说文·人部》:"偃,僵也。"段注:"凡仰仆曰偃,引申为凡仰之称。"《诗·小雅·北山》:"或息偃在床,或不已于行。"引申亦可以指"停止;停息"。《广韵·阮韵》:"偃,息也。"《荀子·儒效》:"反而定三革,偃五兵,合天下,立声乐。"在南北朝所查文献中,"偃"凡129例,除了用于人名外,主要用指"停息"。例如:

①晋宣武讲武于宣武场,帝欲偃武修文,亲自临幸,悉召群臣。《世

说新语·识鉴第七》

②布盛德于万国，教靡不怀，风无不偃。《魏书·卷五十六》

在南北朝所查文献中，"偃"有 7 例用指"卧"。例如：

③高坐道人于丞相坐，恒偃卧其侧。《世说新语·简傲第二十四》

④往往帏幔隔障，为寝息之所，时就休偃，还共谈笑。《魏书·卷五十八》

【仆】《说文·人部》："仆，顿也。"指以头碰地，引申可以指"向前倾倒"。《广韵·宥韵》："仆，前道。"《史记·项羽本纪》："樊哙侧其盾以撞，卫士仆地。"亦可以泛指"倒下"。《史记·司马穰苴列传》："日中而贾不至。穰苴则仆表决漏，入，行军勒兵，申明约束。"在南北朝所查文献中，"仆"主要用于泛指"倒下"。例如：

①其声震地，观者无不辟易颠仆。《世说新语·雅量第六》

②颠仆于地，崇乃伤腰，融至损脚。《魏书·卷十三》

【伏】《释名·释姿容》："伏，覆也。"指"俯伏"，《礼记·曲礼上》："寝毋伏。"孔颖达疏："寝，卧也。伏，覆也。卧当或侧或仰而不覆也。"亦可以泛指"躺、卧"。《诗·陈风·泽陂》："寤寐无为，辗转伏枕。"在南北朝所查文献中，"伏"凡 1168 例，既可以用指"俯伏"，亦可以用来泛指"躺、卧"。例如：

①世宗频幸南第，御其后堂，与高太妃相见，呼为阿母，伏而上酒，礼若家人。《魏书·卷二十一上》

②王东亭到桓公吏，既伏阁下，桓令人窃取其白事，东亭即于阁下另作，无复向一字。《世说新语·文学第四》

③桓公伏甲设馔，广延朝士。《世说新语·雅量第六》

在南北朝所查文献中，"伏"还可以用来指"屈服、顺服""降服、制服"。例如：

④应声答，与帝同。众伏其辩悟。《世说新语·捷悟第十一》

⑤六修望见，以为穆帝，谒伏路左。《魏书·卷十四》

⑥南土湿热，往必将尽。进失归伏之心，退非藩卫之益。《魏书·卷五十八》

王力（1982：266）："古人伏地表示畏服、佩服，故畏服、佩服的'服'与'伏'同源。""伏"与"服"有密切关系，外语中亦如此。例如：

英语：bend ①变弯曲；②转弯；③弯腰，俯身；④屈服；屈从；顺从；⑤倾向于。《新时代英汉大词典》，第 201 页。

法语：se prosterner ①俯伏，拜倒；②卑躬屈节；se prosterner devant qn 对某人卑躬屈节。《新世纪法汉大词典》，第 2161 页。

【小结】本小节共分析了 4 个与"躺"有关的词语，在南北朝时期该语义场的主导词为"卧"。"躺"与"睡觉"关系紧密，两者容易产生联系。"躺"既可以用指睡下的动作，亦可以指睡下的结果，而且这种引申在英语、法语、德语中相同。该语义场的其他用来指"躺"的词语变化发展不大。

三　sit（坐）

Sit（坐）在《百词表》中居第 68 位，《牛津英汉高阶双解词典》第 2628 页："be in a position in which the body is upright and resting on the buttocks, either on a seat or on the ground. "古人常席地而坐，其姿态相对于现在的"跪"，凳、椅出现以后，古人改变坐姿，将臀部置于凳、椅上，故我们把"跪"以及"踞"也放入该语义场来考察。"坐"的研究成果，除了古人的注释外，主要有王凤阳（1993：812）、池昌海（2002：243）、谭代龙（2005：86）等对坐类词语进行了较为系统的研究。

【坐】《说文·土部》："坐，止也。𡎉，古文坐。"古人止息的一种方法。《礼记·曲礼上》："先生书策，琴瑟在前，坐而迁之，戒勿越。"吴宝安（2007：254）以及谭代龙（2005：86）等对坐的姿态发展演变作了详细的阐述，我们主要着眼于其词义的发展。"坐"的时候，犹如把自己停留在那个位置，故"坐"引申可以指"放置""留守""停留"，亦可以用来喻指"位于、处于"。在南北朝所查文献中，"坐"凡 1163 例，主要用指"止"和"座位"。例如：

①既至，荀使叔慈应门，慈明行酒，余六龙下食，文若亦小，坐着膝前。《世说新语·德行第一》

②觉行炙人有欲炙之色，因辍己施焉，同坐嗤之。《世说新语·德行第一》

"坐"与"座位"有密切关系，不仅汉语如此，外语中亦不例外。例如：

英语：seat n. ①坐具；椅子；板凳；单人座椅；②臀部；屁股；

③（裤子的）臀部，后档；④（椅子等坐具的）坐部，座儿；⑤座次；vt. ①使坐下；使入座；使就座；②为……提供坐具；给……设座；容纳。《新时代英汉大词典》，第 2080 页。

法语：placer ①安排座位，使就座；②放置；安放；安排；se placer ①就座；②被安放；被放置；③处于；置于；place ①地方，位置；②座位，席位，位子；③地位；职位；职业；名次。《新世纪法汉大词典》，第 2038 页。

"坐"在南北朝所查文献中，没有发现用指"停留"以及"位于"的用法，但是在后代文献中有这种用法。例如：

③他见大门内还有坐东朝西一间小屋子，开门一看，老宋住在里边。（赵树理《李家庄的变迁》八）

④火生起来，炉子烧得通红，上头坐着一饭盒饭。（杨朔《三千里江山》）

这种引申在其他语言中亦有。例如：

英语：set ①坐；坐着；就座；②（动物）蹲，踞；③抱窝；④坐落；被安放；……⑧被闲置；被搁置；……⑬停留；滞留；⑭成为负担；重压。《新时代英汉大词典》，第 2175 页。

法语：sieége ①座位，椅子，凳子；②法官席；③底座；基座；sieéger ①出席；占有席位；②位于；设在；③存在；位于。《新世纪法汉大词典》，第 2471 页。

【蹲】《说文·足部》："蹲，踞也。"《广韵·魂韵》："蹲，坐也。"《庄子·外物》："蹲乎会稽，投竿东海。旦旦而钓，期年不得鱼。"在南北朝所查文献中，"蹲"凡 5 例，其中 3 例与"踞"连文，皆用指"坐"。例如：

①年渐长，喜怒乖节，左右有失旨者，辄手加扑打。徒跣蹲踞，以此为常。《宋书·卷九》

②其俗蹲踞亵黩，无所忌避。婚姻用牛马纳以为荣。《魏书·卷一百三》

【踞】《说文·足部》："踞，蹲也。"王延寿《王孙赋》："蜷兔蹲而狗踞，声历鹿而喔咿。"亦可以指"坐"。《左传·襄公二十四年》："既免，复踞转而鼓琴。"孔颖达疏："踞，谓坐其上也。"王凤阳（1993：812）：" '蹲'与'踞'原来无别，不过后来人们为了把臀部着地与不着地两种'踞'法分别开来，习惯上就把臀部不着地称作'蹲'或者'蹲踞'。"在南北朝所查文献中，"踞"凡13例，可以单用，也可以与"蹲"连文（凡3例）。连文时"踞"与"蹲"几乎没有差别，但是当以"箕踞"出现时，在语体色彩上与"蹲"就有差别了，此时的"踞"常用来指"不礼貌"或者"放任的姿态"。例如：

①见其人拥膝岩侧，籍登岭就之，箕踞相对。《世说新语·栖逸第十八》

②太尉江夏王义恭当朝，锡箕踞大坐，殆无推敬。《宋书·卷四十二》

【箕】《说文·竹部》："箕，簸也。从竹；𠀠，象形；下其丌也。""箕"古文字形为𥬶（九年卫鼎），商承祚《说文中之古文考》："上为舌，下及左右为郭，其交叉者，以郭含舌，舌乃固也，亦象其编织之文理。"其形上收拢，下发射，与一种不礼貌的坐姿相同，故可以用来指不礼貌的"坐"。《礼记·曲礼上》："立毋跛，坐毋箕。"孔颖达疏："坐毋箕者，箕谓舒展两足，状如箕舌也。"在南北朝所查文献中，"箕"凡82例，主要用指"簸箕"以及"星宿名"，仅有7例用指"坐"。其用指"坐"时，常与表"坐"的字连文，如"踞坐"。

①阮方醉，散发坐床，箕踞不哭。《世说新语·任诞第二十三》

②蒙逊翌日延顺入，至庭中，而蒙逊箕坐隐几，无动起之状。《魏书·卷三十六》

【跪】《说文·足部》："跪，拜也。"《正字通·足部》："跪，屈膝也……朱子谓古人只是跪坐，著《跪坐拜说》云：两膝着地，以尻着踵而稍安者为坐；伸腰及股而势危者为跪；因跪而益致其恭以头着地为拜。"《礼记·曲礼上》："授立不跪，授坐不立。""跪"主要凸显屈膝、伸腰，故可以引申用来指"足"。《韩非子·内储说下》："门者刖跪请曰：'足下无意赐之余沥乎？'"王先慎集解："跪与危通，足也。"在南北朝所查文献中，"跪"凡72例，皆用指"屈膝，单膝或双膝着地，臀部抬起"。例如：

①知母憾之不已，因跪前请死。《世说新语·德行第一》

②立则反拱，跪拜曳一脚，行步如走。《魏书·卷一百》

在南北朝所查文献中，"跪"没有用指"足"的例子，但是"跪"与"足"关系很密切，其他语言可以证明。例如：

英语：knee ①膝关节；膝；膝盖；②膝盖受伤；③（裤子等的）膝部。《新时代英汉大词典》，第 1307 页。kneel ①跪下；②跪着。《新时代英汉大词典》，第 1308 页。

法语：genou ①膝，膝部，膝盖；②连接肋材用的弯头；③管；弯头；肘管；球窝节；④à genoux 跪在地上。《新世纪法汉大词典》，第 1244 页。

德语：knie ①膝，膝盖；②裤脚膝部；③转弯处；弯头；knien ①跪；跪在；②跪下。《朗氏德汉双解大词典》，第 1033 页。

【跽】《说文·足部》："跽，长跪也。"《篇海类篇·身体类·足部》："跽，长跪也，伸两足两膝着地而立身。"《庄子·人间世》："擎跽曲拳，人臣之礼也。"在南北朝所查文献中，仅《魏书》中有 8 例，皆用指"跪"。例如：阿那瑰再拜跽曰："臣先世源由，出于大魏。"《魏书·卷一百三》

【小结】本小节共分析了 6 个与"坐"有关的词语，在南北朝时期该语义场的主导词为"坐"。随着人类坐姿的变化发展，在南北朝时期，"坐"已经成为当之无愧的核心词。"坐"引申可以指"静止""座位"，这种引申在英语、法语、德语中相同。其他用来指"坐"的词语其主要义项皆不是"坐"。

四　stand（站立）

Stand（站立）在《百词表》中居第 69 位，《牛津英汉高阶双解词典》第 2766 页："have, take or keep an upright position."从这个定义，我们可以看出，"站立"语义场应该具有两个要素：第一，成员必须表示一种持续状态；第二，成员站立时为一种垂直形状。据此，我们在本语义场中，主要考察以下两类动词。

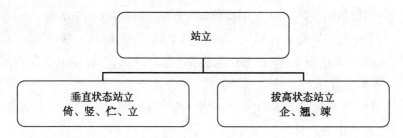

1）垂直状态站立

【立】《说文·立部》："立，住也。"林义光《文源》："像人正立地上形。"《左传·成公二年》："綦毋张丧车，从韩厥曰：'请寓乘！'从左右，皆肘之，使立于后。"在南北朝所查文献中，"立"凡 3414 例，主要用指"站立""建立"。例如：

①有一老夫，毅然仗黄钺，当军门立，军不得出。《世说新语·方正第五》

②槐既细长，不能自立，根别竖木，以绳拦之。《齐民要术·卷四·安石榴第四十一》

③虽履屐之间，亦得其任。以此推之，容必能立勋。《世说新语·识鉴第七》

④听其自流，待其自生，大禹之功不立，而后稷之智不用。《齐民要术·卷一·种谷第三》

亦可以用来指"存在"。例如：

⑤为我致意悯度，无义那可立？治此计，权救饥尔！《世说新语·假谲第二十七》

"立"这个动作包含以前没有，现在有，故可以指"建立""存在"。在其他语言中也有这种引申。例如：

英语：stand ①站，②占位置，坐落；被置放；直立生长；③测得直立高度；④处于某种状态；处于某一相对位置；⑤继续存在；持续下去。《新时代英汉大词典》，第 2281 页。

法语：debout ①竖着，站着，直立着；mettre debout 组织，建立；创作；②起床；起身；下床；③尚存；依然存在；依旧保存；活着。《新世纪法汉大词典》，第 719 页。

德语：stehen ①站、立；②竖立着；站立着；……⑮处于……状况；……㉑站住；停下来。《朗氏德汉双解大词典》，第 1707 页。

【伫】《说文新附·人部》："伫，久立也。"《尔雅·释诂》："伫久也。"王粲《赠蔡子笃诗》："瞻望遐路，允企伊伫。"在南北朝所查文献中，凡 5 例，皆用指"站立"。例如：

①得投憩于濮阳。实陶卫之旧壤。望乡村而伫立，曾不遥之河广。《魏书·卷六十五》

②而停銮伫跸，留心典坟，命故御史中尉臣李彪与吏部尚书、任城王

澄等妙选英儒，以崇文教。《魏书·卷五十六》

③斯用痛心徘徊，潸然伫立也。《魏书·卷五十六》

【竖】《说文·臤部》："竖，竖立也。"《后汉书·灵帝纪》："冬十月壬午，御殿后槐树自拔倒竖。"在南北朝所查文献中，"竖"凡 181 例，主要用指"竖立"以及用作"詈语"[1]。例如：

①倒竖，以小杖微打之。不定期丛之。《齐民要术·卷二·胡麻第十三》

②时无竖刁，故不贻陶公话言。《世说新语·言语第二》

【倚】《说文·人部》："倚，依也。"《广雅·释诂四》："倚，立也。"《论语·卫灵公》："立则见其参于前也，在舆则见其倚于衡也。"引申可以指"倚靠、依赖"。《史记·魏其武安侯列传》："及魏其侯失势，亦欲倚灌夫引绳批根生平慕之后弃之者。"在南北朝所查文献中，"倚"凡 9 例，除了用于人名外，主要用指"倚靠"。例如：

①刘尹至王长史许清言，时苟子年十三，倚床边听。《世说新语·品藻第九》

②以五六束为一丛，斜倚之。《齐民要术·卷二·胡麻第十三》

在其他语言中，亦有这种引申。例如：

英语：lean ①斜，倾斜；②屈身；倚，斜靠；③依靠，依赖；④有倾向。《新时代英汉大词典》，第 1346 页。

法语：s'appuyer ①靠；依靠，凭倚；②依赖，利用；依据，倚靠；③遭受，忍受。《新世纪法汉大词典》，第 159 页。

德语：anlehnen ①把……靠；放在；②虚掩着；③靠在；④以……为榜样；借鉴；模仿。《朗氏德汉双解大词典》，第 95 页。

2）拔高状态站立

【企】《说文·人部》："企，举踵也。"《老子》："企者不立，跨者不行。"引申可以指"站立"。在南北朝所查文献中，"企"凡 49 例，除人名外，用指"踮起脚而立"凡 12 例。例如：

①诸君莫轻道，仁祖企脚北窗下弹琵琶，故自有天际真人想。《世说新语·容止第十四》

---

[1] 张鹏丽、陈明富（2010：86）认为"竖"作詈语，似与"竖"的"竖立"义关系不大，而是由"竖"（竖）声符"豆"之"小"义，引申出"未冠者""孺""童"之义，进而引申出"童仆、小臣"等义，渐渐用作詈语，表鄙视或辱骂之词。（《中国语文》第 1 期）

②今淮南之人，思慕圣化，延颈企足，十室而九。《魏书·卷四十四》

还有 20 例用指"希望"。例如：

③寄性命以过日，心企太平久矣。《宋书·卷二》

④固已企盛烈于西河，拟高踪于北海。《魏书·卷八十四》

亦可以用指"望"，凡 6 例。例如：

⑤窃惟云构郁起，泽及百司，企春望荣，内外同庆。《魏书·卷十九中》

【翘】《说文·羽部》："翘，尾长毛也。"《楚辞·招魂》："砥室翠翘，挂曲琼些。"鸟尾巴长毛形态向上翘起，故"翘"引申可以指"举、举起"。《庄子·马蹄》："龁草饮水，翘足而陆。"在南北朝所查文献中，"翘"凡 29 例，除了人名之外，还有 8 例用指"举"。例如：

①翘鬓厉色，上坐便言："方当永别，必欲言所见。"《世说新语·规箴第十》

②是以遐方荒俗之氓，莫不翘足抗手，敛衽屈膝。《魏书·卷三十六》

【竦】《说文·立部》："竦，敬也。"《后汉书·黄宪传》："颍川荀淑至慎阳，遇宪于逆旅，时年十四，淑竦然异之，揖与语，移日不能去。谓宪曰：'子，吾之师表也。'"竦，亦可以指"立"。《汉书·韩信传》："士卒皆山东人，竦而望归。"颜师古注："竦，谓引领举足也。"在南北朝所查文献中，"竦"凡 15 例，其中 5 例用指"立"。例如：

①三寸，千里。耳欲得小而前竦。《齐民要术·卷六·养牛马驴骡》

②孤岸竦秀，长洲芊绵。《宋书·卷六十七》

【小结】本小节共分析了 7 个与"立"有关的词语，在南北朝时期该语义场的主导词为"立"。"立"引申可以指"建立、存在"，这种引申在英语、法语、德语中相同。该语义场其他词语词义变化发展不大，皆不是主要用来指"坐"。

五　give（给）

Give（给）在《百词表》中居第 70 位，《牛津英汉高阶双解词典》第 1205 页："causeing sb or sth to have or receive."在南北朝文献中，用来指"给予"的词语丰富，本文主要分析以下几类。

学界对给予类动词研究成果不少，但是主要集中在给予类动词虚化为

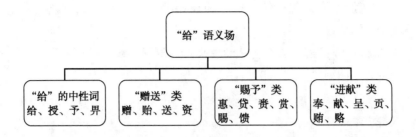

被动标记的研究，代表成果有：江蓝生（1989）《被动关系"吃"的来源初探》、（2000）《汉语使役与被动兼用探源》，蒋绍愚（1989）《关于汉语词汇系统及其发展变化的几点想法》，徐丹（1992：57）《北京话中的语法标记"给"》，冯春田（2000）《近代汉语语法研究》，石毓智（2004：138）《汉语研究的类型学视野》，而历年来学者对于给予类词语词义研究相对薄弱。

1）"给"的中性词

【给】《说文·糸部》："给，相足也。"《管子·国蓄》："故使蓄贾游市，乘民之不给，百倍其本。"通常情况下，人在自己各方面相对宽裕的情况下，会从各个方面对别人给予帮助，故"给"引申可以指"给予"。《吕氏春秋·权勋》："若竖子之类，恶能给若金。"高诱注："给，与也。"在南北朝所查文献中，"给"凡1005例，可以用指"充裕""丰足"。例如：

①顷军役殷兴，国用增广，资储不给，百度尚繁。《宋书·卷五》

②凡为家具者，前件木，皆所宜种。十岁之后，无求不给。《齐民要术·卷五·种槐第五十》

亦可以用指"给予""赐予"。例如：

③阮光禄在剡，曾有好车，借者无不皆给。《世说新语·德行第一》

④外惧，给以牛酒，杀马盟誓，推龙为大单于。《魏书·卷三》

【授】《说文·手部》："授，予也。"段注："手付之，令其受也。故从手、受。"《诗·周颂·有客》："言授之絷，以絷其马。"在南北朝所查文献中，"授"凡818例，可以用指"给予""付与"。例如：

①闻郦食其劝立六国后，刻印将授之。《世说新语·识鉴第七》

②枹鼓暂交，一朝荡灭，元凶授首，大憝斯擒。《魏书·卷十一》

亦可以用指"任命"。例如：

③王敬伦风姿似父。作侍中，加授桓公，公服从大门入。《世说新语·容止第十四》

④命将出师，指授节度，从命者无不制胜。《魏书·卷四下》

还可以用指"传授"。例如：

⑤郑玄在马融门下，三年不得相见，高足弟子传授而已。《世说新语·文学第四》

⑥世事远近，人相传授，如史官之纪录焉。《魏书·卷一》

【予】《说文·予部》："予，推予也。"《尔雅·释诂》："予，赐也。"《诗·小雅·采菽》："君子来朝，何锡予之？"在南北朝所查文献中，"予"凡84例，其中6例用指"给予"，主要用于南朝文献，北朝文献中"予"主要用作"代词"。例如：

①予第五之名，何必减骠骑？《世说新语·栖逸第十八》

②予职在直卫，目所备睹。《宋书·卷八十七》

③天之所谴，在予一人。《魏书·卷七上》

【畀】《说文·丌部》："畀，相付与之。"《书·洪范》："帝乃震怒，不畀洪范九畴。"《尔雅·释诂下》："畀，予也。"《诗·小雅·巷伯》："取彼谮人，投畀豺虎。"亦可以用指"任命"。《左传·隐公三年》："王崩，周人将畀虢公政。"在南北朝所查文献中，"畀"凡7例，皆用指"给予""付与"。例如：

①负物者以为鬼神，即倾倒畀之。《宋书·卷三十一》

②计其母在，犹宜阖门投畀，况今死也。《魏书·卷一百一十一》

2）"赠送"类

【赠】《说文·贝部》："赠，玩好相送也。"《诗·郑风·女曰鸡鸣》："知子之来之，杂佩以赠之。"郑玄笺："赠，送也。"亦可以指"追赐"。《后汉书·邓骘传》："悝阎相继并卒，皆遗言薄葬，不受爵赠。"在南北朝所查文献中，"赠"凡1277例，可以指"送给"。例如：

①庾公闻赋成，求看，兼赠觊之。《世说新语·文学第四》

②在官不为矫洁之行，凡有馈赠者，辞多受少，故人不厌其取。《魏书·卷十四》

还可以用指"追赐"，既可以单用，也可以和"追"连文，但是从词频来看，与"追"连文占上风。例如：

③其年，薨，时年五十四。即赠太保、中书监，给节，加羽葆、

鼓吹，增班剑为六十人，侍中、录尚书、刺史如故。《宋书·卷四十二》

④六月庚申，诏诸王将士战没皆加优赠。《魏书·卷七下》

⑤故第十六皇弟休倩薨夭，年始及殇，追赠谥东平冲王。《宋书·卷十五》

⑥卒，追赠定州刺史、河间公，谥曰宣。《魏书·卷十四》

【贻】《说文新附·贝部》："贻，赠遗也。"《诗·邶风·静女》："静女其娈，贻我彤管。"亦可以指"遗留"。《书·召诰》："若生子，罔不在厥初生，自贻哲命。"在南北朝所查文献中，"贻"凡95例，主要用指"遗留""致使"解。例如：

①盖由遗训余风，足以贻之来世也。《宋书·卷八》

②将取笑于当时，贻丑于来叶。《魏书·卷二十四》

亦可以指"赠送"。例如：

③时无竖刁，故不贻陶公话言。《世说新语·言语第二》

④有相识小人贻其餐，肴案甚盛，真长辞焉。《世说新语·方正第五》

从南北朝文献中"贻"的实际用例，我们发现在南北朝时期，"贻"指"赠送"且带双宾语时，通常是直接宾语在前，间接宾语在后，而指"遗留、致使"时，常把间接宾语紧跟动词，直接宾语放后，或者用一个介词引出直接宾语。

【送】《说文·辵部》："送，遣也。"《左传·文公六年》："贾季奔狄，宣子使臾骈送其帑。"《诗·邶风·燕燕》："之子于归，远送于野。"在南北朝所查文献中，"送"凡902例，主要用指"送行""陪送"。例如：

①谢仁祖年八岁，谢豫章将送客。《世说新语·言语第二》

②赵郡大盗赵德执送京师，斩之。《魏书·卷三》

亦可以用指"赠送"，不过用例不多。《世说新语》"送"凡37例，仅有6例用指"赠送"。例如：

③陶胡奴为乌程令，送一船米遗之，却不肯取。《世说新语·方正第五》

④龙骧将军张景仁等率众五千，送粮钟离。《魏书·卷十九中》

【资】《说文·贝部》："资，货也。"《易·旅》："旅其次，怀其资，得童仆，贞。"引申可以指"给予、供给"。《左传·僖公十五年》："出因其资，入用其宠，饥食其粟，三施而无报，是以来也。"在南北朝所查文献中，"资"凡 500 例，主要用指"财产"，35 例用指"供给、给予"，当指"供给"时，常与"给"连文（"资给"凡 27 例）。例如：

①谯纵以谦为荆州刺史，厚加资给，与其大将谯道福俱寇江陵，正与林会。《宋书·卷五十一》

②其爵号及资给所须，唯恩裁处。《魏书·卷一百三》

"财产"与"给"关系密切，不仅汉语如此，其他语言亦如此。例如：

英语：present vt. ①赠送，赠予；授予；呈献；②提出；提供；递交；③上演，演出；表演；n. 礼物，赠品。《新时代英汉大词典》，第 1800 页。

法语：prèsent 礼物，礼品，赠送物；馈赠，送礼。《新世纪法汉大词典》，第 2123 页。

Don ①赠送，馈赠，捐赠；赠予；②赠品，礼物；赠予物，遗赠；③天资；天赋。《新世纪法汉大词典》，第 835 页。

德语：geschenk ①礼物，礼品；②天赐的礼物；意外的高兴事；③送。《朗氏德汉双解大词典》，第 743 页。

3）"赐予"类

"赐予"类词语主要指由上给下的词语。

【惠】《说文·叀部》："惠，仁也。"《书·皋陶谟》："安民则惠，黎民怀之。"引申可以指"好处、恩惠"。《诗·郑风·褰裳》："子惠思我，褰裳涉溱。"在南北朝所查文献中，"惠"凡 886 例，主要用指"仁爱""恩惠"以及"柔和、柔顺"。例如：

①何尝见明镜疲于屡照，清流惮于惠风？《世说新语·言语第二》

②或讥之曰："何以乞物行惠？"《世说新语·德行第一》

③梁国杨氏子九岁，甚聪惠。《世说新语·言语第二》

还可以用指"赐给"。《尔雅·释言》："惠，赐也。"例如：

④身今年未得子鹅，岂能以残炙见惠。《宋书·卷五十二》

⑤惠彼小人，亦恭亦静。《齐民要术·卷七·造神曲并酒第六十四》

【贷】《说文·贝部》："贷，施也。"《左传·文公十六年》："宋公子鲍礼于国人，宋饥，竭其粟而贷之。"《广雅·释诂二》："贷，借也。"《左传·文公十四年》："尽其家，贷于公，有司以继之。"在南北朝所查文献中，"贷"主要用指"借出"解。在规定文献中，没有用作"给予"的例子，但是在南北朝其他文献中，有用作"给予"解的例子。例如：

殊方咸成贷，微物预采甄。(谢灵运《还旧园作见颜范二中书》)

【赉】《说文·贝部》："赉，赐也。"《诗·商颂·烈祖》："既载清酤，赉我思成。"在南北朝文献中，"赉"凡54例，可以用指"赐予"，此时含实施者比受施者地位高，且常与"赐""赏""颁"等指"赐予"的词语对举。例如：

①臣无勋焉，而猥颁厚赉。《世说新语·排调第二十五》

②人身已亡而子孙见在，优量赐赉之。《宋书·卷五》

③李冲虽以器能受任，亦由见宠帷幄，密加锡赉，不可胜数。《魏书·卷十三》

亦可以用来指赠送。此时实施者与受施者地位常常没有差距，或者不强调差距。例如：

④且爱止帷房，权无外授，戚属饩赉，岁时不过肴浆，斯为美矣。《宋书·卷四十一》

⑤翻上表请为西军死亡将士举哀，存而还者并加赈赉。《魏书·卷六十九》

【赏】《说文·贝部》："赏，赐有功也。"《左传·襄公十一年》："夫赏，国之典也，藏在盟府，不可废也。子其受之!"在南北朝所查文献中，"赏"凡590例，南北朝史书中，"赏"多用作"赏赐"之解，但是在《世说新语》中，"赏"凡22例，仅有3例用指"赏赐"解。这也许是史书用语更多倾向于古语，而《世说新语》更倾向于白话之故。例如：

①桓征西治江陵城甚丽，会宾僚出江津望之，云："若能目此城者，有赏。"《世说新语·言语第二》

②秦孝公用商君。急耕战之赏。倾夺邻国而雄诸侯。《齐民要术·序》

【赐】《说文·贝部》："赐，予也。"《礼记·少仪》："其以乘壶酒、束修、一犬赐人。"在南北朝所查文献中，"赐"凡1754例，既可以用于一般人之间指"给予"，亦可以用来指地位高的人赏赐给地位低的人。例如：

①周伯仁母冬至举酒赐三子。《世说新语·识鉴第七》

②元帝皇子生，普赐群臣。《世说新语·排调第二十五》

【馈】《说文·食部》："馈，饷也。"《周礼·天官·膳夫》："凡王之馈，食用六谷，膳用六牲。"引申可以指"赠送"。《论语·乡党》："康子馈药，拜而受之。"在南北朝所查文献中，"馈"凡32例，其中15例用指"赠送"。例如：

①有一老父过，请饮，吕后因馈之食。《宋书·卷二十七》

②馈琨马牛羊各千余，车令百乘，又留劲锐戍之而还。《魏书·卷一》

4）"进献"类

本部分"进献"类动词主要含有下级给上级之义的词，或者常用于下级给上级的语境中。

【奉】《说文·廾部》："奉，承也。"《礼记·内则》："进盥，少者奉盘，长者奉水。"引申可以指"进献"。《广雅·释言》："奉，献也。"《左传·僖公三十三年》："秦违蹇叔而以贪勤民，天奉我也。奉不可失，敌不可纵。"杜预注："奉，与也。"在南北朝所查文献中，"奉"凡1372例，其中97例用指"进献""给予"。例如：

①奉悉以前所得谷，赈救贫乏。《齐民要术·卷四·种梅杏第三十六》

②魏人奉遗金帛缯絮，岁以万计。《魏书·卷一》

③太后令奉还玺绂，檀道济入守朝堂。《宋书·卷四》

【献】《说文·犬部》："献，宗庙犬名羹献。犬肥者以献之。"《礼记·礼器》："一献质，三献文。"孔颖达疏："一献质者，谓祭群小祀，最卑，但一献而已，其礼质略。三献文者，谓祭社稷五祀，其神稍尊，比群小祀礼仪为文饰也。"引申可以指"进献"。《广雅·释诂二》："献，进也。"《书·旅獒》："西旅献獒，太保作《旅獒》。"在南北朝所查文献中，"献"凡2975例，主要用指"进献"。例如：

①雩都县土壤肥沃，偏宜甘蔗，味及采色，余县所无，一节数寸长。郡以献御。《齐民要术·卷十·五谷果瓜菜茹非》

②不能胜人，差可献酬群心。《世说新语·品藻第九》

【呈】《广韵·清韵》："呈，示也；见也。"《列子·天瑞》："味之所味者尝矣，而味味者未尝呈。"引申亦可以指"送上，呈报"。《晋书·石季龙载记上》：“邃以事为可呈呈之，季龙恚曰：‘此小事，何足呈也。’时有所不闻，复怒曰：‘何以不呈?’”在南北朝所查文献中，“呈”凡77例，主要用指“送上”。例如：

①庾仲初作扬都赋成，以呈庾亮。《世说新语·文学第四》

②闻卿撰定诸史，甚有条贯，便可随成者送呈，朕当于机事之暇览之。《魏书·卷六十七》

【贡】《说文·贝部》：“贡，献功也。”《广雅·释言》：“贡，献也。”《书·禹贡》：“任土作贡。”孔颖达疏：“贡者，从下献上之称。”亦可以指“贡品”。《左传·昭公十三年》：“昔天子班贡，轻重以列。列尊贡重，周之制也。卑而贡重者，甸服也。郑伯，男也，而使之从公侯之贡，惧弗给也。”在南北朝所查文献中，“贡”凡615例。纵观用例，可以发现南朝文献中“贡”词义比北朝文献丰富，北朝文献中“贡”主要与“朝”连用。总体而言，“贡”在南北朝所查文献中，主要用指“献”以及“贡品”。例如：

①德之休明，肃慎贡其楛矢；如其不尔，篱壁间物，亦不可得也。《世说新语·排调第二十五》

②宕昌羌酋梁瑾慈遣使内附，并贡方物。《魏书·卷四下》

③后会诸吏，闻寿有奇香之气，是外国所贡，一着人则历月不歇。《世说新语·惑溺第三十五》

④八月，分遣使者考察守宰，问民疾苦。丙戌，诏罢诸州禽兽之贡。《魏书·卷七上》

“贡”本指该动作，后来引申指“所献之物”。在同样的背景之下，焦点发生转移。这种转移在其他语言中也有。例如：

英语：tribute ①礼物，献礼；颂词，称赞；②贡品，贡金；贡赋；贡税；③进贡。《新时代英汉大词典》，第2500页。

法语：offrir ①赠送，赠给；②奉献，祭献；offrande 祭品；祭献物；祭献；②捐献物；礼物；捐款。《新世纪法汉大词典》，第1863页。

【贿】《尔雅·释言》：“贿，财也。”邢昺疏：“贿，财帛总名。”《诗·卫风·氓》：“以尔车来，以我贿迁。”引申可以指“赠送”。《仪礼·聘礼》：“宾裼迎大夫，贿用束纺。”郑玄注；“贿，予人财之言也。”在南北朝所查文献中，“贿”凡59例，其中15例用指“贿赂”，其余用指“财物”。例如：

①唯用陆亮，是诏所用，与公意异，争之不从。亮亦寻为贿败。《世说新语·政事第三》

②后为恒州刺史，在州多所受纳，政以贿成，私家有马千匹者必取百匹，以此为恒。《魏书·卷十八》

③时欲北讨，使勃还乡里募人，多受货贿。《宋书·卷六十三》

④盐池天资贿货，密迩京畿，唯须宝而护之，均赡以理。《魏书·卷二十五》

【赂】《说文·贝部》："赂，遗也。"《诗·鲁颂·泮水》："元龟象齿，大赂南金。"也可以指"赠送的礼物"。《左传·庄公二十八年》："齐侯伐卫，战，败卫师，数之以王命，取赂而还。"引申还可以指"行贿"。《国语·晋语一》："骊姬赂二五，使言于公。"在南北朝所查文献中，"赂"凡 35 例，主要用指"行贿"。例如：

①其中常者，皆行货赂。《世说新语·贤媛第十九》

②又无方自达，乃与刘腾为养息，赂腾金宝巨万计。《魏书·卷二十》

"贿""赂"两字既可以指"赠送"，亦可以指"贿赂"，两者关系密切，黄树先师在《比较词义探索》第 372 条对"馈赠"与"贿赂"作了类型学考察。

【小结】本小节分析了四类共 20 个与"给"有关的词语，在南北朝时期该语义场的主导词为"给"。"给"在南北朝文献中词义丰富，后世具有的词义在南北朝时期基本具有了。"给"这个动作通常与所给之物关系紧密，故"资"既可以指"财产"，亦可以指"给"。"贡"既可以指"给"这个动作，亦可以指"贡献之物"。这种关系在英语、法语、德语中情况相同，具有类型学特征。该语义场中"给"类词语大多数情况下会带着感情色彩在其中。其他用来指"给"的词语词义变化发展不大。

第二节　五官感觉核心动词

"五官"指耳、目、口、鼻、舌，在《百词表》中，与"口"有关的核心词有：dring、eat、bite、say，与"目"有关的核心词有：see、 hear。Know 是一个与脑有关的动作，故我们把它放入该节考虑。

一　drink（喝）

Drink（喝）在《百词表》中居第 54 位，《牛津英汉高阶双解词典》第 850 页："take（liquid）into the mouth and swallow."《玉篇·口部》："喝，嘶声也。""喝"用来表示吸入液体饮料或者流质食物，始于何时，学界存有争议①。在南北朝文献中，"喝"语义场主导词为"饮"，除此之外，还有一个成员。

【饮】《玉篇·食部》："饮，饮歠也。咽水也。"《诗·郑风·女曰鸡鸣》："宜言饮酒，与子偕老。"现代汉语中用来指"喝"作该语义场的主导词，而在南北朝时期，"饮"为其主导词。有关"饮""喝"等的替换演变，前贤已经作了很好的研究②，我们在此不再赘述。在南北朝所查文献中，"饮"凡 482 例，可以用指"喝"，多用于指"喝酒"，但是也可以用指喝其他流质。例如：

①儿悲思啼泣，不饮它乳，遂死。郭后终无子。《世说新语·惑溺第三十五》

②陛下以万乘之尊，履布衣之礼，服粗席藁，水饮疏食，殷忧内盈，毁悴外表。《宋书·卷十五》

③今州之所在，岂唯非旧，至乃居冈饮润。《魏书·卷十九下》

④苏峻并兵攻大业，大业水竭，皆饮粪汁。《魏书·卷九十六》

亦可以泛指"吃"。例如：

⑤性清俭率素，服御饮膳，取给而已，不好珍丽，食不二味。《魏书·卷四下》

---

① 主要有三说：第一，王力先生《汉语史稿》："用'喝'来表示'饮'的概念，那是明代以后的事。"第二，吕传峰（2005：19）《常用词"喝、饮"历时替换考》认为："用'喝'字表示'把液体或流食咽下去'这一动作较早见于元初。"第三，谢晓明《相关动词带宾语的多角度考察——"吃"、"喝"带宾语个案研究》认为："另一个重要的'吃喝'类动词'喝'在宋代已经出现，而且语义上与'饮'基本相同，意为'把液体或流食咽下去'。"我们更赞同王力先生的观点，具体理由见梁冬青（2007：17）《"喝"表示"饮用"义的始见年代及其书证》一文。

② 王国珍：《"吃""食""饮"历时替换的不平衡性及其认知》，《古汉语研究》2010 年第 1 期（总第 86 期）。吕传峰：《常用词"喝、饮"历时替换考》，《语文学科》（高教版）2005 年第 9 期。

⑥吕后尝与两子居田中，有一老父过，请饮，吕后因馈之食。《宋书·卷二十七》

还可以用指"含、受"。例如：

⑦及会公卿，议王之罪，莫不俯眉饮气，唯谘是从。《魏书·卷六十》

⑧但忽病之日，不敢固辞，故吞诉于鹊渚，饮愧于新亭。《宋书·卷七十五》

汉语中"饮"既可以指"喝"，亦可以指"受"，在其他语言中，亦有这样的情况。例如：

英语：swallow ①吞下，咽下；swallow down the food；②承受；忍受；swallow bitter disappointment；③轻信；轻易接受；④控制，抑制。《新时代英汉大词典》，第 2374 页。

法语：avaler ①吞，咽，喝；②贪婪地看；快速地看；③使（发音）不清；④忍受，顺从，屈从，克制；⑤相信。《新世纪法汉大词典》，第 224 页。

德语：hinuterschluchen ①咽下；吞下；②强忍下去。《朗氏德汉双解词典》，第 901 页。

【吸】《说文·口部》："吸，内息也。"《庄子·齐物论》："激者、謞者、叱者、吸者……前者唱于而随者唱喁。"流质进入体内，犹如空气一般，故"吸"引申可以指吸入流质食物。《广雅·释诂四》："吸，饮也。"《楚辞·九章·远游》："吸飞泉之微液兮，怀琬琰之华英。"在南北朝所查文献中"吸"凡 9 例，多用于指"引气入体内"或者"吸取"，仅 2 例用指"喝"。例如：

①吾饱尝见人断酒，无它慊吸，盖是当时甘嗜罔己之意耳。《宋书·卷六十一》

②漱醴泉以养气兮，吸沆瀣以当餐。《魏书·卷七十二》

"吸"引申出"喝"，在其他语言中亦有。例如：

英语：inhale ①吸入；inhale fresh air 吸入新鲜空气；②吃；狂饮；he inhaled a couple of beers 他猛喝了两杯啤酒。《新时代英汉大词典》，第 1215 页。

法语：aspirer ①（肺部）吸气；②吸入，吸进；Elle aspirait le café an lait avec uune paille 她用麦管吸牛奶咖啡。《新世纪法汉大词典》，第

187 页。

Humer ①吮，啜；②用鼻子吸；③闻，嗅。《新世纪法汉大词典》，第 1352 页。

【吮】《说文·口部》："吮，欶也。"《韩非子·备内》："医善吮人之伤，含人之血。"在南北朝文献中，"吮"凡 3 例，皆用指"用嘴吸"。例如：

①帝幼有至性，年四岁，显祖曾患痈，帝亲自吮脓。《魏书·卷七下》

②后尝梦登梯，以手扪天，天体荡荡正青而滑，有若钟乳者，后仰吮之。《宋书·卷二十七》

【啜】《说文·口部》："啜，尝也。"《墨子·节用中》："饮于土塯，啜于土形。"在"喝"的背景之中，指动作时，"啜"可以用来指"饮"。其指物时，可以用来指"汤"。《史记·张仪列传》："进热啜。"司马贞索隐："谓热而啜之，是羹也。"在南北朝规定文献中，"啜"凡 21 例，皆用作地名。但是在南北朝其他文献中有用指"喝"的例子。例如：

①啜羹者，其则置之。天子之威，欲相挫邪？《北史·卷七十七》

②然世人固有唊菖蒲而弃桂姜，覆甘露而啜酢浆者矣。《弘明集·卷第一》

【歠】《说文·歙部》："歠，饮也。"《国语·越语上》："勾践载稻与脂于舟以行，国之孺子之游者，无不餔也，无不歠也。"亦可以用指"羹汤"。《战国策·燕策一》："于是酒酣乐，进取热歠，厨人进斟羹，因反斗而击之，代王脑涂地。"在南北朝所查文献中，"歠"凡 1 例，用指"饮"。例如：吾常谓濯缨洗耳，有异人之迹；哺糟歠醨，有同物之志。《魏书·卷八十四》

"啜""歠"两者读音相同，王力（1982：494）："'歠''啜'实同一词，但在文字上加以区别：前者作食讲，后者作饮讲。"王先生前半句可靠，但是后半句有待商榷。"啜""歠"既可以用指"饮"这一动作，亦可以用来指"汤"，这种引申在其他语言中亦有。例如：

英语：dring vt. ①喝，饮；②吸收，吸入；③使（自己）喝酒喝到某种程度；n．①饮料，饮品；②一份（或一杯、一口）饮料（或酒），饮酒；③酒；④一片水（指海、湖、池等）。《新时代英汉大词典》，第

681 页。

Booze n. ①酒；烈酒，威士忌酒；②狂饮；酒宴；vi. ①痛饮；狂饮；贪杯。《新时代英汉大词典》，第 250 页。

Swallow vt. ①吞下，咽下；②承受；忍受；③轻信；轻易接受；④控制，抑制；n. ①吞，咽；take a long swallow from one's flask 从水瓶里喝一大口水；②一次吞咽量。《新时代英汉大词典》，第 2374 页。

法语：boire vt. ①喝，饮；②饮酒，纵酒；③吸收；n. 喝；喝的东西；le boire et le manger 饮食；喝的和吃的。《新世纪法汉大词典》，第 303 页。

德语：trunk ①饮料；ein erfrischender trunk 清凉的饮料；②一口；③饮酒；Er ist dem trunk verfallen 我喝一口水。《德汉常用词用法词典》，第 1417 页。

【歃】《说文·欠部》："歃，歠也。"《史记·平原君虞卿列传》："公相与歃此血于堂下。""歃"主要用来指"歃血"。在南北朝所查文献中，"歃"凡 4 例，皆用指"歃血"。例如：

①诞将歃血，其所署辅国将军孟玉秀曰："陛下亲歃。"群臣皆称万岁。《宋书·卷七十九》

②夫亲仁善邻，古之令轨，歃血割牲，以敦永穆。《魏书·卷二十四》

【嗽】《释名·释饮食》："嗽，促也，用口急促也。"嵇康《五言古意》："双鸾匿景曜，戢翼太山崖。抗首嗽朝露，晞阳振羽仪。"在南北朝所查文献中，"嗽"凡 1 例，用指"吮"。例如：激水化成比目鱼，跳跃嗽水，作雾翳日。《宋书·卷十九》

【小结】本小节共分析了 7 个与"喝"有关的词语，在南北朝时期该语义场的主导词为"饮"。现代汉语中主导词为"喝"，但是在南北朝文献中，"喝"还没有使用。"饮"在南北朝时期既可以指"喝酒"，亦可以用指喝流质。"喝"这个动作与"吸"关系紧密，故"吸""吮"亦可以用来指"喝"。该语义场中的其他词语表示的动作亦与"喝"紧密相关。

二 eat（吃）

Eat（吃）在《百词表》中居第 55 位，《牛津英汉高阶双解词典》第

878 页："take（solid food or soup）into the mouth and swallow it for nourishment."　在南北朝文献中，为了谈论的方便，我们把该语义场分为三类

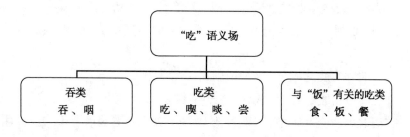

1）吞类

【吞】《说文·口部》："吞，咽也。"《楚辞·招魂》："往来倏忽，吞人以益其心些。"引申可以指"消灭、吞并"。《战国策·西周策》："今秦者，虎狼之国也，兼有吞周之意。"在南北朝所查文献中，"吞"凡 54 例，其中 28 例用指"咽下"之意。例如：

①宁使网漏吞舟，何缘采听风闻，以为察察之政？《世说新语·规箴第十》

②取兔肠肚，勿去屎，以草裹，吞之，不过再三，即愈。《齐民要术·卷六·养牛马驴骡》

还有 26 例用指"兼并、消灭"。例如：

③是时诸葛亮连年动众，志吞中夏，而终死渭南，所图不遂。《宋书·卷三十二》

④西兼乌孙故地，东吞勿吉以西，控弦上马将有百万。《魏书·卷一》

"兼并、吞并"犹如"人把食物咽下"，两者关系紧密，在其他语言中情况亦不例外。

英语：swallow ①吞下，咽下；②承受；忍受；③轻信；轻易接受；④控制，抑制；⑤说话吞音；含糊地发音；⑥淹没；吞没；卷入；耗尽；使消失；My entire worldly wealth was swallowed up。《新时代英汉大词典》，第 2374 页。

法语：engloutir ①贪婪地吞下，狼吞虎咽地吃；②吞没，淹没；③耗尽（钱财等）。englober ①合并，并入；②包括，包含。《新世纪法汉大词典》，第 934 页。

德语：verschluhen ①吞下；咽下；②（说话时）咽回去；吞下去；

③吞没；使看不见；④呛着。《朗氏德汉双解词典》，第 1969 页。

【咽】《集韵·霰韵》："咽，《博雅》：吞也。"《孟子·滕文公下》："井上有李，螬食实者过半矣，匍匐往将食之，三咽，然后耳有闻，目有见。"在南北朝所查文献中，"咽"凡 39 例，其中有 8 例用指"吞"。例如：

①于时宾客为之咽气。《世说新语·品藻第九》

②经日不得食，左右进以粗粥，咽不能下。《魏书·卷九十七》

在南北朝所查文献中，"咽"与"吞"关系不紧密。"咽"主要用来指"哽咽"或者"咽喉"。"咽喉"的"咽"引申可以指"形势险要之地"。在南北朝所查文献中有 3 例用指"形势险要之地"。例如：

③朔州是白道之冲，贼之咽喉，若此处不全，则并肆危矣。《魏书·卷四十四》

④弟晦时为宋台右卫，权遇已重，于彭城还都迎家，宾客辐辏，门巷填咽。《宋书·卷五十六》

"咽喉"是人食物、气体等必经之途，故可以引申指"形势险要之地"。这种引申在其他语言中亦有。例如：

英语：throat ①咽，咽喉，喉咙；喉道；食管；②声音，嗓音；歌喉；③咽喉状部分；狭窄通道（或出入口）；④纵帆的前上角。《新时代英汉大词典》，第 2443 页。

法语：gorge ①喉部；②（妇女的）胸脯；③咽喉；喉咙；嗓子；④给猛禽吃的活食；⑤峡谷；碉堡的入口。《新世纪法汉大词典》，第 1260 页。

2）吃类词

前面一类主要体现"吞"的动作，在本部分的词语也有"吞"这个动作，但是还体现了"吃"的动作。有关"吃"词语的历时更替，已经有一些成果。①

---

① 王国珍《"吃""食""饮"历时替换的不平衡性及其认知》，《古汉语研究》2010 第 1 期。贡珂：《饮食义"吃"对"食"的历时替换》，《才智》2009 年第 18 期。罗家国：《谈"吃"》，《成都师专学报》2001 年第 3 期。董为光：《汉语"吃"类说法文化探源》，《语言研究》1995 年第 2 期。王青、薛遴：《论"吃"对"食"的历时替换》，《扬州大学学报》（人文社会科学版）2005 年第 5 期。李玉娇：《试论由"食"到"吃"的演变过程》，《江西金融职工大学学报》2006 年第 1 期。

【吃】《说文·口部》："吃，言蹇难也。"《史记·张丞相列传》："昌为人吃，又盛怒，曰：'臣口不能言，然臣期期知其不可。'""吃"本义与"吞"无关，后来在用字过程中，两者产生了联系。《汉语大词典》："吃亦作喫。"在南北朝所查文献中，"吃"凡7例，4例用指"说话不流畅"，有3例用指"吞咽食物"。例如：

①十五日后，方吃草，乃放之。《齐民要术·卷六·养羊第五十七》

②友闻白羊肉美，一生未曾得吃，故冒求前耳，无事可咨。《世说新语·任诞第二十三》

【喫】《说文新附·口部》："喫，食也。"郑珍《新附考》："《说文》：'齧，噬也。'即喫本字，从口犹从齿，契声与齧声一也。唐人诗始见此字，盖六朝以降俗体。"在南北朝规定文献中，"喫"无用例。

【啖】《说文·口部》："啖，噍啖也。"《尔雅·释诂》："啖，食也。"《墨子·鲁问》："楚之南有啖人之国者。"在南北朝所查文献中，"啖"凡67例，皆用指"吃"，大多数用来指吃固体物质。例如：

①百草皆尽，牛马至相啖毛，虎狼食人，行路断绝。《魏书·卷九十五》

②人饷魏武一杯酪，魏武啖少许，盖头上提"合"字以示众，众莫能解。《世说新语·捷悟第十一》

只有1例，用指"喝流质"。例如：

③弘方啖粥，即斩之，因收众济江。《宋书·卷一》

但是"啖"与"饮"连文有12例。例如：

④吾再幸休仁第，饮啖极日，排阁入内，初无猜防，休仁坐生嫌畏。《宋书·卷七十二》

⑤作布囊，容三四斗，饮啖醉饱，便盛余肉饼以付螾蛉。《魏书·卷五十二》

【尝】《说文·旨部》："尝，口味之也。"《诗·小雅·甫田》："田畯至喜，攘其左右，尝其旨否。"引申可以指"吃"。《广雅·释诂》："尝，食也。"《诗·唐风·鸨羽》："王事靡盬，不能蓺稻粱，父母何尝？"在南北朝所查文献中，"尝"凡655例，主要用作副词，仅有18例用指"吃"。例如：

①三四日，看米消，搅而尝之，味甜美则罢。《齐民要术·卷八·作

酢法第七十一》

②日中无算，得未尝唉，悉以乞与傍人。《宋书·卷六十一》

3）与"饭"有关的吃类

"粮食""饭"与"吃"关系密切，它们之间很容易产生联系，这种词义发展是相关引申。

【食】《说文·食部》："食，一米也。"①《论语·颜渊》："足食足兵，民信之矣。"引申可以指"吃"。《魏风·硕鼠》："硕鼠硕鼠，无食我麦。"在南北朝所查文献中，"食"既可以用来指"食物"，亦可以用来指"吃"。例如：

①祖光禄少孤贫，性至孝，常自为母吹爨作食。《世说新语·德行第一》

②宝必散众求食民间，如此，则人心离阻，攻之易克。《魏书·卷二》

③吴郡陈遗，家至孝，母好食铛底焦饭，遗作郡主簿，恒装一囊。《世说新语·德行第一》

④性清俭率素，服御饮膳，取给而已，不好珍丽，食不二味。《魏书·卷四下》

【饭】《说文·食部》："饭，食也。"《论语·乡党》："君祭，先饭。"引申可以指"米饭"。《广韵·原韵》："饭，《周书》云：'黄帝始炊谷为饭。'"《庄子·大宗师》："裹饭而往食之。"在南北朝所查文献中，"饭"凡157例，仅有17例用作动词，其余皆用指"米饭"。例如：

①白者油多，人可以为饭，惟治脱之烦也。《齐民要术·卷二·胡麻第十三》

②公于是独往食，辄含饭两颊边，还，吐与二儿。《世说新语·德行第一》

③庾从周索食，周出蔬食，庾亦强饭，极欢。《世说新语·尤悔第三十三》

④耆老饭蔬食，少壮无衣褐，则聚敛烦数，匮于财也。《魏书·卷五》

【餐】《说文·食部》："餐，吞也。"《诗·郑风·狡童》："维子之

---

① 段玉裁《说文解字注·食部》："一米当为亼米。亼，集也。集众米而成食也。"

故，使我不能餐兮。"引申可以指"饭食"。《集韵·换韵》："餐，饼也。"李绅《古风》之二："谁知盘中餐，粒粒皆辛苦。"在南北朝所查文献中，"餐"凡36例，其中25例用作名词，指"米饭"，还有11例用指动词，指"吃"。例如：

①彼我奋掷麈尾，悉脱落，满餐饭中。《世说新语·文学第四》

②合滓餐之，甘、辛、滑如甜酒味，不能醉人。《齐民要术·卷七·笨曲并酒第六十六》

③穆之既好宾客，未尝独餐，每至食时，客止十人以还者，帐下依常下食，以此为常。《宋书·卷四十二》

④其略所至，一餐一宿之处，无不沾赏。《魏书·卷十九下》

以上三个例子充分说明了"粮食"与"吃"关系密切，这种引申方式，不仅仅局限于汉语，在其他语言中亦有。例如：

英语：meal ①（一）餐，（一顿）饭；②进餐时间；进餐。meal 粗粉；燕麦粉；玉米粉；磨制而成的粉状物。《新时代英汉大词典》，第1463页。

法语：repas ①饮食；餐；repas du matin 早餐；②饲料；吃食；assister au repas des fauves 看猛兽吃食物。《新世纪法汉大词典》，第2343页。

德语：essen ①吃饭，进食，用餐；②饭菜；饭食；③宴会；④健康的、富含蛋白质的，难以消化的膳食。《朗氏德汉双解大词典》，第572页。

【小结】本小节共分析了9个与"吃"有关的词语，在南北朝时期该语义场的主导词为"食"。"吃"使用还不是很普遍，用来指"吞咽食物"仅三类。"食"在南北朝时期既可以用来作名词指"粮食"，亦可以用来作动词指"吃"。有些用来指"吃"的词语与"饭"关系密切，亦与"喉咙"关系密切，故"餐""饭"可以用来指"吃"，而"咽"既可以用来指"吞"这个动作，又可以用来指"咽喉"。这种关联在英语、法语、德语中亦存在。

三　bite（咬）

Bite（咬）在《百词表》中居第56位，《牛津英汉高阶双解词典》第248页："cut into or nip（sth/sb）with the teeth."王毅力、徐曼曼

（2011：159）对"咬"语义场中部分重要的词语更替作了一个比较详细的阐述①。根据我们的统计，在南北朝文献中，用来指用牙齿咬的词语不是很多，主要有以下一些词语。

【齩/咬】《说文·齿部》："齩，啮骨也。"《玉篇·口部》："咬，鸟声也。"《文选·鹦鹉赋》："采采丽容，咬咬好音。"《玉篇·口部》："咬，俗，为齩字。"段注："俗以鸟鸣之咬为齩啮。"在南北朝规定文献中，两者皆没有用例。龙丹（2008：228）："'咬'在中古时期仍处于萌芽阶段，所考察魏晋文献中'咬'仅6例，均分布在口语性较强的语料中，佛经文献1例，《肘后备急方》5例。"此言甚确。

【噬】《说文·口部》："噬，啖也。"《易·噬嗑》："噬腊肉，遇毒。"在先秦时期，"噬"用指"咬"时，为该语义场的主导词，但是到了中古，"噬"不再是主导词了。在南北朝所查文献中，"噬"凡41例，其中22例用指"咬、吃"。例如：

①鲜卑负众，僭盗三齐，狼噬冀、青，虔刘沂、岱，介恃遐阻，仍为边毒。《宋书·卷二》

②还至庭中，为家群犬所噬，遂卒。《魏书·卷四十三》

在南北朝所查文献中，"噬"凡19例，引申指"侵吞"。例如：

③邺下凶烬，蚕噬腹心。《魏书·卷五十六》

④苻坚将问晋鼎，既已狼噬梁、岐，又虎视淮阴矣。《世说新语·识鉴第七》

"噬"由"咬、吃"引申出"侵吞"，不仅在汉语文献中存在，在其他语言中也存在。例如：

英语：gnaw ①咬，啃，啮；咬成，啃成；②磨损；消耗；侵蚀，腐蚀；③使痛苦，使烦恼；折磨。《新时代英汉大词典》，第998页。

法语：mordre ①咬；啄；叮；蜇；②磨；侵蚀；腐蚀；③钩住，扣住；咬住；④伤害，弄痛。《新世纪法汉大词典》，第1773页。

【咀】《说文·口部》："咀，含味也。"《管子·水地》："三月如咀，咀者何?"引申可以指"咬"。《释名·释饮食》："咀，藉也，以藉齿牙也。"在南北朝所查文献中，"咀"凡7例，其中3例用指"咬"，4例用

---

① 王毅力、徐曼曼：《汉语"咬啮"义动词的历时演变及原因》，《语言科学》2011年第2期。

指"玩味、品尝"。例如:

①取藜芦根,嚼咀令破,以泔浸之,以瓶盛,塞口,于灶边常令暖,数日醋香,便中用。《齐民要术·卷六·养羊第五十七》

②原夫餐椒非养生之术,咀剑岂卫性之经。《宋书·卷八十一》

③肆雕章之腴旨,咀文艺之英华。《魏书·卷六十五》

【嚼】《说文·口部》:"噍,啮也。从口,焦声。嚼,噍或从爵。"《玉篇·口部》:"嚼,噬嚼也。"《淮南子·说林训》:"嚼而无味者弗能内于喉。"在南北朝所查文献中,"嚼"凡11例,多用来指"咀嚼"。例如:

①赤蓬染布,嚼以涂面,亦不皱也。《齐民要术·卷五·种红蓝花栀子》

②嚼米酝酒,饮能至醉。《魏书·卷一百》

"嚼"后来引申亦可以指"侵蚀"。例如:(宋)真山民《朱溪涧》:"雪融山脊岚生翠,水嚼沙洲树出根。"这个引申与之前外语"咬"的引申很相似。

【齧/啮】《说文·齿部》:"齧,噬也。"《管子·戒》:"东郭有狗嘊嘊,旦暮欲齧我,猭而不使也。"《正字通·口部》:"啮,俗齧字。"王毅力、徐曼曼(2011:160):"在先秦文献中,表示'咬啮'义的'啮'不多见,使用频率不高。"中古时期,"齧"使用也不多,主要是使用"啮"。在南北朝所查文献中,"啮"凡16例,其中有14例用指"咬"。例如:

①复于地取内口中,啮破即吐之。《世说新语·忿狷第三十一》

②虽在公坐,诸王每侮弄之,或戾手啮臂,至于痛伤,笑呼之声,闻于御听。《魏书·卷五十九》

"啮"引申可以指"侵蚀"。《战国策·魏策二》:"昔王季历葬于楚山之尾,𤅬水其啮墓。"南北朝规定文献中,没有用例。

【咋】《正字通·口部》:"咋,啖也。齧也。"《汉书·东方朔传》:"孤豚之咋虎,至则靡耳。"颜师古注:"咋,齧也。"在南北朝所查文献中,"咋"凡1例,用指"咬"。例如:有猎狗咋杀乌鹊,余者因共啄狗,即死又啖肉,唯余骨存。《宋书·卷三十二》

【龁】《说文·齿部》:"龁,齧也。"《礼记·曲礼上》:"庶人龁之。"孔颖达疏:"龁,齧也。"在南北朝所查文献中,"龁"凡1例,用指"咬"。例如:地气寒凉,马牛龁枯啖雪,自然肥健。《宋书·卷九十五》

"龁"后来亦引申为"侵吞"。例如:王夫之《宋论·徽宗三》:"抑能止锋戢锐，画燕自守，而不以吞契丹者龁我乎？"

【小结】本小节共分析了 9 个与"咬"有关的词语，在南北朝时期该语义场的主导词为"啮"。"噬"在上古时期是主导词，但是到了中古时期，它已经开始慢慢退出主导地位，更多的是用其引申义。"噬"由"咬"引申出"侵吞"，在英语、法语、德语中情况相同。该语义场变化发展较大，上古主导词为"噬"，魏晋南北朝时期为"啮"，到了唐宋之后又变为"咬"。

四　hear（听）

Hear（听）在《百词表》中居第 58 位，《牛津英汉高阶双解词典》第 1329 页："perceive（sounds）with the ears."现代汉语中的"听"，在上古时期不是用来指"听"之意。《说文·口部》："听，笑貌。"《史记·司马相如列传上》："无是公听然而笑。"裴骃《集解》引郭璞曰："听，笑貌也。"杨树达《积微居小学金石论丛·释听》对"听"何以言笑，作了详细阐述。张先生认为，"听"乃张口之状。《正字通·口部》"听，俗借为听字省文。"今为"听"的简化字。"听"与"耳朵"密切相关，前文已经阐述了两者之间的关系，在此不再赘述。在南北朝文献中，用来指"听"的词语主要有以下几个。

【聆】《说文·耳部》："聆，听也。"扬雄《剧秦美新》："镜纯粹之至精，聆清和之正声。"引申可以指"听从"。《广雅·释诂一》："聆，从也。"在南北朝所查文献中，"聆"凡 11 例，皆用指"听"。然"聆"与"闻"指"听"时，两者有区别，前者侧重于"听"这个动作，后者侧重于结果。例如：

①故采言聆风，式观侈质，贬爵加地，于是乎在。《宋书·卷六》
②搏之弗得，聆之无闻。《魏书·卷八十二》

【听】《说文·耳部》："听，聆也。"《书·泰誓中》："天视自我民视，天听自我民听。"引申可以指"顺从；服从"。《史记·白起王翦列传》："王听之，割韩垣雍、赵六城以和。"在南北朝所查文献中，"听"凡 893 例，主要用指"用耳听"以及"听信、顺从"。例如：

①管弦繁奏，锺、夔先听其音。《世说新语·言语第二》
②丁酉，分命使者循行州郡，听察辞讼，纠劾不法。《魏书·卷二》

"听"在南北朝所查文献中，还可以用指"允许"①。例如：

③在步道上引手而取，勿听浪人踏瓜蔓，及翻覆之。《齐民要术·卷二·种瓜第十四》

④讫，还放之，听羔犊随母。《齐民要术·卷六·养羊第五十七》

"聆""听"两个词义在引申过程中，都有"由耳听"到"顺从、服从"之意。两者因相关而产生联系，这种引申在其他语言中也有。例如：

英语：listen ①（注意地）听；②听从；听信。《新时代英汉大词典》，第 1382 页。

Hear ①听见；②注意听；倾听；听取；③听（讲座、音乐会、电台广播等）；④审理，审讯；听（证人等）陈述；听取；⑤听到，听说，得知；⑥听从（命令）；⑦俯听；答允。《新时代英汉大词典》，第 1086 页。

法语：ecouter ①听；ecouter une conference 听报告会；②听从，听取。《新世纪法汉大词典》，第 879 页。

德语：horen ①听见；听到；②听；③听说；耳闻；④听大课；……⑦听从。《朗氏德汉双解大词典》，第 922 页。

【聪】《说文·耳部》："聪，察也。"《易·夬》："闻言不信，聪不明也。"在南北朝所查文献中，"聪"凡 268 例，除了用于人名之外，主要用指"聪明、有才智"。例如：

①帝少聪达，世祖爱之，常置左右，号世嫡皇孙。《魏书·卷五》

②梁国杨氏子九岁，甚聪惠。《世说新语·言语第二》

在南北朝所查文献中，"聪"还可以指"听"。例如：

③夫哲王宰世，广达四聪，犹巡岳省方，采风观政。《宋书·卷五》

④臣闻尧悬谏诤之鼓，舜置诽谤之木，皆所以广耳目于刍荛，达四聪于天下。《魏书·卷十九中》

【闻】《说文·耳部》："闻，知闻也。"《书·君奭》："我则鸣鸟不闻，矧曰其有能格。"引申可以指"知道"。《左传·隐公元年》："公闻其期，曰：'可矣！'""闻"还可以指"嗅"。《韩非子·十过》："共王

---

① "听"用指"允许"之意，前贤对其产生时期作了较详细的阐述。主要有：萧红：《"不听"作"不允许"解的始见年代及书证》，《中国语文》2001 年第 3 期。于智荣、李晓琳：《也谈"不听"作"不允许"解的始见年代及书证》，《辽宁师范大学学报》（社会科学版）2003 年第 6 期。方一新：《"不听"之"不允许"义的产生年代及成因》，《中国语文》2003 年第 6 期。史光辉：《也说"不听"》，《唐都学刊》2003 年第 3 期。

驾而自往，入其幄中，闻酒臭而还。"20 世纪，前贤对"闻"和"听"以及"嗅"之间的关系作了详细的阐述，① 亦有学者阐述了"闻"指"听"的衰落以及"嗅"的兴起过程②。在南北朝所查文献中，"闻"凡2395 例，主要用指"听，听见"。例如：

①卿数省王、和不？闻和哀苦过礼，使人忧之。《世说新语·德行第一》

②鄙意晓示家童，未敢闻之有识，故丁宁周至，言提其耳，每事指斥，不尚浮辞。《齐民要术·序》

亦可以用指"嗅"。例如：

③恪已被害，妻在室，使婢沃盥，闻婢血瞳。《宋书·卷三十四》

④恶声无闻，佞誉日至。《魏书·卷九十七》

【小结】本小节共分析了 4 个与"听"有关的词语，在南北朝时期该语义场的主导词为"听"。"听"在上古不用来指"闻"义，在南北朝时期主要用来指"闻"，亦可以用来指"顺从"。"听"的这种引申在其他语言中也存在。该语义场中的其他词语与"听"的区别主要在于方式、结果、程度。其他词语词义的变化发展不是很大。

五 know（知）

Know（知道）在《百词表》中居第 59 位，《牛津英汉高阶双解词典》第 1591 页："have（sth）in one's mind or memory as a result of experience or learning or information."在南北朝文献中，"知"语义场词义众多，我们主要考察两类，一类指知道，一类指熟知。

1）"知道"类词语

【知】《玉篇·矢部》："知，识也。"《商君书·更法》："有独知之虑者，必见骜于民。"亦可以指"知识"。《论语·子罕》："吾有知乎哉？无知也。"在南北朝所查文献中，"知"凡 2142 例，多用来指"知道"。例如：

---

① 张永言：《词义演变二例》，《中国语文》1960 年第 1 期；殷孟伦：《"闻"的转用法时代还要早》，《中国语文》1960 年第 5 期；张永言：《再谈"闻"的词义问题》，《中国语文》1962 年第 5 期；傅东华：《关于"闻"的词义》，《中国语文》1962 年第 10 期；殷孟伦：《"闻"的词义问题》，《中国语文》1962 年第 11 期。

② 徐俊霞：《"闻"的词义演变》，《河南机电高等专科学校学报》2003 年第 3 期。

①当斯之时，桂树焉知泰山之高，渊泉之深？不知有功德与无也。《世说新语·德行第一》

②按三犁共一牛，若今三脚耧矣，未知耕法如何？《齐民要术·卷一·耕田第一》

在南北朝所查文献中，"知"亦可以指"知识"，作名词，但是用例不多。例如：

③庾太尉少为王眉子所知，庾过江，叹王曰："庇其宇下，使人忘寒暑。"《世说新语·赏誉第八》

④夫举尔所知，宣尼之笃训，贡士任官，先代之成准。《宋书·卷五》

"知道"与"知识"之间密切相关，在其他语言中情况亦如此。例如：

英语：know vt. ①知道；了解；懂；理解；②确知；确信；③会；熟习；精通；通晓；n. ①知道；知晓。《新时代英汉大词典》，第1312页。

法语：savoir vt. ①知道，知晓；②熟知，牢记；③会，懂得；n. ①知识，学问。《新世纪法汉大词典》，第2438页。（按：该词典把该词分列2个词条，不妥。）

德语：wissen vt. ①知道；了解；②知道一些；③懂得；明白，会；④了解，意识到；n. ①知识，学问，学识；②认识，了解；③知道，清楚。《朗氏德汉双解大词典》，第2087页。（按：该词典亦把该词分列2个词条，不妥。）

【识】《说文·言部》："识，知也。"《诗·大雅·皇矣》："不识不知，顺帝之则。"王凤阳《古辞辨》（1993：826）："'知'与'识'都是人对外在事物的反映，更往前推，它们可能出于同一语源，但其间有反映方式的不同。""识"在南北朝所查文献中，凡644例，主要用指"知道""认识"。例如：

①仆生出边垂，寡见大义，若不一叩洪钟，伐雷鼓，则不识其音响也！《世说新语·言语第二》

②先未相识，服在外车上与人说己注传意，玄听之良久，多与己同。《世说新语·文学第四》

③愚民无识，信惑妖邪，私养师巫，挟藏谶记、阴阳、图纬、方技之书。《魏书·卷四下》

④朕德谢知人，岂能一见鉴识，徒乖为君委授之义。《魏书·卷七下》

亦可以用来指"思想、意识"。例如：

⑤李元礼尝叹荀淑、锺皓曰："荀君清识难尚，锺君至德可师。"《世说新语·德行第一》

⑥性识聪敏，博闻强记，便弓马，解吹笛，微晓医术。《魏书·卷十九下》

【解】《说文·角部》："解，判也。"《庄子·养生主》："庖丁为文惠君解牛。"人类在认识困难事情时，常常采用抽丝剥茧的方式去认识，这个认识过程与人类的解剖有类似之处，故"解"可以引申指"知道"。在南北朝所查文献中，"解"凡 1081 例，主要用指"解开"等词义，亦可以用来指"知道"。例如：

①仲祖闻蛮语不解，茫然曰："若使介葛卢来朝，故当不昧此语。"《世说新语·言语第二》

②臣既见此，深为怪愕。旋省二三，未解所以。《魏书·卷十四》

"解"由"解析、解开"引申为"知道、解决问题、理解问题"，在其他语言中亦有。例如：

英语：resolve ①决心，决定，决意去做；②作出……的决议，正式决定；③使分解，解析；使解体；④分辨；⑤使变成，使转化；⑥消除，解除；⑦解决；解答（问题、疑问等）。《新时代英汉大词典》，第 1961 页。

法语：analyse ①分析，解析，剖析；②分析；③摘要，概略，梗概；④分析。《新世纪法汉大词典》，第 119 页。

【觉】《说文·见部》："觉，悟也。"《公羊传·昭公三十一年》："有珍怪之食，盱必先取足焉。夏父曰：'以来，人未足，而盱有余。'叔术觉焉。"徐灏《说文解字注笺·见部》："觉，又为凡知觉之称。"在南北朝所查文献中，"觉"凡 218 例，多用来指"明白、醒悟"。例如：

①从师家受书还，不觉日晚。《世说新语·政事第三》

②至千秋门，门者觉地下响动，以告文襄。《魏书·卷十二》

亦可以用来泛指"知觉"。例如：

③会心处不必在远，翳然林水，便自有濠、濮间想也，觉鸟兽禽鱼自来亲人。《世说新语·言语第二》

④行人见者，莫不嗟叹，不觉白日西移，遂忘前途尚远，盘桓瞻瞩，

久而不能去。《齐民要术·卷四·园篱第三十一》

【悟】《说文·心部》："悟，觉也。"《书·顾命》："今天降疾殆，弗兴弗悟。""悟"用于指"明白、知道"时，与"觉"相差无几。但是当用来指"醒悟、觉悟、启发"时，比"觉"的程度就要深一些，更加体现前后的比较。在南北朝所查文献中，它们的差别亦不例外。其凡177例，多用来指"明白""醒悟"解。例如：

①周侯未悟，即却略下阶。《世说新语·方正第五》

②太后性聪悟，多才艺，姑既为尼，幼相依托，略得佛经大义。《魏书·卷十三》

③自余加以慰喻，若悔悟从役者，即令赴军。《魏书·卷十六》

④母于是感悟，爱之如己子。《世说新语·德行第一》

"悟"与"睡觉"关系密切，在南北朝所查文献中"悟"可以用来指"睡觉"。例如：

⑤良久不悟，声气转急。《世说新语·假谲第二十七》

⑥宿于大泽，有白狼向崇而号，崇乃觉悟，驰马随狼而走。《魏书·卷二十七》

"觉""悟"都可以指"睡觉"，一觉醒来，人清醒如初。故两者与"觉悟、知道、明白"有关系。不仅汉语如此，外语亦如此。

英语：wake ①醒来；醒着；②觉醒，觉悟，醒悟；③复苏，苏醒；变得活跃；④意识到；认识到；警觉起来。《新时代英汉大词典》，第2641页。

法语：rèveil ①醒，睡醒；叫醒；②起床鼓声，起床号声；③（转）苏醒；醒悟；觉醒；复苏；再现生机。《新世纪法汉大词典》，第2372页。

【谛】《说文·言部》："谛，审也。"《关尹子·九药》："谛毫末者，不见天地之大。"引申可以指"明白、了解"。刘昼《新论·专学》："若心不在学而强讽诵，虽入于耳而不谛于心。"在南北朝所查文献中，"谛"凡15例，其中8例用指"详审"，7例用指"仔细"，1例用指"明白、了解"。例如：

①追养继孝，合享圣灵，审谛昭穆，迁毁有恒。《魏书·卷一百八之二》

②臣亦谛思：若入三月已后，天晴地燥，凭陵是常。《魏书·卷十九下》

③仰瞻高天，听卑视谛。《魏书·卷八十二》

2）"熟知"类词语

【谙】《说文·言部》："谙，悉也。"《后汉书·虞延传》："延进止从容，占拜可观，其陵树株蘖，皆谙其数，俎豆牺牲，颇晓其礼。"在南北朝所查文献中，"谙"常与"悉""信"等连文，"谙"凡20例，多用来指"熟悉"解。例如：

①谢胡儿作著作郎，尝作王堪传，不谙堪是何似人，咨谢公。《世说新语·赏誉第八》

②常于谙信处买取最初铸者，铁精不渝，轻利易燃。《齐民要术·卷九·醴酪第八十五》

【悉】《说文·釆部》："悉，详尽也。"《书·汤誓》："王曰：'格尔众庶，悉听朕言。'"引申可以指"知道"。《后汉书·酷吏传·周纡》："乃密问守门人曰：'悉谁载藁入城者？'"在南北朝所查文献中凡1062例，主要用指"尽"。我们对《齐民要术》《世说新语》进行穷尽式调查，"悉"凡93例，其中5例用指"知道"。例如：

①丈人不悉恭，恭作人无长物。《世说新语·德行第一》

②燃柳柴，杀鸡雏：小者死，大者盲。此亦烧瓠杀瓠之流，其理难悉。《齐民要术·卷六·养鸡第五十九》

【通】《说文·辵部》："通，达也。"《国语·晋语二》："道远难通，望大难走。"引申可以指"通晓"，《释名·释言语》："通，洞也。无所不洞贯也。"《易·系辞上》："曲成万物而不遗，通乎昼夜之道而知。"在南北朝所查文献中，"通"凡1624例，主要用来指"到达""开辟""流通"等意义，亦可以用来指"知道、通晓"。例如：

①诸人在下坐听，皆云可通。《世说新语·文学第四》

②及长，好读经史，皆通大义。《魏书·卷四下》

【晓】《说文·日部》："晓，明也。"《庄子·天地》："冥冥之中，独见晓焉。"引申可以指"知道、理解"。在现代汉语中，"晓"常与"通"连文，但是两者还是有细微差别。"通""涌"等"甬"声符字，"甬"亦表义，有"大、全"之义。而"晓"主要指"知道"。在南北朝所查文献中，"晓"凡132例，多用来指"天亮"，有45例可以用来指"知道、告知"。例如：

①初，桓南郡、扬广共说殷荆州，宜夺殷觊南蛮以自树。觊亦即晓其

旨。《世说新语·德行第一》

②澄援引今古，徐以晓之，众乃开伏。《魏书·卷十九中》

【明】《尔雅·释言》："明，朗也。"《广韵·庚韵》："明，光也。"《易·系辞下》："日往则月来，月往则日来，日月相推，而明生焉。"引申可以指"通晓"。《荀子·正名》："以两易一，人莫之为，明其数也。"在南北朝所查文献中，"明"凡4694例，但是用来指"通晓"之意很少。例如：

①按自古有文章以来，帝王之兴，受禅之与干戈，皆改正朔，所以明天道，定民心也。《宋书·卷十四》

②良由本部不明，籍贯未实，廪恤不周，以至于此。《魏书·卷七下》

从以上三个词语可知，"明"与"通晓"之间关系密切。"通晓""了解"就犹如"毫无遮拦"，犹如阳光四射。故"明"容易引申指"通晓"。不仅汉语如此，外语中亦如此。例如：

英语：clear ①明亮的；明净的；②晴朗的；无云的；③透明的；清澈的；④清楚的；清晰的；明白的；易懂的。《新时代英汉大词典》，第398页。

法语：clair：adj. ①明亮的；光亮的；②淡的；浅的；n. ①光；光亮；②明亮部分；③澄清；滤清；tirer au clair le vrai et le faux 辨明真假；L' affaire a ètè tirèe au clair 事情已经搞明白了；④en clair 明确的；明码的。《新世纪法汉大词典》，第525页。

德语：clar ①透明的；清澈的；明净的；②晴朗的；明朗的；③明澈的；聪慧的；④清楚的；明确的；明白的；明了的。《朗氏德汉双解大词典》，第1018页。

【审】《说文》："宷，悉也，知宷谛也。篆文宷从番。"《书·顾命》："病日臻。既弥留，恐不获誓言嗣，兹予审训命汝。"引申可以指"知道、明白、清楚"。《墨子·小取》："夫辩者，将以明是非之分，审治乱之纪，明同异之处，察名实之理。"在南北朝所查文献中，"审"凡219例，其中有47例用指"知道、明白"。例如：

①明公蒙尘路次，群下不宁，不审尊体起居何如？《世说新语·言语》

②群臣乃知宫车晏驾，而不审登遐之状。《魏书·卷十六》

【小结】本小节共分析了 12 个与"知"有关的词语，在南北朝时期该语义场的主导词为"知"。"知"与"知识""明白"联系紧密，例如："知""识"既可以指"知道"，又可以指"知识"。"知"与"睡觉醒来"有联系，例如："觉""悟"皆可以指"知道"和"醒"。"知"与"分析"亦紧密相连，如"解"可以指"分析"，亦可以指"知道"。"知"还与"明"有关系，如"晓""明"，既可以指"知道"，亦可以指"知道"。这些联系不仅在汉语中如此，在英语、法语、德语中情况也相同。该语义场中的其他词语用来指"知道"，使用的不是很广泛，皆不是使用其本义。

第三节　消耗类核心动词

《现代汉语词典》："消耗：（精神、力量、东西等）因使用或受损失而渐渐减少。"我们在本节中谈论的核心词，皆含有减少或者消失之义。故把它们放在一起来讨论。在《百词表》中，这类核心词有 3 个：die（死）、kill（杀）、burn（烧）。

一　die（死）

Die（死）在《百词表》中居第 61 位，《牛津英汉高阶双解词典》第 760 页："stop living; come to the end of one's life."前贤对表"死"的词语研究成果较多①，南北朝文献中，用来指"死"的词语很多，我们主要考察以下几类词语。

1）结束与死

人的死，是生的结束，犹如一件事情的结束，在汉语文献中，用来指

---

① 主要体现在两个方面：一方面是对"死"类词语的辨析。代表作有管锡华《〈史记〉单音词研究》，巴蜀书社 2000 年版；池昌海《〈史记〉同义词研究》，上海古籍出版社 2004 年版；王凤阳《古辞辨》，吉林文史出版社 1993 年版；池昌海《〈史记〉中具礼制价值的"死"义词语语用选择的复杂性及其原因》，《修辞学习》2000 年第 1 期；刘洪《〈左传〉中的"死"族词与周代礼制文化》，《丽水学院学报》2006 年第 6 期。另一方面是对"死"类词语法化研究。主要成果有李宗江《几个含"死"义动词的虚化轨迹》，《古汉语研究》2007 年第 1 期；唐贤清、陈丽《"死"作程度补语的历时发展及跨语言考察》，《语言研究》2011 年第 3 期。

事情终结的词语有些可以用来指人的死亡，南北朝文献亦不例外。

【卒】《诗·邶风·日月》："父兮母兮，畜我不卒。"郑玄笺："卒，终也。"《尔雅·释诂》："卒，死也。"《礼记·曲礼下》："天子死曰崩，诸侯曰薨，大夫曰卒，士曰不禄，庶人曰死。"在南北朝所查文献中，"卒"凡2224例，我们对《齐民要术》《世说新语》中的45例进行穷尽式调查，其中11例用指"死"。在南北朝所查文献中，"卒"用指"死"时已经泛化了，不仅贵族可以用，平民百姓亦可以使用。例如：

①向秀于旧注外为解义，妙析奇致，大畅玄风，唯秋水、至乐二篇未竟而秀卒。《世说新语·文学第四》

②是岁，姚兴卒，子泓立。《魏书·卷三》

【终】《广雅·释诂一》："终，极也。"《广雅·释诂四》："终，穷也。"引申可以指"结局"，《诗·大雅·荡》："靡不有初，鲜克有终。"亦可以指"死亡"。《礼记·文王世子》："文王九十七乃终。"在南北朝所查文献中，"终"凡1204例，主要用指"结局、最终"以及"极、穷尽"，亦可以用指"死亡"。例如：

①刘尹在郡，临终绵惙，闻阁下祠神鼓舞。《世说新语·德行第一》

②禁止嫁娶送终奢靡，务出于俭约。《齐民要术·序》

【尽】《广韵·轸韵》："尽，竭也。"《玉篇·皿部》："尽，终也。"引申可以指"死亡"。《庄子·齐物论》："一受其成形，不亡以待尽。"在南北朝所查文献中，"尽"凡1430例，主要用指"完"，少量用例用指"死"。例如：

①时贤既尽，唯臣独存，规以篡灭，成其篡杀。《宋书·卷二》

②此十种晚熟，耐水；有虫灾则尽矣。《齐民要术·卷一·种谷第三》

以上三词具有"结束"之意，而且它们都引申指"死亡"。这种引申不仅汉语如此，其他语言亦有用例。例如：

英语：finish ①完成；结束；完毕；终止；②用完；吃完；耗尽；③给……抛光；使表面光滑；④使完善；使完美；⑤结束对……的学业培养；⑥彻底压倒；消灭；杀死。《新时代英汉大词典》，第863页。

法语：finir vt. ①完成，结束，停止；②润色，整修，使完美，最好加工；vi. ①完毕，完成，结束，到期；②死亡；③（事物）变坏，变糟；（人）变化，走上邪路，误入歧途。《新世纪法汉大词典》，第1119页。

德语：schluss ①结束；终结；完结；②结尾；结局；③停止；结束；

④与……断绝关系；⑤自杀。《朗氏德汉双解大词典》，第 1568 页。

俄语：кончить ①做完；完成，完结；②毕业；卒业；③停止，终止；④（如何）而死；结果落得；⑤打死；结果……的生命。《大俄汉词典》，第 803 页。

2）消解与死

人死后，形体就要消解，故"消解"与"死"容易产生联系。

【化】《玉篇·匕部》："化，易也。"《国语·晋语九》："雀入于海为蛤，雉入于淮为蜃。鼋鼍鱼鳖，莫不能化，唯人不能。"引申可以指"消化、消融"。《素问·气交变大论》："病反腹满，肠鸣溏泄，食不化，渴而妄冒，神门绝者不治。"亦可以引申指"死"。《孟子·公孙丑下》："且比化者无使土亲肤，于人心独无恔乎？"在南北朝所查文献中，"化"凡 722 例，主要用指"变化""教化""风俗"等意义，亦可以用指"死亡"。例如：

①俗说朱氏公化而为鸡，故呼鸡者，皆言"朱朱"。《齐民要术·卷六·养鸡第五十九》

②故有虞舞干戚而三苗化，鲁僖作泮宫而淮夷平。《宋书·卷十四》

【亡】《说文·亡部》："亡，逃也。"《墨子·七患》："民见凶饥则亡，此皆备不具之罪也。"引申指"失去；遗失"。《增韵·阳韵》："亡，失也。"《庄子·骈拇》："臧与谷二人相与牧羊，而俱亡其羊。"亦可以引申指"死"。《字汇·亠部》："亡，死也。"《书·汤誓》："时日曷丧，予及汝皆亡。"在南北朝所查文献中，"亡"凡 1064 例，在史书文献中"亡"多用来指"逃跑、逃亡"，用在口语文献中，多用来指"死亡"，而且还可以用"亡+称谓"格式来指死去的人，这种用法犹如"先+称谓"。例如：

①自今以后，亡匿避难，羁旅他乡，皆当归还旧居，不问前罪。《魏书·卷四上》

②长豫亡后，丞相还台，登车后，哭至台门。《世说新语·德行第一》

③乙未，诏隐恤军士，死亡疾病务令优给。《魏书·卷七下》

④亡姑、亡姊，伉俪二宫。何小子之有？《世说新语·方正第五》

【崩】《说文·山部》："嵍，山坏也。"《集韵·登韵》："嵍，亦书作崩。"《诗·小雅·十月之交》："百川沸腾，山冢萃崩。"引申指"败坏、毁坏"，《广雅·释诂》："崩，坏也。"《论语·阳货》："君子三年不为礼，礼必败；三年不为乐，乐必崩。"亦可以指"死"。《尔雅·释诂》："崩，死也。"《汉书·五行志中之上》："即位五年，王太后乃崩。""崩"指"死"时，有严格的限制，一般用于天子之死。在南北朝所查文献中，"崩"凡681例，不用于人时，主要指"山或者大型建筑陷塌"，用于人时，主要指"帝王死亡"。例如：

①其醉也，傀俄若玉山之将崩。《世说新语·容止第十四》

②简文崩，孝武年十余岁立，至瞑不临。《世说新语·言语第二》

③桓帝后以帝得众心，恐不利于己子，害帝，遂崩，大人死者数十人。《魏书·卷一》

【落】《说文·艹部》："落，凡艹曰零，木曰落。"《诗·卫风·氓》："桑之未落，其叶沃若。"引申可以用指"死亡"。《尔雅·释诂》："落，死也。"《书·舜典》："二十有八载，帝乃殂落。"在南北朝所查文献中"落"凡454例，主要用指"掉下""居住"之意，只有1例用指"死亡"。例如：志意在蓬莱，周孔圣殂落，会稽以坟丘。《宋书·卷二十一》

还有一个词与"落"同义，亦可以用来指"死"。

【殁】《玉篇·歹部》："殁，落也。"曹植《升天行》："日出登东干，既夕殁西枝。"《广韵·没韵》："殁，死也。"《国语·晋语四》："管仲殁矣，多谗在侧。"在南北朝所查文献中，"殁"凡60例，4例用指"落"，其余用指"死"。例如：

①若其任重于身，恩结自主，虽复据鼎承剑，悠然不以存殁为怀。《宋书·卷四十三》

②存有酷恨之痛，殁为怨伤之魂。《魏书·卷六十七》

"落""殁"由"掉下"引申指"死亡"，在其他语言中也有。例如：

英语：drop ①滴落；滴下；②掉下；落下；垂下；降落；垂落；下垂；③累到；（受伤）倒下；倒毙；④使倒下；砍倒；击落；使倒毙；杀死。《新时代英汉大词典》，第684页。

法语：deliner ①偏斜；②没；落；③偏移；④没落；衰退；衰落。《新世纪法汉大词典》，第717页。

德语：verlust ①损失；丢失；②失去、丧失；③损耗；④流失；泄露；⑤损失；伤亡。《朗氏德汉双解大词典》，第1957页。

俄语：пасть Они пали смертью героя в бою. 他们在战场上英勇牺牲。

3）离开与死

【逝】《尔雅·释诂》："逝，往也。"《诗·邶风·谷风》："毋逝我梁，毋发我笥。"引申可以指"死亡，去世"，《汉书·司马迁传》："是仆终已不得舒愤懑以晓左右，则长逝者魂魄私恨无穷。"在南北朝所查文献中"逝"凡55例，可以用指"往"，亦可以用作"助词"，主要用来指"死"。例如：

①明府昔与王、许周旋有情，及逝没之后，无慎终之好，民所不取。《世说新语·规箴第十》

②逝者长辞，无论荣价，文明叙物，敦厉斯在。《魏书·卷八十四》

【死】《说文·歹部》："死，澌也，人所离也。"段注："是澌为凡尽之称，人尽曰死。"《书·康诰》："暋不畏死，罔弗憝。"在南北朝所查文献中"死"凡2484例，主要用指"死亡"解，既可以指人之死，亦可以指植物之死。例如：

①我不杀周侯，周侯由我而死。幽冥中负此人！《世说新语·尤悔第三十三》

②七月耕之则死。非七月，复生矣。《齐民要术·卷一·耕田第一》

【丧】《说文·哭部》："丧，亡也。"《易·坤》："西南得朋，东北丧朋。"引申可以指"人死"，《白虎通·崩薨》："人死谓之丧。"《书·金縢》："武王既丧，管叔及其群弟乃流言于国。"在南北朝所查文献中，"丧"凡1218，可以指"丢失、去掉""逃亡"之义，更多用指"死亡"义。例如：

①王仲宣好驴鸣，既葬，文帝临其丧，顾语同游曰："王好驴鸣，可各作一声以送之。"《世说新语·伤逝第十七》

②太和十七年，高祖既终丧，太尉元丕等表以长秋未建，六宫无主，请正内位。《魏书·卷十三》

"离开"引申出"死亡"，在其他语言中亦有。例如：

英语：depart ①出发，启程；离开；离去；②背离，违反；③去世，死亡。《新时代英汉大词典》，第582页。

法语：partir ①出发；离开，动身；启程；②起跑；启动；发动；③开始；④从……来；⑤放出；发出；⑥消失。《新世纪法汉大词典》，第1941页。

德语：verlassen ①离开；②离开；离别；③抛弃；离弃；丢开不管；④逝世。《朗氏德汉双解大词典》，第1952页。

俄语：выйти 走出；出去；死去；死掉。Значит номер вышел.

（Твардовский）那就是说该轮到你死了。

4）几个特殊之死

【殒】《玉篇·歹部》："殒，殁也。"贾谊《吊屈原文》："遭世罔极兮，乃殒厥身。"在南北朝所查文献中，"殒"凡 103 例，可以用指"坠落"，但是主要用指"死亡"。例如：

①五子若殒，亦复无淮。《世说新语·方正第五》

②军届五原，前锋失利，二将殒命，兵士挫衄。《魏书·卷六十六》

【殣】《说文·歹部》："殣，道中死人，人所覆也。"段注："义在人所覆。"《国语·楚语下》："民之羸馁，道殣相望。"亦可以指"饿死"。《大戴礼记·千乘》："此以气食得节，作事得时，劝有功……是故年谷不成，天之饥馑，道无殣者。"在南北朝所查文献中，"殣"凡 2 例，1 例指"掩埋"，1 例指"饿死"。例如：

①八月甲辰，幸西宫，路见坏冢露棺，驻辇殣之。《魏书·卷七》

②道殣流离者大半，淮表二十六州咸内属焉。《魏书·卷一百零五》

【殇】《说文·歹部》："殇，不成人也。人年十九至十六为长殇，十五至十二为中殇，十一至八岁为下殇。"主要指非正常死亡。在南北朝所查文献中，"殇"凡 63 例，除了用指"谥号"之外，皆用指"非正常死亡"，当然用于谥号中亦指谥号人是非正常死亡。例如：

①未誓而殇，则虽十九，当大功九月。《宋书·卷十五》

②广平王洛侯，和平二年封。薨，谥曰殇。《魏书·卷十九上》

【薨】《说文·死部》："薨，公侯卒也。"周朝常用指诸侯之死，到了唐代可以用于三品以上官员之死。《新唐书·百官志一》："凡丧，三品以上称薨，五品以上称卒，自六品达于庶人称死。"在南北朝所查文献中，"薨"凡 141 例，都用指"死亡"，使用时不再局限于诸侯，身份、地位较高的人亦可以用。例如：

①高贵乡公薨，内外喧哗。《世说新语·方正第五》

②征为太尉，又徙宜都公。天赐三年薨。《魏书·卷二十七》

【毙】《说文·犬部》："獘，顿仆也。……或从死。"《玉篇·死部》："毙，仆也，顿也。"《左传·定公八年》："颜高夺人弱弓，籍丘子鉏击之，与一人俱毙。"引申可以指"死"。《广韵·祭韵》："毙，死也。"《国语·晋语二》："骊姬与犬肉，犬毙；饮小臣酒，亦毙。"在南北朝所查文献中，"毙"凡 35 例，既可以用来指"人亡"，亦可以用来指"物亡"，而且用来表示"死亡"时，语句中常含有被动意义。例如：

①刘藩死于闾阖之内；诸葛毙于左右之手。《宋书·卷二》

②北巡，有兔起乘舆前，命库汗射之，应弦而毙。《魏书·卷十五》

【殪】《说文·歹部》："殪，死也。"《书·康诰》："天乃大命文王殪戎殷。"亦可以指"跌倒"，《墨子·明鬼下》："〔杜伯〕追周宣王，射之车上，中心，折脊，殪车中，伏韬而死。"在南北朝所查文献中，"殪"除了用指"跌倒"之外，主要用指"死亡"。例如：

①自盱眙旋军，亡殪过半，昏酣沈湎，恣性肆身。《宋书·卷七十四》

②广等单马走免，尽殪其众。《魏书·卷二十九》

"毙""殪"两词都可以指"跌倒"，亦都可以指"死亡"，这种引申不仅汉语中如此，外语中亦有用例。例如：

英语：fall ①落下；跌落；降落；②跌倒；摔倒；倒下；③倒塌；崩塌；④下垂；挂下；……⑭阵亡；战死；被杀死。《新时代英汉大词典》，第 820 页。

法语：tomber ①跌倒；摔倒；倒下；②翻倒；倒塌；③落下；跌下；掉下；④垂下；垂落；⑤战亡；战死沙场。《新世纪法汉大词典》，第 2644 页。

德语：hinfallen 跌倒；摔倒；掉下来；滑落下来；hinfallig：失效的；衰老的；死亡。《朗氏德汉双解大词典》，第 893 页。

俄语：СДОХНУТЬ 倒下；死；Пять предателей сдохли от пули. 五个叛徒死于枪弹之下。

【小结】本小节共分析了 17 个与"死"有关的词语，在南北朝时期该语义场的主导词为"死"。用来指"死"的词语通常与"结束""消解""离开"等有密切关系。"结束""消解""离开"都具有指"一种状态的结束"，故可以引申用来指"死"。这种关联在英语、法语、德语、俄语中情况相同。本小节还分析了几个用来指"死"的特殊词语，这些词语特殊主要是指，虽然它们本来所指的动作与"死"也有密切关系，但是它们还没有形成规模式的转移。

二 kill（杀）

Kill（杀）在《百词表》中居第 62 位，《牛津英汉高阶双解词典》第

1579 页："cause death or cause the death of（sb/sth）."在南北朝文献中，用来指"杀死"的词语很多，前贤对"杀"类词已有一些研究成果①，我们在这里主要考察一些常见词。

【杀】《说文·殳部》："杀，戮也。"《书·大禹谟》："与其杀不辜，宁失不经。"在南北朝所查文献中，"杀"凡 2010 例，可以作及物动词，也可以作不及物动词，常用于主动句中。用本义时，既可以用于指"杀人"，亦可以用来指"杀动物"。例如：

①昔晋文王杀嵇康，而嵇绍为晋忠臣。从公乞一弟以养老母。《世说新语·德行第一》

②甚乐其歌啸，乃杀豚进之，了不谢。《世说新语·任诞第二十三》

"杀"还可以用来指"除去"，例如：

③耩故项反者，非不壅本苗深，杀草，益实。《齐民要术·卷一·种谷第三》

引申还可以指"（植物）枯死"。例如：

④以汤淋取清汁初汗纯厚太酽，即杀花，不中用，唯可洗衣；《齐民要术·卷五·种红蓝花栀子》

"杀"的这种引申途径在其他语言中亦有。例如：

英语：kill vt. ①杀，杀死；②（疾病、忧伤、灾害、战争、意外事故等）使丧生；③扼杀；消灭；毁灭；vi. ①引起死亡，致死；杀人；②被杀死；（植物等）被枯死，被冻死。《新时代英汉大词典》，第 1298 页。

法语：tuer ①杀死，弄死，打死，致死；Le froid a tuè les plantes（严寒使植物冻死了）。②毁灭，消灭，扼杀；③破坏，有害于；④累垮身体，损害健康。《新世纪法汉大词典》，第 2704 页。

【弑】《说文·杀部》："弑，臣杀君也。"《易·坤》："臣弑其君，子

---

① 这些成果主要体现在两个方面：一方面是对表"杀"的词语的辨析。成果有池昌海《〈史记〉同义词研究》，上海古籍出版社 2004 年版；王凤阳《古辞辨》，吉林文史出版社 1993 年版；闫翠娟、马丛棉《先秦同义词"杀、弑、诛、戮"辨析》，《大众文艺》2003 年；方文一《"杀"、"截"及"瓶"的探讨》，《浙江师范大学学报》1987 年。另一方面成果主要集中从语法角度谈论"杀"。成果有梅祖麟《从汉代的"动·杀"、"动·死"来看动补结构的发展》，载《语言学论丛》，商务印书馆 1991 年版，第 16 辑，第 112—136 页；吴福祥《关于动补结构"V死O"的来源》，《古汉语研究》2000 年第 3 期；帅志嵩《"杀"的语义演变过程和动因》，《语言科学》2011 年第 4 期。

弑其父，非一朝一夕之故，其所由来者渐矣。"在南北朝所查文献中，"弑"凡72例，当组合成复音词时，常与"逆""立"连文。当以单音节形式出现时，主要用于指以下犯上的杀害行为。例如：

①昔世祖升遐，南安在位，出拜东庙，为贼臣宗爱所弑。《魏书·卷四十一》

②六月癸丑，徐羡之等使中书舍人邢安泰弑帝于金昌亭。《宋书·卷四》

③明年，东宫弑逆。《宋书·卷二十六》

【诛】《说文·言部》："诛，讨也。"《论语·公冶长》："宰予昼寝。子曰：'朽木不可雕也，粪土之墙不可圬也；于予与何诛?'"引申可以指"杀戮"。《广雅·释诂》："诛，杀也。"《孟子·梁惠王下》："闻诛一夫纣矣，未闻弑君也。"在南北朝所查文献中"诛"凡968例，主要用来指"杀戮"，既可以用于主动句，亦可以用于被动句。例如：

①嵇中散既被诛，向子期举郡计入洛。《世说新语·言语第二》

②三十四年春，长孙斤谋反，伏诛。《魏书·卷一》

在南北朝所查文献中"诛"还有4例，可以用来指"惩罚"，此时常与"赏"连文。例如：

③游食之徒，咸令附业，考核勤惰，行其诛赏，观察能殿，严加黜陟。《宋书·卷五》

④三岁，则大计群吏之治而诛赏之。《魏书·卷五十九》

【戮】《说文·戈部》："戮，杀也。"《书·汤誓》："尔不从誓言，予则孥戮汝，罔有攸赦。"在南北朝所查文献中"戮"凡343例，主要用来指"杀"，既可以用于主动句，亦可以用于被动句。其所跟的宾语是人，且常与表示"杀"的词连文。例如：

①桓素待企生厚，将有所戮。《世说新语·德行第一》

②成帝在石头，任让在帝前戮侍中锺雅、右侍卫将军刘超。《世说新语·政事第三》

③又自以过失，惧人议己，小有疑忌，便见诛戮。《魏书·卷十三》

【屠】《说文·尸部》："屠，刳也。"《逸周书·程典》："牛羊不尽齿，不屠。"引申指"杀戮、残杀"。《玉篇·尸部》："屠，杀也。"《荀子·议兵》："不屠城，不潜军，不留众，师不越时。"在南北朝所查文献中，"屠"凡155例，可以用指"宰杀牲畜"，亦可以用来作地名。但是其主要用来指"杀戮、残杀"，此时其所跟的宾语表示一种集合概念，可以是人亦可以是地方。例如：

①而无赖之徒，轻相劫掠，屠害良善，离人父兄。《魏书·卷八》

②明日，大军进广固，既屠大城。《宋书·卷一》

封建统治阶级把平民百姓当成牲畜，杀人如麻。故"宰杀牲畜"容易引申出"杀戮、残杀"之义。这种引申在其他语言中也有。例如：

英语：slaughter ①屠宰，宰杀；②屠杀，杀戮；the slaughter of innocent people during the war.《新时代英汉大词典》，第 2188 页。

法语：abattre 屠宰；杀死；打死；击落；枪杀；abattre un bœuf 宰杀一头牛；Le malfaiteur a ètè abattu par la police 坏人被警察击毙了。《新世纪法汉大词典》，第 21 页。

【刃】《说文·刃部》："刃，刀坚也。"《书·费誓》："锻乃戈矛，砺乃锋刃。"引申可以指"杀"。《史记·鲁仲连邹阳列传》："与人刃我，宁自刃。"在南北朝所查文献中，"刃"凡 116 例，除了用指"刀口、刀剑锋利部分""刀剑等锋利的兵器"外，有 23 例用指"杀"。例如：

①青庐中人皆出观，魏武乃入，抽刃劫新妇，与绍还出。《世说新语·假谲第二十七》

②斤之反也，拔刃向御座。《魏书·卷一》

③术大怒，便欲刃之。《世说新语·方正第五》

④刘准降人解奉君，刃僧朗于会中。《魏书·卷七上》

【锄】《释名·释用器》："锄，助也。去秽助苗长也。"《尚书大传》卷五："耰锄已藏，祈乐已入，岁事已毕，余子皆入学。"引申指"除去、诛灭"。《子华子·孔子赠》："明旌善类，而诛锄丑厉者，法之正也。"在南北朝所查文献中，"锄"凡 129 例，多用于指"锄头"或者"锄地"，其中有 5 例用于指"诛灭"。例如：

①时长王并见诛锄，公卿如蹈虎尾，众人翕翕，莫不注仰于王。《宋书·卷七十二》

②劝农务本，盗贼止息。诛锄奸党，过为酷虐。《魏书·卷八十九》

【小结】本小节共分析了 7 个与"杀"有关的词语，在南北朝时期该语义场的主导词为"杀"。"杀"既可以用于人，亦可以用于动植物；既可以用于主动句，亦可以用于被动句。"杀"引申可以指"除去"，这种引申在英语、法语、德语中情况相同。其他用来指"杀人"的词语与

"消灭动植物"关系密切，如"锄""屠"。大多引申指"杀"。

三　burn（烧）

Burn（烧）在《百词表》中居第 84 位，《牛津英汉高阶双解词典》第 343 页："destroy, damage, injure or mark（sb／sth）by fire, heat or acid." 用来指"烧"的动词，前贤已经作了一些探讨①，而"烧"与"火"的关系，前文也已经阐述，故在本节我们不再分析与火有关的"烧"，主要分析以下用来指"烧"的动词。

【烧】《说文·火部》："烧，爇也。"《战国策·齐策四》："臣窃矫君命，以责赐诸民，因烧其券，民称万岁。""烧"在先秦时期，不是该语义场的主导词，但是在南北朝时期，已经成为该语义场的主导词。在南北朝所查文献中，"烧"凡 218 例，皆用指"使物着火"，后面所跟宾语种类繁多，但宾语都是被燃烧之物。例如：

①乃谲与赌，得即烧之。《世说新语·假谲第二十七》

②冰解地干，烧而耕之，仍即下水；《齐民要术·卷二·水稻第十一》

"烧"在后世文献中，可以指"因病而体温升高"。《红楼梦》第五十二回："晴雯服了药……还未见效，仍是发烧，头疼鼻塞声重。"这种引申在其他语言中也存在。

英语：burn ①烧，燃烧；②点燃；③烧坏；焚毁；④发热，发烫，发烧；⑤发光。《新时代英汉大词典》，第 295 页。

法语：brnler ①燃烧，烧着；烧焦；点燃；②发热，发烫；③（内心）激动；渴望；急切；④接近猜中，即将找到。《新世纪法汉大词典》，第 340 页。

【焚】《说文·火部》："焚，烧田也。"引申指"烧"。《玉篇·火

---

①　成果主要有池昌海《〈史记〉同义词研究》，上海古籍出版社 2004 年版；王凤阳《古辞辨》，吉林文史出版社 1993 年版；史光辉《常用词"焚、燔、烧"历时替换考》，《古汉语研究》2004 年第 1 期；王彤伟《常用词焚、烧的历时替代》，《重庆师范大学学报》2005 年第 5 期。史光辉（2004：86）："先秦一般用'焚、燔'，总体上看来，以'焚'字最为常见。秦至东汉末期，'焚、烧、燔'常常在同一位置交替出现，呈现出混用的局面；到了汉末，'烧'有取代'焚、燔'的趋势。东汉三国的汉译佛经中，'烧'对'焚、燔'的替代已完成。魏晋以后的中土文献情况与佛经不同，魏晋以后的中土文献中，'焚'和'烧'有一个长期共存的阶段。"

部》："焚，烧也。"《易·旅》："旅焚其次，丧其童仆。"王力（1982：
525）："焚、燔同源。"在先秦文献中，"焚"为该语义场的主导词，但是
在南北朝时期已经退出了主导地位。在南北朝所查文献中，"焚"凡193
例，作及物动词，皆用指"烧"，宾语主要是所烧之物。例如：

①桓先曾以一羔裘与企生母胡，胡时在豫章，企生问至，即日焚裘。
《世说新语·德行第一》

②诏除淫祀，焚诸杂神。《魏书·卷九》

【燎】《说文·火部》："燎，放火也。"徐灏注笺："燎之本义为烧草
木。"王凤阳（1993：517）："在旷野里点火叫'燎'。"在南北朝所查文
献中，"燎"凡50例，主要用指"放火焚烧"。例如：

①原火一燎，异物同灰，幸求多福，无贻后悔。《宋书·卷九十九》

②岂异厉萧斧而伐朝菌，鼓洪炉而燎毛发！《魏书·卷七十二》

"燎"在南北朝所查文献中，还可以用指"火炬、火烛"，凡8例。
例如：

③夜漏未尽十刻，群臣集到，庭燎起火。《宋书·卷十四》

④二年春正月甲子，初祠上帝于南郊，以始祖神元皇帝配，降坛视
燎，成礼而反。《魏书·卷二》

"火炬、火烛"与"燃烧"容易产生联系，在外语中情况也如此。
例如：

英语：torch n. ①手电筒；②火炬；火把；火炬式灯；③引导之物；
④喷灯；吹管；vt. ①用火炬点燃。《新时代英汉大词典》，第2472页。

法语：flambeau 火炬，火把，蜡烛；光明；引路人；光辉；flamber
燃烧，烧起来，冒火焰；放射光芒，发出强烈的光。《新世纪法汉大词
典》，第1125页。

德语：fackel 火炬；flackert 火炬闪烁；熊熊燃烧。《朗氏德汉双解大
词典》，第586页。

【燔】《说文·火部》："燔，爇也。"《庄子·盗跖》："子推怒而去，
抱木而燔死。"《集韵·文韵》："焚，古作燔。"在南北朝所查文献中，
"燔"凡17例，皆用指"焚烧"，而且常与"烧"连文。例如：

①珣甍，弘悉燔烧券书，一不收责。《宋书·卷四二》

②悦令西关统军诸灵凤掩击，败之，尽燔其城楼储积。《魏书·卷三
十七》

【燃/然】《说文·火部》："然，烧也。"《孟子·公孙丑上》："若火之始然，泉之始达。"徐铉注："然，今俗别作燃。"两者为古今字。王凤阳（1993：516）："'燃'是个不及物动词，是把可燃物点着，使它发火，'燃'如果带宾语，宾语就是发火物的自身，'燃'和它的宾语之间有使动意味。"在南北朝所查文献中，"燃"凡30例，皆用指"烧"。例如：

①合着釜上，系甑带，以干牛粪燃火，竟夜蒸之。《齐民要术·卷三·蔓菁第十八》

②初，坚之末乱也，关中土燃，无火而烟气大起。《魏书·卷九十五》

【爇】《说文·火部》："爇，烧也。"《左传·僖公二十八年》："魏犫、颠颉怒曰：'劳之不图，报于何有！爇僖负羁氏。'"在南北朝所查文献中，"爇"凡5例，皆用指"烧"。例如：

①猋骑蚁聚，轻兵鸟集，并践禾稼，焚爇闾井，虽边将多略，未审何以御之。《宋书·卷六十四》

②基萌已成，夜梦秉火爇顺寝室，火作而顺死，浩与室家群立而观之。《魏书·卷三十五》

【炽】《说文·火部》："炽，盛也。"王充《论衡·论死》："火炽而釜沸，沸止而气歇，以火为主也。"引申指"昌盛、兴盛"。《诗·鲁颂·閟宫》："俾尔昌而炽，俾尔寿而富。"在南北朝所查文献中，"炽"凡93例，除了用作人名之外，"炽"主要用指"昌盛、兴盛"。例如：

①郡国多以无备，不能制服，遂渐炽盛，皆如公言。《世说新语·识鉴第七》

②礼义大坏，鬼道炽盛，视王者之法，蔑如也。《魏书·卷一百一十四》

"炽"在南北朝所查文献中，还有3例，用指"烧"。例如：

③内草中，下土厚七八寸。土薄火炽，则令酱焦；熟迟气味美好。《齐民要术·卷八·作酱等法第七十》

【炙】《说文·炙部》："炙，炮肉也。"《诗·小雅·瓠叶》："有兔斯首，燔之炙之。"引申指"烧灼"。《广雅·释诂》："炙，爇也。"《汉书·戾太子刘据传》："乃斩充以徇，炙胡巫上林中。"在南北朝所查文献中，"炙"凡95例，大多用来指"烤熟的肉"，其中有24例用指"烧"。例如：

①为胡所禽，以火炙之，问台军消息，一无所言。《宋书·卷八十四》

②足多剖裂血出，盛冬皆然火燎炙。《齐民要术·序》

【炎】《说文·炎部》："炎，火光上也。"《晋书·后妃传论》："火炎水润，六气由其调理。"引申可以指"焚烧"。《玉篇·炎部》："炎，焚也。"《后汉书·章帝纪》："今时复旱，如炎如焚。"在南北朝所查文献中，"炎"凡86例，主要用指"热"，仅有4例用指"烧"。例如：

①水润土以显比，火炎天而同人。《宋书·卷六十七》

②伯姬待姆，安就炎燎。《魏书·卷六十七》

【灼】《广雅·释诂》："灼，爇也。"《书·洛诰》："无若火始焰焰，厥攸灼叙，弗其绝。"引申可以指"鲜明"。《玉篇·火部》："灼，明也。"曹植《洛神赋》："远而望之，皎若太阳升朝霞；迫而察之，灼若芙蕖出渌波。"在南北朝所查文献中，"灼"凡51例，主要用指"鲜明"，仅有11例用指"烧"。例如：

①数数以手摸之，热灼人手，便下。《齐民要术·卷七·涂瓮第六十三》

②福时在内，延突火而入，抱福出外，支体灼烂，发尽为烬。《魏书·卷四十四》

【小结】本小节共分析了11个与"烧"有关的词语，在南北朝时期该语义场的主导词为"烧"。在先秦时期该语义场的主导词为"焚"。"烧"在南北朝文献中所跟宾语皆为被燃之物，到了后来引申可以指"因病而体温升高"，这种引申在英语、法语、德语中情况相同。该语义场中其他8个用来指"烧"的词语与"烧"存在一些差别，主要体现在适用对象、感情色彩的不同。

第四节　位移类核心动词

"位移类"动词指的是该动作发生后，容易让原来的位置发生变化。这样的动词在《百词表》中凡4个：swim（游）、fly（飞）、walk（走）、come（来）。

一 swim（游）

Swim 在《百词表》中居第 63 位，《牛津英汉高阶双解词典》第 2890 页："move the body through water by using arms，legs，fins，tail，etc."南北朝文献中用来指"游"的词语主要有以下一些。

【游】《方言》卷十："潜，游也。"郭璞注："潜行水中，亦为游也。"《玉篇·水部》："游，浮也。"《诗·邶风·谷风》："就其浅矣，泳之游之。"在南北朝所查文献中，"游"凡 810 例，其中仅有 13 例用于指"游泳"。例如：

①建业穷蹙，鱼游釜内。《魏书·卷十九下》

②游鱼惊着钓，潜龙飞戾天。《宋书·卷二十二》

【泳】《说文·水部》："泳，潜行水中也。"《尔雅·释言》："泳，游也。"《诗·周南·汉广》："汉之广矣，不可泳思！"在南北朝所查文献中，"泳"凡 10 例，皆出于《宋书》，都表示"游也"。例如：云鹅竦翼，海鲽泳流，江茅吐荫。《宋书·卷十六》

【泅】《说文·水部》："汓，浮行水上也。古或以汓为没。泅，汓或从囚声。"《列子·说符》："人有滨河而居者，习于水，勇于泅。"在南北朝所查文献中，"泅"凡 1 例，出自《魏书》，用指"游泳"。例如：太祖令泅水钩捕，无得免者。《魏书·卷九十五》

【浮】《说文·水部》："浮，泛也。"《玉篇·释言》："浮，水上曰浮。"《诗·小雅·菁菁者莪》："泛泛杨舟，载沉载浮。"引申可以指"游泳"。《广雅·释言》："浮，游也。"左思《魏都赋》："或明发而媚歌，或浮泳而卒岁。"在南北朝所查文献中，"浮"凡 254 例，多用指"漂浮""泛舟""飘在空中"，仅有 12 例用指"游泳"。例如：

①越云梦而南溯，临浙河而东浮。《宋书·卷六十七》

②政不出阃外，岂复能浮江越海，赴危救急？《魏书·卷五十》

"游泳"与"漂浮"有关系。不仅汉语，外语中亦如此。例如：

英语：swim ①游，游泳，游水；②漂浮；浮动；漂流；滑行；③摇晃；眩晕；头昏；眼花。《新时代英汉大词典》，第 2379 页。

法语：nager ①划桨，荡桨；②游泳；③漂浮；④浸泡；⑤不知所措；处于困境。《新世纪法汉大词典》，第 1801 页。

德语：schwimmen ①游泳；游水；浮水；②浮，漂浮；③湿淋淋；水汪汪；④不知所措；心里没底。《朗氏德汉双解大词典》，第1611页。

【漂】《说文·水部》："漂，浮也。"王粲《从军》诗之五："日夕凉风发，翩翩漂吾舟。"在南北朝所查文献中，"漂"凡30例，可以用指"漂游"。例如：

①有漂渡北岸者，辄为虏所杀略。《宋书·卷四十八》

②淮堰破，萧衍缘淮城戍村落十余万口，皆漂入于海。《魏书·卷九》

亦可以用指"流浪在外、东奔西跑"。例如：

③弃卖田宅，漂居异乡，事涉数世。《魏书·卷五十三》

④正以仇雠未复，亲老漂寄尔。《宋书·卷一百》

"家"是人的根，当家破人亡、流离失所时，人有如漂浮在水面一般。"漂"与"东奔西跑、流浪在外"有关系。不仅汉语如此，其他语言中亦有这种引申。例如：

英语：float ①浮起；漂；漂流；浮动；飘动；②到处游荡；漂泊；③漂浮；浮现；④飘然走动，款款而行。《新时代英汉大词典》，第889页。

法语：flotter ①（在液面上）漂浮，浮动；②（在液体、空气等中）悬浮，浮动；③波动；摆动；飘动；飘扬；④放松；松开；⑤不稳定，摇摆不定；⑥不坚定，动摇，犹豫。《新世纪法汉大词典》，第1137页。

【小结】本小节共分析了5个与"游"有关的词语，在南北朝时期该语义场的主导词为"游"。"游"在南北朝时期的主要义项不是"游泳"，但是在南北朝时期用来指"游泳"的主导词却是"游"。"游泳"与"漂浮"关系密切，用来指"漂浮"的词语，如"浮""漂"皆可以用来指"游泳"，这种关系在英语、法语、德语中情况相同。"泅"用来指"游泳"已经是一个古语词了，其他用来指"游泳"的词语，使用频率都不是很高。

二　fly（飞）

Fly在《百词表》中居第64位，《牛津英汉高阶双解词典》第1094页："（of a bird or an insect）move through the air, using wings."王凤阳（1993：528）对"飞、蜚、翔"三字进行了辨析，施珍真、郑春兰、吴宝安分别对南北朝之前的用来指"飞"的词语进行了阐述。在南北朝文献中，用来指"飞"的词语不少，我们主要选择以下几个飞类词进行分析。

【飞】《说文·飞部》："飞，鸟翥也。"《诗·周南·葛覃》："黄鸟于飞，集于灌木，其鸣喈喈。"引申指"动物在空中飞"。《荀子·劝学》："螣蛇无足而飞。"在南北朝所查文献中，"飞"凡302例，主要用指"在空中飞"，既可以指鸟飞，亦可以指"动物或者物体在空中飞"。例如：

①太子才艺非常，引空弓而落飞鸟，是似得晋人异法怪术，乱国害民之兆，惟愿察之。《魏书·卷一》

②水群飞于溟海，火载燎于中原。《魏书·卷三十六》

③清流岂不洁，飞尘浊其源。《宋书·卷二十二》

引申还可以指"飞速"。例如：

④剑为短兵，其势险危。疾逾飞电，回旋应规。《宋书·卷二十》

⑤北人壮悍，上马持三仗，驱驰若飞。《魏书·卷二十四》

"飞"最初指"鸟飞"，后来引申指"一切物在空中飞"，再引申指"迅速"，这种引申途径英语与其非常相似。"fly"也最初指"鸟飞"，再引申指"物在空中飞"，亦可指"急速"。这种引申在其他语言中相同。例如：

英语：fly ①飞；飞行；②乘飞机；③驾驶飞机；④飘动；飘扬；飞扬；飞溅；⑤腾飞；腾越障碍物；⑥飞跑；飞奔；飞驰；疾驰；迅速扩展；（时间）飞逝。《新时代英汉大词典》，第897页。

法语：voleter ①飞来飞去；飞飞停停；②飞舞；飘动；③晃来晃去，乱晃。《新世纪法汉大词典》，第2808页。

Voler ①飞；飞行，飞翔；飞越；②飞出；乘飞机旅行，坐飞机出差；③引导；④扔；⑤乱打，连打；⑥飞扬；飞舞，飘扬；⑦飞驰，飞奔。《新世纪法汉大词典》，第2806页。

德语：fliegen ①飞，飞翔；②驾驶；③飞行；飞往；④飞；飘；fliegend 十分急的；十分匆忙的。《朗氏德汉双解大词典》，第634页。

【翔】《说文·羽部》："翔，回飞也。"本指"回旋而飞"，泛指"飞"。《文选·张衡〈西京赋〉》："翔鹍仰而弗逮，况青鸟与黄雀。"在南北朝所查文献中"翔"凡56例，除了用于人名之外，主要用指"飞"，且都是出现在《宋书》中。例如：三才湮灭，乃龙飞五洲，凤翔九江。《宋书·卷十六》

【翰】《说文·羽部》："翰，天鸡，赤羽也。"引申指"鸟羽毛"，《广韵·翰韵》："翰，鸟羽也。"左思《吴都赋》："理翮整翰，容与自玩。"引申可以指"高飞"。《诗·小雅·小宛》："宛彼鸣鸠，翰飞戾天。"在南北朝所查文献中，"翰"凡126例，仅有6例用指"高飞"，北朝文献中的"翰"多用作人名。例如：

①平生意不在多，值世故纷纭；遂至台鼎，朱博翰音，实愧于怀。《世说新语·言语第二》

②怡怡昆弟，穆穆家庭，发响九皋，翰飞紫冥。《魏书·卷四十八》

【翱】《说文·羽部》："翱，翱翔也。"《诗·郑风·女曰鸡鸣》："将翱将翔，弋凫与雁。"在南北朝所查文献中，"翱"凡2例，皆出自《宋书》，用指"飞"。例如：仙人玉女，下来翱游，骖驾六龙，饮玉浆，河水尽，不东流。《宋书·卷二十一》

【翩】《说文·羽部》："翩，小飞也。"《楚辞·九歌·东君》："翩飞兮翠曾，展诗兮会舞。"在南北朝所查文献中，"翩"凡3例，皆用指"飞"。例如：衮甲霜昧，翩舞川肆，荣泉流镜，后昭河源。《宋书·卷十六》

【翥】《说文·羽部》："翥，飞举也。"《楚辞·远游》："雌蜺便娟以增挠兮，鸾鸟轩翥而翔飞。"在南北朝所查文献中，"翥"凡4例，皆用指"飞"。例如：

①先觉翱翔于上世，后悟腾翥而不绍，坎井之局，何以识大方之家乎！《宋书·卷九十七》

②虎豹争先，轩翥南溟，抟风北极，气震林原。《魏书·卷七十四》

【翚】《说文·羽部》："翚，大飞也。"《文选·张衡〈西京赋〉》："若夫游鹢高翚，绝坑逾斥。"引申可以指"锦鸡"。《诗·小雅·斯干》："如鸟斯革，如翚斯飞。"郑玄笺："伊洛而南，素质，五色皆备成章，曰翚。翚者，鸟之奇异者也。"在南北朝所查文献中，"翚"凡1例，用指"锦鸡"。例如：悲黼筵之移御，痛翚褕之重晦。《宋书·卷四十一》

【翩】《说文·羽部》："翩，疾飞也。"《诗·鲁颂·泮水》："翩彼飞鸮，集于泮林。"在南北朝所查文献中，"翩"凡27例，多用于重言中，"翩翩"凡11例，5例单用，仅有2例用指"飞"。例如：鹍鸿翻翥而莫及，何但燕雀之翩翩。《宋书·卷六十七》

【习】《说文·习部》："习，数飞也。"《礼记·月令》："〔季夏之月〕鹰乃学习。”引申指“学习”。《文选·张衡〈东京赋〉》：“鄙哉，予乎！习非而遂迷也。”在南北朝所查文献中，“习”凡275例，多用指“学习”“习俗”，仅有4例用指“飞”。例如：

①习习飞蚋，飘飘纤蝇。《宋书·卷四十三》

②鹰乃学习。《魏书·卷一百七》

【翻】《说文新附·羽部》：“翻，飞也。”曹植《临高台》：“下有水，清且寒，中有黄鹄往且翻。”鸟在空中飞翔时，常有翻转动作产生，故引申可以指“翻卷、翻腾”。萧统《锦带书十二月启·夷则七月》：“桂吐花于小山之上，梨翻叶于大谷之中。”在南北朝所查文献中，“翻”凡144例，多用指“翻转”，仅4例用指“飞”。例如：飞鸟翻翔舞，悲鸣集北林。《宋书·卷二十一》

【小结】本小节共分析了10个与“飞”有关的词语，在南北朝时期该语义场的主导词为“飞”。“飞”在南北朝文献中，既可以指“鸟飞”，亦可以用来指“动物或者植物在空中飞”，引申还可以指“迅速”，这种引申在英语、法语、德语中情况相同。该语义场其他词语用来指“飞”使用频率相对较少。

三 walk（走）

Walk在《百词表》中居第65位，《牛津英汉高阶双解词典》第3195页：“（a）（of a person）move along at a moderate pace by lifting up and putting down each foot in turn，so that one foot is on the ground while the other is being lifted.”“往”“来”等动作中都包含“走”之意义，我们在这里考察的动词主要是强调“走”这个概念，对于强调出发点或者到达点的动词我们不考虑，同时我们在选择词语的时候，严格要求“at a moderate pace”，超过正常速度的走，我们在这里也不给予分析。根据上面的原则，我们在众多含有“走”的动词中，选择以下动词来分析。

【行】罗振玉《殷虚书契考释》：“𠁩象四达之衢，人之所行也。”《诗·豳风·七月》：“女执懿筐，遵彼微行。”字形本义当为“道路”，然其亦可以指“行走”。《说文·行部》：“行，人之步趋也。”《释名·释姿容》：“两足进曰行。行，抗也，抗足而前也。”《诗·唐风·杕杜》：“独行踽踽。岂无他人？不如我同父。”在南北朝所查文献中，“行”凡5278例，“道路”义已经很少看见了，主要用指“行走”。例如：

①阮宣子常步行，以百钱挂杖头，至酒店，便独酣畅。《世说新语·任诞第二十三》

②初，肇西征，行至函谷，车轴中折。《魏书·卷八十三》

"道路"与"行走"关系密切，汉语为了有效的表达，通过音变使其产生变化。在其他语言中，亦可以看出两者的关系。例如：

英语：walk：vi.①行走，步行，散步，漫步，移动，前行；②出现，显形；③走步，带球跑；n.①行走，步行，散步；②步行路程，步行距离；③行走速度，步速；行走姿态；④散步场所，散步路线；人行道，人行小径；⑤徒步旅行，慈善远足。《新时代英汉大词典》，第2641页。

法语：cheminer vi.①行走，行进；②展开，延伸；③缓慢前进。《新世纪法汉大词典》，第482页。

Cheminement①行走，行进；②迫近，接近；③缓慢前行；逐渐进展；④隐蔽通道；⑤轨道爬行。《新世纪法汉大词典》，第481页。

【步】《说文·步部》："步，行也。"《书·召诰》："王朝步自周，则至于丰。"引申可以用指"长度单位"。《小尔雅·广度》："跬，一举足也。倍跬谓之步。"《孟子·梁惠王上》："或百步而后止，或五十步而后止。"在南北朝所查文献中，"步"凡723例，除了用在官名中之外，主要用指"行走"。例如：

①谢安始出西戏，失车牛，便杖策步归。《世说新语·任诞第二十三》

②帝乃下御座，步就东廊，口咏范尉宗《后汉书赞》。《魏书·卷十二》

亦可以用来指"行走时两脚之间的距离"。例如：

③唯东亭一人常在前，觉数十步，诸人莫之解。《世说新语·捷悟第十一》

④脱于孝子之心有所不尽者，室中可二丈，坟不得过三十余步。今以山陵万世所仰，复广为六十步。《魏书·卷十三》

在实际生活当中，人们常常使用脚步来测量，故"步"与"距离"有关系。不仅汉语如此，外语中亦有。例如：

英语：step①脚步；步；一步的距离，步长；②舞步；③步骤；环节；措施；④短距离；近距离。《新时代英汉大词典》，第2298页。

法语：pas①步；步子，脚步；步伐，步调；步履；②一步的距离；

③脚印，足迹；④脚步声。《新世纪法汉大词典》，第 1942 页。

德语：schritt ①步；步子；步伐；脚步；②步态；③漫步；④步；步幅；⑤步骤；措施。《朗氏德汉双解大词典》，第 1590 页。

【走】《说文·走部》："走，趋也。"《韩非子·五蠹》："田中有株，兔走，触株折颈而死。"后引申可以指"行"。杜翔（2004：35）："唐宋时期，走开始用来指走路。"① 这个观点是比较可信的。在南北朝所查文献中，"走"凡 1076 例，主要用指"跑"。例如：

①王子猷、子敬曾俱坐一室，上忽发火，子猷遽走避，不惶取屐。《世说新语·雅量第六》

②迎风散水，逆坂走丸，其势难。《齐民要术·卷一·种谷第三》

【徒】《说文·辵部》："赴，步行也。"段注："隶变作徒。"邵瑛《群经正字》："今以彳为偏旁彳，以止合土为走，作徒。"《易·贲》："贲其趾，舍车而徒。"古代社会中，随从者常常徒步跟随其后，《论语》中"子路从而后"就是一个明证。"徒"可以用来指"跟随的人"。《周礼·天官·序官》："胥十有二人，徒百有二十人。"亦可以指"地位低下的人"，如"兵卒""服劳狱的犯人"。《史记·高祖本纪》："高祖以亭长为县送徒郦山，徒多道亡。"在南北朝所查文献中，"徒"凡 1618 例，除了用作官名以及副词外，主要用指"人"。例如：

①刘道真尝为徒，扶风王骏以五百疋布赎之，既而用为从事中郎。《世说新语·德行第一》

②然狂狡之徒，所以颠蹶而不已者，诚惑于逐鹿之说，而迷于天命也。《魏书·卷二》

③甲午，诏南平公长孙嵩、任城公嵇拔、白马侯崔玄伯等坐朝堂，录决囚徒，务在平当。《魏书·卷三》

也可以用指"走路"。例如：

④王导须臾至，徒跣下地，谢曰："天威在颜，遂使温峤不得谢。"《世说新语·捷悟第十一》

⑤九月乙卯，车驾西还。徒营丘、成周、辽东、乐浪、带方、玄菟六郡民三万家于幽州，开仓以赈之。《魏书·卷四上》

"徒"词义的这种引申方式，不仅汉语如此，在外语中亦有。例如：

---

① 参见杜翔《"走"对"行"的替换与"跑"的产生》，《中文自学指导》2004 年第 6 期。

英语：follow ①跟随；接在……之后；②跟踪；追踪；追赶，追逐。《新时代英汉大词典》，第 901 页。follower ①追随者，拥护者；信徒；爱好者；②跟在后面的人（或者事物）。《新时代英汉大词典》，第 902 页。

法语：suite ①追逐；②跟随，后随；③在……后面。《新世纪法汉大词典》，第 2543 页。suiveur ①在街上尾随女性的人；②随动装置，跟踪装置；③追随者；④跟着别人跑的。《新世纪法汉大词典》，第 2544 页。

德语：folgen ①跟随，追随；②注视；倾听；③理会；听不懂；④跟着办；跟着学；⑤随之而来；⑥在……之后。《朗氏德汉双解大词典》，第 643 页。

【迈】《说文·辵部》："迈，远行也。"《诗·王风·黍离》："行迈靡靡，中心摇摇。"在南北朝所查文献中，"迈"凡 137 例，除了用于人名之外，主要用指"超越""消逝"。例如：

①卿志大宇宙，勇迈终古。《世说新语·排调第二十五》

②皇魏开基，道迈周汉，蝉连二都，德盛百祀。《魏书·卷九》

③始祖春秋已迈，帝以父老求归，晋武帝具礼护送。《魏书·卷一》

亦有少量几个例子用于指"步行"。例如：

④嗟我行之弥日，待征迈而言旋。《宋书·卷六十七》

⑤今者相与还次云中，马首是瞻，未便西迈，将士之情，莫不解体。《魏书·卷十八》

【小结】本小节共分析了 5 个与"走"有关的词语，在南北朝时期该语义场的主导词为"行"。"行"上古还可以用来指"道路"，但是到了南北朝时期，用来指"路"使用得很少了。"走"与"行走的人"以及"道路"关系密切，"行"既可以指道路，又可以指走，"徒"既可以指行走的人，亦可以指走。这种关系在英语、法语、德语中相同。"走"在南北朝文献中还是用来指"跑"，到唐宋之后才用来指行。

四　come（来）

Come 在《百词表》中居第 66 位，《牛津英汉高阶双解词典》第 509 页："move to, towards, into, etc a place where the speaker or writer is, or a place being referred to by him."\"come\"这个动作不包含往返性，南北朝文献中，含有\"come\"义的词不少，但是有很多含有往返意义，对于汉

语往返意义的"来"类词语，前贤作了一些探讨①，在此不再赘述。我们严格按照《牛津英汉高阶双解词典》的定义进行选词，主要分析指单边行为的"来"。

【来】《正字通·人部》："来，麦名。"《吕氏春秋·辩土》："其为亩也。高而危则泽夺，陂则埒……一时五六死，故不能为来。"罗振玉《增订殷虚书契考释》："卜辞中诸来字皆象形。其穗或垂或否者，麦之茎强，与禾不同……假借为往来字。"《玉篇·来部》："来，归也。"《尔雅·释诂》："来，至也。"《易·复》："出入无疾，朋来无咎。""来"指"至"，多用来表示由彼及此。在南北朝所查文献中，"来"凡2299例，多用来指"至"。例如：

①远来相视，子令吾去，败义以求生，岂荀巨伯所行邪！《世说新语·德行第一》

②凡一顷地中，须开十字大巷，通两乘车，来去运輂。《齐民要术·卷二·种瓜第十四》

【至】《说文·至部》："至，鸟飞从高下至地也。"罗振玉《雪堂金石文字跋尾》："像矢原来降至地之形，不像鸟形。"引申指"来到、到"。《玉篇·至部》："至，到也。"《诗·秦风·渭阳》："我送舅氏，曰至渭阳。"在南北朝所查文献中，"至"凡6242例，除了用于形容词，表示"大""善""极致"外，主要用作动词，指"来到"。例如：

①大军至，一郡尽空，汝何男子，而敢独止？《世说新语·德行第一》

②既至，见美妇人，侍卫甚盛。《魏书·卷一》

【莅】《广韵·至韵》："莅，临也。"指"莅视、治理"。《书·周官》："不学墙面，莅事惟烦。"引申用指"来到、参加"。沈约《早发定山》诗："夙龄爱远壑，晚莅见奇山。"在南北朝所查文献中，"莅"凡68例，主要用指"治理"。例如：

①民荒境旷，转输艰远，抚莅之宜，各有其便。《宋书·卷三》

②臣所以莅之以威严，节之以宪纲，欲渐加训导，使知分限。《魏书·卷四十》

---

① 参见管锡华《〈史记〉单音词研究》，巴蜀书社2000年版，第272页。汪维辉《东汉—隋常用词演变研究》，南京大学出版社2000年版，第727页。

亦有 3 例用指"来到"。例如：

③桓宣武尝与参佐入宿，袁宏、伏滔相次而至。莅名府中，复有袁参军。《世说新语·崇礼第二十二》

④由是二妻妒竞，互相讼诅，两宅母子，往来如仇。及莅西州，以刘自随。《魏书·卷八十九》

【臻】《说文·至部》："臻，至也。"葛洪《抱朴子·审举》："唐虞所以能臻巍巍之功者，实赖股肱之良也。"在南北朝所查文献中，"臻"凡 79 例，主要用指"来到"。例如：

①谢公始有东山之志，后严命屡臻，势不获已，始就桓公司马。《世说新语·排调第二十五》

②且风、虫、水、旱，饥馑荐臻，十年之内，俭居四五，安可不预备凶灾也？《齐民要术·卷三·杂说第三十》

"臻"后来引申亦可以指"极、尽"。张彦远《历代名画记·论画六法》："上古之画，迹简意澹而雅正，顾陆之流是也；中古之画，细密精致而臻丽，展郑之流是也。"

【怀】《尔雅·释诂》："怀，至也。""怀"用来指"来"，属于一种方言词。《方言》："周郑之郊，齐鲁之间曰徦，或曰怀。"《诗·齐风·南山》："既曰归止，曷又怀止？"在南北朝所查文献中，"怀"凡 1512 例，我们选择《齐民要术》《世说新语》进行穷尽式调查，"怀" 53 例中仅有 1 例用指"来"。例如：虽欲大存社稷，然四海之内，实怀未达。《世说新语·规箴第十》

【前】《广雅·释诂》："前，进也。"《史记·魏其武安侯列传》："募军中壮士所善愿从者数十人，及出壁门，莫敢前。"引申可以指"引申"。《仪礼·特牲馈食礼》："尸谡祝前，主人降。"在南北朝所查文献中。"前"凡 3276 例，主要用指"与后相对而言"，亦可以用指"进"。例如：

①既前，抚军与之话言，咨嗟称善。《世说新语·文学第四》

②旌旗骆驿二千余里，鼓行而前，民室皆震。《魏书·卷二》

【小结】本小节共分析了 6 个与"来"有关的词语，在南北朝时期该语义场的主导词为"来"。"至"在上古为主导词，但是在南北朝时期已经不再为主导词了。该语义场中用来指"来"的词语不是很多，而且大多不是其主要义项。

结　语

　　南北朝时期，中华大地南北对峙，各族人民处于动荡之中，民族交融进一步发展。在整个汉语发展历史中，南北朝是一个不可忽视的时期。本论文选择其作为探讨对象也正出于此。

　　论文首先对《百词表》中的59个名词进行调查，把名词分为六大类：人物核心词、动物核心词、植物核心词、身体构件核心词、人工物核心词、自然物核心词。身体构件核心词又分为四个小类，自然物核心词分成两个小类。在每个类别中我们以核心词为单位建立相应的语义场，在语义场中分析南北朝核心词的发展演变。

　　其次，论文把《百词表》中的19个动词分为四个类别：身体活动核心词、五官感觉核心词、位移类核心词、消耗类核心词。同样以核心词为单位建立各自的语义场，在语义场中分析动词的发展演变。

　　在名词、动词核心词的分析过程中，我们先对语义场中的每个核心词进行纵向分析，探讨其演变发展的历程。接着对其在南北朝时期的具体使用进行静态描写，既对其使用频率进行调查分析，亦对其词义发展作了描写。在共时平面我们主要从组合与聚合关系对核心词进行分析。通过从共时和历时角度对核心词进行描写，发现核心词研究的一个基本发展过程，发现南北朝相应语义场中的主导词。同时探讨主导词与其他词之间的联系。在分析过程中，我们发现了《汉语大字典》《汉语大词典》的一些用例过晚，以及释义不当，将有利于这些辞书日后的修订与完善。

　　在对核心词进行共时和历时研究时，我们重点关注核心词词义的发展演变，注重厘清其词义的引申，发现词义引申的途径与方法。对汉语词义引申进行梳理之后，我们把视野投入外语语料之中。我们依据外语辞书对英语、法语、德语进行调查，建立了相应的核心词语义场。在外语核心词语义场中寻找相应的对应词，再把这个外语核心词词义与汉语核心词词义进行对比研究，梳理核心词词义发展演变的共性与差异。论文在对核心词词义进行对比过程中，发现了汉语、英语、法语、德语辞书在设立义项中的共同之处与不同之处，分析了辞书义项设立的科学性，企图寻找出辞书义项设立的方法。

本文虽然对《百词表》中核心词的名词、动词进行了阐述，但是由于种种原因，我们对《百词表》中剩下的核心词没有分析探讨，特别是形容词核心词。其余核心词在南北朝语言发展中亦有很重要的地位，分析南北朝核心词，形容词本来是不可或缺的，但是这只能留待日后继续努力了。

论文在对核心词进行历时分析时，对相应时期的文献调查相对薄弱，主要参考了郑春兰师姐、施真珍师姐、吴宝安师姐以及汪维辉等先生的研究成果。历时研究本应选择各个时期的代表作进行研究，但由于时间关系，以及前贤对核心词历时研究成果的可靠性，我们在这方面下的功夫不是很多。在对核心词进行共时分析时，组合分析相对薄弱，南北朝时期双音节词大量涌现，对南北朝核心词的分析不能视乎双音节词。我们在行文中对核心词双音节化有所阐述，但是阐述得还不够，这也是日后需要努力的一个方面。

我们对汉语、英语、法语、德语核心词词义进行了比较，发现了它们引申的共同点和差异之处，但是还缺乏进一步的深入。Haspelmath（2003：217）："任何语言的对应或相关语素所具有的功能均应在特定概念空间内占有某个区域位置。"Croft（2003：134）："任何与特定语言及/或特定构式相关的范畴必须映射到概念空间的毗连区域。"我们认为核心词意义投射到概念空间上也应该是具有一个毗连的区域，应该对核心词的意义投射进行深入分析，描摹出核心词的语义图，但由于时间、学识等方面的原因，几乎没有涉及。日后，我将会在这方面更进一步地进行挖掘。

参考文献

论著

白翠琴：《魏晋南北朝民族史》，四川民族出版社 1996 年版。

鲍尔·J. 霍伯尔著：《语法化学说》，梁银峰译，复旦大学出版社 2008 年版。

蔡镜浩：《魏晋南北朝词语例释》，江苏古籍出版社 1990 年版。

岑麒祥：《汉语外来语词典》，商务印书馆 1990 年版。

陈垣：《中国佛教史籍概论》，中华书局 1962 年版。

陈文和主编：《嘉定钱大昕全集》，江苏古籍出版社 1997 年版。

陈秀兰：《魏晋南北朝文与汉文佛典语言比较研究》，韩国新星出版社 2004 年版。

陈寅恪：《隋唐制度渊源略论稿》，河北教育出版社 2000 年版。

陈振尧主编：《新世纪法汉大词典》，外语教学与研究出版社 2008 年版。

程湘清：《两汉汉语研究》，山东教育出版社 1992 年版。

程湘清：《魏晋南北朝汉语研究》，山东教育出版社 1992 年版。

丁福林：《〈宋书〉校议》，上海古籍出版社 2002 年版。

董达武：《周秦两汉魏晋南北朝方言共同语初探》，天津古籍出版社 1992 年版。

董志翘：《中古文献语言论集》，巴蜀书社 2000 年版。

董志翘：《〈入唐求法巡礼行记〉词汇研究》，中国社会科学出版社 2000 年版。

董志翘：《〈观世音应验记三种〉译注》，江苏古籍出版社 2002 年版。

董志翘、蔡镜浩：《中古虚词语法例释》，吉林教育出版社 1994 年版。

段业辉：《中古汉语助动词研究》，南京师范大学出版社 2002 年版。

范祥雍：《洛阳伽蓝记校注》，上海古籍出版社 1978 年版。

方一新：《东汉魏晋南北朝史书词语笺释》，黄山书社 1997 年版。

方一新：《中古近代汉语词汇史》，商务印书馆 2010 年版。

冯凌宇：《汉语人体词汇研究》，中国广播电视出版社 2008 年版。

葛佳才：《东汉副词系统研究》，岳麓书社 2005 年版。

郭瑞：《魏晋南北朝石刻文字》，南方日报出版社 2010 年版。

郭在贻：《郭在贻文集》（全四册），中华书局 2002 年版。

韩陈其：《东汉词汇论稿》，江苏古籍出版社 2002 年版。

汉语大字典编辑委员会：《汉语大字典》，湖北辞书出版社，四川辞书出版社 1987 年版。

何亮：《中古汉语时点时段表达研究》，巴蜀书社 2007 年版。

何亚南：《〈三国志〉和裴注句法专题研究》，南京师范大学出版社 2004 年版。

黑龙江大学俄语系词典编辑室编：《大俄汉词典》，商务印书馆 1985 年版。

洪成玉：《古汉语复音虚词和固定结构》，浙江人民出版社 1983 年版。

胡敕瑞：《〈论衡〉与东汉佛典词语比较研究》，巴蜀书社 2002 年版。

胡明扬主编：《词类问题考察》，北京语言学院出版社 1996 年版。

胡士云：《汉语亲属称谓研究》，商务印书馆 2007 年版。

化振红：《〈洛阳伽蓝记〉词汇研究》，中国文史出版社 2002 年版。

黄金贵：《古代文化词义类集辨考》，上海教育出版社 1995 年版。

黄树先：《汉缅语比较研究》，华中科技大学出版社 2003 年版。

黄树先：《汉藏语论集》，华中科技大学出版社 2007 年版。

黄树先：《汉语核心词探索》，华中师范大学出版社 2010 年版。

黄征、张涌泉：《敦煌变文校注》，中华书局 1997 年版。

吉常宏：《中国人的名字别号》，商务印书馆 1997 年版。

吉常宏、吉发涵：《古人名字解诂》，语文出版社 2003 年版。

江蓝生：《魏晋南北朝小说词语汇释》，语文出版社 1988 年版。

蒋礼鸿：《义府续貂》，中华书局 1981 年版。

蒋礼鸿：《敦煌文献语言词典》，杭州大学出版社 1994 年版。

蒋礼鸿：《敦煌变文字义通释》（增舒本），上海古籍出版社 1997 年版。

蒋绍愚：《唐诗语言研究》，中州古籍出版社 1990 年版。

蒋绍愚：《近代汉语研究概况》，北京大学出版社 1994 年版。

蒋绍愚：《汉语词汇语法史论文集》，商务印书馆 2001 年版。

蒋绍愚：《古汉语词汇纲要》，商务印书馆 2005 年版。

李方桂：《上古音研究》，商务印书馆 1980 年版。

李福印：《认知语言学概论》，北京大学出版社 2008 年版。

李吉和：《先秦至隋唐时期西北少数民族迁徙研究》，民族出版社 2003 年版。

李书吉：《北朝礼志法系研究》，人民出版社 2002 年版。

李维琦：《佛经释词》，岳麓书社 1993 年版。

李维琦：《佛经续释词》，岳麓书社 1999 年版。

李维琦：《佛经词语汇释》，湖南师范大学出版社 2004 年版。

李宗江：《汉语常用词演变研究》，汉语大词典出版社 1999 年版。

梁晓虹：《佛教词语的构建与汉语词汇的发展》，北京语言学院出版社 1994 年版。

刘世儒：《魏晋南北朝量词研究》，中华书局 1965 年版。

刘叔新：《汉语描写词汇学》，商务印书馆 1990 年版。

柳士镇：《魏晋南北朝历史语法》，南京大学出版社 1992 年版。

吕叔湘：《吕叔湘文集》（全五卷），商务印书馆 1993 年版。

吕思勉：《两晋南北朝史》，上海古籍出版社 1983 年版。

吕思勉：《中国民族史》，中国大百科全书出版社 1987 年版。

罗常培：《语言与文化》，语文出版社 1989 年版。

罗维明：《中古墓志词语研究》，暨南大学出版社 2003 年版。

罗新、叶炜：《新出魏晋南北朝墓志疏证》，中华书局 2005 年版。

罗竹风主编：《汉语大词典》（全 12 册），汉语大词典出版社 1993 年版。

缪启愉：《〈齐民要术〉校释》（第二版），中国农业出版社 1998 年版。

潘文国：《英汉语言对比概论》，商务印书馆 2010 年版。

钱曾怡：《汉语方言研究的方法与实践》，商务印书馆 2009 年版。

史存直：《汉语史纲要》，中华书局 2008 年版。

史有为：《汉语外来词》，商务印书馆 2000 年版。

唐长孺：《魏晋南北朝史论拾遗》，中华书局 1983 年版。

万久富：《〈宋书〉复音词研究》，凤凰出版社 2006 年。

汪维辉：《东汉—隋常用词演变研究》，南京大学出版社 2000 年版。

汪维辉：《〈齐民要术〉词汇语法研究》，上海教育出版社 2007 年版。

王力：《汉语史稿》，中华书局 1980 年版。

王力：《龙虫并雕斋文集》，中华书局 1982 年版。

王瑛：《诗词曲语辞例释》，中华书局 2005 年版。

王凤阳：《古辞辨》，吉林文史出版社 1993 年版。

王利器：《颜氏家训集解》（增补本），中华书局 1993 年版。

王启涛：《中古及近代法制文书词汇研究》，巴蜀书社 2003 年版。

王泉根：《中国人名文化》，团结出版社 2000 年版。

王云路：《汉魏六朝诗歌语言论稿》，陕西人民教育出版社 1997
年版。

王云路：《六朝诗歌语词研究》，黑龙江教育出版社 1999 年版。

王云路：《词汇训诂论稿》，北京语言文化大学出版社 2002 年版。

王云路：《中古汉语词汇史》，商务印书馆 2010 年版。

王云路、方一新：《中古汉语词语例释》，吉林教育出版社 1992
年版。

王云路、方一新：《中古汉语读本》，吉林教育出版社 1993 年版。

王云路、方一新：《中古汉语研究》，商务印书馆 2000 年版。

吴金华：《〈三国志〉校诂》，江苏古籍出版社 1990 年版。

吴金华：《〈世说新语〉考释》，安徽教育出版社 1994 年版。

向熹：《简明汉语史》，高等教育出版社 1993 年版。

徐朝华：《上古汉语词汇史》，商务印书馆 2000 年版。

徐时仪：《古白话词汇研究论稿》，上海教育出版社 2000 年版。

徐蜀编：《魏晋南北朝正史订补文献汇编》，北京图书馆出版社 2004
年版。

徐通锵：《历史语言学》，商务印书馆 1991 年版。

徐震堮：《世说新语校笺》，中华书局 1984 年版。

许宝华、宫田一郎主编：《汉语方言大词典》，中华书局 1999 年版。

许威汉：《二十世纪的汉语词汇学》，书海出版社 2000 年版。

颜洽茂：《佛教语言阐释——中古佛经词汇研究》，杭州大学出版社 1997 年版。

余嘉锡：《世说新语笺疏》（修订本），上海古籍出版社 1993 年版。

余太山：《两汉魏晋南北朝正史西域传研究》，中华书局 2003 年版。

俞理明：《佛经文献语言》，巴蜀书社 1993 年版。

俞理明：《〈太平级〉正读》，巴蜀书社 2001 年版。

张柏然：《新时代英汉大词典》，商务印书馆 2004 年版。

张联荣：《古汉语词义论》，北京大学出版社 2000 年版。

张万起：《世说新语词典》，商务印书馆 1993 年版。

张诒三：《词语搭配变化研究——以隋前若干动词与名词的搭配变化为例》，齐鲁书社 2005 年版。

张永言：《词汇学简论》，华中工学院出版社 1982 年版。

张永言：《〈世说新语〉大辞典》，四川人民出版社 1992 年版。

张志毅、张庆云：《词汇语义学》，商务印书馆 2001 年版。

（清）赵翼：《廿二史札记校证》（上、下册），王树民译，中华书局 1984 年版。

赵艳芳：《认知语言学概论》，上海外语教育出版社 2001 年版。

浙江大学汉语研究史中心：《中古近代汉语研究》，上海教育出版社 2000 年版。

周一良、赵和平：《唐五代书仪研究》，中国社会科学出版社 1995 年版。

朱庆之：《佛典与中古汉语词汇研究》，文津出版社 1992 年版。

朱庆之编：《中古汉语研究》（二），商务印书馆 2005 年版。

宗守云：《集合量词的认知研究》，世界图书出版公司 2010 年版。

［英］霍恩比：《牛津高阶英汉双解词典》（第 7 版），王玉章等译，商务印书馆 2009 年版。

（北齐）魏收：《魏书》（全八册），中华书局 1974 年版。

［德］汉斯·约阿西姆·施杜里希：《世界语言简史》，吕叔君、官青译，山东画报出版社 2009 年版。

［法］梅耶：《历史语言学中的比较方法》，岑麒祥译，世界图书出版公司 2008 年版。

（梁）沈约:《宋书》（全八册），中华书局 1974 年版。

［美］萨丕尔:《语言论》，陆卓元译，陆志伟校订，商务印书馆 1985 年版。

［日］桥本万太郎:《语言地理类型学》，余志鸿译，北京大学出版社 1985 年版。

［日］太田辰夫:《汉语史通考》，江蓝生、白维国译，重庆出版社 1991 年版。

［瑞士］索绪尔:《普通语言学教程》，高名凯译，岑麒祥、叶蜚声校 注，商务印书馆 1980 年版。

Haspelmath, Martin 2003 The geometry of grammatical meaning: semantic maps and cross‑linguistic comparison. In M. Tomasello（ed.）*The new psychology of language*, Vol. 2. New York: Erlbaum, pp. 211‑243.

论文

黄树先:《食物名探源》，《民族语文》2010 年第 5 期。

黄树先:《说"享福"》，《语言研究》2010 年第 3 期。

黄树先:《汉语核心词"星"音义研究》，《语文研究》2010 年第 1 期。

黄树先:《比较词义学初探》，《汉藏语学报》2009 年。

黄树先:《说"径"》，《汉语学报》2009 年第 4 期。

黄树先:《汉语文献几个词的解释》，《民族语文》2009 年第 2 期。

黄树先:《服饰名和身体部位名》，《民族语文》2009 年第 5 期。

黄树先:《汉语及其亲属语言的"日"和"首"》，《语言科学》2009 年第 3 期。

黄树先:《汉语核心词"鼻"音义研究》，《语言研究》2009 年第 2 期。

黄树先:《比较词义研究:"薪柴"与"燃烧"》，《汉语学报》2008 年第 4 期。

黄树先:《汉语核心词"畀"研究》，《语言研究》2008 年第 1 期。

黄树先:《汉语核心词"我"研究》，《语言研究》2007 年第 3 期。

黄树先:《汉语核心词"足"研究》，《语言科学》2007 年第 2 期。

黄树先:《汉语耕元部语音关系初探》，《民族语文》2006 年第 5 期。

黄树先：《试论汉藏语系核心词比较研究》，《广东技术师范学院学报》2006 年。

黄树先：《从核心词看汉缅语关系》，《语言科学》2005 年第 3 期。

黄树先：《说"手"》，《语言研究》2004 年第 3 期。

黄树先：《宏观的观察，精细的分析——读〈汉藏语同源研究〉》，《语言研究》2003 年。

黄树先：《汉语缅语的形态比较》，《民族语文》2003 年第 2 期。

黄树先：《说"膝"》，《古汉语研究》2003 年第 3 期。

汤勤：《说"鼻"》，《南阳师范学院学报》2006 年第 10 期。

高建青：《说"爪"》，《语言研究》2006 年第 3 期。

吴宝安：《先秦"皮"的语义场研究》，《古汉语研究》2006 年第 2 期。

吴宝安：《说"叶子"》，《南阳师范学院学报》2006 年第 1 期。

汪维辉：《汉语"站立"义词的现状与历史》，《中国语文》2010 年第 4 期。

汪维辉：《"遐–迩"与"远–近"》，《语言研究》2009 年第 2 期。

汪维辉：《域外借词与汉语词汇史研究》，《江苏大学学报》（社会科学版）2009 年第 1 期。

汪维辉：《汉语常用词演变研究的若干问题》，《南开语言学刊》2007 年第 1 期。

汪维辉：《六世纪汉语词汇的南北差异——以〈齐民要术〉与〈周氏冥通记〉为例》，《中国语文》2007 年第 2 期。

汪维辉《〈齐民要术〉卷前"杂说"非贾氏所作补证》，《古汉语研究》2006 年第 2 期。

汪维辉：《论词的时代性和地域性》，《语言研究》2006 年第 2 期。

汪维辉：《〈老乞大〉诸版本所反映的基本词历时更替》，《中国语文》2005 年第 6 期。

汪维辉：《试论〈齐民要术〉的语料价值》，《古汉语研究》2004 年第 4 期。

汪维辉：《汉语"说类词"的历时演变与共时分布》，《中国语文》2003 年第 4 期。

汪维辉：《"承"有"闻"义补说》，《南京师范大学文学院学报》

2003 年第 1 期。

汪维辉：《〈齐民要术〉"喜烂"考辨》，《古籍整理研究学刊》2002 年第 5 期。

汪维辉：《汉魏六朝"进"字使用情况考察——对〈"进"对"入"的历时替换〉一文的几点补正》，《南京大学学报》（哲学·人文科学·社会科学版）2001 年第 2 期。

汪维辉：《〈世说新语〉词语考辨》，《中国语文》2000 年第 2 期。

汪维辉：《东汉魏晋南北朝常用词演变研究》，《古汉语研究》1999 年第 4 期。

汪维辉：《常用词历时更替札记》，《语言研究》1998 年第 2 期。

张永言：《关于汉语词汇史研究的一点思考》，《中国语文》1995 年第 6 期。

张永言：《汉语外来词杂谈》，《语言教学与研究》1989 年第 2 期。

张永言：《关于两晋南北朝的"书"和"信"》，《语文研究》1985 年第 2 期。

张永言：《语源札记三则》，《民族语文》1983 年第 6 期。

张永言：《关于词的"内部形式"》，《语言研究》1981 年。

董志翘：《是词义沾染，还是同义复用？——以汉译佛典中词汇为例》，《陕西师范大学学报》（哲学社会科学版）2009 年第 3 期。

董志翘：《训诂学与汉语史研究》，《语言研究》2005 年第 2 期。

王云路：《关于"三字连言"的重新思考》，《宁波大学学报》（人文科学版）2011 年第 1 期。

王云路：《论"老小"的"妻子"义——兼谈称谓语在突显原则下的意义变化》，《浙江大学学报》（人文社会科学版）2008 年第 5 期。

王云路：《试论外族文化对中古汉语词汇的影响》，《语言研究》2004 年第 1 期。

王云路：《中古汉语词汇研究综述》，《古汉语研究》2003 年第 2 期。

王云路：《百年中古汉语词汇研究述略》，《浙江大学学报》（人文社会科学版）2001 年第 4 期。

王云路：《中古诗歌语言源流演变述略》，《浙江社会科学》1995 年第 2 期。

方一新：《新世纪汉语史发展与展望》，《国际学术动态》2004 年第

3 期。

　　方一新：《近十年中古汉语词汇研究的回顾与展望》，《古汉语研究》
2010 年第 3 期。

　　方一新：《普通鉴别词的提取及原则——以早期汉译佛经鉴别为中
心》，《语文研究》2009 年第 2 期。

　　方一新：《中古汉语词义求证法论略》，《浙江大学学报》（人文社会
科学版）2002 年第 5 期。

　　蒋绍愚：《五味之名及其引申义》，《江苏大学学报》（社会科学版）
2008 年第 3 期。

　　蒋绍愚：《打击义动词的词义分析》，《中国语文》2007 年第 5 期。

　　蒋绍愚：《从助动词"解"、"会"、"识"的形成看语义的演变》，
《汉语学报》2007 年第 1 期。

　　蒋绍愚：《汉语词义和词汇系统的历史演变初探——以"投"为例》，
《北京大学学报》（哲学社会科学版）2006 年第 4 期。

　　蒋绍愚：《动态助词"着"的形成过程》，《周口师范学院学报》
2006 年第 1 期。

　　蒋绍愚：《〈世说新语〉〈齐民要术〉〈洛阳伽蓝记〉〈贤愚经〉〈百喻
经〉中的"已"、"竟"、"讫"、"毕"》，《语言研究》2001 年第 1 期。

　　蒋绍愚：《两次分类——再谈词汇系统及其变化》，《中国语文》1999
年第 5 期。

　　蒋绍愚：《抽象原则和临摹原则在汉语语法史中的体现》，《古汉语研
究》1999 年第 4 期。

　　蒋绍愚：《近十年间近代汉语研究的回顾与前瞻》，《古汉语研究》
1998 年第 4 期。

　　蒋绍愚：《训诂学与语法学》，《古汉语研究》1997 年第 3 期。

　　蒋绍愚：《内部构拟法在近代汉语语法研究中的运用》，《中国语文》
1995 年第 3 期。

　　蒋绍愚：《白居易诗中与"口"有关的动词》，《语言研究》1993 年
第 1 期。

　　蒋绍愚：《近代汉语研究概述》，《古汉语研究》1990 年第 2 期。

　　蒋绍愚：《汉语史研究的回顾与前瞻》，《语言教学与研究》1989 年
第 2 期。

蒋绍愚:《古汉语词典的编纂和古汉语词汇的研究》,《湖北大学学报》(哲学社会科学版) 1989 年第 5 期。

蒋绍愚:《词义的发展和变化》,《语文研究》1985 年第 2 期。

蒋绍愚:《怎样掌握古汉语的词义——兼谈"义位"和"义素"在词义分析中的运用》,《语文研究》1981 年第 2 期。

郭锡良:《词义分析举例》,《语文研究》1981 年第 1 期。

郭锡良:《先秦汉语名词、动词、形容词的发展》,《中国语文》2000 年第 3 期。

郭锡良:《汉语的同源词和构词法》,《湖北大学学报》(哲学社会科学版) 2000 年第 5 期。

郑春兰:《甲骨文核心词研究》,华中科技大学图书馆,2007 年。

吴宝安:《西汉核心词研究》,华中科技大学图书馆,2007 年。

施珍真:《〈后汉书〉核心词研究》,华中科技大学图书馆,2009 年。

刘曦:《〈论衡〉核心词研究》,华中科技大学图书馆,2006 年。

刘俊:《〈颜氏家训〉核心词研究》,华中科技大学图书馆,2007 年。

李敏:《〈潜夫论〉核心词研究》,华中科技大学图书馆,2007 年。

龙丹:《魏晋核心词研究》,华中科技大学图书馆,2008 年。

陈孝玲:《侗台语核心词研究》,华中科技大学图书馆,2009 年。

胡晓东:《瑶语研究》,华中科技大学图书馆,2009 年。

钱海峰:《〈颜氏家训〉名词研究》,扬州大学图书馆,2007 年。

后 记 (一)

　　论文至此，感慨万千。戊子之年，黄师不弃，鄙人始得从师之缘。忆跨入华科之际，吾常漫步于方正校园，挺拔乔木、笔直大道，映入脑海，心随景动，思绪飘扬：来此蟠桃园，不得蟠桃，有辱此生。黄师为业修德，世之楷模。师时常教导吾辈，多读书、勤动脑、严谨治学。随师三年，始知认知学、类型学、语义地图，始知为文之法，始知上课之乐趣，始知"结庐在人境，而无车马喧"的真谛。

　　论文自选题至定稿，皆有赖于黄师。因鄙人愚驽，未能达师之所愿，有辱黄门，深感不安。但"敝帚自珍"，日后吾定会好生待之。鄙文能胜利成文，应感谢黄师的不弃之恩、教育之恩！亦应感谢师母的关切之恩，感谢师母三年来的盛情款待！还应感谢华科诸师：何锡章师、尉迟治平师、李崇兴师、程邦雄师、何洪峰师、黄仁暄师、陈燕玉师，感谢诸师对我的关心和教育！

　　吾乃一大丈夫，而立之年，本应支撑家庭，教育幼子。然吾"抛妻别子"三年，爱妻黄美云毅然承担了整个家庭之重担，默默地相夫教子。三年来，爱妻容颜消瘦了，她未曾言苦，未曾言累。吾儿瑞星，亦不辱母爱，学习获奖、运动获奖，足慰吾心。文能成型，感谢爱妻、乖儿的支持与帮助！

　　衷心感谢所有帮助和关心过我的老师、朋友和家人们！

后 记（二）

博士生毕业多年，一直想把自己的博士论文修改出版。在任明主任的帮助下，"她"终于能面世。这种心情很复杂，一方面我感激黄树先老师、任明老师的栽培；另一方面我又有所担心，怕"她"过于"内涵"，我想让"她"完美，我也尽了我所能。不管怎样，"她"将是我人生的至宝之一。

"她"给了我学习的能力。曾几何时，"研究"是一种多么高大上的事情。天生愚鲁的我，不敢奢想与"她"结缘。大学阶段，老师运用先进的理论分析语法现象，顿让我知道知识的无边无际。研究生阶段，在杨正业老师、查中林老师、杨超老师的带领下我开始走向学术的殿堂。博士生导师黄树先教授，高深的学识，深入浅出的传达，让我领略到学术的魅力。这篇论著，是黄老师给我的命题作文。老师在我行文中，不断指导，反复打磨，不才的我得以初步完成。在这个过程中，我知道了一些行之有效的学习方法、研究技巧以及行文的套路。没有想到的是，经过这个过程，我竟然也发表了一些论文。这些论文虽然不是"大作"，但我敝帚自珍。

"她"给了我生活的基础。农村成长的我，漂泊他乡。这种艰辛也许只有自己知道。五角钱的青菜，几分钱的南瓜，是我的家常便饭。"她"的面世，改变了我的境况。"她"让我顺利地博士毕业，给了我一个好的开始，让我能有时间、有能力去照顾家人。

"她"给了我生活的责任。患难夫妻百日恩。困难的时候，妻子陪我一同渡过。现如今，"她"让我逐渐成长起来，我知道，我应该更用心地呵护这个温馨的家，让儿子尽快成长起来。我也知道学术将是我人生的重要组成部分。"她"让我在道阻且艰的学术生活中沉下心，去除杂念，慎言慎行。在学术生活中，对自己的言行负责。学海无涯苦作舟，这是我喜欢的生活。

书中还有不尽如人意的地方，皆是作者本身才学所致，望贤能宽恕！